Eva-Maria Glofke-Schulz

Perspektiven der Behinderungsverarbeitung
und Identitätsentwicklung im Lichte einer tiefenpsychologischen
und ressourcenorientierten Sichtweise –
dargestellt am Beispiel Sehschädigung

Forschung Psychosozial

Eva-Maria Glofke-Schulz

Perspektiven der Behinderungsverarbeitung und Identitätsentwicklung im Lichte einer tiefenpsychologischen und ressourcenorientierten Sichtweise – dargestellt am Beispiel Sehschädigung

Psychosozial-Verlag

Das vorliegende Werk wurde als Dissertation zur Erlangung des akademischen
Grades Dr. phil. am Institut für Rehabilitationswissenschaften
der Humboldt-Universität zu Berlin eingereicht und angenommen
Präsident der Humboldt-Universität zu Berlin:
Prof. Dr. Dr. h.c. Christoph Markschies
Dekanin des Fachbereiches Rehabilitationswissenschaften:
Prof. Dr. Wiltrud Gieseke
Gutachter/Gutachterin:
1. Prof. Dr. Paul Nater
2. Prof. Dr. Bernd Ahrbeck
3. Prof. Dr. Erika Schuchardt

Bibliografische Information der Deutschen Nationalbibliothek
Die Deutsche Nationalbibliothek verzeichnet diese Publikation in der Deutschen
Nationalbibliografie; detaillierte bibliografische Daten sind im Internet über
<http://dnb.d-nb.de> abrufbar.

Originalausgabe
© 2008 Psychosozial-Verlag
E-Mail: info@psychosozial-verlag.de
www.psychosozial-verlag.de
Umschlaggestaltung: Hanspeter Ludwig, Gießen
Satz: Dr. Kurt Schulz
Printed in Germany
ISBN 978-3-89806-898-7

Inhaltsverzeichnis

Vorwort

"Mir träumte: Ich bin in Afrika, irgendwo tief im Busch. Ich kenne mich nicht mehr aus. Vor mir erstreckt sich ein dichter, undurchdringlich und bedrohlich wirkender Dschungel. Ich muß diesen Dschungel durchqueren, um an mein Ziel zu gelangen. Ich habe keine Ahnung, wie ich das schaffen soll, schließlich gibt es dort auch Schlangen und andere gefährliche wilde Tiere. Da tritt eine majestätisch dreinblickende Löwin aus dem Dickicht hervor und kommt auf mich zu. Ich erschrecke sehr, bis ich ihr freundliches Gesicht sehe. Mit einem Nicken ihres gewaltigen Kopfes gibt sie mir zu verstehen, daß ich ihr folgen soll. In diesem Moment weiß ich, daß sie mich sicher durch den Dschungel führen und vor allen Gefahren beschützen wird." (Rainer T., 38 Jahre)

Wer im Laufe seines Lebens mit der Diagnose einer lebensverändernden Erkrankung bzw. einer schwerwiegenden körperlichen oder Sinnesbehinderung konfrontiert wird, wird in seinem Identitätserleben und in seinen bisherigen Lebensentwürfen zutiefst erschüttert. Er blickt in eine Zukunft, die sich sehr davon unterscheiden wird, wie er sich vor diesem Schicksalsschlag den Fortgang seines Lebens vorgestellt und gewünscht hatte. In Abhängigkeit von zahlreichen Einflußfaktoren, z.B. davon, wie viele Lebensbereiche direkt oder indirekt betroffen oder bedroht sind, kann die unvermeidliche Erschütterung zum überwältigenden Trauma werden. Wie in dem obigen Traumbild plastisch deutlich wird, mag dem Betroffenen das, was nun vor ihm liegt (an eine Zukunft kann er zu diesem Zeitpunkt vielleicht kaum glauben) vorkommen wie ein gefährlicher, undurchdringlicher Dschungel. Zahllose Fragen, Gefühle von Ungewißheit, Bedrohung und die angstvolle Erwartung zukünftiger Verluste drängen sich auf. Schlimmstenfalls kann die gesamte Identität in ihrer Integrität, Kontinuität und Kohärenz gefährdet sein. Neue, die Erkrankung bzw. Behinderung integrierende und dennoch sinngebende und befriedigende Lebensentwürfe erscheinen zu diesem Zeitpunkt meist unvorstellbar.

In dieser Situation taucht die - oft zunächst von der Umwelt (allen voran dem behandelnden Arzt oder den Angehörigen) an den Betroffenen herangetragene - Forderung auf, die Erkrankung bzw. Behinderung zu akzeptieren. Der Betroffene spürt, daß daran sehr wohl etwas Wahres ist, doch sagt ihm i.d.R. niemand, was "Akzeptanz" eigentlich bedeutet und wie er dieses hohe Ziel erreichen kann. So findet er sich einer neuen Lebensaufgabe gegenübergestellt, die ihn unter Druck setzt, der er sich aber kaum gewachsen fühlen dürfte. Indem Akzeptanz, von außen als Anspruch an ihn

9

herangetragen, gern im Sinne einseitiger Anpassung und als möglichst reibungsloses Einfügen in das normative System der Nichtbehinderten (miss-)verstanden wird, findet er zunächst wenig Freiraum vor, seinen individuellen, autonomen Weg der Verarbeitung, Neuorientierung und Integration zu finden. Bekommt er dann, etwa im Fernsehen, Behinderte vorgeführt, die "es geschafft haben" und geradezu atemberaubende Leistungen vollbringen, mag das dem einen oder der anderen Mut machen. Viele fühlen sich hingegen erst recht demoralisiert und ungenügend angesichts derart hochfliegender Idealvorstellungen. In der Gesellschaft tief verankerte Klischees, Vorurteile, Stigmatisierungsprozesse und eine gesellschaftliche Realität, in der Diskriminierung und Ausgrenzung von Menschen mit Behinderungen keineswegs überwunden sind, tun das ihre dazu, den Bewältigungsprozeß zu erschweren.

Seit Anfang der 1980er Jahre gehe ich auf verschiedenen Ebenen (persönlich, wissenschaftlich, psychotherapeutisch, kulturkritisch) der Frage nach, welche innerseelischen Kräfte, welches zwischenmenschliche Beziehungsgeschehen und welche gesellschaftlichen Lern- und Veränderungsprozesse nötig sind, um mit einer schwerwiegenden körperlichen Beeinträchtigung sinnerfüllt und befriedigend leben lernen und sich in die Gemeinschaft konstruktiv einbringen zu können. Um im Traumbild zu bleiben, lautet die Frage: Welches ist die Löwin, die ortskundig und sicher durch den Dschungel führt?

In meiner psychotherapeutischen Praxis ebenso wie in meiner ehrenamtlichen Beratungstätigkeit im Rahmen von Selbsthilfeorganisationen arbeite ich häufig mit Personen, die körperlich krank, behindert oder von Behinderung bedroht sind. Infolge einer Sonderform von Retinopathia pigmentosa war ich seit Geburt hochgradig sehbehindert und bin seit gut 15 Jahren vollständig erblindet. Meine eigene Behinderung scheint mir einen gewissen Vertrauensvorschuß einzubringen, so daß die Arbeit mit dieser Klientel zu einem meiner Praxisschwerpunkte geworden ist. Dabei mußte ich mich immer wieder wundern, wie wenig ich professionell auf dieses Arbeitsgebiet vorbereitet worden war, und zwar weder im Psychologiestudium noch in mehreren psychotherapeutischen Ausbildungen. Abgesehen von wenigen Ausnahmen (etwa im Bereich der Schmerzforschung oder der Psychoonkologie) scheint es merkwürdig still um die Frage der Bewältigung chronischer Erkrankungen bzw. Behinderungen zu sein. In den mir bekannten klinisch-psychologischen und psychotherapeutischen Standardwerken finden sich hierzu nur selten eigene Kapitel. Die meisten mir bekannten Ausbildungscurricula für angehende Psychotherapeuten sparen das Kapitel Behinderung und chronische Krankheit weitgehend aus. So frage ich mich, ob sich die Ausgrenzung Behinderter hier möglicherweise in fataler Weise unbewußt fortschreibt. Auf diesem Gebiet gibt es, scheint mir, noch viel zu tun. Vor diesem Hintergrund freue ich mich besonders, mich im Rahmen meiner Dissertation der Frage der (bewußten und unbewußten) Behinderungsverarbeitung und Identitätsentwicklung im gesellschaftlich-psychosozialen Kontext erneut widmen zu können.

In dem Vierteljahrhundert, das seit Beginn meines einschlägigen Engagements vergangen ist, ist meine persönliche und professionelle Entwicklung ebenso wenig stehen geblieben wie diejenige in verschiedenen Wissenschaftsbereichen, und auch die gesellschaftliche Situation hat sich gründlich verändert. Es gilt nun, diesen Entwicklungen gerecht zu werden, und so hoffe ich, einen Text auf aktuellem Stand vorlegen zu können.

Die gewaltigen Umwälzungen der letzten Jahrzehnte in den fortgeschrittenen Industriegesellschaften zu beschreiben, würde den Rahmen dieses Vorworts, auch denjenigen dieser Dissertation sprengen. Begriffe wie "Individualisierung", "Pluralisierung", "Globalisierung", "Flexibilisierung", "Entsolidarisierung" oder "Virtualisierung" sind in aller Munde und bedürfen der Spezifizierung und des kritischen Diskurses, soll es nicht bei medienwirksamen Schlagworten bleiben. Einigkeit scheint immerhin darüber zu bestehen, daß sich der Mensch inmitten einer rapide sich wandelnden Welt neu verorten muß und daß die Identitätskonstruktionen im 21. Jahrhundert (das gern als "Spätmoderne" oder "Postmoderne" tituliert wird) anders werden aussehen müssen als in der Moderne des 20. Jahrhunderts (Keupp et al. 1999). Somit dürfte sich auch für Menschen mit Behinderungen die Frage der Identitätsentwicklung anders stellen als noch vor zwanzig oder dreißig Jahren. Was die gesellschaftliche Stellung behinderter Menschen in unserem Land (nur über dieses wage ich ein Urteil) betrifft, beobachte ich eine zwiespältige Entwicklung: Auf der einen Seite sind Bemühungen unverkennbar, Menschen mit Behinderungen als gleichberechtigte Mitbürger ernstzunehmen, ihre Situation zu verbessern und Barrieren abzubauen. Der rasante technologische Fortschritt ermöglicht, daß Menschen mit Behinderungen sich mit immer ausgeklügelteren Hilfsmitteln (sofern sie sich diese bei knapper werdenden finanziellen Spielräumen noch leisten können) zuvor verschlossene Lebensbereiche erobern. Das seit 1994 im Grundgesetz verankerte Benachteiligungsverbot, das Behindertengleichstellungsgesetz aus dem Jahre 2002 und das im

11

August 2006 verabschiedete Allgemeine Gleichbehandlungsgesetz (AGG, zuvor bekannt als "Ziviles Antidiskriminierungsgesetz")[1] haben wesentliche juristische Grundlagen geschaffen.[2] Seit Dezember 2006 gibt es eine UN-Menschenrechtskonvention für Behinderte. Will man die Umbenennung der ehemaligen "Hauptfürsorgestellen" in "Integrationsämter" und die der "Aktion Sorgenkind" in "Aktion Mensch" nicht als puren Etikettenschwindel abtun, scheint sich hier ein gewisser Bewußtseinswandel abzuzeichnen. Im medizinischen Bereich finden wir ein gleichberechtigteres Miteinander von betroffenen Patienten, Ärzten und Forschern, die in gemeinsamen Symposien auf Augenhöhe diskutieren und zusammenarbeiten.

Solchen Bemühungen stehen auf der anderen Seite Tendenzen gegenüber, das Wohl der (sogenannten) Schwachen erneut zur Disposition zu stellen in Zeiten leerer öffentlicher Kassen, zunehmender sozialer Kälte, Vereinzelung und Entsolidarisierung sowie eines immer gnadenloseren Konkurrenzkampfes in einer globalisierten Welt, die immer mehr Lebensbereiche ökonomisiert und dem Diktat von Wirtschaftsinteressen unterwirft.[3] Um den Rahmen dieses Vorworts nicht zu sprengen, seien an dieser Stelle nur wenige Beispiele genannt: Über erschreckend viele Jahre blieben die Diskussionen um ein Antidiskriminierungsgesetz (s.o.) kontrovers und mühsam. In einem Bundesland nach dem anderen bröckelt das einkommensunabhängige Blindengeld als Nachteilsausgleich. In Zeiten verfeinerter Möglichkeiten der Pränatal- und Präimplantationsdiagnostik wird immer unverhohlener die Frage laut, ob denn behindertes Leben überhaupt geboren werden müsse? Die Zahl der Spätabtreibungen behinderter Kinder steigt stetig.[4]

Meine weitestgehende, hoffnungsvollste Vision, daß Menschen mit und ohne Behinderungen eines Tages gleichberechtigt, vorurteilsfrei und tolerant miteinander leben, voneinander lernen und gemeinsam an der Entwicklung einer wahrhaft humanen Zivilisation arbeiten, ist bislang nicht nur nicht in Erfüllung gegangen, sondern scheint im Gegenteil eher in weite Ferne gerückt zu sein. Sie bleibt jedoch eine Zielvorstellung, an deren

---

1   Bundesgesetzblatt 2006, Teil I, Nr. 39 vom 17. August 2006, S. 1897; Anmerkun-gen zu den Konsequenzen für Blinde und Sehbehinderte finden sich bei Bungart (2007).

2   Eine erste Bilanz zieht Welti (2006). Zum Stand der Entwicklung und Umsetzung der Bürgerrechte von Menschen mit Behinderungen s.a. Dahesch (2007).

3   s. die kritischen Analysen von Prantl (2005) und Kurbjuweit (2005)

4   s. hierzu Schmidt u. Wensiaski (2007)

Realisierung sich zu arbeiten lohnt.

Aus der jüngeren *wissenschaftlichen Entwicklung* greife ich einige Forschungszweige heraus, die mir für die Behandlung unseres Themas besonders nutzbringend erscheinen:

1. Neuere Erkenntnisse der Psychotraumatologie über Entstehung,
   Phänomenologie und Behandlung psychischer Störungen nach
   traumatischen Ereignissen
2. Erkenntnisse der Neurowissenschaften über die neuronale Plastizität
   des Zentralen Nervensystems (ZNS), über affektive Vorgänge, Wahr-
   nehmungs- und Denkprozesse sowie deren neurophysiologische
   Korrelate
3. Einsichten der Coping- und Resilienzforschung, die im Unterschied
   zu einer traditionell in der Psychologie eher problemzentrierten
   Betrachtungsweise den Fokus der Aufmerksamkeit auf die Frage
   lenkt, was Menschen befähigt, gesund zu bleiben oder zu werden
   (Salutogenese[5]) und kraft welcher Ressourcen sie auch mit schwerwiegenden Problemen, Schicksalsschlägen, Krisen und sonstigen
   Anforderungen des Lebens konstruktiv umgehen können
4. Neuere Erkenntnisse der Entwicklungspsychologie, allen voran der
   Säuglings- und Bindungsforschung, sowie die "relationale Wende" in
   der Psychoanalyse mit ihren Einsichten über Intersubjektivität, über
   Interaktionsprozesse zwischen Subjekten und deren komplexe
   Wechselbeziehungen.

Nun schließe ich dieses Vorwort mit der Hoffnung, daß es mir gelingen
wird, diese vielfältigen (und auf den ersten Blick vielleicht wenig miteinander in Beziehung stehenden) Wissensgebiete und Entwicklungen in einen
sinnvollen Zusammenhang zu setzen und für das Verständnis unseres Themas zu nutzen.

In dieser Arbeit wird davon gesprochen werden, daß Autonomie nicht
dasselbe ist wie (vermeintliche) Autarkie und daß Interdependenz und
Angewiesensein zur Conditio humana gehören. So will ich nun denjenigen
danken, die mich bei der Entstehung dieser Dissertation begleitet und mir
zur Seite gestanden haben:

Zuallererst danke ich den zahlreichen blinden und (seh-)behinderten

---

5   s. Antonovsky (1997)

Menschen, die mir im privaten Kontakt, im Rahmen von Selbsthilfegruppen, Beratung oder Therapie ihre Geschichte anvertraut haben; sie liegen mir am Herzen und sind die Seele dieser Arbeit. Um den Anforderungen des Datenschutzes gerecht zu werden, wurden bei den Fallvignetten Änderungen vorgenommen, die eine Identifikation der Person verunmöglichen.

Meinem Mann danke ich dafür, daß er meine wiederkehrenden Phasen von Geistesabwesenheit und Präokkupation mit dem Thema ertrug und mir bei einigen Internetrecherchen und der Schlußkorrektur half. Mein Dank gilt weiterhin meiner geduldigen Arbeitsplatzassistentin und Vorleserin, Frau Marianne Ehle, die auch bei der Lektüre trockenster und fremdwortlastiger wissenschaftlicher Texte nicht aufgab. Herrn Prof. Dr. Paul Nater und Frau Prof. Dr. Erika Schuchardt danke ich für die spannenden fachlichen Diskussionen und die zahlreichen wertvollen Anregungen, die sie mir gaben.

Abschließend noch eine kurze redaktionelle Bemerkung: Entgegen den inzwischen weithin üblichen Gepflogenheiten bediene ich mich zur Vermeidung schwer lesbarer Wortungetüme der traditionellen Sprachregelung und verwende die männliche Form auch dann, wenn beide Geschlechter gemeint sind (z.B.: "Patienten"). Meine Leser bitte ich, mir dahingehend zu vertrauen, daß ich als Frau und Mensch mit Behinderung für Diskriminierung ausreichend sensibilisiert bin. Ich gehe davon aus, daß meine Sprachgewohnheiten dem emanzipatorischen Ansatz, den ich in dieser Arbeit vertrete, keinen Abbruch tun.

Rosenheim, im September 2007

1 Einführung und Begriffsbestimmungen

In der älteren (wissenschaftlichen und nichtwissenschaftlichen) Literatur werden Behinderte als Menschen dargestellt, denen ihre physische Beeinträchtigung ein schweres Schicksal auferlegt, das sie zu bewältigen haben. Dabei wird angenommen, daß die Ursache auftretender Probleme ausschließlich im Individuum selbst (nämlich in seiner Behinderung) liegt. Behinderung wurde als "kausal interpretierbarer Zustand einer [...] Normabweichung von Dauer" (Thimm 1975, S. 150) und als medizinisch faßbare Kategorie gesehen. Behindertenforschung wurde auf die Untersuchung behinderter Individuen und auf primäre Schädigungsfolgen reduziert. Zwar weisen einige Autoren auf die Verständnislosigkeit der nichtbehinderten Umwelt hin, jedoch ziehen sie daraus meist die Schlußfolgerung, der Behinderte müsse lernen, das Fehlverhalten der anderen still zu ertragen und auf ihre Bezeugungen von Mitleid und Hilfebereitschaft auch dann mit Dankbarkeit zu reagieren, wenn diese unangemessen oder gar nicht erwünscht sind. Einige Autoren meinen sogar, er müsse eine demütige Haltung gegenüber seinen nichtbehinderten Mitmenschen einnehmen. So schreibt noch im Jahre 1958 Haebler in einer Publikation des Deutschen Blindenverbandes:

"Dankbarkeit ist der einzige Lohn, den wir zu geben haben", und: "Wir können das (Anm. d. Verf: die Unwissenheit der Sehenden) nicht ändern, bleiben doch nur wir selbst bei der richtigen Bewertung." (Haebler 1958)

Im Rahmen einer solchen Sichtweise wird die traditionelle Behindertenrolle nicht hinterfragt, die den Betroffenen einerseits (z.b. vor Überforderung) schützt, ihn andererseits zu Konformität, demütiger Unterordnung und Anpassung an die ihm entgegengebrachten Erwartungen sowie zur unwidersprochenen Hinnahme reduzierter sozialer Teilhabe zwingt. Cloerkes faßt einen solchen Standpunkt, wie er etwa von Haber u. Smith (1971) vertreten wird, zusammen und kommentiert, auf diese Weise werde Behinderung zur absoluten, nicht hinterfragbaren Kategorie:

"Die Feststellung, Zuteilung und Legitimation der Behindertenrolle normalisiert die Stellung des Behinderten in der Gesellschaft. Er wird nicht zum illegitimen Devianten mit Bestrafung und Ausschluß, sofern er sich nicht in halsstarriger Weise dem Verlangen der Kontrollinstanzen nach Konformität widersetzt. Ein niedriges Lebensniveau und geringere soziale Teilhabechancen sind ein angemessener Preis für die Normalisierung." (Cloerkes 2001, S. 134)

In der zweiten Hälfte des 20. Jahrhunderts rückte zunehmend die soziale Dimension des Phänomens Behinderung in den Vordergrund des Interesses: Behinderung wurde nun - ebenso wie andere Formen der Abweichung - mit soziologischen Kategorien wie Rollenerwartungen, Zuschreibungs- und Etikettierungsvorgängen in Zusammenhang gebracht (Freidson 1965, Lemert 1951). Behinderung wurde nun vom individuellen zum sozialen Problem und in ihrer Relativität erkannt. Man begann zu verstehen, daß Menschen nicht nur behindert sind, sondern auch behindert werden, daß zwischen primären und sekundären (sozialen) Schädigungsfolgen unterschieden werden muß. In den durch emanzipatorische Interessen motivierten "Disability studies"[6] begann man, die Lebenssituation behinderter Menschen zu analysieren. E. Goffmans wegweisendes Buch "Stigma. Über Techniken der Bewältigung beschädigter Identität" (1963; dtsch. 1967) dürfte die am berühmtesten gewordene Arbeit auf der Grundlage des gewandelten Paradigmas sein (zum Begriff Paradigma vgl. Kapitel 4.1). An Aktualität hat dieses bahnbrechende Werk bis heute nichts verloren. Seither gab es kaum eine Publikation zum Thema, die sich nicht auf Goffman berief oder zumindest seine Begriffe benutzte. Im wissenschaftlichen und öffentlichen Diskurs war zeitweise die - als antithetische Gegenbewegung des Denkens zu verstehende - Tendenz zu beobachten, die zweifellos nicht minder bedeutsame, wenngleich mit den sozialen Zusammenhängen aufs engste verwobene individuelle Dimension des Phänomens Behinderung zugunsten eines nahezu verabsolutierten soziologischen Determinismus aus dem Blick zu verlieren.

Die vorliegende Arbeit unternimmt den Versuch, am Beispiel Sehschädigung beide Perspektiven zu integrieren und deren Zusammenwirken ins Blickfeld zu rücken. Dies geschieht vor dem Hintergrund der Annahme einer hochkomplexen und näher zu analysierenden Wechselbeziehung zwischen Subjekt und Objekt resp. zwischen Subjekt und Subjekt (s. Kapitel 4), zwischen Individuum und "objektiver" Realität.

Vieles von dem in dieser Arbeit Gesagten dürfte mutatis mutandis auch für Menschen mit anderen Behinderungen oder Personen, die sich mit

---

6   analog den "Black studies" der schwarzen Befreiungsbewegung und den "Gender studies" der Frauenbewegung

Lebenskrisen anderer Art auseinandersetzen müssen[7], gelten und insofern exemplarischen Charakter haben. Daß ich gerade die Sehschädigung für meine Betrachtungen herausgreife, liegt nahe angesichts meiner eigenen Behinderung und meines damit zusammenhängenden professionellen Interesses und Erfahrungshintergrundes.

1.1 Fragestellungen und Thesen dieser Arbeit

In meiner Arbeit gehe ich der Frage nach, was das Eintreten einer Sehschädigung für den betroffenen Menschen unter individuellen, sozialen und gesellschaftlichen Gesichtspunkten bedeutet, wie er innerhalb einer ihm ambivalent begegnenden Umwelt die Behinderung verarbeiten, Lebensentwürfe und Sinngebungen modifizieren, seine Interaktionen gestalten, sein Wahrnehmungs- und Wertesystem reorganisieren und seine Identität weiterentwickeln bzw. rekonstruieren kann. Da solche Prozesse nicht im luftleeren Raum, sondern innerhalb eines sozialen und historischen Kontextes stattfinden, werde ich zunächst - unter Berücksichtigung der NS-Vergangenheit als spezifisch deutscher historischer Vorbedingung - auf Einstellungen gegenüber Behinderten eingehen, Sehschädigung als Stigma beschreiben und einige begriffliche und theoretische Probleme des Stigma-Konzepts zu klären versuchen. Danach beschäftige ich mich mit der Frage, welche Gestaltungsspielräume der einzelne im sozialen Bedingungsgefüge hat, mit der individuellen Dimension des Phänomens Behinderung, mit subjektiven Krisenverarbeitungs- und Entwicklungsmöglichkeiten des sehgeschädigten Menschen. Die gesellschaftlich-kulturelle Dimension des Phänomens soll dabei niemals aus dem Blickfeld geraten. Folgende Fragen stehen im Mittelpunkt meines Forschungsinteresses:
1. Was ist Stigmatisierung, wodurch könnte sie verursacht sein und wie wirkt sie sich auf gemischte Interaktionen aus?
2. Welche stereotypen Vorstellungen über Blindheit und blinde Menschen sind in unserer Kultur verbreitet?
3. Welche Möglichkeiten hat der Stigmaträger, mit ihm entgegengebrachten Stigmatisierungen und ambivalenten Haltungen umzugehen? Ist er solchen Vorgängen ausgeliefert oder hat er Spielräume bei der Gestaltung der Interaktionen, seiner Beziehungen, seines Selbstkonzepts usw.?

---

7   z.B. befaßt sich Tausch (1981) mit der Selbstauseinandersetzung Krebskranker

4. Welche Belastungsfaktoren müssen bewältigt werden?
5. Wodurch wird der Prozeß der Behinderungs-/Krisenverarbeitung beeinflußt?
6. Wie sehen solche Prozesse auf bewußter und unbewußter Ebene aus?
7. Welche innerseelischen Kräfte (Ressourcen) und welches zwischenmenschliche Beziehungsgeschehen ermöglichen eine erfolgreiche Entwicklung?
8. Was ist unter "Annahme der Behinderung" ("Akzeptanz") zu verstehen?
9. Welche Reorganisationsprozesse sind notwendig und möglich, v.a. in den Bereichen der Wahrnehmung und des Wertesystems?
10. Wie könnte eine erfolgreiche (Re-)Konstruktion der Identität aussehen?
11. Welche Konsequenzen ergeben sich für den gesellschaftlichen Diskurs (z.B. für Definition und Realisierung von Integration und Partizipation)?

Folgende *Thesen* sollen dargelegt und begründet werden:

1. Der Stigmaträger ist Stigma-Prozessen grundsätzlich nicht hilflos ausgeliefert. Vielmehr hat er mit Hilfe seiner Interaktionskompetenz sowie aktiver Identitätsarbeit erhebliche Spielräume bei der Gestaltung der Interaktion und der Selbstregulierung (der Identitätskonstruktion, des Selbstkonzepts etc.). Bleibt die Passung zwischen Innen und Außen auch ein durchaus prekärer, störanfälliger Balanceakt, hat er prinzipiell dennoch die Möglichkeit, Einfluß auf das Beziehungsgeschehen, damit letztlich auch auf die Selbstregulation des Interaktionspartners zu nehmen und so langfristig zur Entstigmatisierung beizutragen.

2. Gefördert durch persönliche, soziale, materielle und kulturelle Ressourcen, ist der von Behinderung betroffene Mensch grundsätzlich in der Lage, seine Behinderung und die mit ihr primär und sekundär einhergehenden Schwierigkeiten und Krisen erfolgreich zu bewältigen und zu einer balancierten, integrierten Identität und einem sinnerfüllten Leben (zurück-) zufinden. Darüber hinaus kann die aktive und ehrliche Auseinandersetzung mit der Behinderung zur Individuation (Selbstwerdung) beitragen, die Entwicklung der Persönlichkeit konstruktiv vorantreiben und damit das Leben bereichern, vertiefen und erweitern (vgl. den Begriff des "traumatic growth"). Der Betroffene kann wertvolle Einsichten gewinnen, Erfahrungen

machen und Lern- bzw. Umdenkprozesse durchmachen, die ihm ohne die Anforderungen der zu verarbeitenden Krise vielleicht niemals zuteil geworden wären.

3.   Erfolgreiche Behinderungsverarbeitung (Coping) hat eine bewußte und eine unbewußte Dimension. Unbewußte Prozesse, wie sie sich etwa im Traumgeschehen manifestieren, spiegeln nicht nur den jeweiligen Stand der Entwicklung, sondern treiben diese auch katalysierend voran. Dies zu erkennen und zu nutzen, ist von höchster Relevanz für die Selbstauseinandersetzung, ebenso für die beratende und therapeutische Begleitung betroffener Menschen.

4.   Die zahlreichen im Lebensvollzug des Menschen, so auch desjenigen mit Behinderung, aufspürbaren Antinomien, Widersprüchlichkeiten und Ungereimtheiten müssen durchaus nicht zu einer - im Diskurs der Spätbzw. Postmoderne vielbeschworenen - Fragmentierung der Identitätskonstruktionen führen, wenn sie in ihrer polaren Struktur und Dynamik (als Pole einer Einheit) verstanden werden können. Ein solches Verständnis kann das für die psychische Gesundheit notwendige Herstellen und Erleben von Kohärenz und Kontinuität des Identitätserlebens gewährleisten. Ein Rekurs auf die Annahme mehr oder weniger unverbundener Teilidentitäten ist nicht zwingend. Mit Rücksicht auf unauflösbare Antinomien wird der Akzeptanzbegriff kritisch beleuchtet mit dem Ziel, zu einer ehrlichen und realistischen, aber auch tiefen und umfassenden Sicht auf die Annahme (Akzeptanz) der Behinderung zu finden.

5.   Krisenverarbeitung und das Bemühen um Integration und Partizipation sind keine Einbahnstraße. Vielmehr erfordern solche Prozesse bei Betroffenen und (noch) nicht Betroffenen komplementäre Lernprozesse. Der Behinderte ist somit eine Herausforderung für die Gesellschaft, und die Gesellschaft ist eine Herausforderung für den Behinderten. Diese Kernaussage im Werk von Schuchardt (2003) wird auch in dieser Arbeit vertreten und weiter unterfüttert. Visionen eines möglichen gesellschaftlichkulturellen Wandels sollen konsequenterweise diese Arbeit abrunden.

Die in diesen Thesen geronnene Erfahrung verdanke ich nicht allein dem wissenschaftlichen Diskurs, sondern auch und insbesondere meinem eigenen biographischen Hintergrund als Betroffene, dem intensiven Austausch mit anderen (behinderten und nichtbehinderten) Menschen sowie meiner beratenden und psychotherapeutischen Tätigkeit, in der ich solche Prozesse immer wieder beobachten, begleiten und (hoffentlich) auch fördern darf. Die Formulierung und Begründung dieser Gedanken verbinde ich mit der Hoffnung, daß durch sie der wissenschaftliche Diskurs und die Formulierung empirischer Fragestellungen und überprüfbarer Hypothesen in sinnvoller Weise angeregt werden.

1.2 Zu Wissenschaftsverständnis und Methodik

> "Alle Konzepte können wie Finger, die auf den Mond zeigen, verstanden werden, sind aber nicht der Mond." (Buddhistische Weisheit)[8]

Luise Reddemann, die sich intensiv mit der Erforschung und Behandlung von Traumatisierungsstörungen auseinandersetzt, kommentiert diese Erkenntnis:

> "Es liegt in der menschlichen Natur, diese Einsicht zu umgehen, da sie unserem Ego wenig schmeichelt. Es ist derzeit eine einseitige Sicht von Evidenzbasierung und die daran gekoppelte Sicht von Wissenschaftlich-keit zu beobachten, die für das einzig Wahre gehalten werden. Jeder auch nur ein wenig in Erkenntnistheorie geschulte Mensch weiß aber, daß das einzig Wahre uns Menschen verschlossen ist und wir immer wieder nur Konsenswahrheiten finden können." (Reddemann 2004b, S. 52)

In diesem Buch unternehme ich den Versuch, unterschiedliche Wege der Erkenntnisgewinnung gleichermaßen zu respektieren und zu nutzen in dem Wissen, auf diese Weise mit verschiedenen Fingern auf den Mond zu zeigen, verbunden mit der Hoffnung, daß jede Perspektive einen wichtigen Beitrag zum Verständnis des Themas leistet:

Zum einen bedarf systematisch betriebene empirische Wissenschaft der theoriegeleiteten Hypothesenbildung. In der vorliegenden Arbeit sollen daher empirische Befunde zusammengetragen, Begriffe geklärt, theoretische Konzepte kritisch beleuchtet und miteinander in Zusammenhang gebracht werden, um anderen Wissenschaftlern die Ableitung sinnvoller, theoriegeleiteter Hypothesen für ihre Studien zu ermöglichen. Zum anderen sollen die Vielfalt an persönlichen Erfahrungen betroffener Menschen, ihr Wissen und ihre Kompetenz im Umgang mit ihrer Behinderung zum Tragen

---

8   zit. n. Reddemann 2004

kommen, denn in den Humanwissenschaften spielt Erfahrungswissen eine mindestens ebenso bedeutsame Rolle wie empirische Untersuchungsbefunde. Daher verwende ich Erfahrungsberichte sehgeschädigter Menschen, außerdem einige Vignetten aus meinem eigenen Leben als sehbehinderte bzw. blinde Frau (im Text jeweils als "Erlebnisskizze" gekennzeichnet). Meine eigene Betroffenheit eröffnet die Chance, das Phänomen nicht nur von außen, sondern auch in seiner Innenansicht zu betrachten. Voraussetzung ist allerdings die Fähigkeit zu ausreichender kritischer Distanz und zur Vermeidung wahrnehmungseinengender oder –verzerrender subjektiver Voreingenommenheiten (was prinzipiell allerdings für jeden Forschungsgegenstand gilt). Ich stehe dazu, als eine Wissenschaftlerin aufzutreten, deren Forschungsgegenstand sie selbst betrifft, somit berührt und bewegt. Dieses persönliche Beteiligtsein war es letztlich auch, daß mir die Türen zu meinem Forschungsgegenstand öffnete - allem voran zu all den Menschen mit Sehschädigungen oder anderen Behinderungen, die mir im Laufe der Jahrzehnte ihre Geschichte anvertrauten (s. hierzu auch die Überlegungen von Tschamper 1999).

Auch das Literaturstudium, das ich für diese Arbeit betrieb, galt nicht nur der wissenschaftlichen, sondern auch der belletristischen und autobiographischen Literatur[9], historischen Berichten und mythologischen Überlieferungen.

Mein Denkstil ist eher assoziativ, und so liegt mir die *Amplifikationsmethode*, wie sie C.G. Jung zunächst für das Verständnis von Träumen entwickelt hat, sehr nahe: Die Amplifikation ist eine Art begrenzter, gebundener und gerichteter Assoziationsarbeit, die im Unterschied zur (linearen) freien Assoziation im Sinne Freuds immer wieder zum untersuchten Gegenstand zurückkehrt und ihn auf diese Weise umkreisend erschließt. Der Trauminhalt wird mit allen ähnlichen, möglichen, analogen Bildern erweitert und angereichert. Die vielfältigen Analogien und Bilder müssen jedoch stets in nachvollziehbarem Zusammenhang zum Trauminhalt stehen. Damit entfällt auch der gegen die freie Assoziation zu Recht erhobene Vorwurf, sie diene am ehesten dem scheinbaren Beweis einer vorgefaßten Deutung, indem man nämlich genau so lange assoziiere bzw. assoziieren lasse, bis man dort angekommen sei, wo man von vornherein hin wollte. Jacobi faßt zusammen:

---

9   Zum Problem der Analyse autobiographischen Materials s. Schuchardt (1980 Bd. 1, S. 68 ff.)

"In der Amplifikationsmethode Jungs werden die einzelnen Traummotive so lange durch ein analoges, sinnverwandtes Material von Bildern, Symbolen, Sagen, Mythen usw. bereichert und dadurch in allen Nuancen ihrer Sinnmöglichkeiten, ihrer verschiedenen Aspekte aufgezeigt, bis ihre Bedeutung in völliger Klarheit aufleuchtet. [...] Davon ausgehend, daß alles, was einmal vom Menschen in Bild und Wort gefaßt wurde, absolute psychische Realität besitzt, ob es zu dieser oder jener Zeit, als einmaliger Einfall oder als Ergebnis einer langen Überlieferung oder wissenschaftlichen Erforschung entstand, liefert jede Analogie, insofern sie archetypische Aspekte des zu erhellenden Traummotivs enthält, eine Präzisierung und Erklärung, eine Bekräftigung der Deutung. Die Amplifikation stellt in dieser Form eine neue wissenschaftliche Methode für die Erforschung von Psychologemen, Mythologemen und psychischen Gebilden aller Art dar, die außerordentlich fruchtbare Resultate zu zeitigen vermag." (Jacobi 1971, S. 128 ff.; s.a. Meier 1975, S. 20 ff.)

Den Forschungsgegenstand dieser Arbeit in ähnlicher Weise assoziativ einzukreisen wie einen Traum, ist vielleicht ein etwas waghalsiges Unterfangen und dürfte bei einigen meiner Kollegen auf Kritik stoßen. Auf die Gefahr hin, daß als Ergebnis eine etwas wild erscheinende Mischung herauskommt, hoffe ich, den Mond auf diese Weise aus unterschiedlichsten Blickwinkeln betrachten und so vollständig wie möglich beschreiben zu können.

Das *Ideal "reiner Sachlichkeit" und einer "wertfreien Wissenschaft"* hat sich längst als Illusion entpuppt, deren Aufrechterhaltung fatale Folgen nach sich ziehen kann (denken wir nur an die Entwicklung der Atombombe als Konsequenz einer "wertfreien" Atomphysik). H.E. Richter schreibt:

"Überall, wo die neue Religion Naturwissenschaft den Menschen leitet, lautet ihre Forderung, eine Haltung reiner Sachlichkeit einzunehmen, um beim Sammeln und Verrechnen von Daten nicht durch Gefühle beeinflußt zu werden. Der innere Abstand soll die Sauberkeit der Erkenntnis garantieren. Die Moral ist nicht diejenige des Gewissens, sondern die der Gewissenhaftigkeit, Sauberkeit der Methoden auf Kosten der emotionalen, zwischenmenschlichen Nähe. [...] Psychologische Distanz verhindert Mitfühlen und Verantwortungsbewußtsein. Verantwortung ist an Nähe gebunden." (Richter 2006, S. 26 f.)

Für die Humanwissenschaften gilt dies in besonderem Maße:

"Das methodische Prinzip der Wertfreiheit kann freilich nicht absolut gesetzt werden, wenn es um Menschen geht. Kritisches Engagement ist hier nicht per se unwissenschaftlich. Soziologie der Behinderung wird es nicht bei einer bloßen

Beschreibung der Lebenswirklichkeit von Menschen mit Behinderungen belassen können, sondern erfordert eine kritische Bewertung dieser Realität." (Cloerkes 2001, S. 3)

In Übereinstimmung mit dieser Sichtweise ist der hier vertretene Wissenschaftsbegriff an Werthaltungen, Emotionalität, zwischenmenschliches Engagement und die Übernahme von Verantwortung gebunden. Vor diesem Hintergrund kann es mir nicht im entferntesten darum gehen, nüchterne Distanz und Wertfreiheit vorzugaukeln, sondern vielmehr darum, die mit dem Forschungsinteresse einhergehenden und dieses leitenden Werthaltungen zu reflektieren und zu explizieren. Ich schließe mich Bertolt Brecht an, wenn er Galileo Galilei sagen läßt:

"Ich halte dafür, daß das einzige Ziel der Wissenschaft darin besteht, die Mühseligkeit der menschlichen Existenz zu erleichtern." (Aus: "Leben des Galilei", 15. Szene, 1955/1967, S. 1340)

In diesem Sinne soll die vorliegende Arbeit auch ein engagiertes Plädoyer sein für die Entwicklung des (behinderten oder nichtbehinderten) Menschen zu Achtsamkeit, Selbstbewußtsein, geistig-seelischer Freiheit, Zivilcourage und Selbstbestimmung, für ein besseres Miteinander in gegenseitiger Achtung, Wertschätzung und Solidarität, schließlich dafür, die Utopie einer humaneren Zivilisation, in der es sich für alle zu leben lohnt, entgegen aller (scheinbaren?) Evidenz niemals aufzugeben und sich für ihre Realisierung mit Mut und Tatkraft einzusetzen. Dem möglichen Einwand, ich sei eine Traumtänzerin, sehe ich einigermaßen gelassen entgegen und schließe diesen Abschnitt mit einem Wort Ingeborg Bachmanns:

"Ich selbst bin ein Mensch, der nie resigniert hat, überhaupt nie resigniert ist, sich das gar nicht vorstellen kann. Ich stelle nur fest, und ich stelle an so vielen Menschen und oft schon sehr früh eine mich erschreckende Resignation fest. [...] Dennoch ist selbst in der Kapitulation noch Hoffnung, und diese Hoffnung des Menschen hört nicht auf, wird nie aufhören. [...] Und ich glaube nicht an diesen Materialismus, diese Konsum-gesellschaft, an diesen Kapitalismus, an diese Ungeheuerlichkeit, die hier stattfindet. Ich glaube wirklich an etwas, und das nenne ich: 'Ein Tag wird kommen. Und eines Tages wird es kommen'. Ja, wahrscheinlich wird es nicht kommen, denn man hat es uns immer zerstört. Es wird nicht kommen, und trotzdem glaube ich daran. Denn wenn ich nicht mehr daran glauben kann, kann ich auch nicht mehr schreiben." (Bachmann 1983).

1.3 "Behinderung" - ein umstrittener Begriff

Über die Begriffe "Behinderung", "Behinderte(r)" und "Mensch mit Behinderung" wurde bereits viel nachgedacht und gestritten - sei es aus primär wissenschaftlichem oder politischem Interesse. Auf diese ausgesprochen facettenreiche Diskussion kann und soll hier nicht ausführlicher eingegangen werden. Den interessierten Leser verweise ich auf die einschlägige Literatur (z.b. Cloerkes 2001, Felkendorff 2003). In Kapitel 4 werde ich im Zusammenhang mit verschiedenen Forschungsparadigmata kurz darauf zurückkommen. An dieser Stelle beschränke ich mich auf wenige Anmerkungen, um im weiteren Verlauf pragmatisch und möglichst ohne Mißverständnisse mit dem Behinderungsbegriff umgehen zu können.

Nachdem der individuozentrische, medizinisch ausgerichtete Behinderungsbegriff ins Kreuzfeuer der Kritik geraten und die soziale Dimension des Phänomens Behinderung ins Blickfeld gerückt war, traten Zusammenschlüsse behinderter Menschen mit Slogans wie: "Behindert ist man nicht, behindert wird man" an die Öffentlichkeit. "Es ist normal, verschieden zu sein" war das Motto einer BAGH-Tagung im Jahre 1993, auf welcher der damalige Bundespräsident Richard v. Weizsäcker eine programmatische Rede zur Lage behinderter Menschen in Deutschland hielt. Mit solchen Slogans sollte ein Behinderungsbegriff abgelöst werden, der Behinderung als defizitäre Eigenschaft einer Person erfasse und damit individualisiere. Es sollte zum Ausdruck kommen, daß Behinderung eine Beeinträchtigung und Erschwernis von Lebensmöglichkeiten ist, die von außen durch gesellschaftliche Bedingungen hervorgerufen wird (Felkendorff 2003, S. 37):

"In der Terminologie der BAGH (Bundesarbeitsgemeinschaft Hilfe für Behinderte, Anm. d. Verf.) wird der Begriff der Behinderung redefiniert als grundsätzlich unzulässige Form der sozialen Reaktion auf Menschen mit einer nicht nur vorübergehenden Beeinträchtigung." (a.a.O., S. 38)

So legitim eine solche provokative Aussage vor dem Hintergrund berechtigter emanzipatorischer Interessen ist, folge ich nicht dieser im Sinne des "social model"[10] radikalen Nomenklatur. Auch wenn ich mir mit Habermas (1968, 1970) repressiver (Herrschafts-)Funktionen der Sprache bewußt bin, verweigere ich die Wahl auf den ersten Blick neutraler klingender Etikette

---

10   zur Diskussion des "social model" vgl. Hollenweger (2003), s.a. Kapitel 6 in diesem Buch.

(wie etwa: "Mensch mit einer dauerhaften Beeinträchtigung"). Ich halte es für äußerst fraglich, ob Diskriminierung hierdurch reduziert würde. H.E. Richter bezeichnet einen solchen Vorgang als "semantische Tarnung", durch die Mißstände eher verschleiert als beseitigt werden (Richter 1979, S. 178). Cloerkes teilt diese Einschätzung, und ich stimme ihm zu, wenn er schreibt:

"Der Begriff der Behinderung ist unverzichtbar, seine Ambivalenz steht außer Frage. Solange sich die hinter der sprachlichen Entmündigung von Behinderten [...] stehende Einstellung nicht ändert, hilft auch ein Austausch von Bezeichnungen auf Dauer nichts. Die plakative Verwendung politisch korrekter Begriffe kann überdies schnell zu Euphemismen und zu einer Unehrlichkeit führen, die Menschen mit einer Behinderung nicht verdient haben. Behinderung ist nichts Positives, auch nicht unter einem anderen Etikett. Das Menschsein von uns allen ist mit Positivem und Negativem verbunden. Beides sollte man ehrlich bezeichnen dürfen, denn jeder ist viel mehr als nur eines seiner Attribute." (Cloerkes 2001, S. 8)

Manche emanzipatorische Bewegungen konterkarieren solche Versuche bewußt, indem sie sich selbst die diskriminierenden Begriffe aneignen und deren abwertendem Charakter damit den Wind aus den Segeln zu nehmen versuchen (denken wir etwa an die Schwulen- oder die Krüppelbewegung). Ersetzt man, wie es inzwischen üblich ist, den Begriff "Behinderte" oder "behinderte Menschen" durch "Menschen mit Behinderungen", will man vermutlich verhindern, daß der Betroffene auf das Merkmal "Behinderung" reduziert wird. In diesem nur zu berechtigten Bemühen werden m.e. jedoch nicht nur die Erfolgschancen solcher Umbenennungsversuche überschätzt, sondern darüber hinaus selbstverständliche Gepflogenheiten unserer Alltagssprache unnötig überinterpretiert und verbogen. Einen Satz wie: "Eine dunkelhaarige Frau betrat das Zimmer" müßten wir, wollten wir der Argumentation folgen, umformulieren in: "Eine Frau mit Dunkelhaarigkeit betrat das Zimmer". Über Sinn und ästhetischen Wert eines solchen sprachlichen Novums möge sich der Leser selbst ein Urteil bilden. Wenn ich meist von "behinderten Menschen" spreche, bitte ich meine Leser, mir zu glauben, daß ich die Behinderung damit ebenso wenig als zentrales Merkmal der Person ("Master status") verstanden wissen will wie die Dunkelhaarigkeit der Frau, die das Zimmer betrit.

Inzwischen dürfte Einigkeit darüber bestehen, daß "Behinderung" ein *relationales, in sozialen Interaktionen zugeschriebenes Merkmal* ist. Während die aus dem Jahre 1980 stammende und gelegentlich heute noch zitierte Klassifikation der Weltgesundheitsorganisation (WHO) in "Impairment" ("Schädigung"), "Disability" ("Beeinträchtigung") und "Handicap" ("Behinderung") eine Einbahnstraße ist, die von der Schädigung ausgeht und in der Behinderung endet, somit die der gesellschaftlichen Situation eigene Dynamik ignoriert (Waldschmidt 2003, S. 93 f.), wird in der Neufassung von 2001[11] die komplexe Wechselwirkung von Individuum und Umwelt berücksichtigt, die medizinische wird durch eine normalistische Norm[12] ersetzt (a.a.O., S. 96). Waldschmidt fragt allerdings, wieviel wirklich gewonnen ist, wenn als Gegenpol zu "Behinderung" nicht mehr "Normalität", sondern "Funktionieren" angesehen wird (a.a.O., S. 98).

Cloerkes definiert "Behinderung" wie folgt:

"Eine Behinderung ist eine dauerhafte und sichtbare Abweichung im körperlichen, geistigen oder seelischen Bereich, der allgemein ein entschieden negativer Wert zugeschrieben wird. Dauerhaftigkeit unterscheidet Behinderung von Krankheit. Sichtbarkeit ist im weitesten Sinne das Wissen anderer Menschen um die Abweichung. Ein Mensch ist behindert, wenn 1. eine unerwünschte Abweichung von wie auch immer definierten Erwartungen vorliegt und wenn 2. deshalb die soziale Reaktion auf ihn negativ ist." (Cloerkes 2001, S. 6)

Cloerkes weist ergänzend darauf hin, daß die Reaktion auf die Behinderung von derjenigen auf den behinderten Menschen unterschieden werden müsse: So werde Blindheit etwa sehr negativ beurteilt, die Reaktion auf blinde Menschen sei jedoch eher moderat (a.a.O., S. 7).

Die Relativität von "Behinderung" ist natürlich am offensichtlichsten dort, wo keine eindeutigen organischen Beeinträchtigungen (wie beispielsweise Blindheit oder Querschnittlähmung) vorliegen. Der Begriff "Lernbehinderung" etwa wird daher besonders kontrovers diskutiert. Wenn ich in

---

11   International Classification of Functioning, Disability and Health (ICF)

12   Zur Diskussion des Normalitätsbegriffs s. die Zusammenfassung bei Waldschmidt (2003), die zwischen Normativität (Protonormalismus) und flexiblem Normalismus (im Sinne statistischer Norm) unterscheidet: "Zusammenfassend läßt sich die Grundthese der Normalismustheorie so formulieren: Seit dem Ende des Zweiten Weltkrieges ist in den westeuropäischen Gesellschaften der Protonormalismus, der durch die Dichotomie von normal/gesund und abnorm/krank gekennzeichnet ist und die starre Ausgrenzung der Abweichenden beinhaltet, auf dem Rückzug. Gleichzeitig haben sich flexibelnormalistische Strategien durchgesetzt. Mit ihnen sind innerhalb der normalistischen Felder größere Normalitätsspektren und variable Grenzziehungen möglich." (a.a.O., S. 89)

dieser Arbeit von "Behinderung" spreche, so tue ich dies in dem Bewußtsein, daß dieser Begriff schillernd ist und eine biopsychosoziale Einheit meint. Eine organische Schädigung des Auges wird den Betroffenen selbst unter gedachten psychosozialen Idealbedingungen in manchen Bereichen immer beeinträchtigen und in einem Teil seiner Lebensvollzüge behindern (primäre Folgen der organischen Schädigung); insofern halte ich es für politisch verständlich, sachlich jedoch unsinnig, so zu tun, als existiere Behinderung per se überhaupt nicht. Zusätzlich wird der Betroffene allerdings sekundär (und damit prinzipiell vermeidbar) durch ungünstige gesellschaftlich-kulturelle, psychosoziale Bedingungen behindert, an deren Veränderung zu arbeiten wäre.

1.4 Die Begriffe "Sehbehinderung", "Blindheit" und "Sehschädigung"

Weltweit gibt es inzwischen ca. 75 verschiedene Definitionen von "Blindheit" (Schäfer 1994). Dabei geht es um pädagogische Kriterien ebenso wie um ophthalmologische Meßwerte (Nahvisus, Fernvisus, Gesichtsfeld). Zum einen werden Menschen als blind bezeichnet, die keinerlei Lichteindrücke mehr wahrnehmen können, zum anderen aber auch solche, die innerhalb gewisser Grenzen noch visuell gewonnene Eindrücke verwerten können. Menschen gelten als blind,

* deren Sehfähigkeit wirtschaftlich nicht mehr verwertbar ist,
* die ihr Weltbild nicht mehr nach optischen Maßstäben aufbauen können,
* die sich in fremder Umgebung nicht mehr selbständig zurechtfinden können,
* die ihre Vorstellungen überwiegend akustisch und taktil erwerben,
* die auf blindentechnische Hilfsmittel, vor allem die Brailleschrift angewiesen sind,
* die nicht gegenständlich sehen können,
* die höchstens noch Lichtschein wahrnehmen können,
* die gerade noch zwischen Hell und Dunkel unterscheiden können und
* die aus einem Meter Entfernung keine Finger mehr zählen können (Mersi 1985, zit. n. Schäfer 1994, S. 16 f.).

Die Unterscheidung zwischen "blind", "hochgradig sehbehindert" und "sehbehindert" erfolgt auf der Grundlage einer Kombination verschiedener Kriterien, vor allem aus Sehschärfe (Visus) und Gesichtsfeld. Die Übergänge sind für das subjektive Erleben des Betroffenen sicherlich fließend, so daß ich denke, im Zusammenhang mit der Thematik dieser Arbeit auf definitorische Einzelheiten verzichten zu können. Den interessierten Leser verweise ich auf die einschlägige Literatur.[13]

"Sehschädigung" faßt die Begriffe "Sehbehinderung" und "Blindheit" unter einem Oberbegriff zusammen. Zwar ist diese Bezeichnung umstritten, da manche sie als diskriminierend empfinden. Ich verwende sie dennoch, da sie m.E. nicht mehr aussagt, als daß die Sehfunktion geschädigt ist; insofern kann ich nichts Diskriminierendes daran finden.

Wenn ich in dieser Arbeit über Prozesse der Behinderungs- und Krisenverarbeitung spreche, beziehe ich mich in erster Linie auf die Situation späterblindeter Menschen in dem Wissen, daß sich diese von derjenigen Geburtsblinder in vielerlei Hinsicht unterscheidet (etwa in puncto kognitive und Wahrnehmungsfunktionen, Konstruktion der Wirklichkeit, psychosoziale und Identitätsentwicklung). Natürlich ist es nicht das Gleiche, ob jemand von klein an mit einer bestimmten Lebensbedingung, zum Beispiel der des Nichtsehens, aufwächst oder ob er erst im Laufe seines Lebens mit dem Verlust seines Sehvermögens konfrontiert wird. Dennoch gibt es sicherlich Gemeinsamkeiten; im Rahmen dieser Arbeit gehe ich auf die Differenzierung zwischen Geburtsblinden und Späterblindeten jedoch nur am Rande ein.

---

13   Zur Definition und Abgrenzung der Begriffe "Sehbehinderung" und "Blindheit" s. z.B. Bauman (1969); Krähenbühl (1977, S. 17); Landau et al. (1978, S. 159); Scott (1969, S. 39); Mersi (1985). Kritische Anmerkungen zum Blindheitsbegriff macht Thimm (1968). Zwar sind die Abgrenzungskriterien international weitgehend einheitlich, doch gibt es Unterschiede in der Nomenklatur: z.B. werden Sehbehinderte in der Schweiz (früher auch in der ehemaligen DDR) als "Sehschwache" bezeichnet.

2 Sehschädigung als Stigma

2.1 Einstellungen gegenüber behinderten Menschen und der Goffmansche Stigma-Ansatz

Seit den 1970er Jahren wurden auf der Grundlage des gewandelten Paradigmas die sozialen Reaktionen und Einstellungsmuster auf von kollektiven Normvorstellungen abweichende, in unserem Falle behinderte Menschen in zahlreichen empirischen Studien eingehend untersucht (s. die zusammenfassende Darstellung bei Cloerkes 2001, Kapitel 5). Insgesamt zeigt sich,

* daß die Einstellungen gegenüber behinderten Menschen nach wie vor ambivalent und eher starr sind,
* daß Menschen mit psychischen oder geistigen Behinderungen negativer beurteilt werden als körperlich oder Sinnesbehinderte,
* daß die Schwere der Behinderung weniger ausschlaggebend für die Beurteilung zu sein scheint und daß eine ästhetische Beeinträchtigung negativer bewertet wird als eine funktionale,
* daß die Bewertung besonders negativ ausfällt, wenn der Betroffene für seine Behinderung selbst verantwortlich gemacht wird (Tröster 1990),
* daß Frauen Behinderte eher zu akzeptieren scheinen als Männer,
* daß sozioökonomischer Status, Bildung und Faktenwissen des Einstellungsträgers keineswegs eine positive Haltung gegenüber Behinderten zur Folge haben müssen,
* daß es zu zahlreichen Interaktionsstörungen zwischen Behinderten und Nichtbehinderten kommt (s. Kapitel 2.5),
* daß die Haltung gegenüber Behinderten gekennzeichnet ist durch den Konflikt zwischen originären affektiven und offiziell erwünschten positiven Impulsen,
* daß Angst vor dem behinderten Menschen und davor, selbst behindert zu werden, eine zentrale Kategorie ist (Cloerkes 1985, S. 121 ff.),
* daß Kontakt mit Behinderten ein wichtiger Einstellungsfaktor ist, der allerdings keineswegs zwangsläufig positive Einstellungen bewirkt (Cloerkes 2001, S. 76 ff.).

Die Aussagekraft solcher und ähnlicher Befunde ist aus methodischen Gründen umstritten, besteht doch die Gefahr sozial erwünschter verbaler Antworttendenzen, die nicht unbedingt Rückschlüsse auf das konkrete Verhalten im Umgang mit behinderten Menschen zulassen (Cloerkes 2001, S. 82 ff.).

Nickel (1999) stellt die Frage, ob es in den letzten beiden Jahrzehnten angesichts der Krüppel-, Selbstbestimmt-Leben- und Selbsthilfebewegung, integrativer Beschulung etc. zu Einstellungsänderungen gekommen ist und sichtet die (nicht allzu zahlreich) vorliegenden empirischen Befunde. Demnach sind Alltagskontakte zwischen behinderten und nichtbehinderten Menschen häufiger geworden, Behinderte sind in der Öffentlichkeit präsenter als früher. Während Kurth et al. (1994) von einer neuen integrativen Bereitschaft sprechen, sind die Befunde insgesamt widersprüchlich und mitnichten durchweg ermutigend. Vermehrtes Wissen und wachsende Toleranz gehen nicht zwangsläufig mit erhöhter Akzeptanz und Kontaktbereitschaft einher, und vielerorts ist durchaus eine erneut zunehmende Behindertenfeindlichkeit zu beobachten: Die Gewaltbereitschaft gegenüber behinderten Menschen nimmt zu.[14] Auch das alte eugenische Denken ist alles andere als überwunden (Brill 1994; Cloerkes 2001, S. 84, s.a. Kapitel 2.5.1).

Vor diesem Hintergrund kommen wir, wenn wir uns mit der Identitätsentwicklung behinderter Menschen beschäftigen wollen, auch zu Beginn des dritten Jahrtausends nicht umhin, uns mit Vorurteilen und Stigma-Prozessen auseinanderzusetzen. Der Stigma-Ansatz E. Goffmans hat (leider) nichts an Aktualität verloren. Ein soziales *Vorurteil* ist eine ausgesprochen negative, änderungsresistente Einstellung. Stigmatisierung ist der Sonderfall eines Vorurteils. Ich verzichte darauf, das weithin bekannte Goffmansche Stigma-Konzept umfassend zu referieren und verweise auf die hierzu vorliegende Literatur.[15] An dieser Stelle gebe ich lediglich eine kurze

---

14   Frühauf u. Niehoff (1994) sprechen von einer nachweislich gesunkenen Hemmschwelle bei Gewaltanwendungen gegenüber Behinderten. Dies sei im Kontext übergeordneter Randgruppenfeindlichkeit infolge einer schwierigen wirtschaftlichen Situation und sozial ungleichmäßig vorgetragenen Sparbemühungen zu interpretieren. Diese als "neue Behindertenfeindlichkeit" bezeichnete Ablehnung basiere andererseits auf alten, ungebrochenen Einstellungen, die in der derzeitigen gesellschaftlichen Situation wieder massiv hervorbrechen (Niehoff 1990, Feuser 1995).

15   Zusammenfassende Darstellungen finden sich bei Hohmeier (1975, S. 6 f.) sowie - auf Blindheit bezogen - bei Krähenbühl (1977, S. 13 ff.), außerdem bei Cloerkes (2001, S. 134 ff.), der eine kritische Würdigung vor dem Hintergrund neuerer Forschungsergebnisse vornimmt.

Definition zur Erinnerung und stelle einige Mutmaßungen über mögliche Funktionen und Ursachen von Stigma-Prozessen an:

Die Griechen schufen diesen Begriff und meinten damit

> "körperliche Zeichen, die dazu bestimmt waren, etwas Ungewöhnliches oder Schlechtes über den moralischen Zustand des Zeichenträgers zu offenbaren." (Goffman 1967, S. 9)

Seither hat sich die Bedeutung des Stigma-Begriffs gewandelt:

> "Später, in christlichen Zeiten, wurden dem Begriff noch zwei metaphorische Inhalte hinzugefügt: Der erste bezog sich auf körperliche Zeichen göttlicher Gnade, die in der Form von Blumen auf der Haut aufbrachen; der zweite, eine medizinische Anspielung auf diese religiöse Anspielung, bezog sich auf körperliche Zeichen physischer Unstimmigkeit. Heute wird der Terminus weitgehend in einer Annäherung an seinen ursprünglichen wörtlichen Sinn gebraucht, aber eher auf die Unehre selbst als auf deren körperliche Erscheinungsweise angewandt." (a.a.O., S. 9)

Ein Stigma ist ein Merkmal einer Person, das darauf hinweist, daß sie in unerwünschter Weise von den an sie gestellten Erwartungen abweicht.[16] Es ist ein Attribut, durch das sie "von einer ganzen und gewöhnlichen Person zu einer befleckten, beeinträchtigten herabgemindert" wird (a.a.O., S. 10 f.). An anderer Stelle drückt Goffman diesen Sachverhalt so aus:

> "Ein Individuum, das leicht in gewöhnlichen sozialen Verkehr hätte aufgenommen werden können, besitzt ein Merkmal, das sich der Aufmerksamkeit aufdrängen und bewirken kann, daß wir uns bei der Begegnung mit dem Individuum von ihm abwenden, wodurch der Anspruch, den seine anderen Eigenschaften an uns stellen, gebrochen wird. Es hat ein Stigma, das heißt, es ist in unerwünschter Weise anders, als wir es antizipiert hatten." (a.a.O., S. 13)

Goffman unterscheidet drei Typen von Stigmata:

> "Erstens gibt es Abscheulichkeiten des Körpers - die verschiedenen physischen Deformationen. Als nächstes gibt es individuelle Charakterfehler, wahrgenommen als Willensschwäche, beherrschende oder unnatürliche Leidenschaften [...].

---

16 Goffman bezeichnet dies als Diskrepanz zwischen "virtual social identity" und "actual social identity", was (wie ich finde, etwas ungeschickt) mit "Diskrepanz zwischen virtualer und aktualer sozialer Identität" ins Deutsche übersetzt wurde (a.a.O., S. 11).

Schließlich gibt es die phylogenetischen Stigmata von Rasse, Nation und Religion." (a.a.O., S. 12 f.)

Nun stellt sich die Frage, welchen *Funktionen* Stigma-Prozesse dienen und auf welche *Ursachen* sie zurückgeführt werden könnten. Versuche, Entstehung und Aufrechterhaltung von Stigmatisierung zu erklären, stoßen allerdings auf erhebliche methodische Probleme. Finden sich korrelative Zusammenhänge zwischen Phänomenen, die auf die Stigmatisierung einer bestimmten Personenkategorie hindeuten, und anderen Variablen (z.B. ökonomischen Bedingungen der untersuchten Gesellschaft), kann man Kausalzusammenhänge lediglich vermuten, nicht jedoch zwingend ableiten. Aus Beobachtungen an Tieren lassen sich zwar Hypothesen über eine phylogenetische Verankerung der Stigmatisierungsvorgänge, nicht aber eindeutige Schlußfolgerungen ableiten. Noch schwieriger wird es, wenn es um komplexe systemische Zusammenhänge geht, etwa die Frage, welche Rolle die Stigmatisierung bestimmter Personengruppen bei der Aufrechterhaltung oder Wiederherstellung der Homöostase eines Individuums, einer Familie, Gruppe, Subkultur oder Gesellschaft spielen könnte. Vor diesem Hintergrund verwundert es kaum, daß die bisherigen Aussagen zu diesem Thema eher spekulativer Natur sind und sich nur unzureichend auf empirische Belege stützen können. Die Erforschung solcher Zusammenhänge wäre jedoch aus theoretischem ebenso wie handlungsleitendem Interesse wünschenswert. Will man auf konstruktive Veränderungen i.S. einer Entstigmatisierung hinarbeiten, benötigt man solches Wissen; fehlt dieses, könnten noch so gut gemeinte Bemühungen (z.B. Informationskampagnen in den Medien) an der Oberfläche bleiben und wenig erfolgversprechend sein. An anderer Stelle (Glofke-Schulz 2007, Kapitel 4) habe ich daher einige Hypothesen zusammengetragen und erläutert. Hier soll nur ein knapper Überblick gegeben werden:

2.1.1 Mögliche Funktionen von Stigmatisierung

* Erzeugung von Konformität (Goffman 1967, S. 170)
* Mittel formaler sozialer Kontrolle (a.a.O., S. 170)
* Ausschaltung von Minoritäten aus bestimmten Bereichen der Konkurrenz (a.a.O., S. 171)
* Einengung von Entscheidungen der Partnerwahl (a.a.O., S. 171)

* Orientierungsfunktion in der Interaktion, Reduktion von Verhaltensunsicherheit (Hohmeier 1975, S. 10 ff.)
* Projektion verdrängter Triebansprüche (Allport 1954, S. 384 ff.)
* Identitätsstrategien: Externalisierung nicht akzeptierter Ich-Anteile, z.b. eigener Abweichungstendenzen, Schwächen etc. (Hohmeier 1975, S. 11)
* Gesamtgesellschaftliche Funktionen, z.b. Ausübung von Herrschaftsfunktionen, Regelung des Zugangs zu knappen Gütern, Ablenkung von anderen (ökonomischen, ökologischen, politischen usw.) Problemen und Antagonismen (Hohmeier 1975, S. 12).

2.1.2 Mögliche Ursachen von Stigmatisierung

1. Die Tendenz zur Stigmatisierung als "anthropologische Grundkonstante"
Hier wird ein naturhaftes oder anerzogenes Bedürfnis nach Unterscheidung vom Anderen, nach Triebentladung von Aggressionen, nach Projektion belastender Ansprüche sowie nach Entlastung durch Orientierung an übernommenen Vorurteilen als Erklärung für Stigma-Prozesse angenommen (Hohmeier 1975, S. 21). Ethologische Studien, die in diesem Zusammenhang von Interesse sind, zeigen widersprüchliche Ergebnisse: Bei Menschenaffen etwa wurde Ausgrenzung ebenso gefunden wie besondere Fürsorglichkeit (Goodall 1986, 1991; De Waal 1995). Vor dem Hintergrund der Annahme, die Tendenz zur Stigmatisierung sei eine anthropologische Grundkonstante, beurteilt Cloerkes die Chancen für eine Änderung der negativen Bewertung von Behinderung, beispielsweise über neue, humanere Wertorientierungen in einer weniger leistungsorientierten Gesellschaft, eher skeptisch. Er vermutet, daß der Umgang mit Abweichungen von gattungsspezifischen Normalitätserwartungen auch langfristig kaum zu beeinflussen sein dürfte; dennoch gebe es einen gewissen Spielraum für Änderungen der Reaktionen auf behinderte Menschen (Cloerkes 2001, S. 106 ff.).

2. Erklärung aus den historisch-ökonomischen Verhältnissen
Einige Autoren versuchen, den Umgang einer Gesellschaft mit ihren behinderten Mitbürgern (und den Angehörigen anderer Randgruppen) aus ihrem jeweiligen, vor allem ökonomischen Zustand abzuleiten. Der Umgang mit diesen Personengruppen verbessere sich, wenn das Produktionsniveau steige, wenn Reichtümer gleichmäßiger verteilt und Erfolgskriterien weniger

formal definiert würden und wenn die Strukturen weniger hierarchisch seien (Stoetzel 1967, S. 979). Hohmeier betrachtet folgende Faktoren als besonders relevant:

*   Interessen globaler Institutionen und gesellschaftlicher Machtgruppen, Herrschaftsstruktur einer Gesellschaft[17]
*   Dynamik gesellschaftlicher Differenzierung, insbesondere Herausbildung immer neuer Normen (z.b. des Aussehens[18], der Fitneß, der Leistungsfähigkeit)
*   Zweck-Mittel-Orientierung unserer Gesellschaft: Rationalisierung der gesellschaftlichen Verhältnisse, an die sich bestimmte Personengruppen, insbesondere Behinderte, nicht oder nicht vollständig anpassen können.

Jantzen (1974) leitet die Stellung behinderter Menschen aus den kapitalistischen Produktionsverhältnissen ab (s.a. Pielasch u. Jaedicke 1971); das ästhetische Ideal entstamme dem Fetisch des Warenmarktes. Rohr stimmt insoweit überein, als sie feststellt, daß beeinträchtigte Menschen der Warenästhetik in aller Regel nicht genügen. Allerdings beschränkt sie ihre Thesen nicht auf die Bedingungen einer kapitalistischen Gesellschaftsform, sondern stellt fest, daß Behinderte gegen jahrtausendealte ästhetische Normen verstoßen, in welche allerdings stets die Wesensmerkmale des jeweiligen Gesellschaftssystems eingingen. Wer diesen ästhetischen Normen nicht entspreche, dem werde wenig zugetraut (Ästhetisierung der Funktionalität) (Rohr 1995).

Macht man die historisch-ökonomischen Bedingungen für die Entstehung der Stigmatisierung Behinderter verantwortlich, wären - was oft nur unzureichend geschieht - diejenigen Bedingungen zu explizieren und hinsichtlich ihrer Realisierung und Realisierbarkeit zu überprüfen, unter denen Menschen mit Behinderungen eine gleichberechtigte Stellung innerhalb der Gesellschaft einnehmen könnten. Thimm sieht außerdem die Gefahr, die biologistische oder psychologistische durch eine soziologistische Ontologisierung des Forschungsgegenstandes zu ersetzen (Thimm 1975, S. 152 f., s.a. Kapitel 4.1).

---

17   Niedecken spricht von "Phantasmen" und meint damit "jene psychischen Konfigurationen, in denen Gesellschaften ihre Herrschaftsstrukturen in den Individuen gesellschaftlich unbewußt absichern, sie wie unabänderlich und naturgegeben erscheinen lassen." (Niedecken 1993, S. 113).

18   s. hierzu Lippert (2006), Rohde-Dachser (2007)

3. Der "Gotteskomplex" als kollektives narzißtisches Dilemma

H.E. Richter (1979, 2006) sieht die von ihm beobachtete Unfähigkeit des abendländischen Menschen, mit Schwäche, Leiden, Zerbrechlichkeit und der Endlichkeit der menschlichen Existenz umzugehen, im Zusammenhang mit einer kulturgeschichtlichen Entwicklung, die zu dem führte, was er den "Gotteskomplex" nennt. Dieser läßt sich charakterisieren als kollektive, unbewußte narzißtische Wunde des modernen abendländischen Menschen und entspricht in seinem Erscheinungsbild großenteils dem, was uns auch auf individueller Ebene als narzißtische Störung begegnet mit ihrer spezifischen Dynamik aus Ohnmachtserleben und Allmachtsphantasien , Minderwertigkeitsgefühl und Besetzung eines aufgeblasenen Größenselbst.[19] Nach Richter hatte der Mensch des ausgehenden Mittelalters durch seinen Ausstieg aus Unmündigkeit und blindem Gehorsam das Vertrauen in die göttliche Vaterfigur, somit die vorherige Geborgenheit seiner "Gotteskindschaft" verloren. Da dies nicht nur eine Befreiung, sondern auch bedrohlich war, identifizierte er sich zunehmend mit göttlicher Allwissenheit und Allmacht (Richter 1979, S. 23). Wie wir es aus der individuellen Pathogenese narzißtischer Störungen kennen, floh der Mensch aus "narzißtischer Ohnmacht" in "narzißtische Omnipotenz", leugnete dies aber durch rationalisierende Theorien. In Franz Schuberts "Winterreise" heißt es: "Will kein Gott auf Erden sein, sind wir selber Götter!" Der Wunsch nach "absoluter Selbstgewißheit und der intellektuellen Beherrschung der Umwelt" (a.a.O., S. 29) um den Preis unkritischer Selbstüberschätzung als Abwehr der Ohnmachtsangst habe zur Unfähigkeit geführt, diejenigen natürlichen Abhängigkeiten zu registrieren und zu akzeptieren, die das menschliche Leben begrenzen. Das Streben nach göttlicher Allmacht habe zur "Krankheit, nicht leiden zu können" geführt (a.a.O., S. 127), zur Unfähigkeit, Schwäche, Krankheit, Unvollkommenheit und Tod als zur menschlichen Existenz gehörig anzunehmen. Verstehe sich der Mensch der Neuzeit in erster Linie als herrschaftliches, unterwerfendes Wesen, sei wenig Platz für Qualitäten wie Dankbarkeit, Leidensfähigkeit, Trauer oder Sympathie (Richter 2006, S. 20). Richter beschreibt verschiedene Abwehrstrategien, die der Selbststabilisierung durch Leidensausschaltung dienen sollen: Leidensvernichtung, Leidensflucht und Leidensverachtung. Zu

---

19   Der interessierte Leser sei auf die inzwischen sehr umfangreich vorhandene Literatur zu diesem Thema verwiesen. Exemplarisch seien hier nur genannt: Asper (1987); Johnson (1988); Kernberg (1978); Kohut 1973); Röhr (1999).

diesen Strategien gehören Verhaltensweisen und psychodynamische Mechanismen, deren Ähnlichkeit mit der Dynamik von Stigmaprozessen
unverkennbar ist:
* Verwandlung von Leiden in projektiven Haß
* kollektive Vorurteilsbildungen gegen Gruppen, Gewohnheiten oder
  Ideologien (a.a.O., S. 134)
* Wahrnehmungseinengungen und -verzerrungen
* generalisierte Entwertung
* ins Paranoide gesteigerte Befürchtung, "von Feinden unterwandert,
  verführt, angesteckt und verdorben zu werden" (a.a.O., S. 135)
* fehlende Revision falscher Vermutungen und Generalisierungen
  durch logische Belege usw..

Ist Leidfreiheit das angestrebte Ziel, ist es folgerichtig, daß kranke,
behinderte und alte Menschen abgelehnt und in möglichst großer sozialer
Distanz zur übrigen Gesellschaft gehalten, also stigmatisiert und ausgegrenzt werden. Der Anblick von Behinderungen schüre Angst, weil diese an
die eigene Zerbrechlichkeit erinnern (Richter 2006, S. 194). Richter liefert
also - vor seinem psychoanalytischen Hintergrund - einen gut nachvoll-
ziehbaren kulturgeschichtlichen Erklärungsversuch für eine Reihe gegen-
wärtiger kultureller Erscheinungen, deren eine die Stigmatisierung
behinderter Menschen ist.

4. Blindheit als Symbol

In unserer Kultur weit verbreitete Stereotype Vorstellungen und (tief im
Unbewußten verankerte) symbolische Konnotationen der Begriffe "Blindheit" und "Sehen", "Licht" und "Dunkelheit" etc. dürften zur Befangenheit
im Umgang mit sehgeschädigten Menschen und zu ihrer Stigmatisierung
beitragen. Nach einigen begrifflichen Vorklärungen werde ich in den folgenden Abschnitten auf diese sehschädigungsspezifischen Teilursachen von
Stigma-Prozessen etwas näher eingehen, bevor dann die vielen Gesichter
der Stigmatisierung und ihre Folgen beleuchtet werden.

2.2 Stereotyp, Vorurteil und Stigmatisierung

Um Stigmatisierung aufrechterhalten und rechtfertigen zu können, konstruieren die "Normalen"[20] eine, wie Goffman es nennt, "Stigma-Ideologie", welche die Inferiorität der Stigmatisierten erklären und die Gefährdung durch sie nachweisen soll. Diese Ideologie kann dazu dienen, Animositäten zu rationalisieren, die auf anderen Differenzen - wie z.b. sozialen Klassenunterschieden - beruhen (a.a.O., S. 14). Die Stigma-Ideologie schreibt dem Stigmatisierten zusätzliche Merkmale zu, die in keiner oder nur sehr indirekter Beziehung zu seinem Stigma stehen:

"Wir tendieren dazu, eine lange Kette von Unvollkommenheiten auf der Basis der ursprünglichen einen zu unterstellen und zugleich einige wünschenswerte, aber unerwünschte Eigenschaften anzudichten, oft von übernatürlicher Färbung, wie z.b. 'sechster Sinn' oder 'Intuition'. (a.a.O., S. 14)

Eine solche Stigma-Ideologie kann beispielsweise dazu dienen, die Aussonderung Behinderter in spezielle Einrichtungen dadurch zu rechtfertigen, daß man ihnen Andersartigkeit und das Bedürfnis nach besonders intensiver Pflege oder einem "geschützten Milieu" (Sonderschule, Heim etc.) zuschreibt. Vom Kontakt mit Blinden kann man sich dadurch fernhalten, daß man sie für introvertiert und in sich gekehrt hält und somit die Situation dahingehend umdeutet, es sei der Blinde selbst, der kein Bedürfnis nach Kontakt habe.

Die Stigma-Ideologie stützt sich auf ein *Sammelsurium stereotyper Vorstellungen und Vorurteile*. Ein *Stereotyp* ist eine

"häufige, in Form und Inhalt gleichartige motorische oder sprachliche Äußerung eines Individuums. In der Sozialpsychologie werden damit Vorstellungen gemeint, die eine Gruppe von sich oder anderen hat, beschränkt sich aber in der Regel auf Auffassungen, die innerhalb einer Gruppe eine relativ geringe Streuung aufweisen und deshalb für diese Gruppe charakteristisch sind; sie stellen häufig vereinfachte und generalisierte Urteile dar, weil für die betreffende

---

20   Ich setze diesen von Goffman verwendeten Begriff in Anführungszeichen, da mir die Kennzeichnung Nichtstigmatisierter und Stigmatisierter als "normal" bzw. "unnormal" fragwürdig erscheint. Der Begriff "normal" impliziert, sofern er nicht eindeutig anders definiert wird, neben seiner Aussage über die quantitative Abweichung von einer statistischen Norm (normalistischer Normalitätsbegriff) eine Wertung, die sich auf die Abweichung von einem Soll-Wert (protonormalistischer Normalitätsbegriff) bezieht. Zur Diskussion des Normalitätsbegriffs s. a. Waldschmidt (2003).

Auffassung keine unmittelbare individuelle Erfahrung im Umgang mit dem Objekt vorliegt, und dienen deshalb als Gruppennorm der Orientierungserleichterung und dem Zugehörigkeitsnachweis für Individuen zu bestimmten Gruppen". (Clauss et al., 1981, S. 596 f.)

Stereotype dienen der Angstreduktion, indem sie eine (vermeintliche) Orientierung in einer schwer durchschaubaren Welt bieten. Ein Stereotyp ist eine übermäßige Typisierung (Secord u. Backman 1976, S. 38) oder, anders ausgedrückt, eine "Urteilssimplifizierung" mit der Folge, daß die Aufmerksamkeit auf bestimmte Klassen von Informationen gerichtet und auf andere nicht gerichtet wird (Irle 1975, S. 105 ff.). Die aufmerksamkeitssteuernde Funktion des vereinfachten Urteils trägt zur Aufrechterhaltung des Stereotyps bei, da es nicht zur Aufnahme ergänzender oder diskrepanter Informationen kommt.

Die meisten Sehenden haben keine oder wenig persönliche Beziehungserfahrungen mit Blinden. Das folgerichtig unvollständige Bild wird nun durch die Zuschreibung verschiedenster Eigenschaften ausgefüllt (Monbeck 1973, S. 79; s. dazu Kapitel 2.3).

Bei noch so vorsichtigem Optimismus ist allerdings nicht davon auszugehen, daß alle inadäquaten Vorstellungen über behinderte Menschen lediglich Vereinfachungen auf Grund mangelnder Information sind. Die Wahl der behaupteten Merkmale dürfte kaum zufällig sein; vielmehr ist anzunehmen, daß ganz bestimmte, emotional getönte und meist unbewußte Prozesse mitverantwortlich dafür sind, worin die Vorstellungen im einzelnen bestehen (s. Kapitel 2.4). Ist dies der Fall, sprechen wir von einem *Vorurteil,* einer Sonderform unter den Stereotypen. Ein Vorurteil ist

"eine negativ getönte, feindliche Einstellung gegenüber Gruppen oder einzelnen Mitmenschen, die sich als stereotype Überzeugung äußert oder auf solche zurückführbar ist. Es wird dabei angenommen, daß Vorurteile weniger auf Umweltaufschluß (Wahrnehmung, Information durch andere) als auch persönlichkeitsspezifische Prozesse (z.B. Verarbeitung der erfahrenen Erziehung u.ä.) zurückgehen. [...] Allport betont den besonderen Umstand, daß es sich um fehlerhafte und gleichzeitig festgefügte (unflexible) Verallgemeinerungen handelt." (Drever u. Fröhlich 1977, S. 317 f.)

Als besondere Merkmale des Vorurteils bezeichnet Irle dessen Änderungsresistenz sowie die Tendenz zur Dichotomisierung (in getrennte Klassen) und Generalisierung (bei hoher Variabilität der Stimulus-Situation ist die Variabilität der Urteile minimal) (Irle 1975, S. 385 ff.).[21]

Die Änderungsresistenz als wesentliches Merkmal eines Vorurteils meinte Albert Einstein, wenn er sagte, ein Atomkern sei leichter zu spalten als ein Vorurteil. In seiner Posse: "Der Talisman" aus dem Jahre 1840läßt Johann Nestroy (1801 - 1862) seinen (wegen seiner roten Haare stigmatisierten) Helden Titus Feuerfuchs sagen:

> "Das Vorurteil is eine Mauer, von der sich noch alle Köpf', die gegen sie ang'rennt sind, mit blutige Köpf' zurückgezogen haben" (Nestroy 1840/1982, S. 9).

Die Unterscheidung zwischen Stereotyp und Vorurteil gewinnt praktische Bedeutung, wenn es um die Frage geht, ob und wie stereotype Vorstellungen über bestimmte Personengruppen ausgeräumt werden können: Beruhen diese Vorstellungen lediglich auf Informationsdefiziten, dürften sie durch Information und vor allem durch die Herbeiführung direkter Kontakte leicht veränderbar sein. Soweit sie jedoch vorurteilhafter Natur sind, dürften Information und Kontakt nicht den gewünschten Effekt haben, da selektive Wahrnehmung, Wahrnehmungsverzerrungen und Umdeutungen ermöglichen, kognitive Dissonanzen nicht entstehen zu lassen oder so zu verarbeiten, daß das Vorurteil nicht revidiert werden muß.[22] In solchen Fällen ist es notwendig, die Aufmerksamkeit mehr auf die (überwiegend emotionalen) Wurzeln des Vorurteils als auf dieses selbst zu richten.

Zum Schluß dieses Abschnitts komme ich auf die Beziehung zwischen Stereotyp bzw. Vorurteil und Stigmatisierung zurück: Diese Beziehung dürfte komplexer sein, als aus Goffmans Darstellung hervorgeht. Goffman beschreibt einen wichtigen Aspekt, wenn er sagt, die Stigma-Ideologie werde mit dem Ziel konstruiert, die Inferiorität des Stigmatisierten zu beweisen und damit die Stigmatisierung zu rechtfertigen. Jedoch kann sie ebenfalls Ursache und Folge von Stigmatisierungsprozessen sein: Ursache insofern, als Vorurteile erst zur Stigmatisierung ihres Objekts führen. Folge insofern, als Stigmatisierung zur Isolierung und Aussonderung der Stigmaträger und somit dazu führt, daß die "Normalen" in ihrem täglichen Umgang den Stigmatisierten nicht begegnen, dadurch immer weniger über sie wissen und infolgedessen stereotype Vorstellungen über sie entwickeln.

---

21   Zur Psychologie des Vorurteils vgl. Allport (1954) und Barres (1974; 1978)
22   s.a. Cloerkes (2001, S. 106 ff. und S. 158 ff.)

So entsteht ein Teufelskreis: Stigmatisierung führt zu Stereotypisierung, diese zu weiterer Stigmatisierung und so fort. Ein Anfangspunkt dieses Prozesses läßt sich dann nicht mehr finden und als primäre Ursache postulieren. Systemisches Denken wird uns hier weiterführen als die Suche nach Kausalketten. Maßnahmen, die den Abbau von Stigmatisierung zum Ziel haben, müssen die Komplexität dieses Bedingungsgefüges berücksichtigen. Die gemeinsame Beschulung behinderter und nichtbehinderter Kinder etwa dürfte zwar keine schnellen Wunder wirken, langfristig jedoch dazu beitragen, den genannten Teufelskreis aufzubrechen.[23]

2.3 Das Blindheitsstereotyp

Sehbehinderte bzw. blinde Menschen stoßen in ihrem Kontakt mit Normalsichtigen auf bestimmte Vorstellungen, die sich diese davon machen, wie Sehgeschädigte angeblich sind, wie sie leben und welche Auswirkungen die Behinderung auf sie hat. Natürlich muß man mit Generalisierungen vorsichtig sein - die Vorstellungen, die sich Behinderte von den Stereotypen Nichtbehinderter machen, könnten sonst leicht selbst zum Stereotyp werden. Bei aller gebotenen Vorsicht lassen sich dennoch wiederkehrende und oft schwer korrigierbare Vorstellungsmuster identifizieren:

Zunächst einmal wissen die meisten Menschen wenig über praktische Probleme, die eine Sehschädigung mit sich bringt, wie und wovon blinde bzw. sehbehinderte Menschen leben, wozu sie fähig sind und wozu nicht, wann sie Hilfe brauchen und, wenn ja, wie diese aussehen müßte. Über Techniken des Umgangs mit einer Sehschädigung ist nur den wenigsten etwas bekannt:

Beispielsweise erlernt man im Mobilitätstraining Techniken, wie man mit Hilfe des Langstocks eine abwärts führende Treppe finden und sicher hinuntergehen kann. Wohl jeder, der mit dem Langstock unterwegs ist, weiß darum, wie unangenehm, u.U. sogar gefährlich es sein kann, von einem Passanten (oftmals noch dazu ungefragt) am Arm gepackt und die Treppe hinuntergezerrt zu werden. das eigene, effektive Orientierungsverhalten

---

23   So fanden Breitenbach u. Ebert (1997) bei ihrer Untersuchung an nichtbehinderten Mitschülern geistig behinderter Kinder tendenziell eine geringere soziale Distanz, eine realistischere Einschätzung der Behinderung und weniger Vorurteile. Die Behinderung schien gegenüber der sonstigen Persönlichkeit nicht mehr so sehr im Vordergrund zu stehen, und es gab mehr ausgeglichene Austauschbeziehungen.

wird unterbrochen, was nicht selten zu höchst stolperträchtigen Situationen führen kann. Jeder Betroffene dürfte die Erleichterung kennen, die er spürt, wenn er einer solchen mißlichen Lage mit heiler Haut entkommen ist. Manchmal genügt in solchen Situationen ein erklärender Satz, um das Mißverständnis aus der Welt zu schaffen. Mitunter ist es aber schwer bis unmöglich, den eifrigen Helfer davon zu überzeugen, daß seine "Hilfeleistung" unnötig oder ungeeignet ist.

Es gibt bestimmte praktische Dinge, die im Umgang mit einem sehgeschädigten Menschen beachtet werden sollten: So nützt es dem Blinden, der nach dem Weg fragt, herzlich wenig, wenn der Angesprochene mit ausgestrecktem Arm sagt: "Dahinten, hinter dem gelben Haus, müssen Sie rechts abbiegen". Ebenso wenig hat der Blinde davon, wenn ihm jemand bei der Suche nach einem Sitzplatz behilflich zu sein versucht, indem er wortlos auf einen freien Stuhl deutet.

Besonders unangenehm empfinden blinde Menschen es, wenn sie sich (etwa auf einer Party) mit jemandem unterhalten und dieser wortlos weggeht, so daß der Blinde den nächsten Satz ins Leere spricht.[24]

Normalsehende haben i.d.R. bestimmte, stereotype Vorstellungen von den intellektuellen Fähigkeiten und Persönlichkeitseigenschaften sehgeschädigter Menschen. Auffällig ist dabei die Widersprüchlichkeit der Annahmen:

> " Es ist merkwürdig: Einerseits traut man uns Blinden viel zu wenig zu und glaubt, uns beinahe über eine Straße tragen zu müssen; andererseits redet man vom sechsten Sinn, den wir haben sollen." (Haebler 1958)

Diese Widersprüchlichkeit deutet darauf hin, daß sie keineswegs (nur) auf Informationsmangel beruhen. Kirtley vertritt die Auffassung, die Widersprüche stünden ungestört nebeneinander, da sie im Unbewußten gründen (Kirtley 1975, S. 25).

2.3.1 Das Blindheitsstereotyp in der Überlieferung

Stereotype Vorstellungen über Behinderungen haben eine jahrtausendealte Tradition, wie sie uns in historischen Berichten, Mythen, Sagen und Legenden, Märchen, Volkserzählungen, belletristischer und Kinderliteratur

---

24 S. Kaden (1978, S. 6ff.). Nützliche Hinweise finden sich auch in der vom Deutschen Blinden- und Sehbehindertenverband herausgegebenen Broschüre "Nicht so, sondern so".

etc. überliefert wird.[25] Uther (1981) kam bei der Untersuchung des Bildes Behinderter in populären Erzählungen zu folgenden Hauptergebnissen, denen ich einige Ergänzungen aus anderen Quellen hinzufüge:

1.   Behinderte werden fast ausschließlich in stereotypisierter Form dargestellt.

2.   Blindheit taucht in den Erzählungen am häufigsten auf und wird oft als schlimmste aller Behinderungen angesehen (a.a.O., S. 137).

3.   Als Erblindungsursache wird mitunter übermäßiges Weinen angeführt.

4.   Besonders häufig wird Erblindung als Strafe für eine Normverletzung gesehen (a.a.O., S. 17). Die Normverletzung besteht manchmal darin, daß der Bestrafte etwas Unerlaubtes gesehen hat (in einer Version wird die Blendung des Teiresias darauf zurückgeführt, daß er Athene nackt im Bade gesehen habe). Im Neuen Testament wird die Vorstellung, Blindheit sei eine Strafe, allerdings abgelehnt:

> "Und im Vorübergehen sah er einen Menschen, der von Geburt an blind war. Und seine Jünger fragten ihn: 'Rabbi, wer hat gesündigt, dieser oder seine Eltern, daß er blind geworden ist?' Jesus antwortete: 'Weder dieser hat gesündigt noch seine Eltern, sondern die Werke Gottes sollen an ihm offenbar werden'" (Joh. 9, 11 ff., zit. n. Schmidt, 1979, S. 110 f.)

Als christianisierte Form eines alten keltisch-germanischen Aber-glaubens war die Vorstellung weit verbreitet, die Geburt eines behinderten Kindes sei die Strafe dafür, sich mit dem Teufel sexuell eingelassen zu haben; noch Martin Luther sprach von den sog. "Wechselbälgen" und bezeichnete behinderte Menschen als "massa carnis", einen Klumpen Fleisch ohne Seele.[26]

---

25   Zur kulturellen Verwurzelung der Vorstellungen über Behinderte liegen folgende Untersuchungen vor: Esser (1962) beschäftigt sich mit Blindheit in der Antike; Lotz (1966) mit dem Blinden als Gestalt und Metapher in der deutschsprachigen Literatur seit 1945; Lüthi (1966) mit der Darstellung Behinderter im Volksmärchen; Schmidt (1979) mit Behinderten im Alten und Neuen Testament; Uther (1981) mit der Darstellung Behinderter in populären Erzählungen. Das Behindertenbild in der Kinder- und Jugendliteratur untersuchen Zimmermann (1982), Ammann et al. (1987) und Nickel (1999).
26   s. Hafter 1968, S. 59; Cloerkes 1985, S. 316 ff.

Im übrigen wurde Blendung als grausames Machtinstrument, als Strafe oder Rache tatsächlich eingesetzt: Der byzantinische Kaiser Basilaios Bulgaroctonos, genannt "der Bulgarentöter", schickte seine 15.000 Gefangenen allesamt geblendet zu ihrem König zurück, welcher daraufhin am Schock verstarb. Ab dem 6. Jahrhundert gab es in England das Blenden als Alternative zur Todesstrafe (Trevor-Roper 1997, S. 179).

5.   Behinderten werden besonders oft folgende Fähigkeiten und Eigenschaften zugeschrieben:
*   Die Behinderung wird durch andere Fähigkeiten kompensiert: In der indischen Überlieferung entdeckt der Blinde Blumen, die anderen verborgen bleiben (Uther 1981, S. 41). Aristoteles glaubt, Blinde verfügten über vermehrte Gedächtniskraft. Von Blinden wurde angenommen, sie besäßen mystische Fähigkeiten und Geistesgaben, die andere Menschen nicht haben. Hierher gehören die Gestalt des blinden Schamanen (etwa in Lappland[27]) oder des blinden Sehers der Antike (das berühmteste Beispiel ist Teiresias). Man nahm an, die "höchste Schau" eröffne sich erst nach Erlöschen des Augenlichts, da die Sinneseindrücke von den wesentlichen Dingen ablenken (Esser 1962, S. 100). Musiker, Dichter und Philosophen waren oft blind, zumindest stellte man sie sich so vor (Homer etwa galt als blind, obwohl seine tatsächliche Blindheit nicht eindeutig nachgewiesen werden kann). In diesen Zusammenhang gehört auch die sagenhafte Selbstblendung des Demokrit, der glaubte, erst als Blinder könne er ein Philosoph sein (a.a.O., S. 104).
       In der nordischen Sage opfert Odin freiwillig ein Auge, um Weisheit zu erlangen (Rappaport 1976, S. 282).
*   Listigkeit und Schlagfertigkeit (Uuther1981, S. 51)
*   Negative Attribute:
-        Bosheit
-        Einäugige und Blinde besitzen den "bösen Blick"
-        Behinderte als Monster (z.B. Zyklopen)
-        psychischer Defekt, der dem körperlichen entspricht
-        Verbindung mit dem Hässlichkeitsstereotyp
-        betrügerische Bettelei: So werden ein blinder und ein lahmer Bettler auf einer Martinsprozession geheilt und sind darüber sehr erbost. (a.a.O., S. 59 - 75).

---

27   zit. n. Focke (1999)

6. In populären Erzählungen werden Behinderte oft als lächerliche Figuren gezeichnet, die zum Gegenstand des allgemeinen Spotts werden. Ein Beispiel dafür ist der Schweinekampf von Stralsund: jedes Jahr zur Fastnachtszeit mußten Blinde zur allgemeinen Belustigung auf dem Markt-platz mit Spießen Schweine jagen.

7. Mitunter werden Behinderte allerdings auch als positive Leitbilder dargestellt. Im Märchen ist tatsächliche oder scheinbare Hilflosigkeit oft Voraussetzung für die Rettung. In Legende und Sage, aber auch in der Bibel (v.a. in den Apokryphen) werden Wunderheilungen Kranker und Behinderter beschrieben, oft als Belohnung für eine vorbildliche Tat, etwa für die Bestattung eines Toten (a.a.O., S. 120). Im 16. und 17. Jahrhundert werden bevorzugt einzelne Behinderte mit Vorbildcharakter geschildert.

2.3.2 Das Blindheitsstereotyp im Spiegel empirischer Forschung

Nun zu den heutigen Vorstellungen über Blindheit.[28] Die Reihenfolge der genannten Aspekte lehnt sich an diejenige der kulturgeschichtlichen Darstellung an, um die Parallelität der vergangenen und gegenwärtigen Vorstellungen zu verdeutlichen.

1. Stereotypes Fremdbild:
Das Fremdbild Sehender über Blinde ist stereotyp. In empirischen Untersuchungen sind es immer wieder dieselben Eigenschaften, die Blinden zugeschrieben werden, wobei angenommen wird, sie bildeten eine homogene Gruppe (Monbeck 1973, S. 12).

2. Sonderstellung unter den Behinderungen:
Blindheit scheint eine Sonderstellung einzunehmen; 60% der von Thimm (1964) Befragten hielten Blindheit im Vergleich zu Gehörlosigkeit und Körperbehinderung für das schlimmste Übel. Gowman (1956) schreibt, keine Behinderung löse bei Nichtbehinderten so heftige emotionale Reak-

---

28 Fast alle mir zu diesem Thema bekannten Untersuchungen beschäftigen sich ausschließlich mit Blindheit und nicht mit Sehbehinderung, weshalb ich in diesem Abschnitt nicht den zusammenfassenden Begriff "Sehschädigung" verwende. Viele der angeführten Vorstellungen werden aber auch Sehbehinderten entgegengebracht, da Sehbehinderung für die meisten Menschen kein selbständiges Konzept zwischen Sehen und Blindheit ist.

tionen aus wie Blindheit. Nach Landau u. Epstein (1978, S. 157) erregen Blinde weit mehr Aufmerksamkeit als alle anderen Gruppen von Behinderten. Die Autoren fanden in ihrer Untersuchung, daß blinde Kinder im Vergleich zu Kindern mit anderen Behinderungen von Erziehern am meisten abgelehnt wurden. Andere, zumeist allerdings ältere Studien (z.B. Murphy 1961) kommen zu ähnlichen Ergebnissen. Bei deren Interpretation ist eine gewisse Vorsicht insofern geboten, als nicht immer klar zwischen der Behinderung und dem behinderten Menschen differenziert wird.

3. Blindheit als Strafe:
Noch in der Neuzeit glauben nicht wenige Menschen, Blindheit sei die Strafe für begangenes Unrecht oder moralisches Vergehen. In einer Untersuchung von Simmons (1949) hielten 7% der Befragten Blindheit für eine Strafe. Das ist zwar ein relativ geringer Prozentsatz, doch ist zu bedenken, daß es sich hier um offene, verbale Äußerungen handelt. Es ist zu vermuten, daß auf einer weniger bewußten und verbalisierten Ebene weit mehr Menschen Behinderung mit Bestrafung assoziieren. Möglicherweise beruht auch ein Teil der Schuldgefühle, die Eltern behinderter Kinder oft empfinden, auf einer solchen Vorstellung ("was habe ich nur falsch gemacht?").

Moderne Wiederauflagen der alten Klischees sind auf den ersten Blick als solche schwer zu erkennen. Sie können sich daher auf subtile Weise um so destruktiver, weil schwerer durchschaubar, auswirken: Die in den letzten Jahrzehnten in der westlichen Welt zunehmende (oft höchst verkürzte und laienhafte) Rezeption fernöstlichen Gedankenguts etwa läßt, scheint mir, die tradierte Vorstellung von Behinderung als Folge früheren (hier in eine vorherige Inkarnation zurückverlegten) Unrechts wieder fröhliche Urstände feiern (s. etwa den Roman von Hardo 2001). Nahezu Unglaubliches wird mir immer wieder von Patienten berichtet, welchen in (seit Jahren grassierenden) sog. "Familienaufstellungen nach Hellinger" derlei Gedankengut suggeriert wurde - oft mit fatalen psychischen Folgen.

Eine andere, sich wissenschaftlich gebärdende neuzeitliche und säkularisierte Version des immer gleichen alten Aberglaubens findet sich in der Spekulation über vermutete psychosomatische (Kausal-)zusammenhänge der Seheinschränkung bzw. des Sehverlusts. Es kommt vor, daß sehgeschädigte Patienten, die psychotherapeutische Hilfe suchen, allen Ernstes von ihren Therapeuten die Frage zu hören bekommen: "Was wollen Sie nicht sehen?" Vor allem in gut verkauften populärwissenschaftlichen Publikationen werden Gesichtsfeldeinschränkungen, wie sie im Rahmen erblicher Netzhautdegenerationen auftreten, gern auf eine verengte Weltsicht ("Tunnelblick") zurückgeführt oder es wird behauptet, der zentrale Visusverlust bei altersabhängiger Makuladegeneration sei Ausdruck dafür, daß jemand "seine Mitte verloren" habe. Solche und ähnliche Spekulationen[29] sind allein aufgrund ihrer Allgemeinheit und Unspezifität sinnlos, engt sich doch per definitionem bei jeder wie immer gearteten neurotischen Störung die Weltsicht ein, geht doch jedwede psychische Krise mit einem - zumindest vorübergehenden - Verlust der ausbalancierten Mitte einher.

4. Fähigkeiten und Persönlichkeitseigenschaften:

* Zuschreibung von Andersartigkeit (Thimm 1976, S.4). Nach Potts (1944, S. 177) neigen Sehende dazu, die Unterschiede zwischen sich selbst und Blinden entweder überzubetonen oder völlig zu negieren.

* Die vermeintliche Andersartigkeit Behinderter wird oft im Sinne pathologischer Abweichung verstanden. Eine solche Auffassung taucht selbst in der wissenschaftlichen Literatur wiederholt auf: Gesell (zit. n. Kaden 1978) spricht von einer "allgemeinen Vitalitätsminderung" der Blinden, und Scholl schreibt:

> "Der Sehkraft beraubt zu sein, bedeutet eine Reduktion der Lebenserfahrungen des Individuums - nicht nur kognitiv, sondern in gewissem Ausmaß auch der Lebensfreude selbst." (Scholl 1967, S. 102, Übers. d. Verf.)

* Kaplan u. Kaplan (1974) beschreiben Entwicklungsprobleme blinder Kinder, ziehen jedoch die Möglichkeit, daß sich ein blindes Kind auch störungsfrei entwickeln könnte, gar nicht in Betracht.

* In diesem Zusammenhang gehört auch die Erwartung, der behinderte Mensch habe unter seinem Schicksal zu leiden (Dembo et al. 1969, S. 280). Erfüllt er diese Erwartung nicht, stößt er im besten Fall auf Erstaunen, möglicherweise aber auch auf Ablehnung oder Mißtrauen. 80% der von Lukoff u. Whiteman (o.J.) befragten Blinden gaben an, Erstaunen auszulösen, wenn sie ein normales Leben führten. Eine Veranschaulichung liefert der Bericht eines 38-jährigen sehbehinderten Mannes:

> "Wenn ich gut gelaunt bin, singe oder pfeife ich beim Gehen gern leise vor mich hin. Dabei ziehe ich, wenn ich den Blindenlangstock bei mir habe, sehr oft die Blicke von Passanten auf mich. Das Gleiche geschieht, wenn

---

29   zu finden etwa in dem publikumswirksamen Bestseller von Detlefsen u. Dahlke (1989)

ich mit einem Bekannten über die Straße gehe und mich fröhlich und ausgelassen mit ihm unterhalte. Im Gegensatz dazu scheint es niemanden zu wundern, wenn ich dasselbe tue, ohne mich durch den Stock als behindert zu kennzeichnen".[30]

Eine besonders abstruse moderne Variante der Leidenserwartung findet sich zuweilen bei Psychotherapeuten oder anderen (teils selbst ernannten) "Psycho-Experten": Leidet jemand offensichtlich nicht unter seiner Behinderung und wagt gar zu behaupten, er komme gut mit ihr zurecht, wird er gern verdächtigt, er verdränge sein Leiden in neurotischer Weise, wolle es nicht wahrhaben, verleugne seinen uneingestandenen Schmerz etc. Erkrankt er dann aus völlig anderen Gründen psychisch, psychosomatisch oder organisch, wird ihm von "wissenden" Helfern schnell die Erklärung angeboten, er könne seine Behinderung eben nicht akzeptieren. Lehnt der Betroffene eine solche Interpretation ab, zeige das erst recht die Massivität seiner Abwehr. Mag das eher klingen wie eine Satire, höre ich derlei Geschichten in meiner beratenden und therapeutischen Arbeit doch nicht selten. Wie sehr und im Grunde unverändert tradierte Vorstellungen in modernen Mythen weiterleben, ist inzwischen zu einem eigenen und höchst aufschlußreichen Forschungsgebiet geworden:

Thimm (1971) untersuchte das Blindheitsstereotyp mit Hilfe des Polaritätsprofils (zu Methode s. Osgood et al. 1957/1967; Hofstätter u. Tack 1963) und fand folgende Konnotationen des Begriffs "Blindheit": Ernst, gefühlvoll, sanft, friedlich, leise, gehemmt, traurig, geordnet, zurückhaltend, hilfsbereit (Thimm 1971, S. 95). Die weitere Analyse des Datenmaterials ergab eine besonders hohe Korrelation mit dem Faktor "Einsamkeit" ($Q = .64$).

* Auch Monbeck (1973, S. 6) weist darauf hin, daß Blinde als traurig und melancholisch gesehen werden; Sehende glauben, Blinde lebten - auch im übertragenen Sinne - in einer "Welt der Dunkelheit". Ansonsten würden ihnen, so Monbeck, folgende Eigenschaften zugeschrieben: Aggressivität, Hilflosigkeit und Unfähigkeit, ein normales Leben zu führen; außerdem Verinnerlichung und kontemplative Haltung, Überempfindlichkeit, ständige Sehnsucht nach Wiedererlangung des Augenlichts, Schlampigkeit und Langeweile.

---

30   Weitere Beispiele finden sich bei Goffman (1967, S. 149 f.)

* Die sog. *Kompensationsthese* dürfte die am weitesten verbreitete Vorstellung über blinde Menschen sein (a.a.O., S. 16 f.): Einerseits spricht man dem Blinden Fähigkeiten ab und stellt ihn sich als hilflos und abhängig vor, wobei seine angebliche Unfähigkeit sich auch auf Bereiche erstreckt, die überhaupt nichts mit der Blindheit zu tun haben ("spread phenomenon"; s. Wright 1983). Sehende verhalten sich Blinden gegenüber oft so, als seien diese nicht nur blind, sondern auch schwerhörig oder geistig minderbemittelt (z.b. sprechen Sehende dann nicht den Blinden selbst an, sondern seinen Begleiter: "Möchte Ihr Mann etwas trinken?"). Andererseits glaubt man, Blinde kompensierten ihre Behinderung durch besondere Leistungen der anderen Sinne oder außergewöhnliche, mystische Gaben. Schöffler (1956, S. 229 f.) beklagt die Tatsache, daß Blinde entweder als "Wundertiere" oder als "Trottel" behandelt werden. In einer Fragebogenerhebung von Thimm (1964) sprachen 98% der befragten Personen Blinden besondere Gaben zu: Schärfung der anderen Sinne, Musikalität, Religiosität, Versonnenheit.

    Zwar entspricht es durchaus den Tatsachen, daß ein Mensch, dessen Sehvermögen ganz oder teilweise ausfällt, andere Fähigkeiten erwirbt und ausbaut, etwa wenn er seine taktile Sensibilität beim Erlernen der Punktschrift schult. Dank der in jüngster Vergangenheit gewonnenen Erkenntnisse der Neurowissenschaften, insbesondere der Erforschung der neuronalen Plastizität (s. Kapitel 10.1) wissen wir heute mehr um die realen Anpassungs- und Lernleistungen des menschlichen Gehirns, die ermöglichen, sich auf die durch den Sehverlust veränderte Situation flexibel einzustellen. Insofern enthält die Kompensationsthese einen wahren Kern. Zum Stereotyp wird sie jedoch durch unkritische, nicht an der Realität orientierte Verallgemeinerungen, unüberprüfte und irrationale Zuschreibungen und Mystifizierungen (s.a. Nickel 1999).

* Himes (1950) fand bei seiner Untersuchung der Vorstellungen über Blindheit in der amerikanischen Kultur, daß das Konzept des "blinden Bettlers" bei den Sehenden vorherrsche; der Typus des "blinden Genies" gelte als einzigartige und außergewöhnliche Ausnahme, welche die Regel, der Blinde sei ein defizitäres Geschöpf, bestätige.

* Nach der Beschreibung von Chevigny u. Braverman (1950) werden Blinde gesehen, als seien sie von einer mystischen Aura umgeben. Die Zuschreibung ganz besonderer und rätselhafter Gaben äußere sich in

der Interpretation der Leistungen Blinder: Bewältigen sie eine bestimmte Aufgabe, werde dies auf besonderen Mut und spontanes Wachstum statt - wie bei Sehenden - auf Lern- und Problemlösungsprozesse zurückgeführt. Dies stimmt mit Goffmans Beschreibung überein, in der Beurteilung des stigmatisierten Individuums würden die üblichen Interpretationsschemata außer Kraft gesetzt - Blinde sind eben einfach anders, so das Stereotyp (s.a. die Ergebnisse von Lautmann 1972 und Wright 1974).

2.4 Symbolische Bedeutungen von Sehen und Blindheit

Die Begriffe "Sehen" und "Blindheit" sind mit symbolischen Bedeutungen befrachtet, die mit dem unmittelbaren Sehvorgang nichts zu tun haben. In der Alltagssprache spiegelt sich diese Tatsache wider: Kirtley (1975, S. 34 ff.) fand, daß 86% der untersuchten Bedeutungen des Wortes "blind" sich auf etwas anderes als physische Blindheit beziehen, meist verbunden mit negativer Wertung, etwa in Redewendungen wie "blinde Leidenschaft", "blinder Gehorsam", "betriebsblind" usw.. Bei der Begegnung mit einem sehbehinderten oder blinden Menschen assoziiert der sehende Interaktionspartner häufig die symbolischen Bedeutungen der Blindheit:

"Trifft ein Sehender einen Blinden, reagiert er weniger auf das Individuum, das vor ihm steht, als auf das archetypische Muster, das der Blinde in ihm aktiviert. [...] Oft gelingt es uns nicht, zwischen Symbolischem und Wirklichem, zwischen der symbolischen Bedeutung von Sehen bzw. Blindheit und dem physischen Gesichtssinn bzw. dessen tatsächlichem Verlust, zwischen dem 'Schatten' oder dem 'Fremden' und dem einzelnen Individuum, das zufällig blind ist, zu unterscheiden." (Monbeck 1973, S. 149, Übers. d. Verf.)[31]

Die symbolischen Konnotationen von Sehen und Blindheit sind historisch und interkulturell weitgehend invariant, was eine tiefe Verankerung im Unbewußten vermuten läßt. Monbeck (1973, S. 114) bezeichnet Blindheit als *autonomen Komplex*[32]. Eines der Merkmale eines autonomen Komplexes

---

31   Die Begriffe "Schatten " und "Fremder" stammen aus der Analytischen Psycho-logie von C.G. Jung und bezeichnen archetypische Gestalten des Kollektiven Unbewußten.
32   Zum Begriff des autonomen Komplexes in der Analytischen Psychologie s. z.B. Jacobi (1957, S. 7 ff. und 1971, S. 52 ff.)

ist, daß die Person die von ihm ausgehenden Impulse als ich-synton erlebt. Daher sieht sie keine Veranlassung, den Wahrheitsgehalt ihrer Wahrnehmung zu hinterfragen, was einen Teil der Änderungsresistenz des Vorurteils ausmachen dürfte.

Die symbolischen Bedeutungen von Licht, Dunkelheit, Sehen, Auge und Blindheit sind in der Literatur gut dokumentiert und seien deshalb hier lediglich kurz zusammengefaßt:

1. Zur mythologischen Bedeutung des Lichts[33]

Licht ist für alles Lebendige von grundlegender Bedeutung: Es ist Quelle der Energie und Wärme, die alle Wachstumsprozesse benötigen. Es dient der visuellen Wahrnehmung der äußeren Welt und der Einteilung der Zeit durch die astronomischen Rhythmen. Nicht zuletzt für das emotionale Gleichgewicht der Lebewesen ist es unverzichtbar; wir erkennen diesen Zusammenhang an den Winterdepressionen, die sich vor allem in nördlichen Ländern häufen, und an der Wirksamkeit von Lichttherapie bei der Behandlung depressiver Störungen.

Vor diesem Hintergrund ist verständlich, daß in fast allen Völkern und Kulturen dem Licht als Kraftspender überhöhte mythologische Bedeutung in Religionen, Sonnenkulten, aber auch im Aberglauben zuerkannt wird:

In den Naturreligionen wurde den Himmelserscheinungen göttliche Absicht unterstellt. Blitzschlag etwa wurde als göttliche Strafe interpretiert - in der Götterwelt des klassischen Griechenland war es Zeus, der zornig Blitze schleuderte. In der ägyptischen, griechischen und römischen Mythologie gibt es eigene Götter für die Sonne. Der ägyptische Sonnengott Re fuhr mit einer Sonnenbarke über den Himmel. Helios, der griechische Sonnengott, schob den Sonnenwagen über den Himmel und wurde abends abgelöst von der Mondgöttin Selene. Sol invictus, dem römischen Sonnengott, kam so große Bedeutung zu, daß ihm ein eigener Feiertag (dies solis), der Sonntag, gewidmet wurde.

In der japanischen Mythologie gebar Gott, indem er sich die Augen auswusch, die Sonnengöttin, die wiederum Japan und dessen Gottkaiser hervorbrachte (Tevor-Roper 1997, S. 173).

Auch in der christlichen Religion ist Licht von zentraler Bedeutung: Bereits am ersten Schöpfungstag schuf Gott das Licht. Später, Im Neuen Testament, war es der Stern zu Bethlehem, der den Königen aus dem

---

33 Ich beziehe mich hier im wesentlichen auf die zusammenfassende Darstellung von Gerull (2005), außerdem Trevor-Roper (1997).

Morgenland den Weg zur Krippe wies. In der Kirche kommt seit jeher dem Kerzenlicht besondere positive Bedeutung zu. Licht im Zusammenhang mit Heil und Erleuchtung spielt auch im Buddhismus und im Hinduismus eine wesentliche Rolle, dort wohl mehr im metaphysischen Sinne geistiger Erleuchtung.

Als Beispiel für Aberglauben, der sich um das Thema Licht rankt, nennt Gerull (2005) die Astrologie: Die wissenschaftliche Beschäftigung mit den Sternen, die Astronomie, wurde seit jeher begleitet von Wahrsagerei aus den Sternenständen, also der Astrologie. Bis ins hohe Mittelalter hinein seien diese beiden Disziplinen nicht sorgfältig voneinander getrennt worden. Die Astrologie habe in unterschiedlichen Kulturen sehr unterschiedliche Wege eingeschlagen. Die chinesische Astrologie etwa habe völlig andere Sternenbilder und Deutungsmuster aufgebaut als westliche Kulturen. Ich zitiere Gerull:

"Man kann verstehen, daß gerade in früheren Zeiten die unglaublich stabilen Regeln der Himmelsmechanik die Menschen faszinierten und daß diesen Beobachtungen etwas Universelles, Göttliches zugeordnet wurde. Was aber absolut nicht mehr verstehbar ist, erst recht aus heutiger Sicht, ist, daß ein paar ausgewählten Sternchen des Sternenhimmels ein Einfluß auf unser irdisches Geschehen zugeordnet wurde und sogar das individuelle Schicksal jedes einzelnen Menschen. Und dabei wurden ja Sterne willkürlich zu Sternbildern zusammengefaßt, willkürlich mit Namen versehen wie Widder, Jungfrau usw. und diese damit verbundene Symbolik dann wieder willkürlich angewendet." (Gerull 2005)

Vor dem Hintergrund einer immer effizienteren, aber auch nüchternen wissenschaftlichen Erforschung des Lichts sind, so Gerull, Bemühungen verständlich, der emotionalen Bedeutung des Lichts wieder mehr Raum zu schaffen. Welche Blüten dies jedoch treiben kann, schildert Gerull am Beispiel einer Australierin, die durch die Welt reist, um in ihren Vorträgen zu behaupten, der Mensch könne sich ausschließlich mit Licht ernähren, brauche also weder zu essen noch zu trinken. Es sei ein anzustrebender Zustand von Vollkommenheit, von irdischer Nahrung unabhängig zu werden. Merkwürdig findet Gerull, daß solcher Unsinn nicht einmal vor ansonsten durchaus intelligenten und ernstzunehmenden Menschen Halt mache.

2. Sehen und geistig-moralische Fähigkeit

Sehen wird mit *Intelligenz und Bewußtsein* gleichgesetzt (Monbeck 1973, S. 123; Bauman 1969, S. 23). Wörter, die mit Denken und Verstehen zu tun haben, entstammen bevorzugt dem visuellen Bereich (Chevigny u. Braverman 1950, S. 53), etwa in Begriffen wie "Einsicht", "Durchblick" usw. In diesem Zusammenhang steht auch die Verbindung von Auge und Sonne: "Wär' nicht das Auge sonnenhaft, die Sonne tät' es nie erblicken" (Goethe). Der griechische Sonnengott Horus wird durch das menschliche Auge symbolisiert (a.a.O., S. 43). Die Sonne steht für die intellektuelle Kraft des Menschen, aber auch für ein allmächtiges, allwissendes Über-Ich (Thass-Thienemann 1968). Stehen Sehen und Sonnenlicht also für Geist und Moralität, bedeutet Blindheit geistiges Unvermögen, Undifferenziertheit, Unbewußtheit, aber auch Instinkthaftigkeit und Immoralität.

3. Sehen und Kreativität
Sehen bedeutet *Kreativität und magische Kraft,* Aussenden von Licht und Energie; das Dritte Auge symbolisiert übermenschliche Fähigkeit und Intuition (Monbeck 1973, S. 124 ff.). Als Gegenstück dazu steht Blindheit für den Verlust von Macht, Kreativität und Kontrolle (a.a.O., S. 142).

4. Das Auge als "Fenster der Seele"
Das Auge gilt als *"Fenster der Seele"* (Chevigny u. Braverman 1950, S. 66; Monbeck 1973, S. 129; Thass-Thienemann 1968). Wir sind gewohnt, aus dem Augenausdruck eines Menschen Rückschlüsse auf dessen Befindlichkeit, seine Beziehung zu uns, ja sogar auf seinen Charakter zu ziehen: Jemand schaut uns freundlich, liebevoll, mitleidig, wütend ("wenn Blicke töten könnten...") an. Wir empfinden seinen Blick als offen oder verschlagen etc. Der Blinde gilt daher als undurchschaubar und unberechenbar, und zwar ohne großes Nachdenken darüber, ob das Nichtsehen an sich überhaupt diese Form der nonverbalen Kommunikation verunmöglicht oder nicht.[34] Dunkle Brillen, die manche Blinde als Blendschutz tragen müssen, mögen diesen Eindruck verstärken.

5. Der "böse Blick"
In der Überlieferung ist das Auge häufig ein *destruktives Organ.* Das *"böse Auge"* ist ein verbreitetes Motiv (Chevigny u. Braverman 1950, S. 66;

---

34   Im Gegensatz zur weitverbreiteten Auffassung vom Auge als "Fenster der Seele" ergaben Untersuchungen, daß Versuchspersonen den Gefühlsausdruck nicht richtig einschätzen konnten, wenn ihnen Fotos verschiedener Augen vorgelegt wurden. Nach Auffassung der Autoren sind es nicht die Augen selbst, sondern - abgesehen vom Tränenfluß - die Gesichtsmuskeln, die Gefühle ausdrücken (Chevigny u. Braverman 1950, S. 68).

Monbeck 1973, S. 132 ff.; Schauer 1951; Tevor-Roper 1997, S. 176 f.). Der indische Gott Shiva besitzt ein drittes (böses) Auge in der Mitte seiner Stirn, welches er üblicherweise geschlossen hält, weil es sonst alles verbrennen würde. Medusa kann mit ihrem Blick einen Menschen zu Stein erstarren lassen. Indem Loth sich umdreht, wird seine Frau zur Salzsäule, und Orpheus' zwar nicht böser, jedoch verbotener Blick trennt ihn für immer von Eurydike. Tevor-Roper stellt fest, daß dem "bösen Blick" stets eine sexuelle Bedeutung zugeschrieben wurde, und zwar beim Sender ebenso wie beim Empfänger (a.a.O., S. 178). Die Buschmänner glauben, der Blick einer menstruierenden Frau könne einen Mann in einen Baum verwandeln. Manche Indianer verlangten von menstruierenden Frauen, das Lager zu verlassen.

6. Sexuelle Symbolik

Auge und Sehen sind vielfach in ihrer *sexuellen Symbolik* untersucht worden, wie sie sich bereits im letztgenannten Motiv andeutet. Die sexuelle Symbolik des Auges ist in Mythologie, Märchen und Träumen belegt (Chevigny u. Braverman 1950, S. 61).

Dem Sehen kommt phallisch-aggressive (Blank 1957) und oral-rezeptive (Chevigny u. Braverman 1950, S. 62) Funktion zu. Verstärkt wird diese Bedeutung durch die tatsächlich wichtige Rolle, die der Blickkontakt bei der sexuellen Annäherung spielt. In der Umgangssprache sagen wir: "Ich habe mich in X verguckt" oder: "Ich habe ein Auge auf Y geworfen". Die Frage, ob und wie sexuelle Annäherung ohne Blickkontakt möglich ist, wird in Selbsthilfekreisen immer wieder diskutiert.

Blindheit steht symbolisch für Impotenz; Freud (zit. n. Rappaport 1976/1977) bringt die Angst vor Erblindung mit Kastrationsangst in Verbindung. Dient Sehen als Vehikel für Sexualität, gilt Blindheit als Strafe für sexuelle Freizügigkeit:

> "Ödipus stach sich die Augen aus, nachdem er seinen Inzest entdeckte, und die aufdringlichen jungen Männer von Sodom wurden wegen ihrer angeblichen Pläne gegen die Engel geblendet. [...] Und die Androhung der Blindheit war und ist noch immer an manchen Orten die uralte Abschreckung für den masturbierenden Schuljungen." (Tevor-Roper 1997, S. 176)

7. Blindheit als Todessymbol

Schließlich ist Blindheit, wie Gutheil (1951) bei der Analyse von Träumen fand, ein gebräuchliches *Todessymbol.*

Betrachtet man diese symbolischen Bedeutungsfacetten von Sehen versus Blindheit und bedenkt, daß sie unkontrolliert in das bewußte Ich des Individuums einfließen, verwundert nicht, daß sie zur Stigmatisierung sehgeschädigter Menschen beitragen. Da die archetypischen Bedeutungen überwiegend negativ und bedrohlich sind (Bedrohung des Bewußtseins, Immoralität, Impotenz, Tod), begegnet der Sehende dem Sehgeschädigten häufig mit Angst und Ablehnung.

2.5 Die vielen Gesichter der Stigmatisierung und ihre Folgen

Wie äußern sich nun stereotype Einstellungen und Stigmatisierungsprozesse in der Interaktion, wie wirken sie sich auf Lebensmöglichkeiten und Identitätskonstruktionen betroffener Menschen, ihre sozialen Beziehungen und die gesellschaftliche Entwicklung aus?

2.5.1 Vorbemerkung

Die Sonderstellung, die das Blindheitsstereotyp gegenüber den Vorstellungen über andere Behinderungsarten einzunehmen scheint, mag aus den symbolischen Bedeutungskonnotationen des Begriffs "Blindheit" herleitbar sein (s. Kapitel 2.4). Das bedeutet allerdings nicht zwangsläufig, daß blinde Menschen diejenige Behindertengruppe sind, die in unserer Kultur am meisten stigmatisiert und ausgegrenzt wird; erinnert sei an die Feststellung von Cloerkes (2001), daß die soziale Reaktion auf die Behinderung von derjenigen auf den behinderten Menschen unterschieden werden muß. Geistig Behinderte etwa, die ihre Interessen nur schwer oder gar nicht selbst vertreten und kaum am gesellschaftlichen Diskurs teilnehmen können, werden i.d.R. weit mehr abgelehnt und dürften es schwerer haben als Sehgeschädigte, soziale Anerkennung zu finden. Ihre Ausgrenzung in Institutionen ist erheblich stärker ausgeprägt als diejenige Sehgeschädigter.

Trotz aller zu überwindenden Hürden, trotz der im Vergleich zu Nicht-behinderten erheblich schlechteren Berufs- und Karrierechancen gelingt es blinden und sehbehinderten Menschen nicht selten, sich in der Öffent-lichkeit zu profilieren und einen respektablen sozialen Status zu erlangen - sei es als Richter, Musiker, Psychologen, Sozialpädagogen usw.. Einem geistig behinderten Menschen ist ähnliches kaum möglich (eine Ausnahme stellt der inzwischen berühmt gewordene, infolge Down-Syndrom geistig behinderte Schauspieler Bobby Brederloh dar; es wäre zu hoffen, daß Menschen wie er einen allmählichen Wandel einleiten könnten). Geistig Behinderte dürften allein dadurch benachteiligt sein, daß sie sich oft schwer in für Nichtbehinderte verständlicher Weise artikulieren und ihre Rechte und Interessen vertreten können. Durch ihre spezifische Art, sich auszudrücken, ecken sie in der Öffentlichkeit leichter an als Menschen mit anderen Behinderungen: Sitzt etwa eine Gruppe blinder Menschen Karten spielend, erzählend und lachend in einem Garten, wird das kaum jemandem besonders auffallen. Geistig Behinderten hingegen, die sich in einem Garten auf ihre Weise unterhalten und amüsieren, wird, wie einschlägige Gerichtsurteile zeigen, weit weniger Toleranz entgegengebracht.

Das Aussehen geistig (oft mehrfach behinderter) Menschen weicht mitunter mehr als dasjenige Blinder von dem ab, was die Mehrheit für schön zu halten gewohnt ist; so kam es in der Vergangenheit immer wieder vor, daß nichtbehinderte Urlauber sich durch den Anblick einer Gruppe von geistig Behinderten beeinträchtigt fühlten, auf Wertminderung ihres gebuchten Urlaubs klagten und vor Gericht Recht bekamen.

Ohne also behaupten zu wollen, Sehgeschädigte hätten es im Vergleich zu Menschen mit anderen Behinderungen besonders schwer, müssen auch sie sich mit Diskriminierung, Stigmatisierung und Ausgrenzung als keineswegs überwundenen sozialen Phänomenen auseinandersetzen.

2.5.2 Soziale Distanz

Der Stigma-Begriff ist dadurch definiert, daß das stigmatisierte Individuum von sozialer Akzeptierung ausgeschlossen wird. Dies äußert sich im Bestreben der "Normalen", eine möglichst große soziale Distanz zum Stigmaträger zu schaffen und beizubehalten. Distanzschaffende Triebabfuhr hat viele Gesichter: Dazu gehören diskriminierende Äußerungen, Witze, Spott und Hänseleien, Aggressivität und Vernichtungstendenzen. Aber auch scheinbar positive Äußerungen gelten der Abgrenzung, etwa in Form von Mitleid (s. Kapitel 2.5.3), aufgedrängter oder unpersönlicher Hilfe (Spenden usw.) sowie demonstrierter Scheinakzeptierung (Cloerkes 2001, S. 78). Cloerkes zieht eine ernüchternde Bilanz:

"Festzuhalten bleibt, daß echtes Engagement für behinderte Menschen ohne implizite Abwertung, Entlohnung oder Dankbarkeitserwartungen vergleichsweise selten vorkommt." (a.a.O., S. 78)

Das Ausmaß der angestrebten Distanz kann sehr unterschiedlich sein. Das Spektrum reicht von der Zurückweisung enger persönlicher Beziehungen (z.b. einer Eheschließung) bis zur physischen Vernichtung behinderter Menschen. Thimm (1976) fand, daß die Ablehnung, die dem Behinderten entgegengebracht wird, umso größer ist, je geringer in dessen Interaktionsangebot die soziale Distanz ist. Hierher gehört auch, daß derjenige, der das ungeschriebene Tabu bricht und beispielsweise einen behinderten Partner bzw. eine behinderte Partnerin heiratet, mißtrauisch beäugt, selbst stigmatisiert oder pathologisiert wird. So wird etwa gemunkelt: "Wenn er eine so schwer behinderte Frau heiratet, muß er doch wohl ein Helfersyndrom haben." Daß diese Frau neben der Behinderung eventuell noch andere Eigenschaften oder gar Qualitäten haben könnte, kann dann nicht gesehen werden.

Thimm (1976) fand in seiner Untersuchung, daß zwei Drittel der von ihm Befragten es für besser hielten, behinderte Kinder nicht in der Familie zu lassen, sondern in ein Heim zu geben. Die Ausgliederung Behinderter in Heime, Sonderschulen, Werkstätten für Behinderte etc. hat - vor allem seit der Industrialisierung im 19. Jahrhundert - eine lange Tradition und wurde bis heute nicht vollständig überwunden oder auf echte Indikationen (die es durchaus geben mag) reduziert.[35] In den letzten Jahrzehnten wurde versucht, Großinstitutionen (etwa psychiatrische Großkrankenhäuser) durch kleinere, gemeindenahe Einheiten zu ersetzen oder , etwa durch die Bildung von Wohngemeinschaften oder integrativen Beschulungsmöglichkeiten an Regelschulen, ganz auf die institutionelle Betreuung Behinderter zu verzichten. Werden die finanziellen Möglichkeiten jedoch knapper und der Kampf um Pfründe, Profit und soziale Positionen gnadenloser, sind, wie die Erfahrung zeigt, behinderte Menschen und alle sonstigen sogenannten "Schwachen" die ersten, deren Bedürfnisse dem Rotstift zum Opfer fallen. So können mühsam errungene Integrationsfortschritte erneut ins Wanken geraten.

---

35 Zur Beschreibung der Asyle als totale Institutionen s. Goffman (1961; dtsch. 1972). Zur Geschichte der sozialen Lage der Blinden s. Farrell (1956); French (1932); Guttenberg (1968, S. 11 ff.); Pielasch u. Jaedicke (1971); Bach u. Bungart (2006).

Ein weiteres Indiz für das Bedürfnis Nichtbehinderter nach sozialer Distanz zu Behinderten stellen in den Augen Thimms großangelegte Spendenaktivitäten dar (s.a. Klee 1981, S. 79 ff.; Cloerkes 2001, S.78):

"Einen ähnlichen Schutzwall stellt die in weiten Kreisen der Bevölkerung vorhandene Bereitschaft dar, in möglichst großer Distanz zu den Behinderten über anonyme Institutionen Spenden zu geben." (Thimm 1976, S. 4)

Aus diesem Grund geriet die vom ZDF im Zusammenhang mit der Contergan-Katastrophe ins Leben gerufene "Aktion Sorgenkind" ins Kreuzfeuer der Kritik (Heiler 1982). Cloerkes kommentiert mit scharfen Worten:

"Ich erwähne diese Veranstaltung als ein Paradebeispiel für organisierte und gesellschaftlich institutionalisierte Ausnützung von Konflikten und Schuldgefühlen in Bezug auf Menschen mit Behinderungen. Vordergründig sozial wünschenswerte Reaktionen wie Mitleid und unpersönliche Hilfe in Form von Spenden wurden in ein psychohygienisches Massenerlebnis gebracht, das gleichermaßen funktional für alle erscheint. Millionen für die glücklichen Gewinner, Millionen für den guten Zweck. Angesichts der enormen Breitenwirkung [...] ist kritisch anzumerken [...]: Mitleid bedeutet für Behinderte Distanzierung, Abwertung, Reduzierung von der Person, von Menschen auf ein zu verwaltendes soziales Problem. Die showgerechte Vermarktung von Behinderten (Klee) in solchen Fernsehspektakeln erfüllt den Tatbestand einer Herabwürdigung und Beleidigung von Menschen mit Behinderungen. Die Entlastung von Schuldangst ist für den Spender nur temporär; bei nächster Gelegenheit wird er wieder den institutionalisierten Ausweg wahrnehmen und so die soziale Distanz zum Behinderten verewigen." (Cloerkes 2001, S. 110 f.)

Die im Jahre 2000 vorgenommene, seit 35 Jahren geforderte Umbenennung in "Aktion Mensch" deutet einen möglichen Einstellungswandel an: Respekt soll an die Stelle des Mitleids treten, und es soll deutlich werden, daß das uns allen gemeinsame Menschsein im Mittelpunkt steht und nicht eine Behinderung oder sonstige Lebensbedingung.[36] Die weitere Entwicklung bleibt abzuwarten und wird aus den Reihen der Behindertenbewegung kritisch beobachtet. Eine großangelegte Spendenaktion mit ihrem problematischen Beigeschmack bleiben "Aktion Mensch" und ähnliche Initiativen dennoch. Es mag allerdings sein, daß dieser Beigeschmack mit der Zeit in dem Maße verblasst, in dem Sponsoring in verschiedensten Bereichen

---

36   s.a. Schuchardt (2003, S. 638 ff.)

gesellschaftlichen Lebens (Kultur, Sport etc.) zunehmend zur allgemein üblichen Methode der Projektfinanzierung wird.

Exkurs: Behinderte im Nationalsozialismus - und heute?

Am anderen Ende des Spektrums finden sich die Verhütung behinderten Lebens und die physische Vernichtung behinderter Menschen, wie sie im Nationalsozialismus durchgeführt wurden.[37] Bereits am 14. Juli 1933 trat das "Gesetz zur Verhütung erbkranken Nachwuchses" in Kraft; ohne Saargebiet wurden zwischen 2400 und 2800 blinde Menschen zwangssterilisiert (Demmel 1995, S. 207). Am 18. Oktober 1935 wurde eine massive Verschärfung in Form des "Gesetzes zum Schutze der Erbgesundheit des deutschen Volkes" beschlossen: Die Eheschließung eines Erbkranken wurde verboten, ob er nun sterilisiert war oder nicht. Ausnahmen gab es nur, wenn beide Partner unfruchtbar waren oder die Frau mehr als 45 Jahre zählte. Das Euthanasie-Programm, in dem vor allem geistig Behinderte, darunter auch mehrfach behinderte Blinde und psychisch Kranke durch Vergasung, Todesspritzen oder die sog. "E-Kost" ermordet wurden, setzte mit Kriegsbeginn am 1. September 1939 ohne Rechtsgrundlage auf einen Befehl Hitlers hin ein.

Nach dem Ende des Zweiten Weltkrieges und dem Zusammenbruch des Nazi-Regimes ging man schnell dazu über, solche und andere Verbrechen für überwunden zu halten. Dank kollektiver Verdrängung glaubte man, zur Normalität zurückkehren zu können; eine ehrliche Aufarbeitung des Geschehenen, welche die Chance eines echten und tiefergehenden Bewußtseinswandels geboten hätte, fand nicht statt (Richter 2006). Dieses Versäumnis dürfte dazu beigetragen haben, daß sich in unserem Lande nun eine höchst zwiespältige gesellschaftliche Entwicklung abzeichnet: Einerseits sind auf verschiedenen Ebenen positive Bemühungen um gleichberechtigtere, barrierefreie Teilhabe behinderter Menschen am Leben in unserer Gesellschaft unverkennbar. Andererseits wird behindertes Leben vor dem Hintergrund der zu Beginn der 1980er Jahre heraufbeschworenen "geistig-moralischen Wende" und angesichts leerer öffentlicher Kassen, galoppierenden Sozialabbaus, verschärften Konkurrenzdrucks auf dem Arbeitsmarkt sowie verfeinerter Möglichkeiten der Präimplantations- und Pränataldiagno-

---

37   s. Wunder u. Sierck (1982); Klee (1983); Rudenick (1985, 1990); Demmel (1995); Gusseck (1999); Grundmann (2001); Malmanesh (2002). Losch (2002) arbeitet in seiner Dokumentation dieses Thema am Beispiel der Erziehungsanstalt Heiligenbronn auf.

stik erneut zur Disposition gestellt, wie etwa Diskussionen und Rechtsprechungen rund um das Thema des "wrongful life" zeigen.[38]

Immer unverhohlener werden Kosten-Nutzen-Berechnungen aufgestellt mit der Frage, ob die Gesellschaft sich die Geburt behinderter Kinder überhaupt leisten könne und solle (Rüberg 2003). Behinderte werden mißtrauisch beäugt, wenn sie Kinder bekommen wollen. Oft wird versucht, ihnen die Verwirklichung ihres Kinderwunsches auszureden. Ist die Behinderung noch dazu Folge einer Erbkrankheit, müssen sie sich nicht selten Sätze anhören wie: "Kinder kommen für Sie ja wohl nicht in Frage."

Die Zahl der Spätabtreibungen behinderter Kinder steigt. Eltern, die ihr behindertes Kind zur Welt bringen und liebend in die Familie aufnehmen, geraten zunehmend unter Rechtfertigungsdruck. Nach Feuser sind es die Mythen der Moderne, welche die alten eugenischen Gedanken technologisiert und unter dem Deckmantel der Humanität legitimieren: Sterbehilfe, "Liegenlassen" schwer beeinträchtigter Säuglinge nach der Geburt, Prä-

---

38   Mit "wrongful life" ist gemeint, daß ein behinderter Mensch Klage erhebt für die Tatsache, daß er geboren und nicht abgetrieben wurde. Noch heikler wird dieses Thema, wenn nicht der Betroffene selbst, sondern seine Eltern Klage erheben: Im sog. "Karlsruher Behindertenurteil" hat der Bundesgerichtshof (BGH) im Jahre 2002 laut Pressemitteilung Nr. 60/2002 vom 18.6.2002 in höchstrichterlicher Instanz eine Gynäkologin zur Zahlung von Schadensersatz und Schmerzensgeld an die Eltern eines behinderten Kindes verurteilt. Der unter anderem für das Arzthaftungsrecht zuständige 6. Zivilsenat des BGH hatte über die Klage eines Ehepaars gegen die eine Schwangerschaft der Ehefrau betreuende Frauenärztin auf Schadensersatz zu entscheiden. Die Eltern des mit schweren Mißbildungen der Extremitäten geborenen Kindes verlangten nicht nur Unterhaltszahlungen als Schadensersatz, sondern darüber hinaus Schmerzensgeld. Der Gynäkologin wurde vorgeworfen, die Fehlbildungen pflichtwidrig nicht erkannt zu haben; bei Kenntnis der Behinderung hätten sich die Eltern für einen Schwangerschaftsabbruch entschieden. Eine Spätabtreibung ist nach geltendem Recht gemäß der sogenannten medizinischen Indikation dann zulässig, wenn das Wohl der Mutter auf dem Spiel steht. Hierzu wurde offenbar ins Feld geführt, daß bei ihr angesichts der sehr schweren Behinderung des Kindes die Gefahr eines Suizidversuchs als auch einer schwerwiegenden Beeinträchtigung des seelischen Gesundheitszustandes zu befürchten gewesen sei. Nach der Geburt des Kindes sei dann tatsächlich eine krankheitswertige depressive Symptomatik aufgetreten. Dieser postulierte gesundheitliche Schaden für die Mutter sei anderweitig nicht abwendbar gewesen. Von der Mutter könne während der gesamten Dauer der Schwangerschaft nicht verlangt werden, die eigenen existentiellen Belange und Rechtspositionen denen des Kindes aufzuopfern. Bei der Abwägung der Interessen der Mutter und dem Lebensschutz für das ungeborene Kind wurde also dem Interesse der Mutter Priorität eingeräumt. Als normale initiale Schock- und Trauerreaktion auf die Geburt eines behinderten Kindes wurde die depressive Symptomatik der Frau offenbar nicht gewertet (s. hierzu die Stellungnahme bei Glofke-Schulz 2002a, 2002b). Zu diesem Thema s.a. Tolmein (2006), der auf die Situation in den Niederlanden eingeht.

vention von Behinderungen durch humangenetische Beratung, Pränataldiagnostik, Sterilisation behinderter Frauen, prädiktive Medizin und Gentechnologie (Feuser 1995). So besteht die Gefahr, daß das alte eugenische Gedankengut heute mit forschen Schritten erneut daherstolziert im pseudohumanistischen Gewand der Hoffnung darauf, das Phänomen Behinderung eines Tages aus der Welt schaffen zu können. Dies ist eine nicht nur unrealistische, sondern m.E. auch für das Selbstverständnis einer Kultur keineswegs wünschenswerte, vielmehr gefährliche Illusion. Auf diese scheinen sogar manche Selbsthilfeverbände hereinzufallen, wenn sie den (noch so verständlichen und berechtigten) Wunsch nach medizinischer Behandlung zu ihrem obersten Satzungsziel erheben und (auch in den Bereichen Humangenetik und Gentechnologie) Forschungsprojekte fördern, vielleicht ohne die Implikationen und Konsequenzen bewußt genug zu reflektieren. Man denke an die Zwiespältigkeit und den Beigeschmack eines - zweifellos in guter Absicht entstandenen, vielleicht aber bezüglich des konnotativ Mitgesagten nicht ganz zu Ende durchdachten - Slogans wie: "Helft Blindheit verhüten". Natürlich kann es nicht darum gehen, jede Form medizinischer Forschung oder das Nachdenken über Sterbehilfe oder Kindereuthanasie (s. hierzu Tolmein 2006) pauschal zu verdammen. Bei der Diskussion um diese ethisch höchst komplizierten Fragen muß aber mit größter Sorgfalt und Fingerspitzengefühl geprüft werden, wer hier wessen Interessen mit welchen Zielen vertritt.

2.5.3 Mitleid

Die Fähigkeit, sich in einen anderen Menschen einzufühlen und mitzuempfinden, ist allen höheren Lebewesen von Natur aus eigen und hat ebenso wie die Angst eine arterhaltende Funktion. In Abgrenzung von dem negativ befrachteten Begriff "Mitleid" spricht Sölle von "Sympathie" und definiert wie folgt:

> "Sympathie, griechisch Mit-gefühl, ist laut Brockhaus die 'auf nachfühlendem Verstehen des Verhaltens oder der ganzen Persönlichkeit eines anderen beruhende Zustimmung und Zuneigung; auch das aus solchem Nachfühlen u.U. hervorgehende, teilnehmende Mitgefühl' Es ist deutlich, daß der Begriff hier und heute über die Lexikon-Definition hinaus eine gewisse Öffentlichkeit und Politisierung erfährt, er bezeichnet mehr als das Verhalten zu einzelnen, die mir mehr oder weniger sympathisch sein können; eine breitere Zustimmung und Zuneigung ist notwendig. Wäre es zuviel, wenn ich sagte: Zustimmung 'zum

Leben', gegen die Nekrophilie, die Todesliebe unserer Kultur? Bedroht ist in unserer Welt nicht das mehr oder weniger unverbindliche 'Du bist mir sympathisch', wohl aber die Fähigkeit des Mitempfindens überhaupt." (Sölle 1978, S. 9).

Die Fähigkeit zum Mitfühlen wird, wie wir heute wissen, durch die sog. Spiegelneuronen[39] ermöglicht, vollzieht sich im limbischen System und bedarf nicht der verstandesmäßigen Kontrolle, was als irritierend empfunden werden kann:

"Während wir bei der Angst mit diesem 'Impuls-vor-Vernunft-Prinzip' einverstanden sind (niemand würde wohl auf die Idee kommen, Pamphlete gegen die Spinnenphobie zu verfassen), bereitet uns die Übermacht des Unbewußten beim Mitleid erhebliche Probleme. Schon Aristoteles und Seneca zogen gegen das Mitleid zu Felde. Spinoza, Kant und Nietzsche schlossen sich Jahrhunderte später an [...] Auf der einen Seite will das limbische System das Hilfeprogramm abspulen. Auf der anderen Seite pocht das aufgeklärte Bewußtsein darauf, sich gegen die Fremdbestimmung zu wehren. Auf diese Weise wird aus dem Mitleid ein ambivalentes Gefühl. Es kommt zu Schräglagen zwischen Gebendem und Nehmendem - man hilft, aber eben nicht gern." (Herkendell 2005)

So ist Mitleid stets ein "Gefühl mit Schattenseite":

"Mitleid ist ein zwiespältiges Empfinden, und wer aus Mitleid handelt, begibt sich auf einen Grat zwischen Zuwendung und Herablassung. Und doch: Mitleid ist wichtig für den sozialen Zusammenhang" (Herkendell 2005)

Sich nach mitleidigen Handlungen edel und gut zu fühlen, erhöht die Chance, daß sich dieses arterhaltende Verhalten wiederholt und hat somit einerseits seinen Sinn. Andererseits steht aus Mitleid motiviertes Verhalten, so etwa Spendenbereitschaft (s. Kapitel 2.5.2) im Verdacht egoistischen Mißbrauchs und beinhaltet stets ein Machtgefälle: Dem Mitleiden wohne, so faßt Herkendell zusammen, ein Vergleichs- und Bewertungsprozeß inne, bei dem der Bemitleidete schlecht abgeschnitten habe. Der Bewertende teile durch seine Mitleidsreaktion mit, daß er etwas am Bemitleideten für nicht

---

39   Spiegelneuronen ("Imitationsneuronen") sind nicht nur dann aktiv, wenn man eine bestimmte Handlung ausführt (z.B. nach einem Buch greift), sondern auch dann, wenn man beobachtet, wie ein anderer diese Handlung ausführt. Spiegelneuronen stehen also für eine Handlung, egal ob diese gesehen oder getan wird (Rizzolati et al. 2001; s.a. die zusammenfassenden Darstellungen bei Spitzer 2006 sowie Altmeyer u. Thomae 2006, S. 17).

normal halte und selbst nicht in der Situation sein wolle. Damit maße er sich nicht nur die Definitionsmacht an, sondern mache das Leid auch sichtbar. Im schlimmsten Fall wirke Mitleid wie Salz in einer Wunde, was der Bemitleidete nicht wolle.

Um Mißverständnissen zuvorzukommen und nicht jede Form des Mitempfindens, dessen wir so dringend bedürfen, unsinnigerweise zu verurteilen, schlage ich vor, Sölle zu folgen und zwischen "Mitleid" und "Mitgefühl" bzw. "Sympathie" zu differenzieren: Sympathie meint die Fähigkeit des Mit-Empfindens, Mit-Fühlens, Mit-Leidens und Mit-Freuens. Der Unterschied zum Mitleid in der hier verwendeten Wortbedeutung besteht zum einen in der Partnerschaftlichkeit und Gleichberechtigung der Beteiligten, wohingegen Mitleid die Inferiorität seines Objektes impliziert (Chevigny u. Braverman 1950, S. 150). Zum anderen fixiert Mitgefühl den Betroffenen nicht in der Rolle des Leidenden, sondern läßt ein Mitempfinden positiver Gefühle wie Freude, Lebensbejahung, Liebe, Hoffnung usw. zu. In seinem Roman: "Ungeduld des Herzens" läßt Stefan Zweig den Arzt Dr. Condor sagen:

> "Es gibt eben zweierlei Mitleid. Das eine, das schwachmütige und sentimentale, das eigentlich nur Ungeduld des Herzens ist, sich möglichst schnell freizumachen von der peinlichen Ergriffenheit vor einem fremden Unglück, jenes Mitleid, das gar nicht Mit-Leiden ist, sondern nur instinktive Abwehr des fremden Leidens von der eigenen Seele. Und das andere, das einzig zählt - das unsentimentale, aber schöpferische Mitleid, das weiß, was es will und entschlossen ist, geduldig und mitduldend alles durchzustehen bis zum Letzten seiner Kraft und noch über dies Letzte hinaus." (Zweig 1939/1966)

Mitleid kann eine spezifische Form sein, Ablehnung zu verbergen (Thimm 1976, S. 4). Es wird in den einschlägigen Untersuchungen als zentrale Einstellung Nichtbehinderter gegenüber Behinderten angeführt (Chevigny u. Braverman 1950, S. 146 ff.; Monbeck 1973, S. 4; Stoetzel 1967, S. 979).

Eine mitleidvolle Haltung kann sich in der Interaktion in sehr unterschiedlichem Gewand zeigen, etwa wie in dem folgenden Bericht einer jungen blinden Frau:

"Ein Passant führt mich über eine belebte Straßenkreuzung. Als ich mich, auf der anderen Straßenseite angekommen, bedanke und ihm versichere, jetzt käme ich allein weiter, läßt er mich jedoch keineswegs los, sondern beharrt darauf, mich weiter zu begleiten und beginnt einen Monolog: 'Ja, können Sie denn wirklich gar nichts sehen? Mein Gott, das ist ja furchtbar ... Sie sind ja noch so jung ... Ich glaube, wenn ich blind

wäre, ich würde mich aufhängen... Man ahnt ja gar nicht, was es Schreckliches auf der Welt gibt ....' usw..[40]

So überzeichnet dieses Beispiel klingen mag, handelt es sich doch um eine wahre Begebenheit. Ein solches Verhalten nimmt die Interaktionspartnerin als Menschen nicht ernst: Ihre Versicherung, jetzt käme sie allein weiter, wird ignoriert. Ihre Situation wird als "schrecklich" definiert, und in solchen Situationen dürfte es in aller Regel sinnlos sein, den Gesprächspartner von irgendetwas anderem überzeugen zu wollen. Andere Begeben-heiten dieser Art mögen weniger plump ausschauen und folgen dennoch dem gleichen Prinzip des Ignorierens, der Herabsetzung und nicht zuletzt der Distanzlosigkeit, vielleicht auch Sensationslust. Das (vermutete) Leiden des behinderten Menschen wird in der Fremdwahrnehmung maximiert, seine Lebensfreude, Fähigkeiten und Kompetenzen werden minimiert. Verschiedene, mitunter sehr subtile Formen von Bevormundung, übertriebenen "Hilfs" angeboten, Einmischung in Entscheidungen und Überbehütung sind Variationen desselben Themas. Sie drücken - oft unbewußt - die gleiche mitleidvolle und Herrschaft ausübende innere Haltung aus. Dabei sind auch Generalisierungseffekte zu beobachten, wenn nämlich die Aberkennung von Selbständigkeit und eigenverantwortlicher Handlungskompetenz auf Bereiche ausgedehnt wird, die keineswegs in unmittelbarem Zusammenhang mit der Behinderung stehen. Der behinderte Mensch erlebt es oft als schwierig, sich gegen diese verschiedenen Formen der Grenzüberschreitung zur Wehr zu setzen, denn der andere "meint es ja nur gut".

Seywald (1976, S. 123; zit. n. Hensle 1982, S. 221) weist darauf hin, daß Mitleid mit der Erwartung verknüpft sei, daß der Bemitleidete ewig traure. Der Verpflichtung zum Leiden entspreche - analog zum Beileid im Trauerfall - das Mitleid mit dem Unterschied, daß Letzteres lebenslang fortdauere.

Exkurs: Zur Psychodynamik des Mitleids

Sympathie hat mit Solidarität, Mitleid mit Beherrschung zu tun. Fenichel (zit. n. Chevigny u. Braverman 1950, S. 148) sieht den Ursprung des Mitleids im Sadismus: Es sei eine Reaktionsbildung auf die ursprünglichen sadistischen Impulse. Durch Identifikation mit dem Objekt des Sadismus befreie sich der Mitleidige von den mit dem Sadismus verbundenen Schuld-

---

40   Goffman zitiert klassische Formeln für diese Art von Unterhaltungen (Goffman 1967, S. 27).

gefühlen. Das Moment der Beherrschung sei jedoch auch im Mitleid noch zu erkennen.

Zweck der griechischen Tragödie im Sinne Aristoteles' ist die Katharsis des Publikums durch Erwecken von Furcht und Mitleid. Jekels (zit. n. Chevigny u. Braverman 1950, S. 148) vermutet folgenden Prozeß: Der Zuschauer empfindet Befriedigung, weil das in der Tragödie dargestellte Schicksal nicht ihn selbst, sondern einen anderen trifft. Er ist erleichtert, doch empfindet er Schuldgefühle angesichts dieser Erleichterung. Diese bewältigt er, indem er dem in der Tragödie Betroffenen Mitleid entgegenbringt.

Eine ähnliche Dynamik könnte in Gang gesetzt werden, wenn ein Nichtbehinderter einem behinderten Menschen begegnet: Er ist froh, von der Behinderung, mit der er nun konfrontiert wird, nicht selbst betroffen zu sein. Fühlt er jedoch gemäß dem Sprichwort: "Heiliger Sankt Florian, verschon' mein Haus, zünd' andere an!", entwickelt er Schuldgefühle, da er mit seinem Gewissen nicht vereinbaren kann, einem anderen Menschen Unglück, Krankheit oder Behinderung zu wünschen. Zur Abwehr dieser Schuldgefühle entwickelt er - ähnlich wie der Zuschauer der antiken Tragödie - Mitleid, ohne sich dessen Wurzeln bewußt zu sein.

In meinen Überlegungen gehe ich noch einen Schritt weiter: Der Nichtbehinderte ist nicht nur darüber erleichtert, nicht selbst behindert zu sein. Vielmehr mag er sich auch weigern, dasjenige als Teil seiner eigenen Existenz anzuerkennen, das ihn selbst sehr wohl betrifft: Seine eigene Verletzlichkeit und Verletztheit, Unvollkommenheit und Sterblichkeit als Grundbedingung des Menschseins, weiterhin seine ureigensten Schwächen und persönlichen Versagenserfahrungen, seine je individuellen narzißtischen Defizite. Indem er diese seine unvermeidlichen Schattenseiten externalisiert, also abspaltet und im behinderten Menschen "unterbringt", kann er sie in ihm entweder aggressiv bekämpfen oder durch Mitleid (als Reaktionsbildung) zu bewältigen versuchen. So kann er sich selbst aufwerten, sein narzißtisches Gleichgewicht retten und der Konfrontation mit seiner eigenen Verletzlichkeit ausweichen - schließlich ist er selbst ja unversehrt und in seinem Mitleid und überlegenen Hilfsangebot stark, schwach ist der andere, der Mensch mit (offensichtlicher) Behinderung.

2.5.4 Interaktionsmuster in gemischten Kontakten

Goffman beschreibt die in gemischten Kontakten (Interaktionen zwischen Stigmatisierten und "Normalen") ablaufenden Prozesse, bezogen auf unterschiedlichste Arten von Stigmata. Ihm geht es darum, strukturelle Gemeinsamkeiten herauszuarbeiten. Verunsicherung durch mangelnde Interaktionserfahrung, stereotype Vorstellungen, Bedürfnis nach sozialer Distanz und eine Haltung des Mitleids beeinflussen in entscheidender Weise Zustandekommen und Struktur sozialer Interaktionen in gemischten Kontakten, z.b. zwischen Menschen mit und ohne Behinderung (vgl. Goffman 1967, S. 22 ff):

* *Befangenheit*
Das stigmatisierte Individuum fühlt sich unsicher, wie die "Normalen" es identifizieren und aufnehmen werden. Es kann daher nicht unbefangen und selbstverständlich in die Kontaktsituation hinein-gehen und sich dem eigentlichen Thema der Begegnung mit voller Konzentration widmen.

Auch die "Normalen" empfinden Gefühle von Unbehagen und Unsicherheit:

> "Die zwiespältige Grundhaltung wird in der Begegnung mit einem behinderten Menschen verstärkt, löst innere Konflikte aus und wird als Bedrohung des Selbstkonzepts erlebt." (Cloerkes 2001, S. 82)

Kleine Kinder zeigen meist noch originäre Reaktionen in Form von Anstarren, Neugier und explorativem Verhalten. Sie sprechen den Behinderten an und stellen Fragen. Indem sie allerdings oft sofort von der erwachsenen Bezugsperson zurechtgewiesen werden, das tue man nicht, lernen sie schnell, daß Behinderung ein Tabu ist, über das man nicht sprechen darf; die Chance der Normalisierung des Kontakts zum Behinderten, den das Kind von sich aus durchaus nicht ablehnt, ist dann verpaßt. Spätestens mit Eintritt ins Schulalter sind Kinder i.d.R. so weit sozialisiert, daß sie einen unbefangenen Kontakt zum behinderten Menschen nicht mehr eingehen können und genauso unsicher und verkrampft reagieren wie Erwachsene.

Der Widerspruch zwischen originären affektiven (z.B. Anstarrneigung) und offiziell erwünschten positiven Reaktionen erzeugt Spannungen, Schuldängste und Gefühle von Befangenheit, manchmal bis zur Verwirrung. Diese Gefühle können auf verschiedenste Weise bewältigt werden, etwa in dem krampfhaften Versuch, sich locker zu geben und so zu tun, als sei der Umgang mit dem Stigmatisierten das Selbstverständlichste überhaupt (s.a. den Abschnitt zur Irrelevanzregel).

* _Stigma als "Master status"_
Wie Cloerkes (2001) ausführt, nimmt der Nichtbehinderte die Behinderung i.d.R. als niedriges, diskriminierendes Statusmerkmal wahr, dem andere Statusmerkmale des Behinderten entgegenstehen können. Der Widerspruch verunsichere und werde meist dadurch aufgelöst, daß alles dem Merkmal Behinderung untergeordnet werde - ein Phänomen, das Wright (1983) als "spread effect" und Hohmeier (1975) als "Master status" bezeichnet.

Das stigmatisierte Individuum weiß, daß die anderen es innerlich nach seinem Stigma definieren. Das Stigma wird zum _"Master status"_, zum beherrschenden Merkmal der Person (und auch zum beherrschenden Gesprächsthema). Andere Eigenschaften und Rollen des Stigmaträgers treten demgegenüber in den Hintergrund (s.a. Lautmann 1972, S. 87). Ewinkel et al. drücken dieses Phänomen provokativ in dem Titel ihrer Arbeit über die Situation behinderter Frauen aus: "Geschlecht: Behindert. Besonderes Merkmal: Frau" (Ewinkel et al. 1985). Unter Bezugnahme auf Goffman (1959/2003) beschreibt Maack das so:

"[...] wird offenkundig, daß für uns blinde Menschen das Rollenrepertoire begrenzt ist. Unsere Möglichkeiten der Selbstdarstellung werden allzu häufig durch die stereotypen Rollenzuschreibungen über Menschen mit einer Behinderung begrenzt. Wir wollen vielleicht als 'femme fatale' auf eine Party gehen, werden aber beharrlich von allen als 'die blinde Frau' wahrgenommen. Wollen wir uns an anderer Stelle als erfolgreiche Geschäftsfrau präsentieren, bleiben wir in den Augen der anderen oft lediglich 'die blinde Angestellte von Firma XY'." (Maack 2003)

* _Irrelevanzregel: Leugnung als Basis scheinbarer Akzeptanz_
Eine mögliche Abwehr der Unsicherheit im Kontakt kann darin bestehen, daß mehr oder weniger krampfhaft so getan werden muß, als existiere die Behinderung nicht oder spiele keine Rolle. Diese sogenannte "Irrelevanz-regel" verstehe ich als Kehrseite desselben Prinzips, demzufolge die Behinderung im Kontakt eine beherrschende Rolle einnimmt. Es ist dann unmöglich, ehrlich und entspannt zur anfänglichen, nur natürlichen Unsicherheit zu stehen und diese zu bewältigen. Ebenso unmöglich ist es für den

Betroffenen dann, sich *mit* seiner Behinderung, also als die vollständige Person, die er ist, in die Beziehung einzubringen.

Die Irrelevanzregel kann als unausgesprochene, jedoch unantastbare Vereinbarung zwischen dem Behinderten und seinem nicht-behinderten Interaktionspartner die Basis für eine (Schein-)akzeptanz unter der Bedingung der Verleugnung bilden. Indem ein wichtiger Teil der behinderten Person ausgeblendet wird, gehe ich so weit, von der Scheinakzeptanz einer Scheinidentität zu sprechen. Im Sinne einer unbewußten Kollusion mag der Behinderte, sofern er sich selbst noch im Stadium des Leugnens befindet, die Ausblendung aller behinderungsbezogenen Aspekte seines So-Seins und In-Kontakt-Seins mit konstellieren, so daß eine gemeinsame Abwehr entsteht. Er mag sich jedoch auch bewußt dazu durchringen, seine Behinderung mit all ihren Implikationen aus dem Beziehungsgeschehen möglichst heraus-zuhalten als Preis dafür, vom Nichtbehinderten in den Kontakt aufgenommen zu werden. Eine 53-jährige, allmählich erblindende Frau erzählt mir in der Beratung nicht ohne Bitterkeit:

"Ich lebe keineswegs isoliert. Ich pflege Kontakte zu Verwandten, Kollegen und Freunden. Man trifft sich gern zu geselligen Abenden, Wanderungen oder kulturellen Veranstaltungen. Wir haben oft Besuch. Doch fühle ich mich inmitten dieser Menschen oft sehr einsam. Mit den Jahren ist mir zunehmend aufgestoßen, daß meine allmähliche Erblindung, meine damit zusammenhängenden Verluste und Krisen niemanden zu interessieren scheinen. Keiner fragt nach, wie es mir damit geht oder wie ich zurechtkomme. Früher habe ich, wenn mir mal danach war, selbst das Thema angeschnitten. Mit meinen diesbezüglichen Versuchen schien ich aber ein Tabu zu brechen. Das Thema wurde rasch gewechselt. Ja, einige sogenannte Freunde zogen sich sogar zurück - wahrscheinlich war es bei uns nicht immer lustig genug. Oh, ich lernte schnell, den Mund zu halten und mit den anderen 'fröhlich' zu plaudern, auch dann, wenn mir nicht danach zumute war. Ich begriff, daß ich dazugehörte, solange ich niemanden mit meinen Sorgen belästigte. Ich zahlte diesen Preis, denn ich wollte ja Kontakt. Und doch wurde ich im Herzen immer einsamer und auch erschöpft von meiner eigenen Verstellungskunst."

Besonders leidvoll und die Entwicklung einer integrierten Identität erschwerend wirken sich diese Leugnung und Ausblendung bei Kindern aus. Jacobs schreibt in seiner autobiographischen Skizze:

"Hierbei spielen vor allem die Abwehrmechanismen der Verleugnung und der Überbehütung eine herausragende Rolle. Dabei führt insbesondere der Abwehrmechanismus der Verleugnung dazu, daß für das heranwachsende sehbehinderte oder blinde Kind die eigene Behinderung zunächst einmal ein Familiengeheimnis bleibt, da vor allem die Eltern durch ihre eigene Haltung den anderen Familienmitgliedern nonverbal signalisieren, daß über die Behinderung des Kindes nicht gesprochen wird bzw. werden soll. Dadurch ist das betroffene Kind ganz allein auf sich gestellt [...]. Gleichzeitig wird es im Laufe der Zeit sozusagen stillschweigend und ohne es rational erkennen zu können, als Mitglied in den familialen Geheimnisbund aufgenommen und spürt, daß es seine eigene Behinderung und die damit verbundenen Beeinträchtigungen [...] in der Familie nicht zum Gesprächsgegenstand machen darf bzw. soll. Dies ist der erste Schritt des Kindes in die Vereinsamung bezüglich der Erfahrungen der eigenen Behinderung und der damit verbundenen Beeinträchtigungen, die es nunmehr unter dem unausgesprochenen Stillschweigegebot ganz allein, also auch ohne eine offen ausgesprochene Solidarität von Seiten der übrigen Familienmitglieder bewältigen lernen muß. [...] Mit dem Abwehrmechanismus der Verleugnung ist häufig auf der unbewußten Ebene auch gleichzeitig die Hoffnung verbunden, daß ja doch alles nicht so schlimm sei." (Jacobs 2005, S. 268 f.)

Ein Kind ist meist allzu schnell bereit, das Stillschweigegebot zu befolgen und so seine Eltern zu beruhigen um den Preis, mit der eigenen Beunruhigung allein zu sein und keinen Trost zu finden. An anderer Stelle (Glofke-Schulz u. Rehmert 1999, S. 36) bezeichnete ich dies als Umkehr der Rollenverteilung zwischen Eltern und Kind, also als Parentifizierung. Jacobs beschreibt etwa, wie er seinen Eltern als Fünfjähriger einen Glaukomanfall verschwieg, wie er während einer Autofahrt seinem Vater auf dessen Frage hin vortäuschte, ein Haus auf einem Hügel gesehen zu haben, obwohl dies keineswegs der Wahrheit entsprach (Jacobs, a.a.O., S. 269).

*   *Veränderte Interpretationsschemata*
Übliche *Interpretationsschemata,* die auf Verhaltensweisen eines Interaktionspartners angewendet werden, werden außer Kraft gesetzt. Verhalten wird bevorzugt in Zusammenhang mit der Behinderung interpretiert. Nach Lukoff (1960) wird normales Verhalten blinder Menschen als außergewöhnlich angesehen, was dazu beiträgt, daß das Stereotyp unverändert beibehalten werden kann. Gefühlsäußerungen oder Handlungen werden auch dann in Zusammenhang mit der Behinderung gebracht, wenn sie damit nichts zu tun haben: Ist jemand traurig, wird (im Sinne der weiter oben beschriebenen Leidenserwartung) gern vermutet, er werde mit seiner Behinderung nicht fertig, statt zu fragen, was ihn sonst bedrücken könnte. Zeigt ein Nichtbehinderter sich engagiert, motiviert und leistungsbereit, wird dies in unserer Kultur üblicherweise als positiv und wünschenswert

angesehen; über einen behinderten Menschen, der das gleiche tut, wird schnell gemunkelt, er müsse "überkompensieren, sich etwas beweisen" etc..

Wie die Behinderung zum beherrschenden Gesprächsthema werden kann, veranschaulicht folgendes Erlebnis, das ich als junge Frau mit damals noch gutem Sehrest hatte:

Erlebnisskizze:
Ich besuchte einen Bekannten zum ersten Mal in seinem Büro und sah mich im Raum um. Ich gab einen Kommentar zu einem Bild ab, das mich interessierte. Statt auf den Inhalt dessen, was ich zu dem Bild gesagt hatte, einzugehen, fragte mein Bekannter erstaunt: "Kannst Du das erkennen?"

* *Invasionen des Privaten*

Das stigmatisierte Individuum, dessen stigmatisierendes Merkmal offen zutage liegt, ist *Invasionen des Privaten* ausgesetzt. Das bedeutet, kulturell übliche und allgemein akzeptierte Distanzschwellen werden verschoben oder außer Kraft gesetzt. Das betrifft Körperkontakt ebenso wie Gesprächsthemen, wie folgender Bericht einer jungen blinden Frau illustriert:
"Auf der Straße kommt es vor, daß wildfremde Menschen mich anfassen, ohne mich zu fragen - manchmal auch stumm, so daß ich nicht einmal weiß, wer es ist, der mir gerade auf die Schulter klopft oder mich am Arm packt, um mich über die Straße zu zerren (die ich noch dazu vielleicht gar nicht überqueren will). In der U-Bahn bin ich schon gefragt worden, ob ich als Blinde denn wohl heiraten könne? Kinder kämen für mich ja wohl nicht in Frage? Ich lebe doch sicher bei meinen Eltern? Ich bin oft versucht zurückzufragen, etwa so: 'Soll ich Sie auch fragen, ob Sie mit Ihrer Wampe eine Frau abgekriegt haben?' Solche Distanzlosigkeiten empören mich."

Goffman schreibt:

"Die stillschweigende Folgerung [...] ist, daß das stigmatisierte Individuum eine Person ist, der sich Fremde willkürlich nähern können, sofern sie nur für die Misere für Personen seiner Art Mitgefühl haben." (Goffman 1967, S. 27)

Die im Abschnitt über Mitleid aufgeführten Formen von Beherrschung (Bevormundung, übertriebene Hilfsangebote, Überbehütung, Einmischung in Entscheidungen) lassen sich, indem sie Grenzüberschreitungen darstellen, ebenfalls als "Invasion des Privaten" kategorisieren - nur mit dem Unterschied, daß es hier (meist) um den Kontakt zwischen vertrauten Menschen (Eltern, Ehepartnern, Kollegen, Freunden) geht, was es oft noch schwerer macht, sich dagegen zu wehren (der andere meint es doch gut, und manchmal schleichen sich derlei Unarten auch einfach mit der Zeit ein). Eine 53-jährige blinde Lehrerin, mit einem sehenden Ehemann verheiratet, erzählt:

"Im Grunde führen wir eine intakte und gleichberechtigte Ehe. Mit der Zeit gab es aber immer mehr Spannungen, ohne daß uns zunächst klar war, woran das lag. Ich bin blind und brauche daher gelegentlich Hilfe. Manchmal muß mein Mann mich auf etwas hinweisen, z.B. einen Fleck auf der Bluse. Außerdem liest er mir meine Post vor. Irgendwie hat sich im Laufe der Zeit eingeschlichen, daß er mir gegenüber eine korrigierende, besserwisserische Haltung einnahm, sich in Dinge einmischte, die nicht für ihn bestimmt waren (z.B. meine ausgehende Post) und mir in Entscheidungen hineinredete. Wenn es um mein Sehen geht, bin ich für Hilfe und, wenn nötig, Korrekturen dankbar. Ansonsten macht mich unbegründete Besserwisserei wütend. So kommt es immer wieder zu Streitereien."

* *Techniken der Informationskontrolle*

Ist das stigmatisierende Merkmal nicht für jeden sichtbar, ist der Stigmaträger also nicht diskreditiert, sondern diskreditierbar (a.a.O., S. 12), muß er *Techniken der Informationskontrolle* anwenden: Er muß entscheiden, welche Informationen über sein Stigma er wem, wann, wie und in welchem Ausmaß geben will. Goffman (a.a.O., Kap. 2) nennt die Techniken des Enthüllens, Täuschens[41] und Kuvrierens.

Der Sehbehinderte befindet sich besonders oft in der Situation des Diskreditierbaren, da seine Behinderung nicht in jeder Situation offensichtlich ist. Ein sehbehinderter Mann mit gutem Sehrest, jedoch schlechtem Dämmerungssehen berichtet:

"Wenn ich mich unsicher bewege, etwa in einem schlecht erleuchteten Gasthaus den Weg zur Toilette suche und mich durch den Raum taste, höre ich andere Gäste manchmal hinter mir tuscheln: 'Na, der hat wohl schon ganz schön getankt'. Die Leute nehmen also nicht an, daß ich schlecht sehe, sondern daß ich betrunken bin".

Derlei Mißverständnisse treten häufig und in verschiedensten Situationen auf, mit oft recht unangenehmen Folgen:

"So kommt es vor, daß Leute, die nichts von meiner Behinderung wissen, mich unhöflich finden, wenn ich sie auf der Straße nicht grüße; geistesabwesend, wenn ich sie anrempele; ungeschickt, wenn ich eine Stufe hinunterstolpere usw."

---

41   Eine brillante literarische Bearbeitung des Themas finden wir in Philip Roths Roman: "Der menschliche Makel", der von einem schwarzen, jedoch hellhäutigen Altphilologen handelt, der sich über Jahrzehnte als Weißer ausgibt und schließlich an diesem sorgfältig gehüteten Geheimnis scheitert.

Wohl jeder Behinderte kennt die Sehnsucht, zumindest von Zeit zu Zeit "inkognito" unterwegs zu sein, um den lästigen Reaktionen der Nichtbehinderten zu entgehen. Offen mit der Behinderung umzugehen, dürfte jedoch die einzige Chance sein, derlei mißliche Situationen zu vermeiden bzw. einer Lösung zuzuführen. Zum einen kostet es wesentlich weniger Kraft, sich so verhalten zu können, wie man ist, als alles daranzusetzen, die Behinderung zu verbergen (was zu recht seltsamen Verhaltensweisen und skurrilen bis peinlichen Situationen führen kann). Zum anderen können Mißverständnisse durch Information und Aufklärung am ehesten vermieden werden. So wird die Benutzung eines Langstocks, soviel Überwindung sie anfangs auch kosten mag, oft als regelrechter Befreiungsakt empfunden. Ein 45-jähriger, allmählich durch Retinopathia pigmentosa erblindender Mann erzählt:

"Daß ich jetzt mit Stock gehe, ist für mich ein echter Neuanfang. Endlich keine Angst mehr, wie die Leute schauen! Endlich nicht mehr dieses Verkrampfen aus Furcht, jemanden anzurempeln! Endlich kann ich ungeniert um Hilfe fragen, wenn ich z.B. die Nummer des Linienbusses nicht erkennen kann. die Reaktion der Leute hatte ich mir viel schlimmer vorgestellt. Aber jetzt wissen sie endlich, was mit mir los ist, und die meisten sind hilfsbereit. Ich selbst fühle mich viel selbstbewußter, weil ich begriffen habe, daß ich mich nicht verstecken muß mit meiner Behinderung."

Das heißt allerdings nicht, daß damit automatisch alle Probleme gelöst wären, wie folgendes Beispiel eines jungen Mannes zeigt:

"Wenn ich mich tastend fortbewege, kann es passieren, daß andere mich für selbstunsicher, schüchtern oder ungeschickt halten, obwohl ich stets als blind gekennzeichnet bin durch meinen Blindenlangstock und so eigentlich jeder sofort merken müßte, daß ich nicht sehen kann."

In der Praxis ist das "Enthüllen" nicht immer ganz einfach. Eine 17-jährige sehbehinderte Schülerin berichtet:

"Auf Parties ist die Beleuchtung meist sehr schlecht. Die anderen finden das gemütlich, aber ich habe dann Schwierigkeiten, Leute zu erkennen und mich im Raum zurechtzufinden, ohne Weinflaschen umzuwerfen, in einen Aschenbecher oder einem auf dem Boden Sitzenden auf die Finger zu treten. Wer das weiß, wundert sich nicht über mein Verhalten und hilft mir, wenn ich es benötige. Auf einem größeren Fest sind meist aber auch viele Leute, die ich nicht kenne. Wie soll nun das 'Enthüllen' vor sich gehen? Ich werde ja wohl kaum beim Betreten des Raums um allgemeine Aufmerksamkeit bitten und sagen: "He, Leute, hört mal her: Ich bin sehbehindert, wundert euch also nicht! Ich habe aber auch nicht Lust, es jedem einzeln zu erklären - es wäre auch schwierig, den

richtigen Zeitpunkt zu bestimmen. Außerdem gehe ich nicht auf eine Party, um permanent über meine Behinderung zu reden, denn schließlich geht es mir ohnehin schon genug auf die Nerven, wenn andere ständig darauf herumreiten. Manchmal löse ich das Problem so, daß ich meinen Langstock, den ich auf der Straße benutzt habe, mit in den Raum nehme, in dem das Fest stattfindet, und ihn erst dort zusammenklappe. Auf diese Weise vermittele ich beiläufig die Information, daß ich sehbehindert bin, ohne das zum Gesprächsthema zu machen. Wie viele das dann mitkriegen, ist allerdings die zweite Frage".

*   *Der Stigmaträger als Stigmatisierer*

Stigmatisierungsprozesse können auch vom Stigmatisierten selbst ausgehen. Ein Stigma, in unserem Falle eine Behinderung, macht zunächst niemanden zu einem besseren Menschen. Auch der Behinderte ist ein Mensch mit unbewußten Schattenseiten und verinnerlichten Vorurteilen, unbewältigten Aggressionen und Machtbedürfnissen. Aus seiner Biographie mag er - (un)abhängig von seiner Behinderung - Defizite im Bereich sozialer Kompetenz mitbringen. Schwierigkeiten bei der Akzeptanz der Behinderung, etwa der Bewältigung erlebter Kompetenzverluste können sich in der Kommunikation in Form von Rechthaberei, übertrieben selbstsicherem Auftreten etc. auswirken (Knoke 2004). Schließlich kann er als Reaktion auf erlittene Kränkungen und Verletzungen vom Stigmatisierten zum Stigmatisierer, vom Opfer zum Verfolger/Täter werden: Aus schmerzlicher Alltagserfahrung ebenso wie aus dem Studium des Umgangs von Menschen, Gruppen, Subkulturen und Völkern miteinander, in den letzten Jahrzehnten zusätzlich aus der Psychotraumatologie wissen wir, wie Opfer von gestern zu Tätern von heute oder morgen werden[42], wie austauschbar die Rollen des "Opfers", des "Verfolgers" und des "Retters" ("Drama-Dreieck" nach Karpman 1968) sein können. Als Reaktion darauf, stigmatisiert zu werden, kann das stigmatisierte Individuum nun seinerseits die "Normalen" oder andere Stigmaträger stigmatisieren. Letzteres ist - im Falle von Behinderten - als "Hierarchie der Körperlichkeit" bezeichnet worden (Herbst 1981, S. 59 ff.) und muß wohl als Strategie zur Stabilisierung eines beschädigten Selbstwertgefühls/Selbstkonzepts verstanden werden.

Behinderte können auch Nichtbehinderte beherrschen und unter-drücken, wie folgende Schilderung eines 55-jährigen blinden Juristen und ehrenamtlichen Mitarbeiters in der Blindenselbsthilfe auf beschämende Weise illustriert:

---

42   s. den Begriff des "Täterintrojekts" und seine Implikationen

"Ich kenne eine gewisse Spezies von 'Blindenfunktionären', die in der Selbsthilfeszene, manchmal auch in der allgemeinen Öffentlichkeit Karriere machen, wertvolle Arbeit leisten und eine Menge Anerkennung, zuweilen auch Auszeichnungen (Bundesverdienstkreuz u.ä.) bekommen. Diese 'Eliteblinden' reisen durch die Lande, treten auf Kongressen und Tagungen auf - begleitet und geführt von aufopferungsvollen, manchmal leicht verhutzelt und verhärmt wirkenden Ehefrauen, die - ganz im Sinne der traditionellen Frauenrolle - diesen Männern als dienstbare Geister zur Verfügung stehen und selbst brav im Hintergrund bleiben. Ohne sie, seien wir ehrlich, wäre der glanzvolle Behindertenfunktionär ganz schön aufgeschmissen."

* Sehschädigungsspezifische Interaktionsprobleme

Eine detaillierte Analyse der spezifischen Interaktionen zwischen Blinden und Normalsehenden liefert Krähenbühl (1977). Er bezieht sich auf die Goffmanschen Aussagen und spezifiziert sie für diese besondere Klasse gemischter sozialer Situationen. Aus seiner Analyse wird deutlich:

Nicht alle Störungen der Interaktion zwischen Sehgeschädigten und Normalsehenden sind auf die Stigmatisierung der Behinderung zurückzuführen. Bestimmte, unmittelbar blindheitsbedingte Probleme erschweren vielmehr einen entspannten Umgang zusätzlich: So fühlen sich Sehende oft verunsichert durch die Tatsache, daß der blinde Gesprächspartner nicht oder nur schwer Blickkontakt halten kann. Nonverbale Kommunikation, die ein komplexes Wechselspiel zwischen den Interaktionspartnern ist (s. hierzu die Erkenntnisse über die Spiegelneuronen, vgl. Kapitel 2.5.3), ist im Kontakt mit Sehgeschädigten auf irritierende Weise gestört.

Da Krähenbühls Arbeit übersichtlich und kompakt ist, kann ich darauf verzichten, sie hier zu referieren. Ein Aspekt sei lediglich herausgegriffen: Als "Interaktionsmanagement" bezeichnet Krähenbühl die unterschiedlichen Techniken, die der blinde Mensch (der gegenüber dem nichtbehinderten Interaktionspartner i.d.R. einen Erfahrungsvorsprung bezüglich des Umgangs mit gemischten Kontakten hat) anwenden muß, um die schwierige Kontaktsituation mit dem Sehenden in den Griff zu bekommen. Dabei unterscheidet der Autor drei Gesichtspunkte:

1) *Situationsmanagement:* Vermeidung oder Schaffung bestimmter Situationen.

2) *Informationsmanagement*
   a) *Direkt:* Der Sehgeschädigte ersucht seinen sehenden Interaktionspartner, ihm die Informationen in für ihn wahrnehmbarer

Form zu übermitteln. Das bedeutet z.B., daß der Sehende seine Gesten verbalisiert, ankündigt, wenn er den Raum verläßt etc.

b) Indirekt: Krähenbühl berichtet z.B., wie er seinen Begleiter in ein Gespräch verwickelt, um aus dessen Stimme die Gehrichtung zu entnehmen (a.a.O., S. 114).

3) Stigmamanagement:
Dies sind die Goffmanschen Techniken der Informationskontrolle (s.o.).

2.5.5 Langfristige Folgen für das stigmatisierte Individuum

Stigmatisierung beeinflußt nicht nur die unmittelbaren Interaktionen in gemischten sozialen Situationen, sondern wird langfristig kaum ohne Folgen für soziale Stellung und Persönlichkeit des stigmatisierten Individuums bleiben können. Das muß nicht zwangsläufig heißen, daß es völlig unmöglich wäre, als Persönlichkeit intakt zu bleiben (oder zu werden) und sich - wenn vielleicht auch niemals ganz vorbehaltlos - im jeweiligen sozialen Umfeld und in der Gesellschaft einen akzeptierten, möglicherweise sogar einflußreichen Platz zu erobern. Die hier berührte Frage nach Determination oder Freiheit wird uns in den Kapiteln 3 und 4 intensiver beschäftigen. Von den Gefahren und Schwierigkeiten soll dieses Kapitel handeln:

* *Soziale Isolation*
Herstellung und Aufrechterhaltung sozialer Distanz durch "Normale" wirken sich auf die soziale Situation des Stigmatisierten im privaten, gesellschaftlichen und beruflichen Bereich aus. Seit jeher ist die Arbeitslosenquote unter erwerbsfähigen Schwerbehinderten erheblich höher als unter Nichtbehinderten[43]; in Zeiten der Massenarbeitslosigkeit geht die Schere weiter auseinander. Die mit Arbeitslosigkeit und Sozialabbau einhergehende Verschlechterung der wirtschaftlichen Situation behinderter Menschen erschwert zusätzlich die Teilhabe am gesellschaftlichen Leben und erhöht somit die Gefahr sozialer Isolation.

Josephson (1968 S. 42) bezeichnet Stigmatisierung als den Hauptfaktor der sozialen Isolation Blinder. Die Furcht davor, stigmatisiert zu werden, kann zum Rückzug, zum "defensiven Sichverkriechen" (Goffman 1967, S. 27) führen. Auch wer sich einseitig in den Schonraum des Umgangs mit gleichermaßen Betroffenen in der Selbsthilfeszene zurückzieht, verstärkt

---

43   Unter Blinden und Sehbehinderten liegt sie derzeit bei ca. 30-35%.

letztendlich seine soziale Isolation (Kebelmann 2005). Auch kann mit der Zeit eine aggressive, feindselige Haltung gegenüber den "Normalen" entstehen. Ein blinder Familienvater, dessen Ehefrau und Tochter ebenfalls blind sind, berichtet:

"Wenn wir als Familie unterwegs sind, ist das oft ein regelrechtes Spießrutenlaufen. Die Leute drehen sich auf der Straße um, machen Bemerkungen. Uns ist das furchtbar lästig. Wir fühlen uns als ganz normale Familie und sind dieses Angestarrtwerden einfach leid. In einem Restaurant ist es schon einmal vorgekommen, daß wir nicht bedient wurden. Das alles streßt so, daß wir manchmal auf Unternehmungen verzichten und lieber zuhause bleiben. Das macht uns wütend, und so werden wir oft sehr gereizt, laufen sozusagen nur noch mit aufgestellten Stacheln herum. Dadurch wird alles noch unangenehmer, denn wir wollen doch einfach auch mal entspannen und in Frieden vor uns hin leben."

*   *Selbstkonzept*

Das Selbstkonzept eines Menschen ist seine Vorstellung von sich und seinem In-der-Welt-Sein. Es umfaßt Einschätzungen und Bewertungen der eigenen Person (des Aussehens, der Fähigkeiten usw.), Glaubensüberzeugungen (etwa der Art: "Ich bin eine Frau, und Frauen sind...") und Gefühle, allen voran das Selbstwertgefühl. Im Laufe der Entwicklung erwirbt der Heranwachsende sein Selbstkonzept im Zuge einer Reihe von Sozialisationsprozessen; Bewertungen und Verhaltenserwartungen signifikanter Anderer werden internalisiert. Nahm man in der Psychologie lange an, der Erwerb des Selbstkonzepts sei im wesentlichen mit dem Erwachsenwerden abgeschlossen und danach weitgehend stabil, wissen wir heute, daß es während der gesamten Lebensspanne Veränderungen unterliegt, sich weiterentwickelt, unter Belastungen und Traumatisierungen aber auch zusammenbrechen kann. Die Neurowissenschaften mit ihren Erkenntnissen über neuronale Plastizität (s. Kapitel 10.1) und die Identitätsforschung (s. etwa Keupp et al.1999) haben entscheidend zur Ausdifferenzierung einer "Psychologie der Lebensspanne" beigetragen.

Familie und Schule, insbesondere aber auch Blindeninstitutionen (z.B. Rehabilitationseinrichtungen, evtl. auch Selbsthilfegruppen) tragen zum Erwerb der Blindenrolle bei (Scott 1969). So kann Stigmatisierung zur Selbststigmatisierung werden: Der Stigmatisierte wird möglicherweise i.S. einer "self-fulfilling prophecy" zu der Person, die andere in ihm sehen. Eine tiefe Erschütterung des eigenen Selbstwerterlebens, eine massive narzißtische Krise kann die Folge sein.

Über die Auswirkungen der Erwartungen und Standards "signifikanter Anderer" oder eines "generalisierten Anderen" (Mead 1968) auf Verhalten und Selbstkonzept ist viel geschrieben worden. Doch dürfte diese Beziehung komplexer sein, als es auf den ersten Blick erscheinen mag. Der Frage nach dem Zusammenhang zwischen Stigmatisierung und Selbstkonzept, nach der Rolle sozialer Anerkennung für das Gelingen von Identität soll im folgenden daher nähere Aufmerksamkeit geschenkt werden.

3 Stigma und Identität: Der behinderte Mensch zwischen Konformität und Freiheit

3.1 Einleitung

Wenden wir uns also nun der Frage zu, was die behinderten Menschen entgegengebrachten ambivalenten Einstellungen und die vielfältigen Facetten von Stigmatisierung für das Selbstverständnis des Betroffenen, für seine Identitätsentwicklung und seine Handlungsmöglichkeiten bedeuten: Bildet er sein Selbstkonzept ausschließlich reaktiv oder hat er Gestaltungsspielräume? Bleibt ihm nur die Anpassung oder kann er eigene Vorstellungen entwickeln und durchsetzen? Wie kann er notfalls auch inmitten einer stigmatisierenden Umwelt ein Bewußtsein seiner Würde bewahren oder entwickeln? Ist er auf die ihm zugeschriebene Rolle fixiert oder kann er sein Leben selbstbestimmt und eigenwillig entwerfen, vielleicht sogar verändernd (entstigmatisierend) auf sein Umfeld einwirken? Wie kann er sich also verorten zwischen Stigmatisierung und Menschenwürde, zwischen Konformität und Freiheit?

Niemand lebt in einem quasi luftleeren Raum, innerhalb dessen er seine Identität solipsistisch entwerfen könnte. Die menschliche Existenz ist dialogisch verfaßt (s.a. Kapitel 4), und so läßt sich die Identitätsfrage von derjenigen nach sozialer Anerkennung nicht wirklich trennen (Anselm 1997, S. 137). So gehört es zu den Lebensaufgaben jedes Menschen, sich zwischen Symbiose und Selbstbehauptung auszubalancieren:

> "Erst die produktive Balance zwischen Abgrenzung und Entgrenzung führt letztlich zu einer Form der individuellen Selbstbeziehung, wie sie Erikson unter dem Begriff des Selbstvertrauens zusammengefaßt hat." (Keupp et al. 1999, S. 254)

Anerkennung hat mehrere Dimensionen: Aufmerksamkeit, positive Bewertung durch andere und Selbstbewertung. Selbstbehauptung ohne Rückbezug auf die Anerkennung durch andere kann zur egoistischen oder narzißtischen Problematik werden. In diesem Fall spricht Anselm (1997) vom "Zwang zur Selbstbehauptung". Umgekehrt führt die einseitige Suche nach sozialer

Anerkennung zu Überanpassung, im Extremfall zu Anbiederung, Unterwerfung und Selbstaufgabe.

Zu betonen ist auch, daß das Streben nach sozialer Anerkennung nur eines unter mehreren übergreifenden, u.U. in Konflikt miteinander stehenden Identitätszielen ist, deren jedes je nach Person, Situation und Zeitpunkt sehr unterschiedlich gewichtet werden kann. Bedürfnisse nach Autonomie, Selbstwirksamkeit, Originalität oder Selbstachtung etwa können dem Wunsch nach sozialer Anerkennung zuwiderlaufen (Keupp et al. 1999, S. 262). Solche Ambivalenzen und Widersprüchlichkeiten sowie die daraus entstehenden Spannungszustände können, wie in Kapitel 12 ausführlicher zu zeigen sein wird, auch positive Herausforderungen für die Weiterentwicklung von Identität sein und sind damit ein fundamentaler Bestandteil gelungener Identitätsarbeit (a.a.O., S. 263).

Authentische Identität erfordert, daß das Subjekt sich selbst positionieren kann, also bei seiner Identitätsarbeit über Handlungs- und Gestaltungsspielräume verfügt. Daß fehlende soziale Anerkennung, Mißachtung, Stigmatisierung und Ausgrenzung das Gelingen solcher Identitätsarbeit zumindest erschwert, ist offenkundig:

"Menschen oder Gruppen können wirklich Schaden nehmen, eine wirkliche Deformation erleiden, wenn die Umgebung oder Gesellschaft ein einschränkendes, herabwürdigendes oder verächtliches Bild ihrer selbst zurückspiegelt. Nicht-Anerkennung oder Verkennung kann Leiden verursachen, kann eine Form von Unterdrückung sein, kann den anderen in ein falsches, deformiertes Dasein einschließen. [...] Nichtanerkennungsverhältnisse und Anerkennungskonflikte betreffen Subjekte, sobald sie aufgrund bestimmter Eigenschaften von der definie-renden Dominanzkultur verschiedenen, minder anerkannten Gruppen zugeord-net werden. Für eine solche Zuordnung kann es viele Kriterien geben." (a.a.O., S. 268)

Vor dem Hintergrund dieser Überlegungen zur Relevanz von Anerkennung für gelingende Identitätsarbeit ist die Frage, ob oder wie sehr das stigmatisierte Individuum zur Konformität gezwungen ist bzw. welche Freiheitsgrade es sich erobern kann, von größter Bedeutung.

Zunächst muß allerdings noch geklärt werden, was mit dem Begriff "Konformität" gemeint ist und um welche Bereiche konformer Orientierung es im Zusammenhang unseres Themas geht. Konformität ist die

"Sozialpsychologische Bezeichnung für durch Normen oder Rollen festgelegte Einstellungen und Verhaltensweisen, die in Übereinstimmung mit einer Gruppe gezeigt werden bzw. die den Einstellungen und Verhaltenswiesen der anderen Gruppenmitglieder in hohem Maße entsprechen. Das Streben nach Konformität gilt als eine in der Sozialpsychologie relevante Einstellungs- bzw. Verhaltenseigenschaft." (Drever u. Fröhlich 1977, S. 180)

Dabei geht es natürlich nicht um jede beliebige Norm, Regel oder Rollenerwartung: Kaum jemand wird ernsthaft in Frage stellen, daß ein Sehgeschädigter (wie jeder andere Mensch) tunlichst mit der Regel konform geht, als Fußgänger auf dem Bürgersteig und nicht mitten auf der Fahrbahn zu laufen. Vielmehr geht es um Fragen in Bezug auf ganz bestimmte *Bereiche konformer Orientierung:*

* An welcher Bezugsgruppe orientieren sich die sehgeschädigten Mitglieder unserer Gesellschaft: An derjenigen der Sehenden oder derjenigen der Blinden? Goffman nennt dies "In-Group-Ausrichtung" bzw. "Out-Group-Ausrichtung" (Goffman 1967, S. 140 ff.).
* Teilen sie die stereotypen Vorstellungen über Sehen und Blindheit?
* Stigmatisieren sie sich selbst oder betrachten sie sich als vollwertige und sozial zu akzeptierende Mitglieder der Gesellschaft? Anders ausgedrückt: Werden sie zu dem, wofür die anderen sie halten?[44]
* Teilen sie zentrale Werte unserer Gesellschaft, etwa Leistungsorientierung, Konkurrenzdenken, Fitness-Ideal etc., also Werte, die bei der Auseinandersetzung mit einer Behinderung Bedeutung gewinnen?

3.2 Konformität und die Stigma-Identitäts-These

1.
Goffman führt an,

"... daß eine stigmatisierte Person zuallererst wie jeder andere ist, zuallererst trainiert in den Ansichten, die andere über Personen, wie sie eine ist, haben." (Goffman 1967, S. 165)

Wer ein Stigma trägt, wird auf allen Altersstufen in die Rolle des Stigmatisierten sozialisiert. Verschiedene gesellschaftliche Institutionen, allen voran

---

44   vgl. hierzu die literarische Bearbeitung dieses Themas in Max Frischs Theaterstück "Andorra".

Familie[45], (Förder-)Schule[46], Berufswelt[47], Gesundheitswesen, Rehabilitationsinstanzen, Einrichtungen für Behinderte[48] und nicht zuletzt Medien[49] üben ihren prägenden Einfluß aus. Im Laufe einer Vielzahl von Sozialisationsprozessen erlernt der Sehgeschädigte so die Rollenerwartungen, die Sehende an ihn richten, und die Fähigkeiten zu deren Erfüllung (Krähenbühl 1977, S. 34 ff.). Ähnliches geschieht mit dem langsam Erblindenden: Er nimmt nacheinander unterschiedliche Rollenpositionen ein, für deren jede ein Sozialisationsprozeß nötig ist, so daß er einen kumulativen Lernprozeß durchmacht (a.a.O., S. 37). Wer erst im Laufe seines Lebens erblindet, zuvor also selbst zur Personengruppe der Sehenden zählte, wird zunächst mit hoher Wahrscheinlichkeit deren Vorstellungen, Normen und Rollenerwartungen teilen. Mit Erschrecken mag er eines Tages feststellen, daß er diese nun auf sich selbst anwenden muß.

2.

Foucault (1977) spricht vom gesellschaftlichen Zwang, sich normkonform zu verhalten. Ein System von Normalitätsgraden ersetze die alten Standesmale; dieses System sei hierarchisierend und rangordnend. Es werde nicht geduldet, daß jemand wichtige Werte der jeweiligen Gesellschaft in Frage stelle. Jede Gesellschaft habe gewisse, nach Kultur und Subkultur je unterschiedliche, jedoch begrenzte Toleranzspielräume für Abweichung. Je repressiver ein Gesellschaftssystem ist, desto schwerer ist es, sich dem Konformitätsdruck zu entziehen. Erschütterndstes Lehrstück hierfür dürften die Nöte sein, in denen sich auch sehbehinderte und blinde Menschen unter der Naziherrschaft befanden. So erklärte Carl Strehl, langjähriger Direktor der Deutschen Blindenstudienanstalt in Marburg, am 23.12.1933:

"Vorstand und Arbeitsausschuß stellen sich hinter die Maßnahmen der Reichsregierung zur Durchführung des Gesetzes zur Verhütung erbkranken Nachwuchses. Sie empfehlen den erbkranken blinden Geistesarbeitern, dieses Opfer in innerer Freiheit zu bringen, nach Anhörung einer Autorität den Antrag auf Unfruchtbarmachung selbst zu stellen und nicht zu warten, bis er von einem

---

45   Kirtley (1975, S. 157); Klee (1980, S. 37 ff.)
46   Klee (1980, S. 70 ff.)
47   Baker (1974); Black (1970); Fletcher (1970); Nichols (1970)
48   Freidson (1965); Illich (1977, 1981); Josephson (1968); Scott (1969); Thimm (1971, S. 49 ff.)
49   Gardner u. Radel (1978); Zimmermann (1977). S. a. den Literaturüberblick bei Nickel (1999) und Cloerkes (2001).

beamteten Arzt oder einem Anstaltsleiter gestellt wird. Wir betonen dabei die Schwere des Opfers, das die Sterilisierung für einen seelisch-geistig vollwertigen Menschen bedeutet, erkennen aber seine Notwendigkeit für die Zukunft des deutschen Volkes rückhaltlos an." (Strehl 1933, S. 122 ff.)

Als man viele Jahre nach dem Zusammenbruch des NS-Regimes In Selbsthilfekreisen mit der Aufarbeitung der Vergangenheit begann (Malmanesh 2002), wurden solche Äußerungen heftig und kontrovers diskutiert. Über den folgenden Kommentar von Schulze möge sich der Leser selbst ein Urteil bilden:

"Die Kritiker übersehen den großen psychologischen Wert, den diese Erklärung für erbkranke Blinde hätte haben können, hätten sie sie sich innerlich zu eigen gemacht und sich ihrer bedient. Sie hätten sich dann leichteren Herzens sterilisieren lassen, als sie es im allgemeinen getan haben, und hätten sich überall, wo man sie als erbkrank diskriminierte, stolz auf ihre Opferbereitschaft berufen können, statt, wie geschehen, zu versuchen, ihre Sterilisation geheimzuhalten. "(Schulze 2004, S. 55 ff.)

3.

Wie jeder andere Mensch ist auch der Sehgeschädigte - aus ökonomischen wie psychologischen Gründen - darauf angewiesen, in die Gesellschaft oder zumindest in eine ihrer Subgruppen integriert zu sein und soziale Anerkennung zu erfahren (s. Kapitel 3.1). Um dies zu erreichen, muß er deren Werte und Normen bis zu einem gewissen Grad teilen - ein Vorgang, den Merton (1968, zit. n. Thimm 1971, S. 153) als *"antizipatorische Sozialisation"* bezeichnet hat. Dieser Prozeß führt jedoch nur bei einer offenen Struktur der jeweiligen Gruppe zur tatsächlichen Integration, was schon angesichts der eingeschränkten beruflichen Möglichkeiten für Sehgeschädigte nicht unbedingt gewährleistet ist (Thimm 1971, S. 133). Auf diese Weise kann der Sehgeschädigte in eine *"anomische Situation"* geraten (a.a.O., S. 140). Diese entsteht immer dann, wenn kulturelle Ziele und institutionalisierte Mittel zu deren Erreichung auseinanderklaffen.[50] So mag der Sehgeschädigte eine Berufsausbildung oder berufliche Rehabilitationsmaßnahme erfolgreich durchlaufen. Vor dem Hintergrund eines immer härter werdenden Kampfes um Arbeitsplätze wird er möglicherweise an der Realisierung dieses in unserer Gesellschaft sehr hoch bewerteten Ziels all

---

50   Das Anomiekonzept stammt von Durkheim (1893, 1897) und wurde von Merton (1967) aufgegriffen. Zusammenfassende Darstellung und Kritik s. Cloerkes (2001, S. 128 ff.).

seinen Bemühungen zum Trotz scheitern. Mögliche Reaktionen auf eine solche anomische Situation sind ritualisiertes Verhalten oder Rückzug aus der Gesellschaft (a.a.O., S. 140). Der ritualisierte Anpassungsmodus nach dem Mertonschen Schema besagt, daß ein Verhalten mit dem Ziel, die eigene Normalität zu beweisen, zum Selbstzweck und damit ritualisiert werde. Rückzug bedeutet das bewußte oder unbewußte Aufgeben der angestrebten Ziele. Er ist meist partiell: So mag sich der Blinde in ein Leben innerhalb von Blindeninstitutionen oder Selbsthilfezirkeln verkriechen, ohne jedoch völlig aus der Gesellschaft "auszusteigen" (a.a.O., S. 147). Eine mögliche Konsequenz, die Merton wenig zu beachten scheint, ist die, daß der Betroffene, an seiner Lage verzweifelnd, krank wird, etwa in Form depressiver Störungen, psychosomatischer oder Suchterkrankungen.

4.

I.d.R. wird davon ausgegangen, daß der Behinderte sich anzupassen habe, wenn er mit Nichtstigmatisierten, also Nichtbehinderten, Kontakt pflegen will (Freidson 1965). Schuchardts Konzeptualisierung von Integration und Partizipation als komplementärer Lernprozeß (Schuchardt 2003) ist in unserer Kultur bislang keineswegs gelebte Selbstverständlichkeit. Viele Behinderte beklagen ein Verständnis von sog. "Integration", das von ihnen alles, von den Nichtbehinderten nichts verlangt: Wer dazugehören und akzeptiert werden will, hat sich reibungslos einzufügen, nicht zur Last zu fallen, kein Entgegenkommen, Verständnis oder Rücksichtnahme zu erwarten. So müht sich der Behinderte häufig ab, mit seinen nichtbehinderten Interaktionspartnern mitzuhalten um den Preis von Fremdbestimmung und Selbstüberforderung. Ein 57-jähriger, blinder und leicht körperbehinderter Mann drückt das plastisch aus:

"In meinem Dorf gehöre ich dem Männergesangsverein an. Neben dem Singen gibt es manchmal gesellige Aktivitäten, z.B. Bergwanderungen. Üblicherweise werden sehr anspruchsvolle Routen ausgesucht, die für mich fast immer zu schwierig sind. Ich habe schon oft darum gebeten, zumindest hin und wieder Strecken zu planen, die auch ich bewältigen könnte. Als Reaktion gibt es lange Gesichter und die Antwort, das sei doch langweilig. Um dabei zu sein, habe ich mich schon oft auf für mich viel zu unwegsamen Pfaden herumgequält und überanstrengt. Inzwischen bleibe ich meistens zuhause und bin darüber traurig, auch verärgert."

Auf eine einseitig konformistische Auslegung des Integrationsbegriffs[51] weist Klee hin:

"Das Zauberwort in der Rehabilitation Behinderter heißt 'Integration'. Kein Vortrag, keine Publikation, keine Ansprache und kein Rehabilitationskongreß kommt ohne dieses Zauberwort aus, das nach viel Inhalt klingt, in Wirklichkeit jedoch nichts aussagt. Doch halt, ich muß mich bremsen, es sagt natürlich unterschwellig sehr viel aus. Integration wird immer in dem Zusammenhang gebraucht, es gelte, den Behinderten in die Gesellschaft zu integrieren. Immer sind es Nichtbehinderte, die den Behinderten integrieren wollen. Der Behinderte wird quasi aus seinem Elend in die erstrebenswerte Welt der Brauchbaren emporgehoben. [...] Die Normen sind von Außen herangetragen. Es sind Normen, die Behinderte unterwerfen. Es sind Normen, die mir nicht erlauben, so zu sein, wie ich bin, sondern festlegen, wie ich für andere sein soll. [...] Den meisten wird gar nicht klar, daß das, was wir für 'normal' halten, was unser Ich-Ideal bestimmt [...], gar nicht das Ergebnis unseres eigenen Nachdenkens ist, sondern uns anerzogen wurde. Wir haben nicht gelernt, Normen, die unseren Wert bestimmen, zu hinterfragen. Wir haben nicht zu fragen gelernt, wer eigentlich diese Normen als 'normal' ausgibt und warum dies geschieht [...].
Zwar bemerken die meisten, daß sie die normativen Anforderungen nicht erfüllen können, doch die wenigsten ziehen daraus die Konsequenz, an den Normen könne etwas nicht stimmen." (Klee 1980, S. 282 f.).

Zusammengefaßt deuten die bisher angeführten Argumente darauf hin, daß der Sehgeschädigte die Normen der Sehenden teilt, ihre Vorstellungen und Vorurteile übernehmen und sich selbst stigmatisieren muß. Stigmatisierende Zuschreibungen führen nach dieser von Cloerkes (2001, S. 138 ff.) als *"Stigma-Identitäts-These"* bezeichneten Auffassung zwangsläufig zu einer massiven Gefährdung bzw. Veränderung der Identität stigmatisierter Menschen. Cloerkes stellt fest, daß es seit Formulierung dieser These wenig Fortschritte gegeben habe und sie sich fast unverändert in der Literatur wiederfinde.
Eine ausweglose Situation? Wohl nicht ganz, denn einige Autoren fanden in ihren Untersuchungen überraschend positive Selbstbilder bei Behinderten (z.B. Wocken 1983). Der folgende Abschnitt befaßt sich daher mit Überlegungen und Untersuchungsergebnissen, welche die Konformitätsthese in ihrem Absolutheitsanspruch in Frage stellen.

---

51   zur Diskussion des Integrationsbegriffs s.a. Cloerkes (2001, S. 173 ff.)

3.3 Identitätsstrategien und das Moment der Freiheit

1.

Menschen mit Sehschädigungen bilden keine homogene Gruppe, von deren gemeinsamer Normorientierung gesprochen werden könnte. Vielmehr sind sie Individuen unterschiedlichsten familiären, sozialen, kulturellen, religiösen und intellektuellen Hintergrundes. Daher ist zu erwarten, daß ihre Systeme von Einstellungen und Normen sich stark voneinander unterscheiden. Daß Menschen nicht über einen Kamm zu scheren sind, berücksichtigt Lukoff (1960, S. 36), wenn er vier Typen des Umgangs blinder Menschen mit stereotypen Erwartungen unterscheidet: Den "traditionellen Blinden", den "Zurückgezogenen", den "Innovator" und den "Rebellen".[52]

Zwar sind viele unter uns Sehgeschädigten in einem oder mehreren Blinden- oder Sehbehindertenverbänden organisiert, doch dürfte es eher eine Minderheit sein, die ausschließlich im Verbandsleben aufgeht. Der Grad an Identifikation mit den jeweiligen Verbänden und den von ihnen vertretenen Grundsätzen dürfte daher stark variieren. Wenn Thimm (1971, S. 133) bei seiner Untersuchung der Ideologie der Blindenverbände zu dem Ergebnis kommt, diese zeige eine positive Orientierung an den Normen der Sehenden und der in unserer Gesellschaft vorherrschenden Erfolgsideologie, können wir aus diesen Ergebnissen nicht zwingend Rückschlüsse auf die Normorientierung einzelner Verbandsmitglieder oder gar der Gesamtheit sehgeschädigter Menschen ziehen. Zu untersuchen wäre auch, inwieweit sich die Wertstruktur innerhalb der Selbsthilfebewegung in den seit Thimms Studie vergangenen Jahrzehnten gewandelt hat, etwa zugunsten eines aufkeimenden und sich entwickelnden emanzipatorischen Bewußtseins.

2.

Es ist problematisch, Sehgeschädigte als Minderheitengruppe zu bezeichnen, wie es etwa Tenny (1953) getan hat. Zwar stellen sie zahlenmäßig eine Minderheit dar, welche mit anderen Minderheiten einige Merkmale gemeinsam hat:

*   Rationalisierung der Diskriminierung

*   Zuschreibung von Minderwertigkeit

---

52   In ähnlicher Weise unterscheidet Merton (1967) fünf Formen der Anpassung an einen anomischen Zustand: Konformität, Innovation, Ritualismus, Rückzug (Eskapismus) und Rebellion (zit. n. Cloerkes 2001, S. 128).

*   Einrichtung spezieller Subkulturen oder Institutionen
*   Merkmal als "Master status"
*   Verweigerung subtilerer Differenzierungen (Cloerkes 2001, S. 29)
*   Eingeschränkte Möglichkeit der sozialen Teilhabe (Ferber 1972).

Doch unterscheiden sich behinderte Menschen von anderen, z.b. ethnischen Minderheitengruppen durch einige wesentliche Merkmale: So gehören Familienmitglieder von Sehgeschädigten meist der sehenden Mehrheit an, während diejenigen von Schwarzen in einer weißen Gesellschaft ebenfalls zur Minderheit der Schwarzen zählen. Auch besitzen Menschen mit Behinderungen - im Gegensatz zu einer ethnischen Minderheit - nicht zwangsläufig eine gemeinsame Struktur von Einstellungen, Gewohnheiten und Überlieferungen (Monbeck 1973, S. 105). Zwar können wir eine gewisse Homogenisierung der Einstellungs- und Verhaltensmuster als Folge der Sozialisation in die Behindertenrolle vermuten, doch wird sie aus den genannten Gründen weniger vollständig sein als etwa im Falle einer ethnischen Minderheit. Jordan (1963) schlägt deshalb vor, Behinderte eher als benachteiligte denn als Minderheitengruppe zu bezeichnen.

3.

Zwar lassen sich zahlreiche Belege für die Sozialisation in die Stigmatisiertenrolle anführen, doch gibt es auch Individuen, Gruppen und Institutionen ("Sozialisatoren"), die mit Sehgeschädigten auf positivere Art umgehen, zur Entwicklung von Individualität, Selbstbestimmung und geistiger Freiheit ermutigen. Es gibt durchaus Familien, die mit ihrem behinderten Mitglied trotz aller Zwiespältigkeit annehmend und einfühlsam genug umgehen oder das im Laufe der Zeit lernen. Der blinde Autor Lusseyran schildert solche positiven Erfahrungen in seiner Autobiographie:

"Wie man weiß, hatte ich gute Eltern; nicht nur Eltern, die mir wohl wollten, sondern Eltern, deren Herz und Verstand allen geistigen Dingen offenstanden, für die die Welt nicht ausschließlich aus nützlichen - und immer auf die gleiche Art nützlichen - Dingen bestand, für die es vor allem nicht gleich ein Fluch war, anders zu sein als andere Menschen; Eltern schließlich, die bereit waren einzugestehen, daß ihre - die übliche - Art, die Dinge zu sehen, vielleicht nicht die einzig mögliche war, bereit, die meine zu lieben und zu fördern." (Lusseyran 1968, S. 32 f.)

Lusseyran gibt keinerlei Hinweis, der auf Selbststigmatisierung hindeuten würde. Auch verhielt er sich alles andere als normkonform - sonst hätte er sich während des Zweiten Weltkriegs schwerlich in der "Résistance" engagieren können und dabei Leib und Leben aufs Spiel gesetzt.

Auch unter schwierigen Bedingungen kann sich ein Kind gesund entwickeln, wenn es über eine entsprechende Konstitution verfügt (s. die Ausführungen zur "Resilienz" in Kapitel 8) und/oder wenn es genügend korrigierende Beziehungserfahrungen machen kann. Kinder brauchen für eine gesunde Entwicklung keine perfekte, sondern eine hinreichend gute Erfahrungs- und Beziehungswelt.[53] Dies veranschaulicht der Bericht einer 49-jährigen, geburtsblinden Frau:

"Als behindertes Kind inmitten einer nicht behinderten Umwelt war ich von klein an Hänseleien ausgesetzt. Wie oft kam es vor, daß ich weinend nach Hause kam! Meine Eltern waren hilflos und reagierten oft ungeduldig, doch hatte ich eine liebevolle Großmutter, die mich in den Arm nahm, tröstete und mir klar machte, daß der liebe Gott mich so gewollt hatte, wie ich bin. Ich solle mich nicht unterkriegen lassen. Diese liebenden Worte gaben mir die Kraft, Zuversicht und Selbstvertrauen zu entwickeln."

Inzwischen wachsen Kinder mit und ohne Behinderungen häufiger in Regelschulen miteinander auf (Appelhans 1977; Reiser 1990, 1991; Drave 1990; Drave u. Wissmann 1997). Behinderte Jugendliche (z.B. Schülerinnen und Schüler der Deutschen Blindenstudienanstalt in Marburg) leben in ihren Familien oder im Falle der Internatsunterbringung nicht mehr im Ghetto (Heim), sondern in über die Stadt verteilten Wohngruppen. Auf diese Weise können die Beteiligten lernen, entspannter und normaler miteinander umzugehen.

Im Rehabilitationsbereich ist nicht nur "Sozialisation in die Stigmatisiertenrolle" anzutreffen. Verschiedene Institutionen arbeiten an einem partnerschaftlichen und auf Autonomie des Rehabilitanden (der dann gern "Trainingspartner" genannt wird) angelegten Ansatz.

Im Sinne angestrebter Veränderungsziele ist es wichtig, positive Ansätze publik zu machen, statt sie in noch so berechtigten Klagen über Negativbeispiele untergehen zu lassen. Äußere und innere Spielräume sensibel wahrzunehmen und zu würdigen, ist ein wirksames Gegengift, um dem nahezu ubiquitären Konformitäts- und Anpassungsdruck standhalten zu können.

---

53   s. das Konzept der "goodenough mother" (der ausreichend guten primären Bezugsperson) bei Winnicott (1958)

4.

Die Entwicklung der Ich-Identität, wie sie Goffman (1967) von der sozialen und persönlichen Identität unterscheidet, ohne sich allerdings eingehender mit ihr zu befassen, ist ein subjektiver und reflexiver Prozeß, der von Interaktionserfahrungen stark beeinflußt, nicht jedoch determiniert wird (s. Kapitel 4.4). Aus Sicht des handlungstheoretischen Ansatzes reagiert der Mensch nicht wie eine Marionette auf wahrgenommene Reize (z.B. Rollenerwartungen). Vielmehr ist er fähig, sich und sein Selbstbild zu überdenken, sein Tun aktiv zu planen, ein gewisses Maß an Ambiguität und Frustration zu tolerieren, in Distanz zu seinen Rollen zu treten und sich innerhalb gewisser Grenzen vor einer Beschädigung seiner Identität zu schützen. In Abhängigkeit von der subjektiv bewerteten Relevanz sozialer Anerkennung (s. Kapitel 3.1) ist die Bewahrung einer stabilen Ich-Identität ein ständiger Balanceakt zwischen der sozialen Identität (den Rollen- und Anpassungserwartungen) einerseits, der persönlichen Identität (Erwartung der Einzigartigkeit) andererseits. Die paradoxe Forderung lautet also, gleichzeitig so wie alle und so wie niemand zu sein (Krappmann 1969, S. 68). Dieser schwierige Balanceakt kann scheitern,

* wenn es nicht gelingt, sich von der sozialen Identität abzuheben, wenn also die Erwartungen der anderen um den Preis von Überanpassung, Unterwerfung oder Selbstverleugnung vollständig übernommen werden oder

* wenn der Betreffende ganz in seiner die persönliche Identität konstituierenden Einzigartigkeit aufgeht, die Erwartungen der anderen also völlig ignoriert. Keupp et al. sprechen in diesem Falle von dem "sich selbst und andere aufbrechenden Menschen": Hier werde Identität in narzißtischer und egozentrischer Weise fast ausschließlich von innen her entworfen und wegen der vermeintlichen Bedrohtheit von Autonomie und Individualität in heftigen Dauerfriktionen mit der sozialen Umwelt verteidigt (Keupp et al. 1999, S. 275).

Beide Extremhaltungen führen zur Nicht-Identität und zu Persönlichkeitsstörungen, im schlimmsten Fall zu einer psychotischen Dynamik mit ihrem typischen Dilemma aus drohendem Selbst- oder Objektverlust (Mentzos 1992). Cloerkes kritisiert, daß in der wissenschaftlichen Literatur das Auftreten solcher Störungen bei Behinderten immer noch als zwangsläufig angesehen wird, damit stereotype negative Zuschreibungen auch von Professionellen transportiert werden. Er betont, daß Behinderte durchaus über identitätsfördernde und -erhaltende Strategien verfügen und geübt darin sind, Distanz gegenüber der zugeschriebenen Rolle eines Behinderten zu bewahren. Sie haben oftmals gelernt, sich in die Interaktionsprobleme Nichtbehinderter empathisch einzufühlen, Ambivalenz und Ambiguität auszuhalten. Durch solche Fähigkeiten werden sie in ihrer Identität gestärkt (Cloerkes 2001, S. 140 ff.).

Frey untersuchte Identität am Beispiel jugendlicher Straftäter und beschrieb drei Aspekte :

1. Identität als Ergebnis externer Typisierungs- und Zuschreibungsprozesse. Dieser externe Aspekt entspricht in etwa der sozialen und persönlichen Identität bei Goffman.
2. Identität als Ergebnis interner, reflexiver Typisierungs- und Zuschreibungsprozesse (Ich-Identität bei Goffman)
3. Identität als spezifische Integrationsleistung einer Person (Integrations- und Balanceaspekt) (Frey 1983).

Nach Frey ist das Individuum sehr wohl in der Lage, Aspekte des sozialen Selbst (vermutetes Fremdbild) zurückzuweisen. Identität ist demzufolge das Ergebnis der Fähigkeit, diskrepante Selbsterfahrungen zu integrieren (Frey 1983, S. 55). Auf der Basis dieser Integrationsleistung präsentiert sich das Individuum nach außen. So kann Stigmatisierung keineswegs als Automatismus verstanden werden, dem der Betroffene ohne jede Entscheidungsmöglichkeit ausgeliefert wäre. Wie in Kapitel 12 ausführlicher besprochen werden wird, wird Identität in schrittweise gesteuerten Filterprozessen herausgebildet und stets von neuem als Passungsprozeß zwischen Innen und Außen konstruiert und ausbalanciert. Auf diese Weise bemüht sich das Individuum um die Sicherstellung von Kontinuität, Konsistenz und positiver Selbsterfahrung. dies geschieht durch die Aktivierung von *Identitätsstrategien* (a.a.O., S. 58 ff.). die Aufgabe besteht darin,

"(1) die Kontinuität seiner privaten Selbsterfahrung zu sichern und (2) die Inkonsistenz zwischen sozialer und privater Selbsterfahrung auszugleichen bzw. erträglicher zu halten." (a.a.O., S. 71)

Der Stigmaträger kann verschiedene Identitätsstrategien einsetzen:
* Selektive Wahrnehmung der neuen Situation
* Herunterspielen unangenehmer Informationen
* Versuch, das Bild, das die Umwelt von ihm hat, zu korrigieren (z.B. durch Infragestellung der Glaubwürdigkeit der Kritiker oder durch

besondere Leistungen als Kompensationsversuch, aber auch durch
offenen Diskurs mit den Bezugspersonen)
* Abbrechen unangenehmer Situationen
* Suche nach anderen Bezugspersonen usw.
Behinderte Menschen haben die Möglichkeit, die ihnen entgegengebrachten
sozialen Zuschreibungen zurückzuweisen in dem Wissen, wie wenig zutref-
fend und berechtigt diese sind. Sie können sozialen Bewertungen widersprechen, sie verleugnen oder ihnen ausweichen und sich auf diejenigen
Teile der Umwelt konzentrieren, die ihnen mit positiver Wertschätzung
begegnen. Ebenso können sie das direkte Gespräch über diese Problematik
suchen in der Hoffnung, daß diese diskursfähig werden könnte.solange
diese Strategien erfolgreich sind, entsteht kein Identitätsproblem. Da
Menschen von Natur aus auf ein gewisses, wenn auch interindividuell
verschiedenes Maß an sozialer Akzeptanz, Wertschätzung, Erfolg und
Anerkennung angewiesen sind, ist der (an sich normale) Widerspruch
zwischen sozialem und privatem Selbst nur in Grenzen erträglich (Cloerkes
2001, S. 152). Jenseits solcher Grenzen kann die positive Selbsterfahrung
nicht aufrechterhalten werden, das private Selbst wird dann an die
unangenehmen Bewertungen der Außenwelt angepaßt, die Selbstachtung
droht verlorenzugehen (Selbststigmatisierung).

5.
Inzwischen gibt es ermutigende Denkansätze, die Integration keineswegs als
Einbahnstraße, sondern als gemeinsamen, für alle Beteiligten fruchtbaren
und bereichernden Lern- und Entwicklungsprozeß auffassen. Cloerkes faßt
das Modell Reisers (1990, 1991) zusammen:

"Das Modell macht deutlich, daß Integration weit mehr ist als ein bejahtes und
pädagogisch verantwortetes Beisammensein von behinderten und nichtbehinderten Menschen. Integration ist ein Prozeß, der auf uns alle wirkt und uns
alle angeht. Integration stellt Einstellungen, Meinungen, das Bestehende, die
bewährte Praxis in ihrem historischen Gewordensein, theoretische Konstrukte,
schließlich sogar die Werte und Normen unserer institutionalisierten Welt und
Gesellschaft in Frage. Integration provoziert, zwingt zum Nachdenken, macht
Widersprüche transparent und öffentlich. Integration können wir auffassen als
einen dynamischen Prozeß von Einigungen zwischen existenten Widersprüchen, die wir auf allen Ebenen vorfinden. [...] Integrative Prozesse sind homöo-
statische Vorgänge der Abgrenzung und Annäherung zwischen den dialektisch
angelegten widersprüchlichen Polen Gleichheit und Verschiedenheit." (Cloerkes
2001, S. 187)

Nicht jeder Behinderte nimmt die konformistische Auslegung des Integrationsbegriffs noch widerspruchslos hin:

"Es gibt inzwischen Behinderte, die diese 'Integration' gar nicht mehr wollen: Wir sind zu dem Entschluß gekommen, daß es nicht unbedingt erstrebenswert ist, uns in die zur Zeit bestehende Gesellschaft integrieren zu lassen, sondern zusammen mit den Nichtbehinderten eine humanere Gesellschaftsform aufzubauen." (Klee 1980, S. 282)

Seit den Protestbewegungen der 1960er und 1970 er Jahre hat eine wachsende Zahl von (keineswegs nur behinderten) Menschen begonnen, lange für unantastbar gehaltene Normen in Frage zu stellen. Die Chance von uns Behinderten besteht gerade darin, viele der normativen Erwartungen der nichtbehinderten Mehrheit gar nicht erfüllen zu können. Wir stehen dann vor der Entscheidung, entweder daran zu zerbrechen, indem wir uns im Vergleich mit einem unreflektierten Ich-Ideal defizitär fühlen, oder den Sinn dieser Normen (und zwar für Menschen mit und ohne Behinderungen) zu hinterfragen:

"Ein Behinderter (und weiß Gott nicht nur er), der sich die Grenzen und Möglichkeiten von anderen abstecken läßt, wird seine Fähigkeiten nie erproben können. Das Paradoxon ist: Je 'normaler' der Behinderte werden will (je weißer der Schwarze werden will!), desto hoffnungsloser muß er scheitern.
Wir müssen lernen, die Abwehrkräfte gegen die gängigen Normen zu stärken. Wir tun dies nicht aus Schwäche, wie der Fuchs, der auf die Trauben verzichtet, weil sie ihm zu hoch hängen. Wir tun dies aus der Erkenntnis heraus, daß der höchste Wert des Menschen seine Würde ist, das heißt: mit seinen Fähigkeiten identisch zu sein. Ich sage 'wir', weil falsche Leistungsanforderungen uns alle unterdrücken." (Klee 1980, S. 283)

Klees programmatische Äußerungen verdeutlichen, daß die kritiklose Übernahme der Normen Nichtbehinderter durch Behinderte keineswegs naturgegeben ist. Somit eröffnen sich Perspektiven, die nicht nur für das Selbstverständnis Behinderter wichtig sind, sondern auch weiterreichende gesellschaftliche Konsequenzen haben könnten.

6.

In meiner psychotherapeutischen Arbeit hat es sich immer wieder als hilfreich erwiesen, gemeinsam mit dem Patienten über den so oft verwendeten und vielleicht doch nicht immer ausreichend reflektierten Begriff "Menschenwürde" nachzudenken. Je mehr sich der Stigmatisierte diese bewußt macht und aneignet, desto eher ist er gegen eine Beschädigung seiner Identität gewappnet, und desto eher wird er sich in die Lage versetzen können, sich gegen ihm entgegengebrachte Stigmatisierung zu wehren, sich unangemessenem Konformitätsdruck zu verweigern und die Möglichkeitsräume für seine Identitätsentwicklung zu erweitern. Im Sinne einer systemischen Perspektive bliebe dies kaum ohne Rückwirkung auf die Gesellschaft, in der er lebt. Aus diesem Grunde widme ich dem vielbeschworenen Begriff "Menschenwürde" im folgenden einen eigenen Abschnitt, verbunden mit der Hoffnung, es möge sich dabei um mehr als ein überstrapaziertes Schlagwort handeln.

Exkurs: Menschenwürde - ein zwiespältiges Ideal

In unterschiedlichsten Diskussionen wird die Menschenwürde als Argument herangezogen. Dem Sozialrechtler Welti zufolge warnen Juristen jedoch davor, sie im banalen Alltag einzusetzen:

> "Die aufgeregte Mediengesellschaft neigt dazu, starke und stärkste Begriffe zu verwenden, ob es paßt oder nicht. Aber nicht jeder Behördenfrust ist ein Anschlag auf die Menschenwürde. Nicht alles, was wichtig ist, ist auch unantastbar. [...] Einer der Prüfsteine für den Satz von der Menschenwürde ist, ob und wie er auch behinderten Menschen Achtung und Schutz des Rechts vermittelt." (Welti 2005)

Die Idee der Menschenwürde stammt, so Welti, aus unserer antiken und christlichen Tradition. Die evangelische Theologin Renate Knüppel faßt die christliche Grundposition zusammen:

> "Der Mensch kann nach dieser Sichtweise nur dann konkret verstanden werden, wenn er nicht als isoliertes Einzelwesen aufgefaßt wird, das mit bestimmten Eigenschaften ausgestattet ist, sondern als Wesen, das konstitutiv in Beziehungen existiert - zu Gott, zu den Mitmenschen, zu den anderen Geschöpfen, zu sich selbst. In diesen vier Ausrichtungen entfaltet menschliches Wesen seine Bestimmung: Gott zu ehren, den Mitmenschen in seiner gleichen Würde zu achten, Gottes Schöpfung dankbar wahrzunehmen und in Selbstachtung sein Leben zu führen. Menschenwürde wird also nicht durch eigene Leistungen oder Verdienste oder aufgrund bestimmter Eigenschaften erworben. Vielmehr eignet sie jedem Menschen als Gegenüber Gottes von der Zeugung bis zum Tode. Wir haben daher nicht das Recht, ein Urteil über den Lebenswert eines Menschen zu fällen und ihm seine Würde abzusprechen. Wir können auch nicht sagen, menschliches Leben hätte diese Würde zu irgendeinem Zeitpunkt noch nicht oder nicht mehr. Die Menschenwürde bedeutet, daß der Mensch nie allein

Objekt werden darf, sondern immer Subjekt bleiben muß." (Knüppel 2005, S. 48 f.)

In der Aufklärung, allen voran bei Kant, wurde Menschenwürde mit der Idee der Fähigkeit zu vernünftigem Handeln, der Freiheit und der Gleichheit verbunden. Kant schreibt:

> "Allein der Mensch, als Person betrachtet, als Subjekt einer moralisch-praktischen Vernunft, ist über allen Preis erhaben. Denn als ein solcher ist er nicht bloß ein Mittel zu anderen, ihren, ja selbst seinen eigenen Zwecken, sondern als Zweck an sich selbst zu schätzen. Er besitzt eine Würde, einen absoluten inneren Wert, wodurch er allen anderen vernünftigen Weltwesen Achtung für ihn abnötigt, sich mit jedem anderen dieser Art zu messen und auf den Fuß der Gleichheit zu setzen." (zit. n. Welti 2005)

So dürfe der Mensch weder für Staat noch Mitmenschen Mittel, sondern müsse Selbstzweck sein. Das bedeute, daß niemand auf seine Funktionen reduziert oder in seinem Wert durch sie allein definiert werden dürfen. Das bürgerlich aufgeklärte Zeitalter sollte dadurch gekennzeichnet sein, die Menschen in ihrem Selbstzweck zu sehen und zu achten, unabhängig vom Nutzen, den sie bringen. Den Mitbürger als gleichberechtigten Vertragspartner zu sehen, war, so führt Welti weiter aus, im bürgerlichen Zeitalter der ökonomischen Entwicklung zuträglich. Diejenigen, die davon besonders profitierten, fanden im liberalen Utilitarismus die für sie passende Philosophie: Gut war, was nützlich war. Wer seinen Nutzen nicht zu mehren verstehe, sei dafür selbst verantwortlich. Daraus folgte: Wer nicht verantwortlich und nützlich sein konnte, hatte Pech gehabt; diese Pervertierung der Idee von der Menschenwürde im bürgerlichen Zeitalter machte dieses auch zur Ära der Ausgrenzung von Menschen mit geistiger und seelischer Behinderung in Anstalten, wie sie im 19. Jahrhundert im vermeintlichen Interesse der Betroffenen in großem Stil entstanden. Wer auf solche Fürsorge angewiesen war, verlor das Wahlrecht. Welti gibt zu bedenken, daß der Utilitarismus nichts an Aktualität verloren habe: Von wem angenommen werde, er habe keine Interessen mehr, etwa schwerstbehinderte Neugeborene oder Komapatienten, brauche gemäß dieser Vorstellung von Staat und Mitmenschen nicht mehr oder nur eingeschränkt anerkannt zu werden. Die Philosophie des individuellen Nutzens übersehe aber, so Welti, daß diese von Kant zugrundegelegte Vernunft nicht isoliert zu betrachten sei: Sie sei nicht allein individuelle, sondern auch gemeinsame Angelegenheit. Sie äußere sich in gesellschaftlicher Arbeitsteilung und dem gemeinsamen

Schatz an Erfahrung, Wissen und Werten, der nicht privatisiert werden könne. So komme jedem einzelnen Teil der Menschheit Menschenwürde zu, unabhängig von der jeweiligen eigenen aktuellen Vernunft. In seiner "Theorie der Gerechtigkeit" geht der Moralphilosoph Rawls noch einen Schritt weiter: Er vertritt die These, daß wahre Gerechtigkeit nicht darin bestehe, lediglich allen die gleichen Chancen einzuräumen. Darüber hinaus gehe es darum, zufällige Vor- und Nachteile auszugleichen. Das Ergebnis der "Lotterie der Natur" sei unter moralischen Gesichtspunkten willkürlich; deshalb sei es Aufgabe der Gesellschaft, für Ausgleich zu sorgen.

Ein solches Menschenbild liegt dem Gedanken des Grundgesetzes zugrunde, kann es in der Realität auch noch so sehr pervertiert werden. Ob eine Gesellschaft sich auf eine würdige Ordnung für alle verständige, hänge eng damit zusammen, ob sie Behinderung und Alter ausgrenze oder integriere, wissend, daß jeder, der heute (noch) am gesellschaftlichen Diskurs teilnehmen kann, bereits morgen durch Behinderung oder Alter dazu möglicherweise nicht mehr in der Lage sein wird.

Seit dem Zusammenbruch des NS-Regimes wurde in den Vereinten Nationen und in der BRD aus dem philosophischen ein Rechtsbegriff. Historisch, so Welti, ist das Bekenntnis zur Menschenwürde die Antithese zur Barbarei eines Staates, in dem Menschen mit geistiger Behinderung entrechtet und getötet, in dem, so muß ergänzt werden, erbkranke Behinderte, also auch Blinde und Sehbehinderte, zwangssterilisiert wurden.

Fukuyama (1992, 2002), der die moderne Genforschung scharf kritisiert, spricht von einem "Faktor X", der den Menschen vom Tier unterscheide und seine Würde ausmache: Zu diesem "Faktor X" gehöre das Scheitern, das Unvollkommene, das Häßliche, das Umständliche. Menschenwürde sei eben gerade die Möglichkeit, Defizite aushalten zu können. Die besten Seiten eines Menschen, so Fukuyama weiter, zeigten sich oft darin, wie er mit den schlechteren Seiten seiner Existenz umgehe.

Klar ist aber auch, daß rechtliche und moralische Würde wenig sind ohne ihre ökonomischen, sozialen und psychologischen Voraussetzungen. An diesen wird sich die Realisierung des hehren Grundrechts messen lassen müssen.

3.4 Fazit

Zusammenfassend läßt sich feststellen: Stigmatisierungsfolgen sind weder zwangsläufig noch einheitlich, wie die Stigma-Identitäts-These behauptet (Cloerkes 2001, S. 154). Vielmehr ist es möglich, das Merkmal selbst (z.B. die Sehschädigung), nicht jedoch dessen negative Bewertung zu akzeptieren. Den Stigmatisierungen, die fraglos einen Angriff auf das Selbst des Stigmatisierten darstellen, kann mit je unterschiedlichem Erfolg begegnet werden:

> "Vom Erfolg der angewendeten Identitätsstrategien hängt es ab, ob eine partielle oder auch völlige Anpassung an den zugeschriebenen Status stattfindet. Die Annahme eines ungünstig veränderten Selbstbilds bzw. internen Identitätsaspekts bei Menschen mit Behinderungen läßt sich aber nicht generell bestätigen. Möglicherweise handelt es sich hier um eine implizite Persönlichkeitstheorie der Behindertenexperten." (a.a.O., S. 156)

Während manche versuchen mögen, um den Preis eines enormen, oft autodestruktiven Kraftaufwandes die Rolle eines Nichtbehinderten zu spielen und damit womöglich nicht mehr erreichen als Schein-Akzeptanz auf der Basis von Schein-Normalität, gelingt es anderen, zu ihrer Verschiedenheit zu stehen, ohne dabei Gemeinsamkeiten mit Nichtbehinderten ignorieren zu müssen. Unter steigendem sozialen Druck können noch so erfolgreiche Identitätsstrategien allerdings zusammenbrechen. Offensive Stigmabewältigung erfordert Kraft, Mut und die Bereitschaft, sich aktiv mit der Behinderung auseinanderzusetzen, sich der eigenen Menschenwürde bewußt zu bleiben bzw. zu werden. Gefragt sind die Fähigkeit und Bereitschaft, an der persönlichen Entwicklung zu arbeiten mit dem Ziel, zu einer stabilen, balancierten Identität, zu einem sinnerfüllten (existentiellen) Leben (zurück-)zufinden und sich aktiv in das soziale und gesellschaftliche Gefüge einbringen zu können.

Im nun folgenden Kapitel sollen verschiedene theoretische Ansätze vorgestellt werden, welche den (behinderten) Menschen als Subjekt und die Beziehung zwischen Subjekten und deren wechselseitige Beeinflussung diskutieren. Vor dem Hintergrund einer interaktionistischen bzw. intersubjektiven Perspektive soll das im vorangegangenen Kapitel erarbeitete Verständnis des Handlungsspielraums, den ein stigmatisiertes (behindertes) Individuum hat oder entwickeln kann, vertieft werden.

4 Das stigmatisierte Individuum als Subjekt

"Wir müssen die Veränderung sein, die wir in der Welt sehen wollen." (Mahatma Gandhi)

Soziologische Ansätze wie das Stigma-Konzept und der Etikettierungsansatz, die sich mit verschiedenen Formen der Abweichung befassen, entstanden, wie wir gesehen haben, als Gegenthese zu den älteren Devianztheorien, welche die Ursachen für Abweichung ausschließlich im Individuum suchten. Stigma als soziale Rolle zu beschreiben, war ein großer Fortschritt gegenüber Sichtweisen, welche die soziale Dimension völlig außer acht ließen. Für betroffene Individuen (Stigmaträger) war Goffmans Konzept ein wichtiger Meilenstein auf dem Weg zu ihrer Emanzipation. Denn nun konnten sie lernen, ihre mißliche Lage im sozialen Zusammenhang zu begreifen, statt sie einseitig auf eigenes Versagen oder Verschulden zurückführen zu müssen. Sie konnten erkennen, daß die Verbesserung ihrer Situation nicht (nur) individuelle, sondern auch und in besonderem Maße soziale und kulturelle Veränderungen erfordert. Doch war mit dieser neuen Sichtweise die Gefahr verbunden, nun jede eigene Verantwortung (und damit Einflußmöglichkeit) zu negieren, sich als hilfloses Opfer der "Normalen" und der von ihnen vorgenommenen Etikettierungs- und Abwertungsprozesse zu definieren. Mit anderen Worten: Die Gefahr bestand darin, die Rolle der Subjektivität, also auch derjenigen des stigmatisierten Individuums, zu unterschätzen (Keupp 1972, S. 190 ff.).

Aus der Psychotraumatologie wissen wir, wie Opfer von Gewalt jeglicher Art im Dienste physischen und psychischen Überlebens sog. "Täterintrojekte" bilden müssen, die auf fatale Weise wirksam werden in Form auto- oder fremdaggressiver, überaus destruktiver Verhaltensweisen. Sich als Stigmatisierter in die Opferrolle zu manövrieren, könnte im Sinne einer Identifikation mit dem Täterintrojekt dazu verleiten, in gemischten Kontakten die "Normalen" von vornherein der Stigmatisierung überführen zu wollen und so selbst zum "Verfolger" resp. "Täter" zu werden:

"Das stigmatisierte Individuum mag auch offen die halbversteckte Mißbilligung, mit der Normale es behandeln, in Frage stellen und darauf lauern, den selbsternannten Weisen der 'Falschheit' zu überführen, das heißt, fortwährend des anderen Handlungen und Worte zu prüfen, bis irgend ein flüchtiges Zeichen dafür spricht, daß der Anschein, er akzeptiere es, leerer Schein ist." (Goffman 1967, S. 142)

So kann der Stigmatisierte seinerseits zum Stigmatisierer werden. Manche militante Vertreter von Behindertengruppen mögen in ihrem noch so berechtigten Zorn dieser Versuchung erliegen, wenn sie kurzerhand sich als "normal" und "die anderen" als "behindert" oder "verkrüppelt" etikettieren, ohne die Polarität "normal" versus "nicht normal" als solche zu hinterfragen.

Im folgenden soll der Frage nachgegangen werden, ob die hier be-schriebene Gefahr dem Goffmanschen Konzept von vornherein innewohnt oder ob es sich um ein Mißverständnis bei der Rezeption des Stigma-An-satzes handelt und welche neueren theoretischen Einsichten und empiri-schen Befunde zum Verständnis unseres Themas mit herangezogen werden können. Die Frage nach der Subjektivität und der Intersubjektivität, also der komplexen wechselseitigen Einflußnahme von Subjekten, soll etwas näher betrachtet und mit dem Thema dieser Arbeit in Beziehung gesetzt werden.

4.1 Paradigmata der Behindertenforschung

Der Begriff "Paradigma" im Sinne TH. S. Kuhns bezeichnet die

> "den wissenschaftlichen Bemühungen einer Forschergemeinschaft zugrunde liegenden einheitlichen (nicht mehr hinterfragten) Grundannahmen über Wesen und Dimensionen ihres Objektbereiches. [...] Ein solches Paradigma bestimmt die innerhalb einer Forschergemeinschaft 'anerkannten Probleme und Methoden eines Forschungsgegenstandes." (Kuhn 1968, S. 28)

Jede praktizierte Wissenschaft ("normale" Wissenschaft nach Kuhn) basiert auf einem Paradigma (Thimm 1975, S. 154). Bleidick (1977, zit. n. Hensle 1982, S. 20 ff.; s.a. Cloerkes 2001, S. 9 ff.) unterscheidet vier *Paradigmata der Behindertenforschung*: Das individual-, das interaktions-, das system- und das gesellschaftstheoretische (politökonomische) Paradigma.

Individual- und gesellschaftstheoretische Paradigmata sind deterministisch: Während im ersten Fall eine medizinisch-organisch faßbare Krankheit das Phänomen Behinderung festlegt, sind es im zweiten Fall die gesellschaftlichen, vor allem sozioökonomischen Bedingungen, welche dies tun. Im Gegensatz dazu lassen das *interaktions- und das systemtheoretische Paradigma* dem

Individuum mehr Freiraum; der einzelne Mensch bestimmt sein Rollenverhalten mit.

Bleidick wendet sich dagegen, einen der vier Ansätze absolut zu sehen und faßt sie als mögliche und gleichwertige Zugänge zum Thema auf,

> "deren systemimmanente Teilrichtigkeiten zusammen so etwas wie eine multifaktorielle Betrachtungsweise des Phänomens abgeben mögen." (a.a.O., S. 22)

Thimm (1975, S. 150 ff.) spricht von einem *Paradigmenwechsel in der Behindertenforschung*: Der traditionelle(zum Zeitpunkt von Thimms Veröffentlichung durchaus noch gängige) strukturelle Ansatz gehe von Behinderung als "kausal interpretierbarem Zustand einer in medizinischen/psychologischen/sozialen Kategorien beschreibbaren Normabweichung von Dauer" aus. Behinderung werde als Entität gesehen, nach deren Ursachen und Folgen dann gesucht werde. Die Relativität von Behinderungen komme auf diese Weise nur schwer in den Blick. Die situative Determinierung werde nur auf der Ebene der Behinderungsfolgen, nicht auf derjenigen der Behinderung selbst gesehen. Damit bestehe die Tendenz zur Ontologisierung von Behinderung (a.a.O., S. 152). Allerdings kritisiert Thimm nicht nur die individuozentrische, sondern auch die gesellschaftstheoretische Sichtweise von Behinderung, wie sie von Jantzen (1974) vertreten wird: Die biologistische bzw. psychologistische Ontologisierung von Behinderung werde durch soziologistische Ontologisierung ersetzt.

Nach Ansicht Thimms liefern die um den Goffmanschen Stigmabegriff zentrierten Überlegungen Anzeichen für ein gewandeltes, nämlich ein interaktionistisches Paradigma der Behindertenforschung, das durch folgende Grundannahmen gekennzeichnet ist (a.a.O., S. 154 ff.):

1. Behinderung wird als soziale Beziehung aufgefaßt.
2. Es wird eine prozessuale, reflexive Sichtweise vertreten. Behinderung entsteht aus definierenden Aktivitäten von interagierenden Personen in sozialen Situationen. Bedeutung existiert nicht an sich, sondern entsteht durch einen interpretativen Prozeß mittels sprachlicher Symbolisation. Welche Interpretation sich jeweils durchsetzt, hängt von der Machtausstattung der beteiligten Interaktionspartner ab.

Das neue Paradigma steht auf dem Boden des *Symbolischen Interaktionismus*, der weithin bekannt sein dürfte und hier deshalb nur kurz vorgestellt, jedoch durch andere, weiterführende Denkansätze ergänzt werden soll.[54]

---

54   s.a. die Zusammenfassung bei Cloerkes (2001, S. 128 f.)

4.2 Der Symbolische Interaktionismus und der "subjektive Faktor"

Der Symbolische Interaktionismus geht auf G.H. Mead (1968, 1969, 1972) zurück und übernimmt Husserls Konzept der "Lebenswelt" sowie seine Einsichten zur "Intentionalität", bezieht sich außerdem auf Darwins Evolutionstheorien. Um zu erklären, wie sich symbolische Kommunikation aus gestischer Konversation entwickelt, postuliert Mead einen identifikatorischen Akt der Perspektivenübernahme ("taking the attidtude of the other"). So sei in der Evolution nach und nach ein Wesen entstanden, das zu symbolischem Denken in der Lage ist (zit. n. Cavell 2006, S. 182). Für Mead gibt es keine Bedeutung per se; Bedeutung entstehe erst dadurch, daß Menschen durch das, was sie sagen und tun, Bedeutung verleihen. Mead

"begreift mit der angestrebten Nähe zu konkreten Situationen menschliches Handeln - auf der Grundlage eines interpretativen Paradigmas - als sinngeleitetes Handeln. Er hebt auf der Grundlage einer Handlungstheorie die aktive Auseinandersetzung mit der sozialen Umwelt, die Interpretation von Symbolen und Situationen durch das Individuum und die wechselseitige Verschränkung der Perspektiven der Teilnehmer im Interaktionsprozeß hervor. [...]
    Handlungstheoretische Grundannahme ist, daß jedes verbale oder non-verbale Verhalten sinngeleitete Handlung ist und, da sie sich zwischen Kommunikationsteilnehmern ereignet, daß diese Handlung eine Interaktion ist. Da sie sich überdies mit und in sprachlichen Symbolen vollzieht, stellt sie sich dar als symbolische Interaktion. Nach handlungstheoretischer Annahme beruht jedes Handeln auf einem Entschluß, folgt einer Intention und verfügt damit über die Bedingungen des Handelns, indem es diese (mit)-schafft." (Schuchardt 2003, S. 77f.)

Die Hervorhebung des *"subjektiven Faktors"*, die den Symbolischen Interaktionismus von objektivistischen Theorien unterscheidet, und die Herleitung gesellschaftlicher Phänomene aus konkreten, unmittelbaren Interaktionen in Alltagssituationen bedeutet nicht, daß der Einfluß objektiver Faktoren - z.B. der sozioökonomischen Bedingungen - geleugnet würde. Die Interaktion zwischen zwei oder mehr Individuen ist keine nicht mehr weiter analysierbare Einheit, sondern wird durch eine Vielzahl von Einflußgrößen mitbestimmt: Am Beispiel der Ehe legt Goffman dar, daß auch vertraute zwischenmenschliche Beziehungen keineswegs als partikularistische Verhältnisse aufgefaßt werden können, und zieht den Schluß:

"So werden wir, ob wir mit Fremden oder Vertrauten interagieren, finden, daß die Gesellschaft massiv in den Kontakt eingreift und uns sogar hier unseren Platz zuweist." (Goffman 1967, S. 70)

Objektive Faktoren wirken aber keineswegs deterministisch auf das Individuum ein. Vielmehr eignet es sich diese an und durchformt sie mit Hilfe seiner Fähigkeit zur Reflexion. Dadurch wird ein kreatives Moment sichtbar. In Übereinstimmung mit dieser Auffassung beschreibt Krähenbühl (1977, S. 46) das Selbstbild eines Individuums ("Ich") als "kreative Antwort auf das wahrgenommene Fremdbild" ("Mich").

Andere Denk- und Forschungsansätze kommen zu vergleichbaren Schlußfolgerungen:

* Viktor Frankl, der Begründer der *Existenzanalyse und Logotherapie*, lehnt einseitig deterministische Sichtweisen ab und betont den Handlungsspielraum, damit die Verantwortung des Subjekts; gerade dies mache sein Menschsein und seine Würde aus. In einem seiner Vorträge kommentiert er zur Kriminalität:

"Sie können eine kriminelle Handlung niemals bis zuletzt, in die letzten Verzweigungen von Ursachennetzen auflösen. Denn das hieße doch, dem Betreffenden den letzten Rest von menschlicher Würde rauben, verstehen Sie das? Das heißt ja, Sie machen aus ihm eine Maschine, einen Apparat, einen Mechanismus, der nun einmal unter dem Einfluß dieser soziologischen, psychologischen und biologischen Faktoren und Fakten so und nicht anders konnte, nicht anders handeln bzw. sich verhalten konnte. Damit leugnen Sie doch die Freiheit eines Menschen, sich zu entscheiden. Damit nehmen Sie ihm doch von seinen Schultern die Verantwortung, sich möglichst sinnvoll, möglichst seinem Selbst im besten Wortsinn entspre-chend zu verhalten. Das rauben Sie ihm. Sie glauben, Sie tun ihm einen humanitären Dienst. Sie dehumanisieren und depersonalisieren ja einen solchen Menschen. [...] Ein letzter Rest von unerklärbarer, freier Entschei-dung steht da, liegt da, ist vorhanden auch bei der ärgsten kriminellen Untat. Und wenn Sie das nicht sehen oder sehen wollen einer bestimmten Ideologie zuliebe, die Ihnen den Determinismus vorschreibt, dann werden Sie nie an den Persönlichkeitskern eines Kriminellen herankommen. [...] Das Menschliche, das bleibt. Sehen Sie, die Möglichkeiten, einen Sinn zu erfüllen [...], die müssen wahrgenommen werden, die müssen verwirklicht werden, die müssen erfüllt werden. Und das ist die Aufgabe des Menschen in jeder einzelnen Lebenssituation." (Frankl 1984)

In jüngerer Zeit wird die von Frankl hier aufgeworfene Frage nach Determination und Freiheit, damit nach der Verantwortung jedes Menschen für sein Tun, erneut kontrovers diskutiert. Neuere neurowissenschaftliche Erkenntnisse bilden - ähnlich wie vor Jahrzehnten die Befunde der Soziologie - den Nährboden für Versuche, dem Menschen Willensfreiheit und Verantwortung abzusprechen. Der Hirnforscher Hans Markowitsch (s.a. Markowitsch 2007) drückte dies in einem Streitgespräch mit dem Philologen und Sozialwissenschaftler Jan Philipp Reemtsma kürzlich so aus:

"Alles, was je auf mich eingewirkt hat, ist in meinem Gehirn eingegraben. Unser Handeln ist durch die Verschaltungen in unserem Gehirn determiniert. Viele davon sind stabil. Andere verändern sich ständig im Wechselspiel mit der Umwelt, dem Werden und Vergehen von Neuronen und der Ausschüttung von Neurotransmittern. Das gibt uns das Gefühl, wir handelten aus freier Entscheidung. Tatsächlich spielt sich unsere Gehirntätigkeit in großen Zügen unbewußt ab, gesteuert durch das emotionale Erfahrungsgedächtnis. Der freie Wille ist eine Illusion."

Reemtsma widerspricht entschieden:

"Das ist doch Unfug. Herr Markowitsch, Sie reden, als gäbe es einen Unterschied zwischen Ihnen und Ihren Neuronen. Es scheint, manche Neurobiologen haben ein interessant distanziertes Verhältnis zu ihrem eigenen Gehirn. Haben Sie Probleme, sich mit sich selbst zu identifizieren?"[55]

In diesem kurzen Ausschnitt wird deutlich, wie sehr auch heute noch Diskussionsbedarf über diese alte Menschheitsfrage besteht, auf die es wohl kaum jemals eine endgültige Antwort wird geben können.

* Vergegenwärtigen wir uns den *Naturbegriff* bei Karl Marx, wird die Beziehung zwischen "subjektivem Faktor" und "objektiver Realität" deutlicher: Der Psychoanalytiker Alfred Lorenzer, der philosophisch von Karl Marx und Jürgen Habermas[56] herkommt und als einer der Vordenker des inter-subjektiven Paradigmenwechsels innerhalb der Psychoanalyse gilt (s.

---

55   In: Der Spiegel Nr. 31 vom 30.7.2007, S. 117
56   Habermas (1968, 1970) hatte eingewandt, daß das dialogische Verstehen auch einer psychologisch verschleierten Herrschaftsstruktur entstammen könne. Sprache sei auch ein Medium von Herrschaft und sozialer Macht. Damit stoße hermeneutische Erfahrung zwangsläufig auf die Abhängigkeit symbolischer Zusammenhänge von faktischen Verhältnissen und der materiellen gesellschaftlichen Praxis (zit. n. Bohleber 2006b, S. 213).

Kapitel 4.4), wendet sich von der Ich-Psychologie ab, da diese das kritische Poten-tial der Psychoanalyse verfälsche. Er versucht, am Beispiel des dialektischen Verhältnisses zwischen gesellschaftlicher Praxis und der Mutter-Kind-Interaktion eine Synthese aus Psychoanalyse und Historischem Materialismus herzustellen:

"Fordert der historische Materialismus die Einsicht, daß Subjektivität - nach Form wie Inhalt - aus der gesellschaftlichen 'Basis' erwächst, so verlangt der Marxsche Naturbegriff gleichwohl, daß die Ansatzpunkte praktischer Dialektik sowohl in jener Natur, die dem Menschen gegenübersteht, wie auch der Natur, die er (biologisch) ist, nicht vergessen werden." (Lorenzer 1972, S. 10)

Eine Preisgabe des Subjektbegriffs hält Lorenzer für schieren Positivismus (a.a.O., S. 11). Das Unbewußte versteht er als eine Bildung, die aus frühen szenischen Interaktionsformen im Rahmen der Mutter-Kind-Dyade entstanden ist. Sozialisation sei jedoch keinesfalls ein einseitiger Prägungsvorgang. Gerade durch die Betonung der Beidseitigkeit grenze sich psychoanalytische Entwicklungstheorie von behavioristischen und soziologistischen Entwürfen ab, in denen der kindliche Anteil bestenfalls als biologische Folie für einen Prägungsprozeß angesehen werde:

"Für die Psychoanalyse ist die Auseinandersetzung zwischen Mutter und kindlichem Organismus ein dialektischer Prozeß. Diese Sicht ergibt sich [...] zwangsläufig aus dem Festhalten am Grundsatz der Triebbestimmtheit alles Erlebens. Trieb ist in psychoanalytischer Anschauung ja ein dem Erleben nicht äußerlicher, sondern immanenter Bestandteil. [...] Genau das macht den Kern der psychoanalytischen Persönlichkeitstheorie aus, daß von den unstrukturiert emotionalen Zuständen bis zu den elaborierten rationalen Akten alles Psychische vom Trieb auch inhaltlich abhängig zu denken ist. Hier liegt die feste Trennungslinie zum Kulturismus. [...] Auch im bloß organismischen Stadium embryonaler Reiz-Reaktions-Zusammenhänge werden lange vor jeder Erlebnisfähigkeit [...] erste Ansätze des Wechselspiels eingeübt." (a.a.O., S. 38 f.)

Das Festhalten an der unverkürzten Bedeutung der alten materialistischen Triebtheorie Freuds habe Psychoanalyse davor bewahrt, den Versuchungen der idealistischen Bewußtseinspsychologie zu verfallen (a.a.O., S. 46). Die Entwicklung des Subjekts sieht Lorenzer als dialektischen Aneignungs- und Vermittlungsprozeß zwischen innerer Natur und angebotenen Interaktionsformen an:

"Machen wir uns klar, daß die Auseinandersetzung mit innerer Natur ein Moment der Dialektik ist, die, eingelassen in die gesellschaftlichen Prozesse vom produktiven Kampf des Menschen gegen äußere Natur ihre Prägung erhält. Das Individuum ist der Schauplatz, in dem die großen dialektischen Bewegungen ihre Mitte haben. Der immer wieder so beruhigende Rückfall in Objektivismen, denen bald die Wirklichkeit der Produktionsprozesse, bald die Realität der in primärer Sozialisation stets erneut einsetzenden Dialektik mit Natur, die der Mensch ist, entschwindet, geschieht, wenn man illusionär die Problematik der Subjektivität ausstreicht." (a.a.O., S. 78)

Der hier nur kurz angedeutete, bei Lorenzer ausführlich anhand des Spracherwerbs explizierte Vermittlungsweg könne entlang der Generationen zurückverfolgt werden. Um der möglichen Verwechslung mit einer familialistischen Version des Historismus vorzubeugen, müsse die subjektive bzw. mütterliche Praxis in ihrer gesellschaftlichen Bestimmtheit beleuchtet werden:

"So wie die mütterliche Praxis von Anbeginn an gesellschaftliche Formbestimmung im kontinuierlichen Gang der Einigung in die Mutter-Kind-Dyade hervorbringt, erwachsen die vergleichsweise groben Eingriffe einschneidender Versagungen nicht aus privatistischer Zufälligkeit, sondern folgen dem Profil systematischer Brechung der mütterlichen Interaktionsmöglichkeiten. Auch die Versagungen [...] sind profiliert entsprechend dem Zuschnitt gesellschaftlicher Interaktions-formen in den sozialen Gruppen und Schichten." (a.a.O., S. 96)

Einzelpraxis sei, wo und wie immer sie ins Spiel komme, stets Teil gesamtgesellschaftlicher Dialektik zwischen den Polen innerer Natur und äußerer Natur. Sie sei damit abhängig von den Formen, in denen praktische Naturbewältigung sich vollziehe, somit von den Produktionsverhältnissen. Letztere stecken, so Lorenzer, formgebend den Rahmen ab für die praktischen Möglichkeiten, so auch für die Entfaltung der Einigung in der Mutter-Kind-Dyade (a.a.O., S. 135 f.). Die Sozialisationspraxis der Mütter sei Realisierung von Handlungsentwürfen, die sich in gesellschaftlicher (historisch-materieller) Praxis bilden (a.a.O., S. 141).

Von großer Bedeutung für unser Thema ist Lorenzers Diskussion des *psychoanalytischen Rollenbegriffs*:

"Die psychoanalytische Version des Rollenbegriffs zeichnet sich dabei durch die interessante Besonderheit aus, daß die eigenartige Trennung in ein gesellschaftliches Rollenrepertoire und eine private Residualkategorie (Dahrendorf) beseitigt wird. Rolle ist in diesem Verständnis zwingend immer eine Instanz, die sich gegenüber dem außerpsychoanalytischen Rollenbegriff dadurch auszeichnet, daß in die gesellschaftlichen Standards auch jene lebensgeschichtlich erworbenen Positionen eingehen, die aus der frühinfantilen Auseinandersetzung zwischen je eigenen Körperbedingungen, Bedürfnissen usw., Trieben und verbindlichen Normen hervorgehen." (a.a.O., S. 48)

Lorenzer wendet sich somit ausdrücklich gegen einen positivistisch verengten Soziologismus, der mit Hilfe des Rollenbegriffs eben jene Subjektivität sich einverleibe, die ihm der psychoanalytische Triebbegriff durch Verankerung des Erlebens in materiellen Prozessen vorenthalte (a.a.O., S. 48). Eine solche Perspektive schützt vor einer biologistischen ebenso wie einer soziologistischen Ontologisierung des Phänomens Behinderung, vor der, wie in dieser Arbeit mehrfach erwähnt, Thimm (1975) gewarnt hat.

In einer neueren Publikation sieht Lorenzer im Unbewußten übrigens nicht mehr nur das "exkommunizierte Bewußtsein", sondern einen eigenständigen Sinnbereich, ein System von konkreten Lebensentwürfen, die - nicht sprachlich organisiert - ein Gegensystem zum herrschenden System der Sprachgemeinschaft und zu den herrschenden Verhältnissen bilden (Lorenzer 2002, S. 150; s.a. Kapitel 4.4). Auf diese potentiell emanzipatorische bzw. individuierende Kraft des Unbewußten werde ich in Kapitel 9 zurückkommen mit der These, daß die Nutzung unbewußter Prozesse bzw. Potentiale davor schützen helfen kann, Behinderungsverarbeitung zu einer Art einseitigen Anpassungstechnologie verkommen zu lassen.

*   Aus *handlungstheoretischer Perspektive* stellt sich die Rolle der Subjektivität wie folgt dar:

"Die Verfügbarkeit des Handelns ist durch die das Bewußtsein strukturierenden historisch-ökonomischen Bedingungen geprägt - im Sinne von Deutungsmustern des Alltagswissens, welche die Situationsdefinitionen in Interaktionen präjudizieren. Dennoch bleibt als das entscheidende Charakteristikum des Handelns, im Unterschied zum (bloß reaktiven) Verhalten, das Moment der Verantwortung." (Schuchardt 2003, S. 78)

Wie in Kapitel 4.1 bereits angedeutet, kommt der Sprache besondere Bedeutung zu: Ist der Einwand von Habermas (1968, 1970), daß die Sprache auch Herrschaftsstrukturen reproduziere und mithin repressiven Charakter haben könne, auch sehr berechtigt und wichtig, gewährt die Symbolische Repräsentation von Handlungszusammenhängen dem handelnden

Individuum dennoch eine gewisse Unabhängigkeit von den Ereignissen, ermöglicht das Transzendieren des "Hier und Jetzt" etwa in Form kreativer Phantasietätigkeit, stattet es mit Handlungskompetenz und der Fähigkeit aus, alternative Selbst-, Beziehungs- und Realitätsentwürfe zu erdenken (s.a. Benjamin 2006, S. 72).

* Die Hervorhebung der Verantwortung im handlungstheoretischen Ansatz erinnert an die *dialogische Philosophie* Martin Bubers, den wir als einen der wichtigsten Vordenker der "relationalen Wende" in der Psychoanalyse (s. Kapitel 4.4) ansehen können: Buber faßt Verantwortung - neben Handlung, Entscheidung und Glauben - als eines der vier Hauptmerkmale des Dialogischen auf. Tyrangiel gibt diese Auffassung Bubers folgendermaßen wieder:

> "Verantwortung ist ein urmenschliches Phänomen. [...] Indem wir unserem Gegenüber antworten, es verantworten, entsteht im Zwischen die gemeinsame Situation, entsteht Verbundenheit und Gegenwart." (Tyrangiel 1981, S. 20)

Wie der handlungstheoretische Ansatz postuliert auch die Philosophie Bubers die Möglichkeit, auf das, was einem widerfährt, nicht einfach zu reagieren, sondern aktiv zu antworten:

> "Der dialogisch lebende Mensch begreift sein Schicksal nicht als ein unentrinnbares Geschehen, sondern als Aufgabe, als Frage, die er zu beantworten hat. [...] 'Der Mensch wird durch das, was ihm widerfährt, was ihm geschickt wird, durch sein Schicksal angeredet; durch sein eigenes Tun und Lassen vermag er auf diese Anrede zu antworten, vermag er sein Schicksal zu verantworten.' (Buber 1930, S. 25)" (a.a.O., S. 31 f.)

Dieses "Ver-antworten" geschieht nicht selbstverständlich, sondern setzt eine dialogische Haltung voraus. Diese zeigt sich bereits in der Art der Wahrnehmung. Dialogische Wahrnehmung bezeichnet Buber als "Innewerden", sich vom Gegenüber ansprechen lassen, während der monologisch Wahrnehmende ein Objekt beobachtet oder betrachtet (a.a.O., S. 20).

* Die Rolle der Subjektivität (und damit der Momente der Freiheit und der Verantwortung) zu würdigen, ist von weit mehr als akademischem Interesse. Welchen Stellenwert man dem "subjektiven Faktor" einräumt, ist handlungsrelevant, und zwar in besonderem Maße dann, wenn die Verwandlung der Wirklichkeit angestrebt wird. Paulo Freire hat das in seiner

"Pädagogik der Unterdrückten" erkannt und in praktische Bildungsarbeit umgesetzt (Freire 1971). Er kritisiert revolutionäre Bestrebungen, die Gesellschaftsveränderung nur auf der Ebene "objektiver" Strukturen ansiedeln. Die Rolle der Subjektivität und ihre Bedeutung für das Handeln charakterisiert er folgendermaßen:

> "Man kann [...] keine Objektivität ohne Subjektivität feststellen. Keines kann ohne das andere existieren, und sie können auch niemals getrennt werden. Die Loslösung der Objektivität von der Subjektivität, die Leugnung der letzteren in einer Analyse der Wirklichkeit oder bei einem Handeln an ihr wäre Objektivismus. Andererseits wäre die Leugnung der Objektivität bei Analyse und Aktion im Ergebnis ein Subjektivismus, der zu solipsistischen Positionen führt und die Aktion selbst leugnet, indem er die objektive Wirklichkeit leugnet. Weder Objektivismus, auch nicht Psychologismus wird hier propagiert, sondern vielmehr die ständige dialektische Beziehung zwischen Subjektivität und Objektivität. [...]
>
> Was Marx kritisierte und wissenschaftlich zerstörte, war nicht die Subjektivität, sondern der Subjektivismus und Psychologismus. [...]
>
> Es gäbe keine menschliche Aktion, wenn es keine objektive Wirklichkeit gäbe, keine Welt, die als 'Nicht-Ich' des Menschen ihn herausfordert. Ebenso wenig käme es zu menschlicher Aktion, wäre der Mensch nicht ein 'Entwurf' - wäre er nicht imstande, sich selbst zu transzendieren, seine Wirklichkeit zu begreifen und zu verstehen, um sie zu verwandeln." (Freire 1971, S. 38 ff.)

4.3 Beiträge der Entwicklungspsychologie

Im übrigen korrespondiert die hier vorgestellte Sicht auf den "subjektiven Faktor" mit verschiedenen entwicklungspsychologischen Ansätzen und Forschungsergebnissen, welche das heranwachsende Individuum, selbst das Kleinstkind, nicht (mehr) als passiv ausgelieferten Rezipienten von Informationen, Anweisungen, Rollenerwartungen, Zuschreibungen, Prophezeiungen etc. zeichnen, sondern - bei aller unzweifelhaften Ausgeliefertheit und Abhängigkeit - dessen Kompetenz, Kreativität und Gestaltungsspielraum sowie die primäre Bezogenheit des Menschen (Intersubjektivität) ins Blickfeld rücken. Um den Rahmen dieser Arbeit nicht zu sprengen, sollen hier nur wenige Gesichtspunkte pars pro toto herausgegriffen werden:

* Jean Piaget beschreibt die kognitive Entwicklung des Kindes als Ineinandergreifen von Assimilations- und Akkommodationsprozessen im

Dienste geglückter Adaptation an gegebene Umweltschemata (s. die zusammenfassende Darstellung bei Ginsburg u. Opper 1962; zur Kritik des
Piaget'schen Subjektivismus s. Lorenzer 1972, Kap. 3.1). Das lernende und
sich mit der Umwelt auseinandersetzende Kind passt sich nicht einseitig den
äußeren Gegebenheiten an (Akkommodation), sondern eignet sie sich aktiv
und verwandelnd an (Assimilation), entwickelt so seine je individuellen kognitiven Schemata.

* Wenn Heinz Kohut (1973) Internalisierungsprozesse als "umwandelnde Verinnerlichung" beschreibt, spricht er das aktive (umwandelnde)
Potential des Kindes an.

* Die *Transaktionsanalyse* konzeptualisiert in ihrer Entwicklungstheorie
den Erwerb des sogenannten "Skripts" (des Lebensplans) des heranwachsenden Menschen als aktive Leistung und betont, daß das sich entwickelnde
Individuum die an es gerichteten "Skriptbotschaften" (z.b. Rollenerwartungen) nicht passiv aufnimmt, sondern selbst darüber Entscheidungen (die
sog. *"Skriptentscheidungen"*) trifft, und zwar von kleinst an dem jeweiligen
Entwicklungsstand (kognitives und affektives Strukturniveau, bisherige
Beziehungserfahrungen)gemäß.[57]

* Die moderne *Säuglings- und Bindungsforschung* hat frühere Vorstellungen
vom passiv rezipierenden, allen Umwelteinflüssen hilflos ausgelieferten
Baby auf der Grundlage umfangreicher empirischer Forschungen
unzweifelhaft widerlegt.[58] Was Mütter vielleicht immer schon wußten, hat
sich endlich auch in der Wissenschaft herumgesprochen: Schon mit Beginn
seines Lebens ist der Mensch ein scharf wahrnehmendes, aktives, initiie-
rendes, kontrollierendes, differenzierendes und auf andere Menschen
bezogenes Wesen. Altmeyer u. Thomae fassen zusammen:

"Insgesamt belegen die Befunde eine aktive, intelligente und lustvolle
Beschäftigung des Säuglings mit seiner Umgebung. Er ist schon sehr früh in der
Lage, die äußere Realität zu kategorisieren und mit Sinn zu erfüllen, Ursachen
und Wirkungen von Handlungen zu unterscheiden, Absichten zu erschließen

---

57   Goulding u. Goulding (1979, 2005); Schlegel (1988, S. 171 ff.); Schlegel (1993, S. 313
ff.)
58   s. etwa Lichtenberg (1983/1991); Stern (1992, 1998); Dornes (1994, 1997, 2000, 2002,
2006); Fonagy (1991, 1996, 2004)

und soziale Interaktionen im Mikrobereich nicht nur zu antizipieren, sondern sogar zu steuern." (Altmeyer u. Thomae 2006, S. 14)

Das werdende Subjekt besitzt eine dialogische Binnenstruktur, in die der andere eingelassen ist; der Dialog ist somit für den Säugling primär und selbstverständlich (a.a.O., S. 17). Mentalisierung und Erwerb der reflexiven Funktion[59] sind mithin das Ergebnis von Beziehungs- und Bindungserfahrungen. Durch diese hindurch gewinnt der Mensch ein Verhältnis zu sich selbst und zur Welt, entwickelt seine Fähigkeit zu denken. Voraussetzung ist die tragfähige Beziehung zu einer Bezugsperson, die bereit und in der Lage ist, sich auf den Rhythmus und die Bedürfnisse des Kindes einzustimmen und seine Gefühlsäußerungen zu spiegeln, und zwar in markierter Form, die eine Unterscheidung zu den eigenen Affekten ermöglicht. Dies ist etwa dann der Fall, wenn die Mutter einen Kummer ihres Kindes empathisch wahrnimmt und spiegelt, dabei gleichzeitig zu erkennen gibt, daß dieser Kummer nicht ihrem eigenen Gefühl entspricht. Nur so kann sie ihr Kind, welches diesen Unterschied sehr wohl wahrnimmt, beruhigen. So entstehen Formen protosymbolischer Kommunikation als Grundlage des späteren Symbolisierungsvermögens. Benjamin spricht daher von "symbolischer Triangulierung" (Benjamin 2006, S. 82). In solchen Lernprozessen begegnen sich Selbstregulierung und gegenseitige Regulierung.

Eine intersubjektiv angelegte Entwicklungstheorie sieht in der wechselseitigen Verständigung, die nicht auf gegenseitige Anpassung, Pflichterfüllung oder Gefügigkeit reduziert werden kann, eine Quelle der Freude und ein grundlegendes Lebensbedürfnis (a.a.O., S. 85). In einem solchen Beziehungsverständnis geht es dann - das ist für unser Thema besonders wichtig - nicht mehr um Fragen, wer "normal", "gesund", "behindert" etc. sei (a.a.O., S. 91).

Der hier vorgestellten intersubjektiven Perspektive soll im nächsten Abschnitt wegen ihrer fundamentalen Bedeutung etwas differenziertere Beachtung gewidmet werden.

---

59 s. hierzu Fonagy et al. (2002), die mit diesem Begriff den Brückenschlag zwischen Psychoanalyse und Kleinkindforschung erweitern, indem sie kognitionspsychologische Überlegungen aus dem "Theory of mind"-Ansatz hinzunehmen. Dieser besagt, daß das Mentale vom Kind entdeckt oder aus den mimischen, gestischen und verbalen Äußerungen der sozialen Umwelt "erschlossen" werden muß. Allmählich kommt das Kind zu der Einsicht, daß die mentalen Zustände des Anderen dessen Verhalten erklären. Auch das eigene Verhalten wird allmählich auf Zustände des Fühlens, Wünschens, des Interesses usw. zurückgeführt. Zur Mentalisierung ist ein "intersubjektiver Spiegel" erforderlich.

4.4 Die "relationale Wende" in der Psychoanalyse und das intersubjektive Paradigma

Zu Freuds Zeit hatte mit dem symbolischen Interaktionismus G.H. Meads (s.o.) das Nachdenken über die dialogische (anstelle einer monadischen) Verfaßtheit der menschlichen Psyche zwar bereits begonnen, doch blieb Freud im wesentlichen bei der von René Descartes begründeten Trennung zwischen Subjekt und Objekt (Altmeyer u. Thomae 2006, S. 11). Als Vorläufer intersubjektiven Denkens können Philosophen wie Friedrich Hegel, der bereits erwähnte Martin Buber, Edmund Husserl und Hans-Georg Gaddamer, aber auch entwicklungspsychologisch orientierte Psychoanalytiker wie Ferenczi (1930/1955), Sullivan (1940), Fairbairn (1952/2000), Spitz (1963), Bowlby (1969/1975),Winnicott (1958, 1971, 1974) und Stern (1985/1992, 1995/1998) angesehen werden.[60] In seiner philosophischen Anthropologie spricht Ludwig Binswanger vom konstitutiven Primat der Dualität", das Selbst wird als wirhaft konstituiert aufgefaßt (zit. n. Bohleber 2006b, S. 210).

Wer als Psychoanalytiker den "Mythos von der isolierten Seele" (Beebe u. Lachmann 2006, S. 128) zugunsten einer intersubjektiven Perspektive in Frage stellte, blieb in der etablierten Psychoanalyse jedoch ein Dissident und Außenseiter. Die Beziehung zwischen Psychoanalyse und empirischer Säuglings- und Bindungsforschung blieb bis in die 1970er Jahre konflikthaft (Beebe u. Lachmann 2006, S. 123). Eine Annäherung und gegenseitige Befruchtung dieser beiden auf den ersten Blick so unterschiedlich erscheinenden Forschungsansätze erfolgte nur zögerlich. Dennoch waren es schließlich die Säuglings- und Bindungsforschung mit ihrer Entdeckung der "primären Intersubjektivität" des Neugeborenen (Trevarthen 1979), welche der intersubjektiven Wende ("relational turn") in der Psychoanalyse zum Durchbruch verhalfen (Altmeyer u. Thomae 2006, S. 13). Bei der sog. "relationalen Psychoanalyse" handelt es sich allerdings nicht um eine einheitliche Theorie, sondern um sehr verschiedene und dezentralisierte, teils durchaus uneinige Strömungen (Aron u. Harris 2006, S. 110). Steven Mitchell, einer der profiliertesten Vertreter des gewandelten Paradigmas[61], spricht von einer

---

60   vgl. Benjamin (2006, S. 66); Beebe u. Lachmann (2006, S. 128); Bohleber (2006b, S. 209 ff.)

61   s. Mitchell (1988, 2003)

"Tradition innerhalb einer Tradition. Der Begriff "Relational bezeichnet keine Schule, kein identitätsstiftendes Etikett, sondern vielmehr eine bestimmte, an den Beziehungen zwischen Menschen orientierte Dimension psychoanalytischer Theorie und Praxis (Aron u. Harris 2006, S. 111).

Mitchell entwickelte ein dreidimensionales Rahmenkonzept, das aus einem *Selbstpol*, einem *Objektpol* und einem *Interaktionspol* besteht (relationale Matrix). Dieses Konzept soll dazu dienen, verschiedenste Ansätze aus dem breiten Spektrum psychoanalytischer Strömungen zusammenzubringen und in ein einheitliches, relational angelegtes Theorieprojekt einzubringen (zit. n. Aron u. Harris 2006, S. 113).

"Intersubjektivität" bedeutet,

"dass sich der Mensch von Geburt an mit anderen Menschen verbunden fühlt und dass sich diese Verbundenheit in seiner psychischen Struktur niederschlägt. Innen und Außen sind miteinander aufs engste vernetzt. [...] Intersubjektivität verweist auf zwischenmenschliche Bezogenheit als Fundament der conditio humana im positiven wie im negativen Sinne." (Altmeyer u. Thomae 2006, S. 5)

Benjamin definiert Intersubjektivität

"als eine durch wechselseitige Anerkennung bestimmte Beziehung, eine Beziehung, in der einer den anderen 'als Subjekt' [...] erfährt, das heißt als ein seinerseits psychisch verfaßtes Wesen, mit dem sich 'mitempfinden' läßt, das jedoch über ein abgegrenztes, eigenständiges Gefühls- und Wahrnehmungs-zentrum verfügt." (Benjamin 2006, S. 66)

Die Anerkennung der Tatsache, daß auch andere Menschen über ein Seelenleben verfügen, also die Anerkennung der Subjektivität des Anderen, ist, so Benjamin, eine entscheidende Leistung der Ontogenese. Benjamin betont das Moment der Wechselseitigkeit in der Interaktion von Subjekten:

"Weil Subjekte einander wechselseitig beeinflussen, ist Interaktion keine Einbahnstraße, sondern, um im Bild zu bleiben, eher eine Straße mit Gegen-verkehr, auf der ein verwirrendes Hin und Her herrscht. Auch wenn wir den Sachverhalt intersubjektiver Beeinflussung theoretisch anerkennen, sollte uns das den Blick auf die Macht des psychischen Erlebens nicht verstellen, denn tatsächlich erleben wir Interaktion oft genug als Einbahnstraße. Uns kommt es dann so vor, als ob der eine tut und dem anderen angetan wird - ein Bild, das uns die Objektbeziehungstheorie nur allzu gern vermittelt: Einer Subjekt, der andere Objekt. Das eigentliche Problem besteht darin anzuerkennen, daß das

Objekt unserer Gefühle, Bedürfnisse, Handlungen und Gedanken in Wirklichkeit selber ein Subjekt ist, ein gleichwertiges Wesen mit einem eigenen Zentrum des Seins." (a.a.O., S. 67)

Im Unterschied zur Subjekt-Objekt-Beziehung (wie sie etwa Objekt-beziehungstheorien nahelegen) ist die Subjekt-Subjekt-Beziehung eher einer Symmetrie als einer polaren Komplementarität ähnlich; Komplementarität und Gegenseitigkeit ("mutuality") sind daher zu unterscheiden (Bohleber 2006b, S. 205). Triangulierung bedeutet vor dem Hintergrund dieser Konzeption jenen mentalen Raum für Intersubjektivität, der Hingabe ermöglicht oder durch Hingabe entsteht im Sinne der Fähigkeit des Selbst, die Perspektive des Anderen einzunehmen und von dessen Realität auszugehen. Wer sich hingebe, sei fähig, die innere Verbindung zu einem anderen aufrechtzuerhalten, während er diesem zugleich Eigenständigkeit und Unterschiedenheit zugestehe (Benjamin 2006 S. 69). Wie wir gesehen haben, kommt der Sprache bei der Entwicklung dieser Fähigkeit große Bedeutung zu. Ebenso wichtig ist jedoch die frühe nonverbale Interaktion zwischen dem Kind und seiner Bezugsperson, in der die Erfahrung des Miteinander, eines "gemeinsamen Rhythmus" vermittelt wird (a.a.O., S. 76). Aber auch bis ins hohe Alter bleiben wir auf soziale Beziehungen angewiesen. Unser Selbstgefühl entstehe nicht nur ontogenetisch aus den Interaktionen mit den primären Bezugspersonen, sondern benötigt zu seiner Aufrechterhaltung lebenslange interaktive Unterstützung (Stolorow u. Atwood 1992, S. 10).

Als Menschen werden wir gerade dadurch zu einzigartigen, unverwechselbaren Individuen, dass wir unsere "Beziehungsschicksale" verinnerlichen und zum Aufbau unserer psychischen Struktur verwenden (Altmeyer u. Thomae 2006, S. 8).

Wir fühlen uns sehr an die Gedanken Martin Bubers (s.o.) erinnert, wenn wir bei Habermas lesen:

"Werden wir uns nicht erst in den Blicken, die der andere auf uns wirft, unserer selbst bewußt? In den Blicken des Du, einer zweiten Person, die mit mir als einer ersten Person spricht, werde ich meiner nicht nur als eines erlebenden Subjekts überhaupt, sondern zugleich als eines individuellen Ichs bewußt. Die subjektivierenden Blicke des anderen haben eine individuierende Kraft." (Habermas 2005, S. 18 f.)

Die Entdeckung der Spiegelneuronen (s. Kapitel 2.5.3) bestätigt die intersubjektive Perspektive aus neurobiologischer Sicht (Altmeyer u. Thomae

2006, S. 17). Möglicherweise seien diese Spiegelneuronen dafür verantwortlich, daß wir Wert darauf legen, uns intentional aneinander zu orientieren und aufeinander einzustellen:

"Indem wir die Handlungen eines anderen imitieren, reproduzieren wir dessen
Intentionen in uns selbst. [...] In einem tieferen Sinne lernen wir also, uns an
Anpassung anzupassen. Wir verlieben uns in die Liebe." (Benjamin 2006, S. 78)

Das sog. *"Dritte" in der Beziehung* versteht Benjamin als eine gemeinsam
konstituierte und geteilte Erfahrung. Es schaffe, so Benjamin, einen
mentalen Raum für Denken, für ein inneres Gespräch, das wir mit dem
Anderen in uns führen (a.a.O., S. 78ff.).

Wiederholt wurde die Befürchtung geäußert, das Intrapsychische werde
im relationalen Denken vernachlässigt, quasi im Beziehungsgeschehen
aufgelöst. Bohleber äußert den Einwand, wir seien mehr als unsere
Kontexte und mehr als ein ko-konstruiertes Subjekt (Bohleber 2006b, S.
209). Das Selbst in seiner eigenständigen Funktion als Autor und
handelnder Akteur, als eine autonome Instanz, die sich selbst bestimmen
kann, werde in intersubjektiven Ansätzen ausgeblendet. Das Intrapsychische
gehe im Intersubjektiven auf. Theoretisch verschwunden sei ein Ich, das
zwar abhängig von unbewußten Kräften sei, jedoch durchaus ein
bestimmtes Maß an Autonomie erworben habe. Denn wenn das Ich aus der
Anerkennung des eigenen Unbewußten heraus handele oder wenn es dem
Ich-Ideal als einer individuellen Richtschnur folge, ermögliche dies ein
gewisses Maß an Eigenständigkeit, Differenz und Freiheit von Einbin-
dungen in die intersubjektiv strukturierte Umwelt (a.a.O., S. 209). Man
müsse sich auch vor einer Verwechslung von Genesis und Geltung hüten:
Auch wenn das individuelle Selbst mit seinen Strukturen auf intersub-
jektivem und interaktivem Wege entstanden sei, müsse das Selbst des
Erwachsenen nicht in gleicher Weise intersubjektiv eingebunden und abhängig bleiben. Es gebe einen intersubjektiv nicht vollständig integrierbaren
oder auflösbaren Rest, so etwa Phänomene der Aggression, des Todes-
triebes oder narzißtischer Omnipotenz, die zum Rückzug aus einer
intersubjektiv geteilten Realität führen (a.a.O., S. 219 ff.).

Wie bei wissenschaftlichen Paradigmenwechseln üblich und wahrscheinlich notwendig, mag es innerhalb der Psychoanalyse zu einer gewissen
Polarisierung gekommen sein:

"Nun ist man im Überschwang der intersubjektiven Wende gelegentlich so weit gegangen, die soziale Unterbelichtung der Psychoanalyse durch entsprechende Überbelichtung auszugleichen, als ob es darum ginge, ihre traditionelle Ein- durch eine Zweipersonenpsychologie abzulösen, eine reine Innenweltzentrierung durch eine reine Außenweltzentrierung zu ersetzen, Triebhaftigkeit und Sexualität zu leugnen usw.. Solche Polarisierungen [...] lassen sich aber auf Dauer nicht aufrechterhalten." (a.a.O., S. 26)

Mag solche Kritik durchaus gerechtfertigt erscheinen, muß doch gesagt werden, daß die meisten intersubjektiven Denkansätze die innerseelische und die Beziehungsdimension durchaus als zwei Seiten derselben Medaille ansehen:

"Eine systemisch angelegte Interaktionstheorie hat genau darzulegen, wie das Innenleben jedes der beiden an der Dyade Beteiligten ebenso durch das eigene Verhalten (Selbstregulierung) wie durch das des Anderen (interaktive Regulie- rung) beeinflußt wird. [...] Erwartungsmuster werden einerseits im Interaktions- prozeß gemeinsam aufgebaut. Andererseits gehören zur Selbstregulierung bei Erwachsenen unter anderem die prospektive Einschätzung des eigenen Verhal- tens, die Fähigkeit zur Spannungsregulierung, Erwartungshaltungen, die aus der Vergangenheit stammen, die Fähigkeit zur Symbolbildung, Phantasien und Projektionen - also sehr viel verschiedenes, einschließlich der Fähigkeit, Zugang zu eigenen inneren Zuständen zu finden, sie zu artikulieren und auf sie zu achten. [...] In einer Interaktion muß sich einer auf den Anderen (intersubjektiv) einstimmen. Gleichzeitig muß jeder sich selbst (intrapsychisch) regulieren. Selbstregulierung und Interaktionsregulierung sind parallel verlaufende, vonein- ander abhängige Vorgänge, die sich in ihrem jeweiligen Erfolg wechselseitig beeinflussen." (Beebe u. Lachmann 2006, S. 124).

Indem wir uns vergegenwärtigen, daß es darum geht, sich auf eine neue Balance zwischen intrapsychischer und intersubjektiver Perspektive ein- zustellen, ist die Betonung primärer und lebenslanger Bezogenheit mithin keineswegs eine Neuauflage alter sozialdeterministischer Vorstellungen. Der sich entwickelnde Mensch lernt vielmehr, dass Bedeutungen nicht in den Dingen selbst existieren, sondern das Ergebnis von Zuschreibungen sind, die akzeptiert oder zurückgewiesen werden können (s. Kapitel 4.2). Damit muss auch das Bild, das sich andere machen ("indirektes Fremdbild", "Mich"), nicht zwangsläufig übernommen, sondern kann kreativ beant- wortet werden (Krähenbühl 1977, S. 46, s. Kapitel 4.2):

"Auch die eigene Perspektive kann behauptet und damit die des anderen herausgefordert werden." (Altmeyer u. Thomae 2006, S. 20)

Ebenso wie die Interaktion die Selbstregulierung beeinflußt, wirken sich Veränderungen der Selbstregulierung der einzelnen Interaktionspartner auf die Interaktion und damit auch die Selbstregulierung des jeweils anderen Beziehungspartners aus. Beebe u. Lachmann sprechen daher von einer "Ko-Konstruktion", bei der ein Regulierungsmodus den jeweils anderen strukturiert und sich auf dessen Funktionieren auswirkt (Beebe u. Lachmann 2006, S. 124 ff.). Durch diese wechselseitige, nach beiden Richtungen stattfindende Einwirkung aufeinander, bei der alle Beteiligten ständig zum Austausch beitragen, läßt sich das System irritieren, wird eine andere Art der Interaktion ermöglicht (a.a.O., S. 144). Die bewußte Verwendung des zwischen den Interaktionspartnern aufgespannten "intersubjektiven Feldes" (Benjamin 2006, S. 93) kann helfen, eingefahrene Interaktions- und Beziehungsmuster aufzubrechen und einen, wie ich in Anlehnung an Winnicotts "potential space" (einem Übergangsraum, in dem sich eine gegenseitige schöpferische Ko-Konstruktion von Bedeutungen ereignen kann) formulieren möchte, kreativen *"Möglichkeitsraum"* zu schaffen, innerhalb dessen Veränderung und Entwicklung stattfinden können. Benjamin spricht in diesem Zusammenhang von einem Schutzraum, der den beteiligten Interaktionspartnern ermöglicht, Verantwortung zu übernehmen (a.a.O., S. 99).

Zusammenfassend läßt sich feststellen: Das intersubjektive Paradigma der Psychoanalyse bietet ein Modell, die kartesianische Subjekt-Objekt-Spaltung zu überwinden und das Verhältnis zwischen Subjekt, Objekt und dem vermittelnden Zwischen zu begreifen. Ein solches Verständnis ist, wie wir im folgenden Abschnitt sehen werden, für die Analyse der Interaktionen zwischen behinderten und nichtbehinderten Menschen sowie für die Frage der Identität und des Gestaltungsspielraums des (behinderten bzw. stigmatisierten) Individuums von größter Bedeutung. Auch hier stehen wir vor der Aufgabe, eine neue Balance zwischen intrapsychischer und intersubjektiver Perspektive zu finden.

4.5 Folgerungen für das Verständnis von Stigma-Prozessen: Die gemischte Interaktion im "Möglichkeitsraum"

Kommen wir nun auf das Stigma-Konzept zurück und gehen zunächst der Frage nach, wie konsequent Goffman in seiner Analyse den Ansatz des Symbolischen Interaktionismus vertritt und welchen Stellenwert er der Subjektivität des stigmatisierten Individuums einräumt.

Lipp beschreibt den Stigma-Ansatz als interaktionistisches Konzept:

> "Ebenso wenig wie auf Naturtatsachen schlechthin wird Abweichung hier auf Gesellschaftsprozesse im großen, auf Gesamtordnungen zurückgeführt, die dem sozialen Leben [...] 'von außen', gewissermaßen zwanghaft, auferlegt wären. [...]
> So sehr die Wahrscheinlichkeit, daß Abweichung auftritt, vom System auch vorbestimmt sein mag, das Stigmatisierungskonzept stellt heraus, daß Abweichung als Faktum erst durch Handeln im Vollzug, durch konkrete Erwartungen, wirkliches Entscheiden, wirkliche Machtausübung erzeugt werden kann. Abweichung wird, mit anderen Worten, vom Stigmatisierungskonzept nicht als objektiv vorgegeben, als bloßer Geschehensausfluß bestimmt, sondern als Vorgang, den Subjekte - und Gruppen von Subjekten - steuern: 'subjektiv' begründet, wird sie interaktionell konstruiert." (Lipp 1975, S. 27)

Goffman kennzeichnet seinen Ansatz als interaktionistisch, wenn er schreibt:

> "Der Normale und der Stigmatisierte sind nicht Personen, sondern eher Perspektiven. Diese werden erzeugt in sozialen Situationen während gemischter Kontakte kraft der unrealisierten Normen, die auf das Zusammentreffen einwirken dürften." (Goffman 1967, S. 170)

Folgerichtig lenkt Goffman sein Augenmerk darauf, was in Interaktionen zwischen Stigmatisierten und "Normalen" geschieht. Er beschreibt - theoretisch und anhand von Beispielen - eine Vielzahl möglicher Reaktionen des stigmatisierten Individuums: Reaktionen auf sein Stigma, den Interaktionspartner und, falls es in der Situation des Diskreditierbaren ist (a.a.O., S. 12), Techniken der Informationskontrolle.

Wie wir in Kapitel 3 gesehen haben, hat das stigmatisierte Individuum hinsichtlich der Herausbildung seiner Ich-Identität einen Freiraum, bildet sie nicht ausschließlich reaktiv auf die ihm zugeschriebene soziale und persönliche Identitätsvorgabe:

"Soziale und persönliche Identität sind zuallererst Teil der Interessen und Definitionen anderer Personen hinsichtlich des Individuums, dessen Identität in Frage steht. Im Falle persönlicher Identität können diese Anteilnahmen und Definitionen sogar entstehen, bevor es geboren ist, und fortdauern, nachdem es begraben ist. [...]
Auf der anderen Seite ist Ich-Identität zuallererst eine subjektive und reflexive Angelegenheit, die notwendig von dem Individuum empfunden werden muß, dessen Identität zur Diskussion steht. [...] Natürlich konstruiert das Individuum sein Bild von sich aus den gleichen Materialien, aus denen andere zunächst seine soziale und persönliche Identifizierung konstruieren, aber es besitzt bedeutende Freiheiten hinsichtlich dessen, was es gestaltet." (a.a.O., S. 132 f.)

Allerdings scheint Goffman diese Auffassung nicht durchgängig zu vertreten; andere Textstellen deuten auf einen eher sozialdeterministischen Standpunkt hin:

"Hier haben wir eine deutliche Veranschaulichung eines grundlegenden soziologischen Themas: die Natur eines Individuums, wie es sie sich und wir sie ihm zuschreiben, wird durch die Natur seiner Gruppenanschlüsse erzeugt." (a.a.O., S. 141)

Und an anderer Stelle:

"Dem Individuum wird gesagt, daß es, wenn es die richtige Linie sich aneignet (welche Linie es sein soll, hängt davon ab, wer gerade spricht), mit sich ins Reine gekommen und ein ganzer Mensch sein wird; es wird ein Erwachsener mit Würde und Selbstachtung sein.
Und wahrhaftig wird es ein Ich für sich akzeptiert haben; aber dieses Ich ist, wie es notwendig sein muß, ein im Gastland wohnender Fremdling, eine Stimme der Gruppe, die für und durch es spricht." (a.a.O., S. 153)

Die Fähigkeit, Gruppenstandards zu hinterfragen und zu verwandeln, wird in dieser Textstelle nicht angesprochen, scheint eher in Zweifel gezogen zu werden. Im übrigen geht der interaktionistische Ansatz über die Aussage hinaus, einer der Interaktionspartner habe unterschiedliche Möglichkeiten, auf den anderen zu reagieren. Vielmehr ist Interaktion ein Prozeß wechselseitiger Beeinflussung. Eine soziale Situation wird erst in der Interaktion erzeugt, und zwar von allen beteiligten Personen und dem, was zwischen ihnen geschieht. Die intersubjektiven Denkansätze der Psychoanalyse, wie sie im vorangegangenen Kapitel 4.4 diskutiert wurden, haben das Verständnis der Wechselwirkung aus Selbst- und Interaktionsregulierung vertieft. Dabei wurde deutlich, daß polarisierte Rollenzuschreibungen wie "Täter" und "Opfer" i.d.R. zu kurz greifen. Sehen wir von extremen Formen von Machtdifferenz und Gewaltanwendung einmal ab, lassen sich Systeme durchaus irritieren, können eingefahrene Interaktionsmuster durch die bewußte Verwendung des zwischen den Interaktionspartnern aufgespannten "intersubjektiven Feldes" aufgebrochen und verändert werden. Ein "Möglichkeitsraum" kann geschaffen werden, in dem sich eine gegenseitige schöpferische Ko-Konstruktion von Bedeutungen ereignen kann - ein Schutzraum, der es den Beteiligten ermöglicht, Verantwortung zu übernehmen.

Auf das Phänomen Stigmatisierung bezogen, bedeutet das: Stigmatisierung geht nicht nur vom "normalen" Interaktionspartner aus, sondern wird durch den Stigmatisierten mitgeschaffen:

> "Soziologen, die abweichendes Verhalten untersuchen, scheinen vielfach auch dort, wo sie interaktionistisch vorgehen, einer unterschwelligen professionellen Motivation zu unterliegen, Abweichung primär 'sozial', als Definitionsprodukt der 'Gesellschaft', ihrer dominanten Macht- und Kontrollinstanzen, kaum jedoch oder doch nur akzidentiell als Absicht und konkrete Strategie der Abweichungen selbst, der einzelnen sozialen Individuen und Gruppen, zu bestimmen. [...]
> Abweichung als Faktum ist gesellschaftlich nicht nur fremd-, sondern durchaus auch selbstbestimmt. Wenn der Interaktionismus gezeigt hat, daß das Handeln Handlungsschablonen - soziale Impulse - im 'taking the role of the other' (Mead, 1934) zwar übernimmt, aber zugleich sich aneignet, [...] so gilt dies auch und nicht zuletzt für deviantes Verhalten. [...] Neben der passiven hat Stigmatisierung auch eine aktive Seite; daß Menschen Stigmata tragen, daß sie 'auffällig' werden, kann auch bedeuten, daß sie Auffälligkeit gesucht, daß sie Stigmata nicht nur im Zuge von 'Stigmatisierungskarrieren' [...], sondern primär selbsttätig übernommen haben." (Lipp 1975, S. 28 f.)

Im Falle des Stigmas "Behinderung", das sich wohl kaum jemand freiwillig aussucht, dürfte das aktiv gestaltende, die Situation mitkonstituierende Moment weniger unmittelbar ersichtlich sein als etwa bei Kriminalität. Dennoch ist es heuristisch lohnend und praktisch fruchtbar, den Betroffenen als aktiv Mitgestaltenden zu verstehen und seine Handlungsoptionen aufzuspüren: Der behinderte Mensch hat durch die Art und Weise, wie er sich selbst begreift und fühlt, wie er sich in der Interaktion verhält und welche Signale er sendet, durchaus Einfluß darauf, ob bzw. in welchem Maß er stigmatisiert wird. Goffman selbst zitiert ein Beispiel für diesen Sachverhalt, ohne jedoch näher darauf einzugehen (ein körperbehindertes Mädchen schildert, wie Kinder auf der Straße es verspotten):

> "Eine Zeitlang erfüllten mich diese Begegnungen auf der Straße mit kaltem Grauen vor allem unbekannten Kindern. [...] Eines Tages erkannte ich plötzlich, daß ich vor allen fremden Kindern so befangen und ängstlich geworden war, daß sie wie Tiere wußten, daß ich Angst hatte, so daß selbst die sanftesten und liebenswertesten unter ihnen durch mein eigenes Zurückschrecken und mein Grauen automatisch zum Spott getrieben wurden." (Goffman 1967, S. 28)

Ein Hinweis auf die Richtigkeit der Annahme, das Verhalten des stigmatisierten Individuums beeinflusse die Einstellungen des "Normalen" ihm gegenüber, liefert ein Experiment von Bazakas (1979): Im sozialpsychologischen Labor wurden Interaktionen zwischen jeweils einem Nichtbehinderten und einem vermeintlichen Rollstuhlfahrer (in Wirklichkeit einem Schauspieler), der unterschiedliche Verhaltensmuster (geordnet nach den Kategorien Annahme versus Leugnung der Behinderung, Coping-Verhalten) zeigte, herbeigeführt. Abhängige Variablen waren u.a. die vom nichtbehinderten Interaktionspartner gezeigte Spontaneität, von ihm ausgedrückte Gefühle, persönliche Distanz, Länge verbaler Kommunikationen, hinterher berichtetes Ausmaß an Unbehagen in der Situation. Die Ergebnisse zeigten, daß die Verhaltensorientierung des "Rollstuhlfahrers" sich signifikant auf die abhängigen Variablen auswirkte.

Vor dem Hintergrund dieser Erkenntnisse stellt sich die Frage, was der Betroffene in Richtung konstruktiver Veränderung mit dem Ziel weitestmöglicher Entstigmatisierung, Integration und Partizipation tun kann. Voraussetzung solcher Bemühungen ist, einer (von Goffman nicht konsequent aufgegebenen) deterministischen Haltung sowie einem Denken in "Täter-Opfer-Kategorien" den Rücken zu kehren und sich in dem hier vorgestellten Sinne als Subjekt innerhalb eines intersubjektiven Feldes, eines kreativen Möglichkeitsraumes verstehen zu lernen. Für den Betroffenen bedeutet das zuallererst, sich von einem Ohnmachts- und Hilflosigkeitserleben zu emanzipieren und die internen Wirksamkeits- bzw. Kontrollüberzeugungen zu stärken.

Nach Lipp kann Selbststigmatisierung[62] paradoxerweise Entstigmatisierung bewirken. Selbststigmatisierung in dem von Lipp gemeinten Sinne ist

> "...immer dann gegeben, wenn Individuen (Gruppen) sich symbolisch mit Merkmalen identifizieren, die im Bewußtsein jeweiliger Bezugsgruppen, an deren Stelle auch die Gesamtgesellschaft treten kann, negativ besetzt sind, d.h. Abwehr und am Ende Vergeltungsreaktionen hervorrufen." (Lipp 1975, S. 46)

Die "Selbstkennzeichnung sozialer Subjekte mit Mangel- und Schuldsymbolen" (a.a.O., S. 46) stellt einen sozialen Umdefinitionsprozeß dar; Stigmatisierung wird aus der sozialen Verborgenheit in die Öffentlichkeit gehoben, die Schuldfrage wird neu gestellt:

> "Stigmatisierung ist dann nicht mehr gegen die Subjekte, die betroffenen Individuen und Gruppen gerichtet, sondern gegen die 'kontrollierenden' sozialen Instanzen; sie wird im Rahmen von Selbststigmatisierung selbst stigmatisiert. Nicht die Individuen, die Selbststigmatisierer, sind es dann, die hier büßen; das schlechte Gewissen - das jedenfalls ist eine letzte noch theoretisch erschließbare Intention [...] - wird der Gesellschaft beigebracht." (a.a.O., S. 47)

"Schwule", "Irre" und "Krüppel" etwa nehmen, wie in Kapitel 1.3 bereits erwähnt, den Bewertungen der "Normalen" den Wind aus den Segeln, wenn sie sich selbst mit diesen (zunächst abwertend gemeinten) Etiketten belegen, sich diese mit Stolz und Selbstbewußtsein aneignen:

> "Die stigmatisierten Gruppen wenden die negativen Zuschreibungen in positive Qualitäten. Sie verweisen auf die Möglichkeit alternativer Erfahrungen in einer Minoritätenkultur und die dabei entwickelten Kompetenzen setzen dabei häufig einen Entwicklungsprozeß der herrschenden Kultur in Gang." (Keupp et al. 1999, S. 180)

Demgegenüber dürften Versuche, abwertende Begriffe mehr oder weniger krampfhaft zu umgehen (etwa blinde Menschen als "nicht sehend" zu

---

62   Den Ausdruck "Selbststigmatisierung" in diesem Sinn zu gebrauchen, halte ich für nicht besonders geglückt, da der Begriff "Stigmatisierung nicht nur das Versehen mit einem Zeichen, sondern auch die damit verbundene Abwertung eines Trägers impliziert. Entsprechend legt "Selbststigmatisierung" die Interpretation nahe, das Individuum trage nicht nur ein Stigma-Symbol, sondern werte sich auch selbst ab - und das Meint Lipp ja gerade nicht. Präziser wäre die - allerdings etwas umständliche - Bezeichnung: "Offenes Tragen eines Stigma-Symbols".

bezeichnen) wenig erfolgversprechend und der Entwicklung eines emanzipatorischen Bewußtseins kaum dienlich sein.

Da der Nichtbehinderte in seinem Alltag (erst recht in einer Kultur, die Behinderte auszugrenzen gewohnt ist) nur selten Menschen mit Behinderungen begegnet, fehlt ihm meist das Verhaltensrepertoire, das ihm Sicherheit in gemischten Kontakten vermitteln könnte. Der Behinderte hingegen ist den Umgang mit Nichtbehinderten (außer im Falle völliger Isolation oder Ghettoisierung) gewohnt und hat somit i.d.R. einen erheblichen Kompetenzvorsprung (Hensle 1982, S. 234). Aus diesem Grund schlägt Jansen (1972, S. 136, zit. n. Hensle, a.a.O.) vor, der Behinderte solle in gemischten sozialen Situationen die Verhaltenssteuerung übernehmen. So könne er dazu beitragen, dem Nichtbehinderten seine Befangenheit zu nehmen. Esser (1975, S. 129, zit. n. Hensle, a.a.O.) ist der Ansicht, der Behinderte könne in der Interaktion mit Nichtbehinderten die wesentlichste Distanzschwelle überschreiten und weitere Kommunikationsmöglichkeiten vorbereiten, wenn es ihm gelänge, "aus eigener Initiative und ohne Scheu vor der erwarteten Ablehnung den ersten Schritt zum Kontakt zu gestalten".

Goffman allerdings begegnet der Möglichkeit, Stigmatisierung durch selbstbewußtes und aktives Verhalten des stigmatisierten Individuums abzubauen, mit großer Skepsis. Er zitiert Forderungen wie die Jansens und Essers als Erwartungen, welche die "Normalen" an die Stigmatisierten stellen, ohne ihnen dafür jedoch völlige Akzeptierung zu gewähren. Dem Stigmatisierten werde geraten, sich seines Gebrechens nicht zu schämen und es nicht zu verstecken; er solle durch hartes Training versuchen, die Standards der "Normalen" so weit wie möglich zu erfüllen. Dabei solle er aber nicht auf die Idee kommen, die Frage der Normierung zu stellen, also seine Andersartigkeit zu bezweifeln. Weiter werde dem stigmatisierten Individuum empfohlen, weder Bitterkeit, Groll noch Selbstmitleid angesichts seiner Situation zu fühlen: "Eine heitere, ergebene Art soll kultiviert werden" (Goffman 1967, S. 144). Die Formel für den Umgang mit "Normalen" lautet:

"Die Fertigkeiten, die das stigmatisierte Individuum im Verfahren mit einer gemischten sozialen Situation erwirbt, sollten dazu benutzt werden, den anderen in ihr zu helfen." (a.a.O., S. 145)

Verhält sich die stigmatisierte Person den Erwartungen der "Normalen" gemäß, gilt sie, so Goffman, in deren Augen als "gut angepaßt", und oft wird behauptet, sie habe einen starken Charakter oder eine tiefe Lebensphilosophie (a.a.O., S. 151). In Wirklichkeit werde sie jedoch nicht oder nur bis zu einer gewissen Grenze akzeptiert:

> "Die Natur einer 'guten Anpassung' ist nun offensichtlich. Sie erfordert, daß das stigmatisierte Individuum sich heiter und unbefangen als den Normalen wesentlich gleich akzeptiert, während es zur gleichen Zeit jene Situationen vermeidet, in denen es Normale schwierig finden würden, das Lippenbekenntnis abzulegen, sie akzeptierten ihn gleichermaßen. [...] Von dem stigmatisierten Individuum wird verlangt, so zu agieren, daß es zu verstehen gibt, daß seine Last weder schwer ist, noch daß sie zu tragen es anders gemacht hat als uns; zur gleichen Zeit muß es sich in dem Abstand von uns halten, der sicherstellt, daß wir mühelos in der Lage sind, diese Meinung über es bestätigt zu bekommen." (a.a.O., S. 150 ff.)

Goffmans Fazit lautet:

> "So läßt man eine Schein-Akzeptierung die Basis für eine Schein-Normalität bilden." (a.a.O., S. 152)

Hält sich das stigmatisierte Individuum für voll akzeptiert, unterliegt es nach Goffman einer Täuschung (a.a.O., S. 149).

In der Literatur finden sich somit zwei konträre Standpunkte: Einerseits wird die Hoffnung formuliert, durch entsprechend kompetentes Verhalten des stigmatisierten Individuums Stigmatisierung abbauen zu können. Goffman andererseits hält solche Versuche für wenig erfolgversprechend. Daß ihm in den 1960er Jahren zahlreiche neuere Forschungsergebnisse und theoretische Überlegungen, wie sie hier diskutiert wurden, noch nicht vorlagen, kann ihm nicht zum Vorwurf gemacht werden. Dennoch kann auch nach heutigem Wissenstand vermutlich keiner der beiden Standpunkte Anspruch auf Allgemeingültigkeit erheben. Vielmehr muß wohl davon ausgegangen werden, daß verschiedene Menschen unterschiedlich reagieren und in unterschiedlich starkem Maße für Veränderungen offen sind. Das Experiment von Bazakas weist darauf hin, daß positive Veränderung durchaus möglich ist. Theoretisch spricht die konsequente Anwendung des interaktionistischen Ansatzes bzw. des intersubjektiven Paradigmas gegen eine Verabsolutierung von Goffmans skeptischer Haltung. Im übrigen scheint Goffman keine andere Möglichkeit zu sehen, als sich an den Standards der "Normalen" zu orientieren und zu versuchen, sich deren Erwartungen, inklusive derjenigen, wie er mit seinem Stigma umzugehen habe, anzupassen. Das ist in jedem Fall eine Sackgasse und kann in der Tat nur zu einer Schein-Normalität führen; "Integration" verkäme dann zu einer Art einseitiger "Anpassungstechnologie". Ein solches Verständnis ginge völlig an dem vorbei, was wir aus dem intersubjektiven Paradigma folgern können. Die "gemischte Interaktion im Möglichkeitsraum" hat nichts damit zu tun, sich als behinderter Mensch "pflegeleicht zu machen", sich tapfer oder demütig anzupassen und den nichtbehinderten Interaktionspartnern so wenig wie möglich abzuverlangen, um ihnen ja nicht auf die Nerven zu fallen. Vielmehr kann es nur darum gehen, sich der Umwelt mit einem selbstbestimmten, autonomen Lebensentwurf, eigenen Standards und einem selbstbewußten Umgang mit Verschiedenheit zuzumuten und genau dadurch das System zu irritieren und Entwicklung zu ermöglichen. Nehmen wir eine systemische, intersubjektive Perspektive ein, verstehen wir, daß jeder Interaktionspartner die Interaktion mitgestaltet (Ko-Konstruktion) und daß umgekehrt die Interaktion die Selbstregulierung aller Beteiligten beeinflußt. Das bedeutet:

Die gemischte Interaktion ist eine Herausforderung für alle Beteiligten. Der Behinderte ist eine Herausforderung für den Nichtbehinderten, und dieser ist eine Herausforderung für den Behinderten. Indem Interaktion keine Einbahnstraße ist, können auch Bemühungen um Integration und Partizipation nur als gemeinsamer Lernprozeß verstanden werden, in dem alle Beteiligten sich auf komplementäre Weise verändern und entwickeln müssen (s. Schuchardt 2003). In Kapitel 7.5 werde ich auf diese fundamentale Einsicht noch einmal zurückkommen.

Noch etwas muß an dieser Stelle bemerkt werden: Es dürfte eine unzulässige Vereinfachung sein, fehlende oder begrenzte Akzeptierung in *jedem* Fall ausschließlich auf Stigmatisierung zurückzuführen. Da das stigmatisierte Individuum auch und in erster Linie wie jeder andere ein Mensch mit Stärken und Schwächen, liebenswerten und weniger liebenswerten Eigenschaften ist, können es verschiedenste Merkmale und Verhaltensweisen sein, die bei anderen auf Zustimmung oder Ablehnung stoßen:

"Jeder Behinderte ist so sympathisch oder unsympathisch wie jeder Nichtbehinderte. Auch er muß sich in eine Beziehung einbringen, muß sich mit seinem Partner auseinandersetzen und ihn fordern, sonst bleibt er Betreuungsobjekt. Diese Auseinandersetzung muß stattfinden, wenn das Gefälle vom Helfer zum Hilflosen aufgehoben werden soll. [...] Nicht nur Nichtbehinderte bevormunden Behinderte, Behinderte unterdrücken auch Nichtbehinderte, indem sie ihre Schwäche tyrannisch ausspielen." (Klee 1980, S. 143)

Zusammenfassend gehe ich bei aller gebotenen Skepsis von der These aus, daß gemischte Interaktionen eine Herausforderung für alle Beteiligten sind, daß Integration und Partizipation nur als komplementärer Lernprozeß verstanden werden kann und das stigmatisierte Individuum Art und Ausmaß der ihm entgegengebrachten Stigmatisierung bzw. Akzeptierung in gewissem Umfang mitbestimmen kann - sei es durch sein Verhalten im gemischten Kontakt, sei es durch gemeinsames Aktivwerden von Angehörigen bestimmter stigmatisierter Personenkategorien mit dem Ziel, auf die Öffentlichkeit bewußtseinsverändernd einzuwirken und/oder gesetzliche Barrieren der sozialen Teilhabe aus dem Weg zu räumen.

Hensle (1982, S. 235) weist darauf hin, daß an den Behinderten, der aktiv wird, um die Interaktion mit Nichtbehinderten positiv zu beeinflussen, hohe Anforderungen in Bezug auf "seine Sozialfähigkeit, sein Repertoire an sozialen Verhaltensweisen und auch seine Frustrationstoleranz" gestellt werden. Aus diesem Grund ist die "subjektive Verarbeitung der Behinderung von zentraler Bedeutung" (Jansen 1972, S. 135). Ein *positives Selbstkonzept*, ein *gesundes Selbstbewußtsein*, die *Bereitschaft zur Übernahme von Verantwortung* und der *Mut, sich zu unterscheiden* und, wenn nötig, gegen den Strom zu schwimmen, sind unabdingbare Voraussetzung dafür, Interaktionen in gemischten Kontakten im Sinne einer Entstigmatisierung zu beeinflussen und/oder in der Öffentlichkeit aktiv werden zu können:

> "Nur der Behinderte, der seine Behinderung weitgehend akzeptieren kann, der gelernt hat, mit der Behinderung zu leben, der trotz der Behin-derung ein annähernd normales Selbstwertgefühl entwickelt hat, kann dem Nichtbehinderten als Mitmensch entgegentreten." (Jansen 1972, S. 135)

Ohne erneut auf individuozentrische Ansätze rekurrieren zu wollen, stehen wir vor der Frage nach der Selbstauseinandersetzung, der individuellen Behinderungsverarbeitung und Identitätsentwicklung (eingebettet in ein intersubjektives Feld) als Voraussetzung für ein sinnerfülltes Leben und die Inangriffnahme sozialer und gesellschaftlicher Veränderungen im interaktiven Möglichkeitsraum. Diesem subjektiven Faktor wenden sich die weiteren Kapitel dieser Arbeit zu.

5 Noch einmal zum Thema Menschenbild: Selbstverwirklichungstendenz und Individuation

Daß die bewußte Auseinandersetzung mit einem Stigma psychisches Wachstum bewirken kann, hat bereits Goffman angedeutet, ohne allerdings näher darauf einzugehen:

> "Er [Anm.: der Stigmatisierte] kann die Schicksalsprüfungen, die er erlitt, auch als Glück im Unglück sehen, besonders deswegen, weil gespürt wird, daß Leiden über das Leben und die Menschen belehren kann." (Goffman 1967, s. 20)

So kann das stigmatisierte Individuum dahin gelangen, die Grenzen des Normalen neu zu ziehen. Goffman zitiert den Blinden Autor Chevigny:

> "Das würde unmittelbar zu dem Gedanken führen, daß es viele Vorkommnisse gibt, die Zufriedenheit im Leben weit wirksamer vermindern können als Blindheit, und dieser Spur zu folgen, wäre ganz und gar gesund. In diesem Licht können wir zum Beispiel wahrnehmen, daß einige Unzulänglichkeiten, wie die Unfähigkeit, menschliche Liebe zu akzeptieren, was effektiv das Lebensglück fast bis zum Verschwinden vermindern kann, eine weit schlimmere Tragödie ist als Blindheit. Aber es ist ungewöhnlich für den Menschen, der unter einer solchen Krankheit leidet, auch nur zu wissen, daß er sie hat, und daher vermag er nicht einmal Mitleid mit sich selbst zu empfinden." (a.a.O., S. 21)

Die Konfrontation mit einer Sehschädigung ist nur eines unter vielen möglichen Ereignissen im Leben eines Menschen ("life events"), die ihn dazu herausfordern, sich in Frage zu stellen, sein Selbstverständnis bzw. seine Lebensentwürfe zu überdenken und weiterzuentwickeln. Entscheidend ist, ob er diese Herausforderung erkennen, annehmen und nutzen kann. Manchmal bedarf es hierzu beratender oder psychotherapeutischer Unterstützung.

Wenn ich die Behauptung wage, die bewußte Auseinandersetzung mit einer Behinderung könne zur Selbstwerdung des Betroffenen beitragen, sein seelisches Wachstum über die unmittelbare Behinderungsbewältigung (Coping) hinaus fördern und ihn befähigen, soziale Interaktion und gesellschaftliches Umfeld verändernd zu beeinflussen, geschieht dies vor dem Hintergrund bestimmter *Menschenbildannahmen: Entgegen allem Augenschein einer oft besinnungslos dahintaumelnden, gegen alle Vernunft handelnden Menschheit gehe ich dennoch davon aus, daß der Mensch grundsätzlich ein aktiv handelndes, mit Vernunft begabtes und der Übernahme von Verantwortung fähiges, sich selbst bedenkendes und entwerfendes Subjekt auf der Suche nach Sinn und seelischem Wachstum ist.* Mögen angesichts der Launen eines oftmals unberechenbaren Schicksals die Grenzen zwischen erlebter oder realer Ohnmacht einerseits, selbstverantwortlicher Handlungs- bzw. Problemlösungskompetenz andererseits fließend, individuell unterschiedlich und schwer auszuloten sein, sind Menschen doch keineswegs jedem Schicksalsschlag passiv ausgeliefert, sondern grundsätzlich in der Lage, bewußt und aktiv auch auf extreme Anforderungen des Lebens zu antworten. Mit dieser Sichtweise befinde ich mich in Übereinstimmung mit so verschiedenen Denkrichtungen wie dem in den Kapiteln 3 und 4 ausführlicher referierten handlungstheoretischen Ansatz, der Humanistischen Psychologie (etwa vertreten durch Carl Rogers), dem logotherapeutischen Ansatz Victor Frankls[63], der Individualpsychologie Alfred Adlers sowie der Analytischen Psychologie Carl Gustav Jungs.

Alfred Adler sieht seelisches und geistiges Wachstum grundsätzlich als *Kompensation organischer Minderwertigkeit*. Ohne die Notwendigkeit, Defizienzen zu kompensieren, gäbe es, so Adler, keine Entwicklung.[64] Ripke faßt diese Grundannahmen prägnant zusammen:

"Menschsein heißt im individualpsychologischen Sinne sich minderwertig fühlen. Das Minderwertigkeitsgefühl ist dem Menschen also von Geburt an eigen, was bedeutet, daß er durch stetige Überwindung desselben in Bewegung gerät. Der Mensch entwickelt also in einem sogenannten Überlegenheitsstreben eine Energie, um von einer erlebten 'Minussituation' in eine 'Plussituation' zu gelangen. Der Mensch drängt somit naturgemäß auf den Ausgleich und auf eine Homöostase. Diesen Vorgang kann man auch als Kompensation bezeichnen. Die Defizite, die der Mensch im Psychischen erlebt, will er überwinden, um ein seelisches Gleichgewicht zu erlangen. [...] Aus individualpsychologischer Sicht besitzt jeder Mensch eine Schöpferkraft, die eng an die Überwindung des Minderwertigkeitsgefühls gebunden ist. Vom ersten Tag seiner Existenz an drängt der Mensch nach Vervollkommnung und Entwicklung. Sein Streben ist ausgerichtet auf die Überwindung von Hindernissen und Schwierigkeiten. Seine

---

63   s. Frankl 1983, 1994, 2000; 2002; Längle 1994; u. Sulz 2005; Raskob 2005
64   Adler 1907, 1977; s.a. Lüthi 1966 sowie Ray 1948; zur Kritik s. Klee 1980, S. 97 f.

Kleinheit, seine Schwäche sind der individuelle Stachel für seine Anstrengung und sein Werden." (Ripke 2003, S. 391)

Homöostase-Modelle begreifen Lern- und Veränderungsprozesse als Strategien, um Störungen des Gleichgewichtszustandes des als System verstande-nen Organismus zu beseitigen. Es soll also ein neuer Gleichgewichtszustand (wieder-)hergestellt werden, möglicherweise auf anderem (höheren) Niveau (Foulke 1972; Keegan et al. 1976). Dabei darf nicht übersehen werden, daß Menschen gerade die Dysbalance (Spannung) suchen als nötige Entwick-lungsherausforderung und keineswegs ständig in unveränderlicher Homöo-stase verharren wollen.

Carl Rogers und C.G. Jung vertreten übereinstimmend die Auffassung, der Mensch reagiere nicht passiv, sondern sei aktiv und strebe nach Verwirk-lichung seines ganzen Menschseins. Rogers betrachtet die *Selbst-verwirklichungstendenz* als grundlegende Antriebskraft:

"Wir werden gut daran tun zu erkennen, daß das Leben ein aktiver und nicht ein passiver Prozeß ist. Ob der Reiz von innen oder von außen kommt, ob die Umwelt günstig oder ungünstig ist, das Verhalten eines Organismus wird immer darauf gerichtet sein, sich selbst zu erhalten, zu entwickeln und zu reproduzieren. Dies ist die Essenz des Prozesses, den wir Leben nennen. [...] Der Organismus ist selbstbestimmt. In seinem normalen Zustand strebt er nach seiner eigenen Entfaltung und nach Unabhängigkeit von äußerer Kontrolle." (Rogers 1977, S. 267)

Bestimmte Ereignisse im Leben eines Menschen, so auch Hindernisse und Krisen, führen zur Herausbildung der Individualität. Erika Schuchardt (2003) weist darauf hin, daß die chinesische Schrift für "Krise" und "Chance" dasselbe Zeichen benutzt. Erik Erikson bezeichnet kritische Perioden der Lebensentwicklung als notwendig zur Reifung und zum Prozeß der Identitätsbildung (Erikson 1966, 1968/1980). Eriksons Kon-zeption, welche die Identitätsentwicklung mit Ende der Adoleszenz als weitgehend abgeschlossen sah, muß unter den seit den 1950er Jahren gewandelten gesellschaftlichen Bedingungen allerdings dahingehend erwei-tert werden, daß wir von der Identitätsentwicklung als lebenslanger Aufgabe ausgehen müssen. Außerdem ist aus heutiger sicht zu hinterfragen, wie gerechtfertigt die Erikson'sche Unterstellung ist, es könne eine problemlose Synchronisation von innerer und äußerer Welt gelingen. Prozesse wie

Individualisierung, Pluralisierung und Globalisierung haben das dem Erikson'schen Ansatz zugrunde liegende Selbstverständnis der klassischen Moderne grundlegend in Frage gestellt (Keupp et al. 1999, S. 30 ff.; s.a. Kapitel 12.1).

C.G. Jung versteht unter *Individuation* den Prozeß der Selbstwerdung, den

"Vorgang der Bildung und Besonderung von Einzelwesen, speziell der Entwicklung des psychologischen Individuums als eines vom Allgemeinen, von der Kollektivpsychologie unterschiedenen Wesens." (Jung 1913/1972, S. 138)

Individuation ist der Weg zum Selbst, zur Ganzwerdung der Persönlichkeit. Ähnlich wie in Rogers' Konzept der Aktualisierungstendenz wird Individuation als ein natürlicher Wachstumsprozeß verstanden:

"Der Individuationsprozeß ist in seiner Gesamtheit eigentlich ein spontaner, natürlicher und autonomer, jedem Menschen potentiell mitgegebener Ablauf innerhalb der Psyche, wenn er sich dessen auch zumeist unbewußt ist. Er bildet, insofern er nicht durch besondere Störungen gehindert, gehemmt oder verbogen wird, als 'Reifungs- bzw. Entfaltungsprozeß' die psychische Parallele zum Wachstums- und Alterungsprozeß des Körpers." (Jacobi 1971, s. 164 f.)

Da dieser seelische Wachstumsprozeß nicht absichtlich "gemacht" werden könne, sondern etwas Naturgegebenes sei, werde er vom Unbewußten oft durch das Bild des Baumes symbolisiert, dessen langsames Wachstum einem individuellen Muster folge. Das seelische Zentrum, von dem aus dieses Wachstum organisiert werde, sei eine Art "Kernatom" der Seele. Jung bezeichnet dieses Zentrum als das Selbst. Es stelle die Ganzheit unserer Psyche dar, im Gegensatz zum Ich, das nur einen kleinen Teil unseres seelischen Lebensbereiches ausmache (v. Franz, in Jung 1968, S. 161). Allerdings handelt es sich lediglich um eine angeborene Möglichkeit: Das Selbst kann sich im Laufe des Lebens mehr oder weniger verwirklichen, je nachdem, ob das Ich bereit ist oder nicht, seinem Winken Gehör zu schenken (a.a.O., S. 162). Wichtig ist das Aufgeben allen bewußten Zweckdenkens, also das Einnehmen einer Art meditativen Haltung. Inneren Bildern, Phantasien und Träumen kommt eine so zentrale Bedeutung als Indikatoren und Katalysatoren der seelischen Entwicklung zu, daß ich ihnen ein eigenes Kapitel widme (s. Kapitel 9). Erinnert fühlen wir uns auch an das "Ent-werden", das

"Loslassen"[65] auf dem *mystischen Weg*, wie ihn etwa Sölle charakterisiert (Sölle 1973, S. 123 ff.). Individuation muß von "Vereinzelung", "Ego-Trip" oder "Andersartigkeit" unterschieden werden: Der behinderte Mensch etwa, der in der Auseinandersetzung mit seiner Behinderung und ihren Folgen seine Individualität entfaltet, unterscheidet sich dadurch nicht grundlegend von demjenigen, der dies auf andere Weise, motiviert durch andere Anforderungen des Lebens, tut. Jeder Versuch, Trennendes über das Gemeinsame zu stellen, dürfte eher dazu dienen, soziale Distanz zu erzeugen bzw. aufrechtzuerhalten (s. Kapitel 2.5.2). In diesem Zusammenhang ist auch die "Blindenpsychologie" zu beurteilen, welche dem Blinden eine Persönlichkeit zuschreibt, die sich grundlegend von derjenigen Sehender unterscheide.[66] Selbstwerdung bedeutet nicht Vereinzelung und Loslösung aus der Gesellschaft, auch wenn mit der Entwicklung von Selbst-Bewußtsein bestimmte, allgemein anerkannte Normen und Werte hinterfragt werden. Individuation ist im Gegenteil Voraussetzung für verantwortliches Handeln in der Gemeinschaft (Jacobi 1971, S. 163). Die soziale Einbettung des Einzelnen nicht trotz, sondern gerade *mit* seiner Individualität schildert Lusseyran:

"Ich war zweifelsohne in eine neue Welt eingetreten . Aber ich war nicht ihr Gefangener. All meine Erfahrungen - mögen sie noch so wunderbar und von den gewöhnlichen Erlebnissen anderer Kinder meines Alters verschieden gewesen sein - machte ich nicht in einer inneren Leere, einem verschlossenen Zimmer, das mir und niemandem anderen gehörte. Ich machte sie zwischen Sommer und Herbst 1932 in Paris, in der kleinen Wohnung beim Champ de Mars, und an einem Strand des Atlantik. [...] Ich will damit sagen, daß alle diese Entdeckungen von Tönen, Licht, Gerüchen, sichtbaren und unsichtbaren Formen unmittelbar ihren festen Platz hatten [...] mitten im Leben der anderen,

---

65   Vor Verwechslungen mit dem modischen und inflationären Gebrauch dieses Begriffes in der Esoterik-Szene sei ausdrücklich gewarnt.

66   Zum Problem einer speziellen Blindenpsychologie werden folgende Standpunkte vertreten: 1) Blinde unterscheiden sich von Sehenden durch nichts als die Blindheit selbst. Andersartigkeit wird ihnen lediglich zugeschrieben.

2) Eventuelle Unterschiede sind Produkt der Sozialisation in die Blindenrolle, nicht der Blindheit selbst.

3) Der Blinde lebt in einer völlig anderen Welt als der Sehende. Zu dieser Auseinandersetzung s. Appenzeller (1952); Bauman (1969, S. 26); Chevigny u. Braverman (1950, S. 25 ff.); Foulke (1972); Kirtley (1975, S. 141); Klee (1980, S. 97 ff.); Monbeck (1973, S. 89); Roessler u. Bolton (1978, S. 21); Schöffler (1956, S. 229); Scholtyssek (1948, S. 23); Scott (1969); Steinberg (1955, S. 61); Thimm (1974, S. 153 und 1976, S. 5).

ohne von ihm im mindesten beeinträchtigt zu werden. [...] Die einzige Art, eine vollständige Heilung von der Blindheit zu erreichen - ich meine hier eine soziale Heilung - ist, sie nie als Verschiedenheit zu behandeln, als Grund zur Absonderung." (Lusseyran 1968, S. 32 ff.)

6 Einflüsse auf den Umgang mit einer (Seh-)Behinderung

Im vorangegangenen Kapitel wurde bereits angedeutet, daß die Selbstver-wirklichungstendenz zwar allen Menschen von Natur aus eigen ist, jedoch durch bestimmte innere und äußere Einflüsse gefördert und katalysiert, durch andere gehindert, gehemmt oder verbogen werden kann. Wann immer wir von existentiellen Anforderungen, z.B. der Bewältigung einer Behinderung, sprechen, muß die Möglichkeit des Scheiterns mitgedacht werden. Mancher mag wie hypnotisiert auf die medizinische Forschung starren, die ihm eines Tages die verlorene Körperfunktion zurückgeben soll, statt daran zu arbeiten, sich mit der Behinderung annehmen zu lernen. Ein anderer resigniert und ist überzeugt, in der Welt der Nichtbehinderten nicht Fuß fassen und im Leben keinen Sinn mehr finden zu können. Der eine verharrt in dem Glauben, auf Grund seiner Behinderung weniger wert zu sein. Der andere mag sich in inneren und/oder äußeren Abhängigkeiten einrichten. Eine besonders destruktive, aber nicht seltene Form der Abhängigkeitsentwicklung ist die Flucht in Alkohol, Tabletten und andere (substanzgebundene und nicht substanzgebundene) Süchte. Menschen aus solchen Sackgassen herauszulocken, kann recht mühsam, mitunter sogar frustran sein. Sehr aufschlußreich ist die Studie von Lübke (1995).[67] Er beschreibt als teilnehmender Beobachter das Geschehen in einer Retinopa-thia-Pigmentosa-Selbsthilfegruppe differenziert und einfühlsam. Aus seinen Schilderungen wird deutlich, wie breit das Spektrum von erfolgreicher Bewältigung bis hin zu resignativem Scheitern ist.

Wie kommt es nun zu solchen Unterschieden in der Reaktion auf die Behinderung? Aus den vielen und komplexen Einflußfaktoren seien hier nur einige wesentliche herausgegriffen. Das soziale und gesellschaftliche Gefüge darf dabei niemals aus dem Auge verloren werden; dies gilt auch für solche Einflußfaktoren, die auf den ersten Blick rein individueller Natur zu sein scheinen (Alter, Geschlecht etc.). So zeigt sich in Studien immer wieder, daß Männer i.d.R. einen besseren Erfolg bei der beruflichen Rehabilitation erzielen als Frauen (Roessler u. Bolton 1978, S. 46). Dieser Befund kann jedoch nicht losgelöst von der gesellschaftlichen Stellung der Frau inter-

---

67 Eine Zusammenfassung der Ergebnisse referiert Lübke in Glofke-Schulz u. Rehmert (1999).

pretiert werden. Die folgende Aufzählung ist daher als deskriptiv zu verstehen.

6.1 Soziales und kulturelles Umfeld

Für einen Menschen, der vor der Aufgabe steht, emotional und lebenspraktisch mit einer schweren Behinderung zurechtkommen zu lernen, spielt es eine wesentliche Rolle, ob er sich in einem als tragfähig erlebten sozialen Netz aufgehoben fühlen kann oder nicht. Wer etwa einen liebevollen Partner bzw. eine liebevolle Partnerin an seiner Seite weiß, der oder die ihm emotionalen Rückhalt gibt und ihn bei der Alltagsbewältigung unterstützt, dürfte sich leichter tun als jemand, der allein lebt oder in seinem familiären Umfeld auf wenig Verständnis, Solidarität und praktische Unterstützung stößt. Eine 53-jährige, verheiratete Frau, die seit ihrer Jugend blind ist, erzählt:

"Ich lege großen Wert auf Selbständigkeit, und doch tut es gut zu wissen, daß jemand da ist, der das alles mit mir trägt, bei dem ich mich auch mal anlehnen kann, wenn mal alles zu viel wird. Und natürlich ist es schön, jemanden zu haben, der mir beim Frühstück aus der Zeitung vorliest, mit mir Tandem fährt oder mir im Kino zuflüstert, was gerade auf der Leinwand passiert. Wenn wir in Urlaub verreisen, packen wir das Auto und fahren los wie jede andere Familie. So kann ich ein recht normales Leben führen."

Umgekehrt kann eine Partnerschaft zu einem Gefängnis werden und die aktive Bewältigung der Behinderung zusätzlich erschweren. Ein 68-jähriger, seit vielen Jahren erblindeter Mann berichtet:

"Verbal beteuert meine Frau, sie wolle, daß ich selbständig bin. Ich habe aber den Eindruck, daß sie mich im Grunde bemuttern und abhängig halten will. Zum Beispiel wünsche ich mir einen Blindenführhund, damit ich wieder selbständig unterwegs sein kann. Meine Frau lehnt das ab, findet alle möglichen und unmöglichen Gründe. Sie jammert über Hundehaare auf dem Teppich, über die Verpflichtungen der Tierhaltung usw.. Wenn ich ihr dann vorschlage, einen Königspudel anzuschaffen, der nicht haart, fällt ihr etwas anderes ein. Ich werde das Gefühl nicht los, daß all diese 'guten Gründe' vorgeschoben sind."

Walls et al. (1974) fanden, daß ein blinder Mensch um so eher mit Entmutigung zu kämpfen hat, je weniger andere ihm erlauben, eigene Aufgaben auszuführen. Dies bestätigt der Bericht einer jungen Frau, die, obwohl sie bereits studiert, noch bei ihren Eltern lebt:

"Meine Eltern nehmen mir zuhause alles ab. Manchmal finde ich das bequem. Wenn ich aber selbst mal etwas probieren will, zum Beispiel in der Küche, steht sie schnell hinter mir, nimmt mir alles aus der Hand, meist verbunden mit dem Kommentar, sie könne das doch schneller erledigen, ich solle mich nicht so plagen. Ich erwische mich immer wieder dabei, wie ich dann mit hängendem Kopf aus der Küche schleiche und mich ganz beschissen fühle. So kann ich zwar studieren, aber nicht einmal richtig eine Semmel schmieren."

Daher ist es bei der Rehabilitation sinnvoll, die wichtigsten Bezugspersonen einzubeziehen, falls sie dem Betroffenen gegenüber ungünstige Einstellungen oder Verhaltensweisen (z.B. Überbehütung) zeigen.

Je nach gesellschaftlichem und (sub-)kulturellen Kontext kann es sehr unterschiedlich schwierig sein, eine Behinderung zu akzeptieren und zu einer balancierten Identität (zurück)zufinden. In einer Kultur, die Menschen mit Behinderungen mißtrauisch beäugt und ausgrenzt, wird der Betroffene es besonders schwer haben, aller ihm entgegengebrachten Stigmatisierung zum Trotz seine Behinderung zu bejahen oder die Auseinandersetzung mit ihr gar als Bereicherung zu erleben. Hingegen dürfte dies in einer Kultur, in der menschliche Unvollkommenheit eine "durchlebte Selbstverständlichkeit"[68] ist, viel leichter sein.[69] Eine solche Gesellschaft würde es auch als eine ihrer Aufgaben betrachten, Barrieren, die behinderten Mitbürgern im Wege stehen, nach und nach abzubauen und somit die bestmögliche Teil-habe am gesellschaftlichen Leben (und am wirtschaftlichen Wohlstand) zu gewährleisten. Eine besonders wichtige Rolle spielt die Bereitschaft einer Gesellschaft, ausgrenzende Institutionen, z.B. Sonderschulen, nach Möglichkeit abzuschaffen und durch integrative Alternativen zu ersetzen (s. die ausführliche Diskussion bei Cloerkes 2001).

Betroffene berichten immer wieder von ihrer Erfahrung, mit ihrer Behinderung einigermaßen in Frieden leben zu können, solange sie von der Umwelt in ihrer Verschiedenheit akzeptiert werden. Pointiert ausgedrückt, leiden sie oft mehr darunter, behindert zu werden als behindert zu sein und kämpfen bei ihren Mitmenschen um die Einsicht, daß es normal ist, verschieden zu sein.

---

68   Vliegenthardt 1968, S. 372, zit. n. Ziermann 1979
69   Eine Untersuchung interkultureller Unterschiede der sozialen Reaktion auf Behinderung findet sich bei Cloerkes (2001) bzw. Neubert u. Cloerkes (2001).

6.2 Alter

Von den 22000 bis 24000 Menschen, die grob geschätzt jedes Jahr in der BRD erblinden, sind mehr als zwei Drittel über 60 Jahre alt, und der demographische Wandel wird den Anteil der Altersblinden weiter erhöhen. Älteren Menschen fällt es häufig schwerer als jüngeren, sich auf einen teilweisen oder völligen Verlust des Sehvermögens einzustellen.[70] Lusseyran beschreibt das so:

"Jeden Tag danke ich dem Himmel dafür, daß er mich schon als Kind, im Alter von noch nicht ganz acht Jahren, blind werden ließ. Das mag herausfordernd klingen, und so will ich mich näher erklären.

Ich danke dem Schicksal zunächst aus äußeren, materiellen Gründen. Ein kleiner Mann von acht Jahren hat noch keine Gewohnheiten, weder geistige noch körperliche. Sein Körper ist noch unbegrenzt biegsam, bereit, eben jene - und keine andere - Bewegung zu machen als die, welche ihm die Situation nahelegt, er ist bereit, das Leben anzunehmen, so wie es ist, zu ihm Ja zu sagen. [...]

Um dem Schicksal zu danken, habe ich jedoch auch andere, immaterielle Gründe. Die großen Leute vergessen stets, daß Kinder sich niemals gegen die Gegebenheiten auflehnen, es sei denn, die Erwachsenen selbst waren so töricht, es ihnen beizubringen. Für einen Achtjährigen 'ist' das, was ist, und es ist immer das Beste. Er kennt keine Bitterkeit und keinen Groll. Er kann zwar das Gefühl haben, ungerecht behandelt worden zu sein, doch er hat es nur dann, wenn ihm die Ungerechtigkeit von seiten der Menschen zuteil wird. [...] Auch den Mut, von dem die Erwachsenen so viel Aufhebens machen, sieht das Kind anders als wir. Für ein Kind ist Mut die natürlichste Sache der Welt." (Lusseyran 1968, s. 16 f.)

Für das höhere Alter *typische Lebensereignisse* nehmen Einfluß darauf, wie das Eintreten einer Sehschädigung verkraftet werden kann:

* Pensionierung und die damit möglicherweise verbundene Sinnkrise, Verstärkerverlust und nicht zuletzt Verschlechterung der materiellen Situation
* Multimorbidität: verstärkte Konfrontation mit anderen körperlichen Beeinträchtigungen (z.B. Gehbehinderung, Schwerhörigkeit, Reduktion des Tastvermögens durch Diabetes usw.)
* Geringere körperliche Anpassungsfähigkeit

---

70   Vgl. Josephson (1968, s. 41); Keegan et al. (1976); Lukoff (1960, s. 30); Reed (1960); Roessler u. Bolton (1978, S. 46); Schöffler (1956); Scholtyssek (1948); Steinberg (1955, S. 64).

* Geringere Fähigkeit, nach aufgetretenen Erkrankungen wieder eine Homöostase herzustellen (Kruse 1992, S. 334)
* Tod Gleichaltriger, Angehöriger und Freunde
* Angst vor dem Verlust der eigenen Unabhängigkeit durch Pflegebedürftigkeit (s.a. Schäfer 1994, S. 14).

Der ältere erblindende oder erblindete Mensch muß sich u.U. mit *doppelter Stigmatisierung* auseinandersetzen und hat mit der Kombination aus Alters- und Blindheitsstereotyp zu kämpfen. Sein Selbstbild enthält dann häufig die negativen Erwartungshaltungen und abwertenden Reaktionen der primären Bezugsgruppe und ihrer sozialen Umgebung (Fuchs u. Neugebauer 1988, S. 539). Wuchs er in der Zeit des Nationalsozialismus auf, hat er möglicherweise das damalige Behindertenbild ("lebensunwertes Leben") unbewußt verinnerlicht. Derart negative Einstellungen können den Bewältigungsprozeß gefährden (Schäfer 1994, S. 64).

Aufgrund der sehr verschiedenen Lebenserfahrungen, über die Menschen nach einem langen Leben verfügen, ist allerdings zu erwarten, daß sie bei der Behinderungsverarbeitung weit größere *interpersonelle Unterschiede* aufweisen als jüngere Betroffene (a.a.O., S. 14). Wer auf ein erfülltes, glückliches Leben zurückblicken kann und sich dessen auch dankbar und wertschätzend bewußt ist, mag im Alter die Weisheit entwickeln, loszulassen und Abschied zu nehmen von Möglichkeiten, die er als jüngerer Mensch hatte. Ein anderer mag verbittert und resigniert sein nach einem problematischen oder unerfüllten Leben und die neue Herausforderung als weitere Ungerechtigkeit und Schikane eines grausamen, gerade ihn benachteiligenden Schicksals erleben. Manch einer verfügt über jede Menge *Krisen- und Bewältigungserfahrung* nach Jahrzehnten eines wechselvollen und schwierigen, jedoch gut gemeisterten Lebens, während ein anderer, dem das Schicksal zuvor noch nie einen ernsteren Streich gespielt hatte, der neuen und ersten großen Anforderung völlig hilflos gegenübersteht - vielleicht auch der Illusion verfallen, ewige Jugend und Schönheit gepachtet zu haben.

Im übrigen stellt sich bei manchen Formen der Erblindung im höheren Lebensalter die Frage eigenen (Mit-)Verschuldens anders, so etwa beim Sehverlust durch diabetische Retinopathie, wenn der Betroffene durch ungünstiges Ernährungsverhalten zur Entwicklung von Sekundärschäden beigetragen hat, oder bei der altersabhängigen Makuladegeneration, für deren Entstehung neben genetischen Faktoren[71] das Rauchen als eine der wesentlichsten Ursachen angesehen werden muß.[72] Eigenes Fehlverhalten für den Verlust des Sehvermögens mitverantwortlich machen zu müssen, dürfte sich erschwerend auf den Bewältigungsprozeß auswirken (s.a. Abschnitt 6.7).

6.3 Geschlecht

Das Geschlecht dürfte in zweierlei Hinsicht Einfluß auf den Umgang mit der Sehschädigung nehmen: Zum einen ist zu erwarten, daß die kognitive und emotionale Verarbeitung von (auch krisenhaften) Lebensereignissen geschlechtsspezifischen Unterschieden unterliegt - sei es auf Grund genetisch determinierter Funktionsmodi oder auf Grund divergierender gesellschaftlicher Traditionen, die in geschlechtsspezifischer Sozialisation ihren Ausdruck finden. Wer psychotherapeutisch tätig ist, weiß, daß sich Frauen häufiger in Therapie begeben als Männer. Frauen scheinen eher bereit zu sein, offen mit ihren Sorgen und Gefühlen umzugehen, sich anderen Menschen anzuvertrauen und zuzugeben, wenn sie Hilfe brauchen. Dies könnte sich hilfreich auf einen ehrlichen Umgang mit der Behinderung auswirken.

Zum anderen beklagen behinderte Frauen häufig, daß sie mit doppelter Diskriminierung zu kämpfen haben, sich somit in zweifacher Hinsicht emanzipieren müssen, nämlich als Frau und als Behinderte. Sie beklagen, in ihrer Geschlechtlichkeit, ihrer erotischen Anziehungskraft und Sexualität weit weniger wahrgenommen zu werden als Frauen ohne Handicap oder behinderte Männer. Oft fühlen sie sich in eine Rolle als "geschlechtsneutrales behindertes Wesen" zurückgedrängt. Indem in unserer Gesellschaft von Frauen nach wie vor eine mütterlich-versorgende Haltung erwartet wird, kommen blinde Frauen aufgrund der Zuschreibung von Unselbständigkeit für viele sehende Männer, die sich von ihren Frauen gern bedienen lassen wollen, als Partnerinnen nicht in Betracht. Ihr "doppeltes Handicap" beschränkt auch ihre beruflichen Möglichkeiten und Rehabilitationschancen. Erschwerend kommt hinzu, daß auch die Frauenbewegung behinderte Frauen weitgehend auszugrenzen scheint (Cloerkes 2001, S. 157):

---

71   s. Fritsche et al 2006
72   vgl. hierzu die Untersuchung der AMD Alliance, zusammengefaßt in Retina aktuell, 98, 4/2005, S. 32

"Wenn man über die Gründe nachdenkt, stößt man auf ähnliche Erklärungen , wie sie für Solidaritätsdefizite unter behinderten Menschen gelten. Die Normen und Werte der nichtbehinderten und männlich geprägten Welt werden letztlich als verbindlicher und erfolgversprechender übernommen. Ähnlichkeit aufgrund des Merkmals 'Frau' verstärkt Kontaktängste und Abgrenzungsbestrebungen. Über derartige Mechanismen müßte innerhalb der Frauenbewegung unbedingt eine offene Auseinandersetzung geführt werden." (Aurien 1994)

Diese Tatsachen dürften kaum ohne Rückwirkung auf den subjektiven Umgang mit der Behinderung bleiben und den betroffenen Frauen deren Akzeptanz zusätzlich erschweren.[73]

Mögen Männer - also auch Männer mit Behinderungen - es in unserer Gesellschaft nach wie vor leichter haben, können dennoch die Sozialisation in die Männerrolle und die damit verbundenen Rollenerwartungen die Bewältigung einer Behinderung beeinflussen und in mancherlei Hinsicht beeinträchtigen. In seiner Examensarbeit schreibt der blinde Sozialpädagoge Damerius:

"Ich bin ein Mann. Ich bin blind. Was für einen Mann normal ist, ist für einen blinden Mann noch lange nicht normal. Ein Mann setzt seine Ellenbogen ein, um sich im Leben durchzuschlagen. Ein blinder Mann kann das natürlich auch. Er wird jedoch feststellen müssen, daß, wenn er sich durchgeboxt hat, eine Position erlangt hat, er gar nicht seinen Mann stehen kann. Denn er braucht immer noch welche, die ihm helfen. Er braucht Unterstützung von Sehenden. Und wer ein richtiger Mann sein soll, darf nicht auf Hilfe angewiesen sein. [...]. Ich habe gemerkt, daß ich bei aller Selbständigkeit von anderen Menschen abhängig bin. [...] Ein Mann, auch wenn er nicht voll funktionsfähig ist, ist immer noch besser als eine Frau. Und wenn die Männer, die nicht richtig funktionieren, mehr leisten als die intakten Männer, bleiben sie vorn. [...] Der normale Weg eines Mannes gefällt mir nicht. Und mir gefallen nicht die Schwierigkeiten, die mir gemacht werden wegen meiner Blindheit. Ich habe mir gedacht: Warum sollst du überhaupt versuchen, ein 'normaler' Mann zu werden, wenn du es ja doch nie schaffen wirst? Es wird immer welche geben, die dir das nicht ganz abnehmen. [...] Ich habe inzwischen Wut auf das große Machtspiel der Männer, das landläufig 'Patriarchat' genannt wird". (Damerius 1986, S. 1 ff.)

---

73   Zur Situation behinderter Frauen s. Ewinkel et al. (1985); Barzen (1988); Barbig u. Busch (1993); Aurien (1994); Köbsell (1994)sowie den Literaturüberblick bei Cloerkes (2001, Kap. 6.4.5).

Einerseits mag es - gemäß dem traditionellen Rollenverständnis - für einen behinderten Mann fast selbstverständlich sein, sich bei der Bewältigung seiner lebenspraktischen Aufgaben von einer Frau helfen und sich versorgen zu lassen:

"Kein blinder Mann kann mit dem Kopf durch die Wand, aber er kann sich an der Wand entlangtasten bis zu einer Tür, und irgendwann steht dann irgendeine Tür immer offen. Er kann vorsichtig herumgehen und dann leise oder laut sagen: 'Hier bin ich'. Und die sehenden Männer, die schon lange da sind, werden sagen: 'Mann, das hast du aber toll geschafft'. Sie werden wohlweislich nicht fragen: 'Welche Frau hat dich denn hierher gebracht?' Das wäre ihnen und vor allem dem Blinden peinlich. Außerdem ist die Frau schon längst wieder im Vorzimmer, und die Verhandlungen können ungestört beginnen." (a.a.O., S. 2)

Durch Überidentifikation mit dem männlichen Rollenklischee, das sich nur zögerlich wandelt, mag der behinderte Mann versuchen, Gefühle von Schwäche und Unzulänglichkeit abzuwehren. Die "Flucht in die Mackerrolle" beschreibt eine Frau in einem Brief:

"Er [Anm.: der blinde Mann] sucht sich natürlich die Frau fürs Leben, die für ihn da ist, ihn bemuttert, ihm vorliest, den Führhund ersetzt und die ihm zur Verfügung steht, wenn ihm mal nach Sex zumute ist." (zit. in Damerius 1986, S. 96)

Damerius schlußfolgert:

"Behinderte Männer werden sicher unterdrückt. Viele versuchen aber mit allen Mitteln, den Status der Normalität als Mann zu erreichen, sie wollen Unterdrücker werden." (a.a.O., S. 99)

Andererseits bleibt ein Gefühl von Peinlichkeit, eine narzißtische Kränkung angesichts einer Realität, die mit einem durch männliche Leistungsnormen geprägten Ich-Ideal schwer vereinbar ist. Schwäche zuzugeben, Gefühle von Ohnmacht, Trauer oder Hilflosigkeit zuzulassen oder das Angewiesensein auf andere zu akzeptieren, sind Fähigkeiten, die in der (traditionellen) Männeridentität wenig Platz haben, die aber nötig sind, um eine Behinderung annehmen zu lernen. Dies könnte auch eine Chance sein, sich von der traditionellen Männerrolle zu emanzipieren:

"Ich erwarte aber inzwischen von behinderten Männern [...] mehr Sensibilität gegenüber Unterdrückungsmechanismen." (a.a.O., S. 80)

Wie nötig es nicht nur für den Einzelnen, sondern für unsere Kultur, den Abbau von Gewalt und die Rettung unserer bedrohten Welt wäre, die "Krise der Männlichkeit", die behinderte Männer weit mehr erleben dürften als ihre nichtbehinderten Geschlechtsgenossen, zum Umdenken und zur Integration traditionell weiblicher Fähigkeiten zu nutzen, legt Richter (2006) ausführlich dar.

Zusammengefaßt bedeutet das: Wer sich erfolgreich mit seiner/ihrer Behinderung auseinandersetzen will, wird nicht umhin kommen, sich auch bezüglich seiner/ihrer Identität als Mann oder Frau zu hinterfragen.

6.4 Schichtzugehörigkeit, sozioökonomischer Status und Bildungsstand

Gesicherte, verallgemeinerbare Aussagen über unterschiedliche Verarbeitungsweisen von Behinderungen je nach Schichtzugehörigkeit oder Bildungsstand dürften kaum möglich sein. Vielmehr ist zu vermuten, daß andere, von diesen Faktoren eher unabhängige Persönlichkeitsvariablen von weit größerer Bedeutung sein dürften (vgl. Kapitel 6.9, Kapitel 8). Was die zu verschmerzenden Verluste betrifft, dürfte es für das subjektive Erleben keinen grundlegenden Unterschied machen, ob der eine keine Gemäldegalerien mehr besichtigen und keine Musiknoten mehr lesen kann oder ob der andere damit fertig werden muß, nicht mehr in Illustrierten blättern oder seine tägliche Seifenoper im Fernsehen anschauen zu können. Schichtzugehörigkeit und Bildungsstand dürften aber bei der Frage eine Rolle spielen, wie schwierig der Zugang zu wichtigen Informationen ist, welche kognitiven Problemlösungsstrategien zur Verfügung stehen, wie differenziert und selbstbewußt sich jemand verbal artikulieren und seine Interessen vertreten kann, wie er etwa gegenüber Krankenkassen, Behörden usw. aufzutreten in der Lage ist. Bedenken müssen wir - analog zur oben diskutierten Frage der Geschlechtszugehörigkeit - auch, daß Angehörige niedrigerer sozialer Schichten oft doppelter Diskriminierung ausgesetzt sind, nämlich bezogen auf ihre Schichtzugehörigkeit einerseits, auf ihre Behinderung andererseits.

Kulturelle und materielle Ressourcen spielen eine wichtige Rolle, denn sie entscheiden mit darüber, welche Hilfen man sich organisieren, welche technischen Hilfsmittel man sich finanzieren kann, ob man trotz teurer

Taxikosten kulturelle Veranstaltungen aufsuchen kann oder nicht usw.. Lapidar zusammengefaßt heißt das: Geld macht nicht glücklich, aber es erleichtert das Leben - auch das mit einer Behinderung. Dabei ist zu bedenken, daß je nach gesellschaftlichem Hintergrund Behinderung selbst (durch sozialen Abstieg oder mangelnde Aufstiegschancen) zum Armutsfaktor werden kann. Alle empirischen Untersuchungen ergeben einen deutlichen Zusammenhang zwischen Behinderung und sozioökonomischen Bedingungen (Cloerkes 2001, S. 72). Cloerkes faßt pointiert zusammen:[74]

> "Behindert wird vor allem der, der arm ist. Wer behindert ist, wird arm. Behinderung und Armut sind eng miteinander verflochten." (Cloerkes 2001, S. 72)

6.5 Beruf

Kann der erlernte Beruf nicht mehr ausgeübt werden, stellt dies eine große zusätzliche materielle und emotionale Belastung dar. Allerdings müssen wir unterscheiden, ob jemand seinen Beruf unmittelbar schädigungsbedingt nicht mehr ausüben kann (Beispiel: Busfahrer) oder ob der (bisherige oder zukünftige) Arbeitgeber nicht bereit ist, sich auf die neue Situation einzustellen, obwohl die Berufsausübung grundsätzlich unter Einsatz geeigneter Hilfen möglich wäre. In Zeiten der Vollbeschäftigung werden da andere Entscheidungen getroffen als unter Bedingungen der Massenarbeitslosigkeit.

6.6 Art und Ausmaß der Sehschädigung

Je nach Art der Sehschädigung sind verschiedene Lebensbereiche unterschiedlich stark betroffen: Ein Mensch, der nachtblind ist, aber noch über ein ausreichendes zentrales Sehvermögen verfügt, um lesen zu können, ist in einer anderen Situation als derjenige, dessen Orientierung bei Nacht nicht gestört ist, der aber gedruckte Schrift nicht mehr lesen kann. Solche Unterschiede werden im Zusammenhang damit bedeutsam, welche Lebensbereiche dem Einzelnen besonders wichtig sind.

Das Ausmaß der Sehschädigung prägt den Umgang mit der Behinderung in zweierlei Hinsicht: Zum einen beeinflußt es direkt Funktionieren und Handeln des Betroffenen (Orientierung, Mobilität, Lesen, alltägliche

---

74   Eine detailliertere Analyse findet sich bei Maschke (2003).

Verrichtungen etc.). Zum anderen bedingt es Identitätserleben und soziale Position des Individuums mit: Nach Krähenbühl (1977, S. 38) gibt es den sozialen Ort der Blindheit und den des Sehens. Zwischenpositionen sind nur unzulänglich festgelegt. Positionen für Sehbehinderte sind kaum institutionalisiert und stellen keine eigenen soziostrukturellen Größen dar. Im Bewußtsein der meisten Mitglieder unserer Gesellschaft gibt es nur die dichotomen Kategorien "vollsehend" und "blind". Eine 32-jährige sehbehinderte Frau, die infolge Retinopathia pigmentosa nachtblind ist und ein eingeschränktes Gesichtsfeld, jedoch noch einen relativ guten zentralen Visus hat, erzählt:

"In vielen Situationen stoße ich auf Erstaunen, oft auch auf Verärgerung, wenn ich durch mein Verhalten zuerst die Kategorisierung 'blind' nahelege, im nächsten Moment aber etwas tue, das dem widerspricht und vermuten läßt, ich sei in die Kategorie 'sehend' einzuordnen. Dies ist etwa der Fall, wenn ich bei Dunkelheit mit dem Langstock über die Straße gehe und meinen Weg ertaste, dann aber einen hell erleuchteten U-Bahnhof betrete, mich auf eine Bank setze und beginne, Zeitung zu lesen. Das Erstaunen schlägt leicht in Ärger um, wenn die beobachtende Person mir gerade erst über die Straße geholfen hat, wenn also die Kategorisierung 'blind' beim Beobachter zu einer Handlung (Hilfeleistung) geführt hat. Im Extremfall ist mir schon passiert, daß ich des Simulantentums oder üblen Schabernacks bezichtigt wurde."

Erstaunen schlägt auch dann schnell in Ärger um, wenn kulturell starr festgelegte und ritualisierte Formen der Höflichkeit "mißachtet" werden. Junod schreibt dazu:

"Es mag dem Laien sonderbar, ja sogar unverständlich erscheinen, daß ein Sehschwacher, der noch ordentlich lesen kann, auf belebten Straßen Mühe hat umherzugehen und beim Händedruck die ihm entgegengestreckte Hand nicht faßt, weil sie sich gerade außerhalb des Gesichtsfeldes befindet. Es ist nicht zu verwundern, daß deswegen dem Sehschwachen aus Unkenntnis über die Auswirkungen der verschiedenen Sehbehinderungen oft Faulheit, schlechter Wille, Unhöflichkeit und dergleichen vorgeworfen wird, ja daß man ihn sogar als Simulanten betrachtet." (Junod 1966, S. 17)

Nicht nur der Sehende, sondern auch der Sehbehinderte selbst hat oft Schwierigkeiten, sich zwischen den Polen "sehend" und "blind" zu verorten (Whiteman 1960, S. 58). Er "sitzt zwischen zwei Stühlen", fühlt sich oft "weder Fisch noch Fleisch" (Bauman 1969, S. 20 f.; Davis 1969, S. 134). Oft ist es nicht einfach herauszufinden, was er sich zutrauen kann und wo seine momentanen Grenzen liegen (die sich bei fortschreitender Sehverschlechterung und je nach Tagesform ständig ändern). Tut er Dinge, die sein eingeschränktes Sehvermögen nicht zuläßt (z.b. Radfahren), bringt er sich und andere in Gefahr. Definiert er sich fälschlicherweise als "blind", verpaßt er die Chance, den ihm verbliebenen Sehrest effektiv zu nutzen (Carroll 1961, S. 309). Das gezielte Eingehen auf die Bedürfnisse von "Sehrestlern" fand erst in den letzten Jahrzehnten stärkere Beachtung ("Low Vision").

Betrachtet der Sehbehinderte sich - mit Recht - nicht als blind, kann dies dazu führen, daß er in einem Vakuum lebt: Einerseits mag er die Hilfen zurückweisen, die es für Blinde gibt (Langstock, technische Hilfsmittel etc.), andererseits stehen ihm die Ressourcen der Sehenden nicht oder nur teilweise zur Verfügung (Connor u. Muldoon 1973).

Auch rechtlich befinden sich Sehbehinderte in einer eher ungünstigen Zwischenposition: Sie bekommen weniger finanzielle und sachliche Unterstützung (z.b. Blindengeld, Ausstattung des Arbeitsplatzes mit technischen Hilfsmitteln) als Blinde, auch wenn sie diese in vielen Fällen genauso benötigen.

Hinzu kommt, daß viele sehbehinderte Menschen befürchten müssen, ihr restliches Sehvermögen zu verlieren (etwa bei degenerativen Erkrankungen der Netzhaut oder des Sehnervs). Dies stellt eine zusätzliche emotionale und lebenspraktische Belastung dar (Scholtyssek 1948, S. 18), kann sich der Betroffene doch nicht in einem stabilen Ist-Zustand einrichten, sondern muß mit einer Serie weiterer Verluste rechnen, seine Identität und soziale Rollenposition stets von neuem definieren und sich lebenspraktisch immer wieder neu arrangieren. Viele berichten, erst nach ihrer vollständigen Erblindung innerlich zur Ruhe gekommen zu sein. Andere quälen sich fortgesetzt mit dem Bangen um jedes bißchen Restsehvermögen und tun sich auf diese Weise schwer, Frieden mit der fortschreitenden Behinderung zu schließen. Manche, die den bestmöglichen Erhalt ihres Sehrests zum Zentrum ihres Strebens und Trachtens machen, mögen sich kaum trauen, ein aktives (damit auch anstrengendes) Leben zu führen aus Angst, sie könnten, z.b. durch Sport, ihren Augen schaden. Eine solche Schonhaltung wird mitunter sogar von Augenärzten empfohlen, vielleicht ohne sich deren Implikationen hinreichend bewußt zu machen.

6.7 Erblindungsursache

Zunächst einmal macht es einen großen Unterschied, ob die Erblindung von einem Tag auf den anderen oder allmählich eintritt: Der plötzlich erblindete Mensch sieht (z.b. nach einem Unfall, einer Tumorerkrankung, einem Schlaganfall oder einer plötzlich auftretenden Netzhautablösung) seine gesamte Existenz in Frage gestellt:

> "Diese extreme Existenzangst kann sowohl frühere Erfahrungen und Erlebnisse, die dem Betroffenen bei der Neuorientierung helfen könnten, aus dem Gedächtnis verdrängen als auch das natürliche Bedürfnis, selbst aktiv am Leben teilzunehmen, zurückdrängen." (Ahrbeck u. Rath 1994, S. 24)

Der allmählich Erblindende steht demgegenüber unter dem ständigen Druck, sich neu anzupassen, und muß die Angst vor dem Tag bewältigen, an dem er nichts mehr wird sehen können. Andererseits hat er die Chance, sich allmählich und in kleinen Schritten umzuorientieren.

Verschiedene Erblindungsursachen sind zudem mit je unterschiedlichen *Bedeutungszuschreibungen und Bewertungen* assoziiert. Ein Mensch, der durch eigenes Verschulden (etwa als Folge eines Unfalls bei überhöhter Geschwindigkeit) erblindet, wird sich zusätzlich mit Selbstvorwürfen auseinandersetzen müssen. Kriegsblinde hatten im letzten Jahrhundert einen wesentlich höheren sozialen Status als Zivilblinde, denn sie hatten ja "ihr Augenlicht für das Vaterland geopfert"; erst 1974 wurden im deutschen Schwerbehindertenrecht Zivil- und Kriegsblinde sozialrechtlich gleichge-stellt. Wer hingegen an einer Erbkrankheit erblindete, war im Deutschland der Nazizeit massiven Diskriminierungen bis hin zur Zwangssterilisation ausgesetzt. Wie wir in Kapitel 2.5.2 sehen mußten, ist eugenisches Denken keineswegs überwunden, sondern scheint sich in neuem Gewand wieder einzuschleichen. Solche Unterschiede im öffentlichen Ansehen dürften kaum ohne Rückwirkung auf den Verarbeitungsprozeß und das Selbstbild des Betroffenen bleiben.

6.8 Sonstiger Gesundheitszustand

Den eigenen Körper als gesund und leistungsfähig erleben zu können, ist eine der wesentlichen Kraft- und Genußquellen jedes Menschen. Ein behinderter Mensch, der sich fit und vital fühlt, kann die Bedeutung seiner körperlichen Einschränkung relativieren (sie zeitweise sogar ganz vergessen) und sich ein positives Körpergefühl bewahren, wenn er Sport treibt oder seine Sexualität lustvoll genießen kann. Indes wirkt sich die Sehschädigung umso gravierender aus, je mehr andere Krankheiten bzw. Einschränkungen hinzukommen (Josephson 1968, S. 19). Die Belastungen, die der Betroffene zu ertragen hat, summieren sich und können hohe Anforderungen an Ressourcen wie Frustrationstoleranz, Leidensfähigkeit und Lebenswillen stellen. Auch für die Angehörigen wird das Zusammenleben mit dem Betroffenen schwieriger, je weniger unbeeinträchtigte Lebensbereiche übrigbleiben. Die Folgen der verschiedenen Erkrankungen bzw. Behinderungen können sich dadurch potenzieren, daß die eine der Bewältigung der anderen in die Quere kommt. So werden die Möglichkeiten, das schlechte Sehen auszugleichen, geringer, wenn etwa ein Hörschaden oder eine Polyneuropathie hinzukommen. Ein 35-jähriger Mann, der infolge einer diabetischen Retinopathie (bei Diabetes Typ I) erblindete, klagt:

"Ich würde gern die Blindenschrift erlernen. Ich habe mein ganzes bisheriges Leben lang viel gelesen und geschrieben, und schließlich ist die Fähigkeit, zu lesen und zu schreiben, doch etwas ganz und gar Grundlegendes. Durch meinen Diabetes habe ich aber auch Sensibilitätsstörungen und bringe daher nicht das nötige Tastgefühl für die vielen kleinen Punkte her. Das ist schlimm für mich, für mein Privatleben und auch für die Chancen einer beruflichen Rehabilitation."

Daß nicht nur die praktische, sondern auch die emotionale Bewältigung der Erblindung durch andere körperliche Einschränkungen bzw. Erkrankungen erschwert wird, verdeutlicht der Bericht einer 48-jährigen Frau, die bei einem Autounfall nicht nur ihr Augenlicht verlor, sondern auch so schwere innere Verletzungen erlitt, daß sie noch viele Jahre später an massiven, chronischen Schmerzen leidet:

"Die Blindheit kostet mich viel Kraft und Nerven, und doch wäre ich oft froh, sie wäre mein einziges Problem. Die ständigen Schmerzen zermürben mich. Schmerzmittel wirken nur mäßig und haben massive Nebenwirkungen. Beides zusammen, die Blindheit und die Schmerzen, geht mir manchmal über meine Kraft. In solchen Zeiten bin ich sehr niedergeschlagen und gereizt, kann mich zu nichts aufraffen, fühle mich kraftlos und müde."

6.9 Persönlichkeit

Je nachdem, welche Primärpersönlichkeit jemand mitbringt, wird er unterschiedlich auf Anforderungen des Lebens reagieren. Eine Reihe von

Persönlichkeitsvariablen dürfte bei der Behinderungsverarbeitung eine Rolle spielen. Einige seien exemplarisch genannt:[75]

* *Dominierende Sinnesmodalität*

Wenngleich der optischen Informationsaufnahme in unserer Kultur das größte Gewicht zukommt, unterscheiden sich Menschen doch darin, welche Sinnesmodalität für sie am wichtigsten ist. Wer sehr stark visuell orientiert ist, wird sich mit dem Verlust seines Augenlichts zunächst schwerer tun als jemand, der sich schon immer eher akustisch orientiert hat. Dabei scheint es auch geschlechtsspezifische Unterschiede zu geben: Bei Jungen wird in der Erziehung viel mehr darauf geachtet, optische Reize zu geben:

"Ihnen werden verhältnismäßig mehr Bilder gezeigt. Mütter, Väter oder andere Bezugspersonen sind bei Jungen im Säuglingsalter wesentlich häufiger sichtbar. Mädchen hingegen lernen schon früh, auf akustische Informationen zu reagieren, was sich später so auswirkt: Sie sind es gewöhnt, auf Zuruf zu handeln, auch wenn sie die rufende Person nicht sehen. Bei Jungen entwickelt sich demzufolge ein stärkerer Gegenstandsbezug. Das heißt vereinfacht: Für sie gilt nur, was sie sehen." (Damerius 1986, S. 78)

* *Intelligenz*

Gute Intelligenz erleichtert die Bewältigung schwieriger Probleme, so auch des Eintretens einer Sehbehinderung oder der Erblindung. Ein intellektuelles Verständnis für die Behinderung mit ihren medizinischen, psychologischen, sozialen und kulturellen Implikationen zu entwickeln, ist ebenso notwendig wie der Einsatz kognitiver Fähigkeiten bei der Bewältigung konkreter Alltagsaufgaben: So benötigen wir als Sehgeschädigte ein erhöhtes Maß an Konzentration und Merkfähigkeit, wollen wir z.B. nicht Stunden darauf verschwenden, den Salzstreuer oder eine Telefonnummer zu finden. Gutes Denkvermögen und hohe Problemlösekompetenz sind ebenso hilfreich wie die Fähigkeit, sich nötige Informationen zu beschaffen und sich neue, mit der Behinderung vereinbare Lebensbereiche zu erschließen. Verbale und soziale Kompetenzen brauchen wir, um uns unseren Mitmen-schen verständlich zu machen, uns bei Behörden oder Krankenkassen durchzusetzen etc. Darüber hinaus wurde in den letzten Jahrzehnten ein stärkeres Verständnis dafür entwickelt, wie wesentlich neben kognitiven,

---

75   s.a. Tschamper (1999, S. 85 ff.)

logisch-rationalen Fähigkeiten auch emotionale[76] und spirituelle[77] Intelligenz für einen erfolgreichen Umgang mit schwierigen Lebensaufgaben sind.

* *Identitätskompetenz:*

Aufgeklärter Umgang mit bedrohter oder gebrochener Identität (Negt 1998)

* *Krisenerfahrung und Problemlösungsrepertoire*

Welche Krisen wurden in der Vergangenheit mit welchem Erfolg durchlebt? Welches Problemlösungsrepertoire wurde erworben? Haben frühere Schicksalsschläge den Betroffenen bereits zermürbt und ihn eines Teils seiner Lebenskraft beraubt? Haben frühe Traumatisierungen die Entwicklung des Gehirns und damit die Fähigkeit, Affekte zu regulieren und Belastendes zu verarbeiten, beeinträchtigt? Wir wissen inzwischen, daß "Streßnarben" im Gehirn entstehen können, die den Umgang mit späteren Ereignissen massiv beeinflussen und eine schwierige Anforderung bzw. Krise potentiell zur (Re-)Traumatisierung werden lassen:

> "Anhaltender frühkindlicher Streß führt im unreifen Gehirn zu einer bleibend erhöhten Empfindlichkeit der Hypothalamus-Hypophysen-Nebennierenrinden-Achse sowie zu einer Volumenverminderung des Hippocampus durch erhöhte Glucocorticoidspiegel. Frühkindliche Traumata oder Streß bedingen Dysfunktionen in der Ausbildung von Synapsen, Störungen der Migration sich entwickelnder Nervenzellen oder fehlerhafte Differenzierung funktioneller Neuronenverbände (Amygdala, Hippocampus, anteriorer Gyrus cinguli, präfrontaler Cortex). Man vermutet eine spezifische Vulnerabilität im Bereich des limbischen Systems und des Hirnstamms der rechten Hirnhälfte, da Funktionen wie Bindungs- und Beziehungsverhalten, Affektregulation und Streßmodulation primär rechtshemisphärisch gesteuert werden." (Wettig 2006, S. 456; s.a. Kapitel 8)

* *Urvertrauen*

Geht jemand mit einem gewissen Grundvertrauen (von E. Erikson als Urvertrauen bezeichnet) durch sein Leben? Ist seine Grundhaltung eher zuversichtlich und erfolgsorientiert? Oder ist er eher depressiv strukturiert und blickt skeptisch bis pessimistisch in die Zukunft? Ist er eher ein lebensfroher und lebensbejahender Mensch oder nicht?

* *Motivationale Faktoren*

Ohne Initiative, Anstrengungsbereitschaft und Frustrationstoleranz dürfte es kaum möglich sein, eine schwierige Lebensaufgabe zu meistern. Wer gelernt hat, dem Leben mit einer "Null-Bock-Haltung" zu begegnen, wird

---

76   s. Goleman 1996
77   s. Zohar u. Marshall 2000

auftretende Schwierigkeiten nur schwer überwinden können. Zielstrebigkeit, Experimentierfreude und Neugier hingegen können enorm dabei helfen, mit der neuen Situation fertig zu werden (vgl. Greenough et al. 1978; s.a. Kapitel 8).

* *Kontrollüberzeugungen*
Glaubt der Betroffene, aktiv auf sein Geschick Einfluß nehmen zu können? Oder ist er gewohnt, sich ohnmächtig und den Mächten des Schicksals ausgeliefert zu fühlen?

* *Kontaktbereitschaft und Selbstsicherheit*
Ist der Betroffene kontaktfreudig oder fällt es ihm schwer, auf andere zuzugehen? Ist er eher selbstbewußt und im Umgang mit anderen selbstsicher? Oder litt er schon vor Eintreten seiner Behinderung unter Selbstzweifeln und verhielt sich anderen gegenüber selbstunsicher und aggressionsgehemmt oder aber uneinfühlsam und egozentrisch? Negt (1998) spricht in diesem Zusammenhang von *ökologischer Kompetenz* und meint damit einen pfleglichen Umgang mit Menschen sowie ihrer natürlichen und kulturellen Umwelt.

* *Einstellungen und Wertestruktur*
Wie sehen Einstellungen und Wertstruktur des Betroffenen aus? Wie wichtig sind ihm etwa Leistung, Konkurrenz, Sozialprestige usw.? Wie ist seine religiöse Orientierung? Wie hat er gelernt, mit existentiellen Grundtatsachen wie Verletzlichkeit, Sterblichkeit etc. umzugehen? Wird das Wertesystem rigide verteidigt oder bemüht sich jemand um Reflexion und Weiterentwicklung seiner Einstellungsmuster (s. Kapitel 11)?

* *Konformität versus Unabhängigkeit*
Wie abhängig oder unabhängig fühlt sich der Betroffene von der Bewertung durch andere? War er schon immer eher ein Konformist oder ein Mensch, für den Autonomie und geistige Freiheit zentrale Identitätsziele waren (s.a. Kapitel 3)?

* *Historische Kompetenz*
Hierunter versteht Negt (1998) Erinnerungs- und Utopiefähigkeit, also die Fähigkeit, sich im historischen Kontext zu begreifen und unkonventionelle Zukunftsentwürfe (welche für einen konstruktiven und kreativen Umgang mit Behinderung notwendig oder zumindest eine große Hilfe und Inspiration sind) zu wagen.

* *Kreativität und Humor*
Originalität und Kreativität, die Fähigkeit, auch unkonventionelle Wege zu gehen, sowie eine gesunde Portion Humor dürften sich hilfreich auswirken.

Die Gabe, auch einmal über sich selbst oder eine (mehr oder weniger freiwillig zustandegekommene) Situationskomik zu lachen, kann, sofern sie nicht in allzu schwarzen Galgenhumor ausartet, manche schwierige Lebenslage entkrampfen und helfen, sie von einer etwas leichteren Seite zu nehmen.

*   *Lebenszufriedenheit*

Wer vor Eintreten der Behinderung mit seinem Leben zufrieden war, dürfte sich leichter tun als jemand, der sich immer schon nicht recht wohl gefühlt hatte und die Behinderung nun sozusagen als "i-Tüpfelchen" auf dem von ihm bereits vorher als unbefriedigend, unglücklich oder gar katastrophal empfundenen Leben ansieht.

Kapitel 8 wird auf innere Ressourcen bzw. Schutzfaktoren, Kraftquellen und Fähigkeiten, wie sie hier kurz angerissen wurden, ausführlicher eingehen.

6.10 Zeitpunkt des Rehabilitationsbeginns

Schließlich muß darauf hingewiesen werden, daß es von entscheidendem Einfluß auf den Erfolg der Rehabilitation und damit auf das Gelingen der Behinderungsbewältigung ist, wieviel Zeit vergeht, bis geeignete Maßnahmen ergriffen werden. Gehen wertvolle Monate und Jahre verloren, ist die Gefahr von Entmutigung, Passivität, Resignation, Motivationsmangel und erlernter Hilflosigkeit groß. Wie wir in Kapitel 10.1 sehen werden, geht durch eine solche Fehlentwicklung sogar Hirnsubstanz durch Nichtgebrauch verloren. Hat sich jemand erst einmal in Hilflosigkeit und Abhängigkeit eingerichtet, dürfte er immer schwerer zu motivieren sein, aktiv am gesellschaftlichen Leben teilzunehmen bzw. neue Techniken zu erlernen, die ihn diesem Ziel näherbringen könnten. Schäfer weist zu Recht darauf hin, daß gerade im Bereich geriatrischer Rehabilitation, etwa in Altenheimen, diesbezüglich noch große Defizite bestehen (Schäfer 1994, S. 26).

7 Die Auseinandersetzung mit einer Sehschädigung als Prozeß der Krisenverarbeitung

Geburtsblinden Menschen fällt es i.d.R. nicht allzu schwer, ihre Behinderung von klein an als selbstverständlichen Teil ihrer Person hinzunehmen und mit ihr zu leben; geraten sie im Laufe ihrer Entwicklung in Krisen, hat dies meist eher mit Reaktionen der Umwelt als mit der Behinderung selbst zu tun. Schuchardt, die verschiedenste Biographien behinderter Menschen analysiert, schreibt hierzu:

"Einleitend sei erwähnt, daß alle Biographien übereinstimmend eines dokumentieren: Es ist für ein Kind überhaupt kein Problem, behindert zu sein. Dies ist eine gegebene Selbstverständlichkeit, mit der es sich arrangiert. Ein Problem entsteht erst in dem Maße, wie das Kind durch das ihm unverständliche Verhalten anderer darauf aufmerksam wird, daß irgendetwas mit ihm nicht stimmt, anders ist als bei anderen. Entscheidend abhängig ist das Kind dabei von dem Verhalten seiner Eltern, also unmittelbaren Bezugspersonen. Durch sie bekommt es seine Verhaltensmodelle, seine Normen und Wertvorstellungen." (Schuchardt 1980, S. 168)

Tritt eine Behinderung erst im Laufe des Lebens auf, stellt dieses Ereignis einen tiefen und schmerzlichen Einschnitt, ja einen regelrechten Bruch in der Biographie dar. Der Betroffene blickt in eine Zukunft, die sich sehr davon unterscheiden wird, wie er sich bislang den Fortgang seines Lebens vorgestellt hatte. Er durchlebt eine *Krise* und braucht viel Zeit, bis er diese verarbeiten oder gar Möglichkeiten psychischen Wachstums darin entdecken kann.

7.1 Die Begriffe "Krise" und "Trauma"

Gemäß der systemorientierten Betrachtungsweise kann eine Krise als *Störung des Gleichgewichtszustandes eines Systems* aufgefaßt werden. Caplan (1977, S. 58) definiert sie als Veränderung des intra- und interpsychischen Gleichgewichtszustandes; interne oder externe Veränderungen finden statt, die eine Anpassung notwendig machen. Zur Krise wird die Störung des Gleichgewichtszustandes eines Organismus dann, wenn habituelle Problemlösungsstrategien nicht ausreichen, um die Homöostase wieder herzustellen (Wolf 1976, S. 17 f.).

Fassen wir eine Krise als psychische Reaktion auf eine dem Betroffenen zunächst ausweglos erscheinende Situation und das Scheitern bisheriger Problemlösungsversuche auf (vgl. Dörner u. Plog 1978), entfernen wir uns von einer pathologisierenden Betrachtung des in die Krise geratenen Individuums: Eine Person reagiert "normal" auf eine "unnormale", äußerst schwierige Situation.

Der hier verwendete Krisenbegriff trägt bereits die *Perspektive positiver Selbstveränderung* in sich: Das System strebt danach, den Gleichgewichtszustand wiederherzustellen. Dazu müssen neue Problemlösungsstrategien entwickelt werden, da die alten nicht zum Ziel führten. Instabilität und Schmerz in der Krise bewirken, daß der Betroffene für neues Lernen offen wird (Keegan et al. 1976). Erwirbt er neue Problemlösungsstrategien, kann er diese zur Bewältigung späterer Aufgaben heranziehen, hat also sein Problemlösungsrepertoire sinnvoll erweitert. Außerdem lernt er - im Sinne eines "learning to learn" -, wie er sich neue Strategien erarbeiten kann. Die erfolgreiche Überwindung der Krise stärkt das Vertrauen in die eigene Fähigkeit, auch mit zukünftigen Schwierigkeiten konstruktiv umgehen zu können.

Zusammengefaßt bedeutet das: Gelungene Krisenverarbeitung besteht nicht einfach in der Wiederherstellung des (alten) Gleichgewichtszustandes, sondern vielmehr in der Reorganisation des Systems auf neuem (höherem) Niveau.

Ob ein Ereignis eine Krise auslöst und zu ernsthaften emotionalen Problemen führt, hängt nicht allein von der spezifischen Konstellation der jeweiligen Situation ab, sondern auch und insbesondere von der *subjektiven Bewertung* durch das betroffene Individuum[78]. Diese variiert je nach Primärpersönlichkeit (s. Kapitel 6.9), Ressourcen (s. Kapitel 8) und Vorerfahrungen. Wichtig sind die subjektive Einschätzung der Sinnhaftigkeit, Verstehbarkeit und Lösbarkeit des Problems (Antonovsky 1993) sowie der Stellenwert, der diesem Ereignis innerhalb der bisherigen Biographie beigemessen wird.

---

78   s. Ellis (1977, 1988, 1995) sowie Lazarus (1981, 1984), der sich speziell mit Streß- und Krisenbewältigungsprozessen beschäftigt.

Die Begriffe "Krise" und "Trauma" dürften nur graduell voneinander abgrenzbar sein. Zum *Trauma* wird eine Krise, deren Ausmaß für das betroffene Individuum dermaßen überwältigend ist, daß nicht nur Lösungsstrategien fehlen, sondern daß die psychische Struktur in ihrer Kohärenz und Integrität zumindest zeitweise massiv bedroht ist in einer als unentrinnbar erlebten Situation. Ein traumatisches Ereignis definiert die *ICD-10* als ein belastendes Ereignis oder eine Situation außergewöhnlicher Bedrohung oder katastrophenartigen Ausmaßes, kurz oder lang anhaltend, die bei fast jedem eine tiefe Verstörung hervorrufen würde. Eine traumatisierende Erfahrung ist eine Situation völliger Ohnmacht, in der die natürlichen biologischen Reaktionen Kampf oder Flucht nicht möglich sind. Oft ist es allerdings nicht ein singuläres Ereignis, das sich traumatisierend auswirkt, sondern die Aufeinanderfolge verschiedener Ereignisse, deren traumatisierende Wirkung in ihrer Summierung bzw. Potenzierung besteht. Dies ist etwa dann der Fall, wenn ein mit einer Trennung von der Mutter verbundener Krankenhausaufenthalt eines Neugeborenen sich dadurch traumatisierend und entwicklungsschädigend auswirkt, daß dieses frühe Trennungserlebnis durch spätere Verlassenheitserfahrungen verstärkt und erst so das Vertrauen des Kindes grundlegend erschüttert wird. Wie in Kapitel 6.9 bereits angesprochen wurde, hinterlassen frühe Traumatisierungen Streßnarben im Gehirn, welche die Verarbeitung und Integration späterer belastender Ereignisse erschweren und somit Krisen zu (Re-)Traumatisierungen mit möglichen psychischen Folgeschäden werden lassen.

Kumulative Belastungen, die gleichzeitig auftreten oder zwischen denen keine bzw. zu kurze Erholungsphasen möglich sind, sind besonders schwer zu verkraften. So fragt ein 72-jähriger, kürzlich erblindeter Mann:
"Erst vor zwei Jahren starb meine Frau. Ihr Tod war ein schwerer schwerer Schlag für mich. Wenige Monate später wurde bei mir ein Hirntumor festgestellt. Dieser konnte zwar erfolgreich operiert werden, aber ich verlor mein Augenlicht. Wie soll ich damit nun fertig werden, wo ich noch nicht einmal den Verlust meiner Frau verkraftet habe?"

Die Wurzeln der *wissenschaftlichen Erforschung von Traumafolgen* reichen bis ins 19. Jahrhundert zurück (s. den historischen Überblick bei Sachsse et al. 1997). Freud beschäftigte sich seit 1896 in seiner sogenannten Verführungstheorie mit Traumatisierungsstörungen, indem er die Folgen sexuellen Mißbrauchs im Kindesalter beschrieb. Nachdem seine Thesen auf heftigste Empörung gestoßen waren, nahm er sie zunächst zurück, indem er die Verführung in den Bereich der kindlichen Phantasie verlegte. Dies hat ihm die feministische Kritik sehr verübelt; dennoch war der Grundstein für die Traumaforschung gelegt. Später, im Zusammenhang mit den Schrecken des Ersten Weltkriegs, fanden in Fachkreisen zunehmend die sogenannten traumatischen, speziell die *Kriegsneurosen* Beachtung, also psychische Störungen bei Menschen, die im Krieg Schreckliches erlebt hatten (Freud 1916/17a, S. 283 sowie Freud 1918, S. 321-324).

In den letzten Jahrzehnten hat die psychologische Forschung den Traumatisierungsstörungen vermehrt Aufmerksamkeit geschenkt. Die Neurobiologie hat mit Hilfe moderner bildgebender Verfahren wesentliche Einsichten in die neurophysiologischen Vorgänge gewonnen, die bei der erfolgreichen oder scheiternden Verarbeitung traumatisierender Ereignisse ablaufen. Von entscheidender Bedeutung ist dabei die Frage, ob die erlittene Erfahrung versprachlicht und damit in die psychische Struktur integriert werden kann oder nicht. Wesentlich sind die Erkenntnisse über die bei traumageschädigten Menschen veränderten *Streß- und Informationsverarbeitungsvorgänge* im Gehirn: Sogenannte Triggerreize - also Reize, welche die Erinnerung an das Trauma wachrufen - stoßen zwar die Streßphysiologie des Körpers sofort an, werden aber nicht weitergeleitet zum Broca-Zentrum (dem Sprachzentrum der Großhirnrinde) und zum Frontalhirn. Somit können die Erfahrungen nicht versprachlicht und verarbeitet werden. Diese Störung könnte man als *psychosomatische Erkrankung des Gehirns* bezeichnen, die dann ähnlichen Gesetzmäßigkeiten unterläge wie etwa ein Migräneanfall (Reddemann u. Sachsse 1997).

Inzwischen steht fest, daß traumatisierte Menschen spezieller psychologischer Hilfe bedürfen. Wir wissen, daß die Entstehung posttraumatischer Belastungsstörungen am ehesten dann verhindert werden kann, wenn sofort psychologischer Beistand zur Verfügung steht. Dieser Tatsache versucht man dadurch Rechnung zu tragen, daß man an Katastrophenorte erfahrene Traumatherapeuten entsendet.

Bezogen auf unser Thema heißt das: Die Mitteilung der Diagnose einer lebensverändernden Erkrankung im ärztlichen Gespräch muß äußerst sorgfältig, behutsam und sensibel erfolgen, denn hier werden bereits wichtige Weichen für den bevorstehenden Verarbeitungsprozeß gestellt (Rehmert 2005; Glofke-Schulz 2007). Leider sprechen die Erfahrungsberichte von Patienten oft eine andere Sprache. Hören wir die Schilderung einer Betroffenen:

"Dafür, daß die Diagnose endlose Monate dauerte und das Lebendige einfror, sorgten viele Ärzte, unter ihnen die unvergessene Fachärztin für Augenheilkunde, deren Tonfall nicht zu löschen ist. Sie laborierten, blendeten und diagnostizierten frank und frei in diesem Kopf herum. Keine Zeit für Menschenwürde im heißen Sommer ohne Mineralwasser, so lange, bis das Wort im Gehirn festsaß wie gefriergetrocknet: 'Makuladegeneration'. In hörbarer Weite waren sich die jungen Ärzte einig: 'Die wird ja eh schon bald blind und da gibt's nix mehr.' Wissen Sie, wie ein solch gedankenloser Satz zum Riesenkraken mutiert und wie unrecht sie haben? Lernen sie, daß es möglich ist, Diagnosen so mitzuteilen, daß der Suizid nicht der einzige Ausweg scheint? Wäre schön, nicht wahr?" (Kleefisch 2006, S. 4)

Darüber hinaus ist es ratsam, dem Betroffenen, ggf. auch seinen Angehörigen, möglichst rasch geeignete psychologische Unterstützung zuteil werden zu lassen. Insbesondere sollte umgehend der Kontakt zu einer Selbsthilfegruppe vermittelt werden. Auch das sog. "peer Counseling" (Betroffene, die in klientenzentrierten Methoden geschult sind, beraten Betroffene) hat sich sehr bewährt.[79]

7.2 Was bewältigt werden muß: Trauma, Krisen, Belastungsfaktoren

7.2.1 Krisen des Sehverlusts

Natürlich erleiden Opfer sexueller und sonstiger Gewalt, von Traumatisierungen durch Kriege, Unfall- oder Naturkatastrophen ein anderes Schicksal als Menschen, die von chronischer Krankheit oder Behinderung betroffen sind. Dennoch gibt es Gemeinsamkeiten, die es rechtfertigen, auch für unser Thema Nutzen aus der Traumaforschung zu ziehen:

Zu erblinden bzw. mit der Diagnose einer ernsten Augenerkrankung konfrontiert zu werden, ist insoweit eine traumatische Erfahrung im Sinne der ICD-10, als so ziemlich jeder zunächst massiv verstört und schockiert reagieren dürfte. Kann die Erkrankung durch Behandlung nicht geheilt oder zumindest aufgehalten werden, sind Gefühle von Ohnmacht und Hilfsigkeit unvermeidlich; auch hier sind Kampf und Flucht (außer in den Suizid, in Vermeidungsverhalten oder die Betäubung durch Alkohol oder andere

---

79   s. Miles-Paul (1992); Sandford (1993); Bruckner u. Bruckner (1994); Rösch (1995); van Kan (1996); van Kan u. Boose (1999); Baus (1999)

Drogen) nicht möglich. Ferner müssen wir davon ausgehen, daß sich bei einer chronisch-progredient verlaufenden, mit immer neuen Verlusten und Einschnitten in die bisherige Lebensgestaltung verbundenen Erkrankung die Aufeinanderfolge vieler belastender Ereignisse traumatisierend auswirken kann. Dies wäre etwa der Fall bei degenerativen Netzhauterkrankungen wie Retinopathia pigmentosa oder Makuladegeneration, die langsam - schleichend oder schubweise- zur Erblindung führen. Anders als der von Geburt an Blinde oder Sehbehinderte, für den die Behinderung von klein an ein stabiler Zustand und selbstverständlicher Teil seines Lebens ist, steht der Mensch, der erst im Laufe seines Lebens mit einer Sehschädigung konfrontiert wird, einer ihm völlig neuen und äußerst schwierigen Situation gegenüber, zu deren Bewältigung die bisher erworbenen Problemlösungsstrategien i.d.R. kaum ausreichen dürften. er gerät also in eine Krise im o.g. Sinne. Kirtley beschreibt die Situation wie folgt:

"Tritt die Blindheit zu einer Zeit ein, in der die Ich-Funktionen bereits voll entwickelt sind, ist der Verlust unvermeidlich traumatisch. Die Blindheit wird in diesem Fall etablierte Muster der Kommunikation, Beweglichkeit, Arbeit, Freizeit, des Selbstkonzepts, Körperbildes und anderer Aspekte der Selbstbewußtheit unterbrechen." (Kirtley 1975, S. 154, Übers. d. Verf.)

Tuttle sieht Erblindung als Trauma i.S. einer Tatsache, einer Bedingung oder eines Umstandes, dessen Wahrnehmung starkes Unbehagen, Unruhe und Angst hervorruft mit der Folge einer tiefgreifenden Beeinträchtigung des Selbstbewußtseins und des Selbstkonzepts. Die Krise bzw. das Trauma[80] wirft die betroffene Person aus ihrem seelischen Gleichgewicht und vermittelt ihr ein Gefühl von Minderwertigkeit (Tuttle 1984, S. 159).

Erblindet ein Mensch allmählich, stellt sich die Frage, wann er in die erste schwerere Krise gerät. Keegan et al. (1976) schreiben, die schwerste Krise trete zu Beginn des Sehverlustes, nicht bei der Definition als blind auf. Diese Frage muß m.E. jedoch differenzierter betrachtet werden:

Der Beginn des Sehverlustes braucht subjektiv gar nicht bemerkt zu werden: Implizite Leugnung mag verhindern, daß erste Alarmsignale wahrgenommen bzw. auf schlechtes Sehen zurückgeführt werden (Sporken 1975, S. 19). Möglicherweise werden erste Symptome subjektiv gar nicht bemerkt, etwa wenn beginnende Gesichtsfeldausfälle durch Gestaltergänzung im Gehirn kompensiert werden; oft muß erst ein Unfall passieren, bis der

---

80   Diese beiden Begriffe werden von Tuttle nicht klar unterschieden.

Betroffene auf die Gesichtsfeldeinengung aufmerksam wird. Die Mitteilung der medizinischen Diagnose und Prognose als weiterer heikler Moment wird von vielen Betroffenen zwar als Schock erlebt, muß aber - je nach Alter, Persönlichkeit und Lebensbedingungen sowie Taktgefühl des Arztes (s.o.) - nicht zwangsläufig sofort zur psychischen Katastrophe führen; ist das Sehvermögen zu diesem Zeitpunkt noch relativ gut, kann die drohende Erblindung noch als in weiter Ferne und die mit ihr verbundenen Bedrohungen als kaum spürbar erlebt werden.

Allgemeingültige Aussagen darüber, wann Krisen auftreten, sind somit kaum möglich. Eine wichtige Rolle dürfte spielen, wann ein Lebensbereich betroffen wird, der dem Einzelnen besonders wichtig ist: Ein junger Mensch, dem Autofahren viel bedeutet, wird vielleicht mit 18 Jahren in eine Krise geraten, wenn er sich damit abfinden muß, den Führerschein nicht machen zu können. Für einen anderen ist der Zeitpunkt schlimmer, an dem er nicht mehr fotografieren oder keine Schwarzschrift mehr lesen kann. Für den dritten mag die schwierigste Phase dann beginnen, wenn er ernsthafte Einschränkungen seiner Mobilität oder seiner bisherigen sportlichen Aktivitäten hinnehmen muß usw.

Welche Auswirkungen eine Sehschädigung haben kann, ist vielfach beschrieben worden.[81] Dabei wird von den meisten Autoren hervorgehoben, daß nur ein Teil der auftretenden Probleme unmittelbar behinderungsbedingt ist. Die sozialen (sekundären) Folgen der Schädigung können weit gravierender sein als die primären.[82] Cutsforth (1951, S. 121) meint sogar, emotionale Probleme seien nur durch die sozialen Folgen und gar nicht durch die Blindheit selbst bedingt. Diese radikale und provokative Auffassung dürfte allerdings zu einseitig sein, negiert sie doch, ein wie schmerzlicher Verlust die Erblindung selbst ist. Was eine Sehschädigung bedeuten kann, läßt sich erspüren, wenn wir uns auf die oft sehr ehrlichen

---

81   Hier eine Literaturauswahl: Bauman (1959); Calek (1973); Carroll (1961); Cholden (1958); Fitzgerald (1970); Freidson (1965); Ghodstinat (1979); Jacob (1949); Joedan(1963); Josephson (1968); Junod (1966); Kaufmann (1962); Kirtley (1975); Kleck & Ono (1966); Klee (1976, 1980, 1981); Krähenbühl (1977); Lukoff (1960), McFarland (1966); Meighan (1970); Schulz (1975), Scott (1969); Tenny (1953); Thimm (1971, 1975); Walls et al. (1974); Wolf (1976).

82   Jantzen (1974, S. 26) vertritt die Auffassung, selbst die unmittelbaren Folgen des Organdefekts würden erst durch einen sozialen Definitionsprozeß sichtbar, der auf gesellschaftlichen Minimalvorstellungen über "Normalität" beruhe. Erst im sozialen Kontext werde ein Organdefekt zur "Behinderung".

und anschaulichen autobiographischen Schilderungen Betroffener einlassen.[83] Stellvertretend sei hier der Bericht von Kleefisch auszugsweise wiedergegeben:

"[...] Von da an rutschte alles unaufhaltsam ins Bodenlose und riß das Gesicht im Spiegel, den Anblick der anderen, die Scheinwerfer, die Buchstaben, Treppen, Linien und alles, was so unverrückbar da gewesen war, mit sich fort. Es war etwas von größerer Bedrohlichkeit, siedender Furcht und würgender Präsenz. [...] Nein, nein, nein! Nein wurde so lange gesagt, wie es nur ging: vor den Kollegen im Büro, vor Freunden, vor Angst. Nein ging nicht gut, nach einiger Zeit wurde es unerträglich. Jeden Text auswendig zu kennen, immer zu verstecken, Menschen zweimal am Tag zu grüßen, weil sie nicht erkannt wurden. Hände, die entgegengestreckt wurden, zu verfehlen, immer auf der Flucht, kein Ziel vor Augen. [...] So mußte also Nein aufgegeben und der drohenden Dunkelheit ins Gesicht geblickt werden. Hinter der rauhen Fassade saßen wieder Ärzte, Gutachter, Ratgeber, Frager, Gutmenschen, Bemitleider, Ahnungslose und solche, die alles sehen und nichts erkennen können. [...] Schrittweise lief es gut, alles war umgebaut, nicht nach Plan. Der Beruf ohne Sicht nicht mehr machbar. Lesen vorbei und dabei so quälend, wenn man weiß, wie es geht. Autofahren, Schminken, Nähen, Gläser füllen, Tassen von Lippenstifträndern befreien, Staub auflesen, Menschen erkennen, Heruntergefallenes aufheben, sich auf Märkten orientieren, Straßenschilder lesen, Busfahrpläne entziffern, Aushänge erkennen, Klingelschilder finden, die Uhr lesen, Beipackzettel überfliegen, Wecker stellen, Aufschriften begreifen, Preisschilder lesen, Piktogramme erfassen, dir in die Augen sehen. [...] Seltsam einsam, wie abgetrennt von allen anderen Menschen, tief demoliert und sitzen gelassen vom eigenen Körper, Hochverrat. [...] Was bleibt ohne Hochglanzvisitenkarte, ohne Broterwerb, ohne das, was dreißig Jahre lang Tagesinhalt ist? [...] Das Ich, nackt, was bin ich wert, wem bin ich was wert? Bin ich mir etwas wert, hat es noch Wert? Das Ich gibt zurück: Wieso? Ich bin noch da, war übrigens nie weg. [...] Das Gefühl liegt noch im Bett und kann sich noch nicht sammeln. Die Persönlichkeit muß sich erst neu zusammenfügen und die Scharte verheilen lassen." (Kleefisch 2006)

---

83   Von den zahlreich vorliegenden Autobiographien Blinder und Sehbehinderter seien hier exemplarisch nur wenige genannt, ohne damit eine Wertung verbinden zu wollen: Lusseyran (1968); Fogelberg (1995); Hull (1995); Grunwald (1999); Knipfel (2002). Schorn, der selbst von Retinopathia pigmentosa betroffen ist, kleidet die Beschreibung des Behinderungsverarbeitungsprozesses in eine einfache Romanhandlung (Schorn 2005). Eine literarische Bearbeitung des Ereignisses "Erblindung stammt von Walter Jens (1964).

Ausführlich hat Carroll (1961) beschrieben, wie eine Erblindung in das Leben des betroffenen Menschen eingreift. Carroll führt zwanzig Verluste (geordnet in sieben Kategorien) auf, die der Erblindete zu verkraften hat.[84] Die Kategorien sind:

1. *Psychologische Sicherheit:* z.B. physische Integrität, Körperbild
2. *Grundlegende Fertigkeiten:* Mobilität, Techniken des täglichen Lebens usw.
3. *Kommunikation:* Geschriebene ebenso wie nonverbale Kommunikation
4. *Anerkennung:* Wahrnehmung des Angenehmen und Schönen
5. *Beschäftigung und finanzieller Status:* Karriere, Arbeitsmöglichkeiten, finanzielle Sicherheit, Freizeitbeschäftigungen
6. *Persönlichkeit:* Selbstwertgefühl, persönliche Unabhängigkeit, Privatsphäre (wenn man sich z.B. Briefe vorlesen lassen muß)
7. *Begleitende Verluste:* z.B. im Bereich von Entscheidungsmöglichkeiten, etwa wenn Institutionen oder Bezugspersonen dem Erblindeten Entscheidungen aus der Hand nehmen.

Der Erblindete muß lernen, mit diesen Verlusten, soweit sie unvermeidlich sind, fertig zu werden und sich im Rahmen des Möglichen betroffene Bereiche zurückzuerobern (etwa durch Mobilitätstraining, Training lebenspraktischer Fertigkeiten u.ä.). Problemlösendes Bewältigungsverhalten kann allerdings in Widerspruch zu Versuchen geraten, die in Aufruhr geratenen Gefühle zu regulieren. Dies ist etwa dann der Fall, wenn Angst durch Vermeidungsverhalten gelindert wird: Das bereits vereinbarte Mobilitätstraining wird dann möglicherweise wieder abgesagt. Problemlösung kann ohne emotionale Auseinandersetzung somit kaum gelingen. Indem Carroll den Bewältigungsprozeß als *"Wiedergeburt"* beschreibt, macht er klar, daß es keineswegs damit getan ist, einzelne Verluste zu verkraften und neue Fähigkeiten zu erwerben. Vielmehr ist die gesamte Identität betroffen und bedarf einer grundlegenden Veränderung bzw. Reorganisation:

> "der Erblindete hat ein neues Leben vor sich. Aber das ist das Paradox: Die sehende Person ist 'tot'; die blinde Person, die geboren worden ist, kann wieder dieselbe Person werden, aber nur wenn sie bereit ist, durch den Schmerz über den Tod der Sehkraft hindurchzugehen. [...] In gewissem Sinne sterben wir im Laufe unseres Lebens viele Tode; Leben besteht aus einer Reihe von Toden." (Carroll 1961, S. 12 f., Übers. d. Verf.)

---

[84] Eine etwas ausführlichere Zusammenfassung findet sich bei Tschamper (1999).

Identitätsentwürfe bzw. -projekte, Zukunftspläne, Träume und Hoffnungen können ihre Gültigkeit einbüßen: Der eine mag seinen Arbeitsplatz verlieren oder den bisherigen Beruf nicht mehr ausüben können. Der anderen mag der Ehepartner davonlaufen, weil er nicht bereit ist, sich mit der neuen Situation auseinanderzusetzen. Ein dritter hat vielleicht das Glück, in seinem Job bleiben zu können oder in einer tragfähigen Partnerschaft zu leben, die der neuen Anforderung standhält. Allerdings bleibt auch einer solchen stabilen Beziehung ein tiefgreifender Auseinandersetzungsprozeß, der beide Partner verändern wird, nicht erspart.

In der Krise kann das Erlebnis des Verlusts so überwältigend sein, daß das Individuum auch solche Lebensbereiche verloren glaubt, die von der Behinderung gar nicht betroffen sind. Die Zurückeroberung dieser und die Hinzugewinnung neuer Territorien ist meist erst in einer späteren Phase der Krisenverarbeitung möglich. So erzählt ein junger Mann, der infolge eines Hirntumors plötzlich erblindet war:

"Von Natur aus bin ich sehr sportlich. Früher spielte ich Fußball, fuhr Ski und Rennrad. Das war mein Leben, und die Erblindung brachte das alles zum Einstürzen. Ich saß zuhause, fühlte mich wie gefesselt und ging viele Male innerlich die Wände hoch in meiner Wohnung. Erst als ich den Schock überwunden hatte, konnte ich darangehen, mich nach Möglichkeiten sportlicher Betätigung für Blinde umzusehen. Heute fahre ich Tandem, gehe skilanglaufen und joggen, habe mit einem sehenden Freund bereits an mehreren Marathonläufen teilgenommen. Das ist für mich sehr befreiend. Hätte mir das am Anfang jemand gesagt, hätte ich denjenigen für übergeschnappt erklärt."

Wie wir der obigen Schilderung von Kleefisch entnehmen konnten, geht es nicht nur um "große Dinge" wie zentrale Lebensentwürfe, sondern oft gerade um die sog. "Kleinigkeiten", die vor der Erblindung so selbstverständlich schienen und es nun so gar nicht mehr sind:

* beim Frühstück die Zeitung durchblättern
* Die Sonderangebote im Supermarkt heraussuchen
* das Verfallsdatum auf Lebensmitteln lesen
* um Discounter am Stadtrand fahren und billig einkaufen
* sich schminken
* die Kleidung passend zusammenstellen
* Flecken auf dem Pullover erkennen
* sich vergewissern, ob die aufgesuchte Toilette vor und nach Benutzung sauber ist

* überprüfen, ob die Damenbinde blutig ist
* ohne Verletzungsgefahr Zehennägel schneiden
* die Zahnpastatube für den Morgen von derjenigen für den Abend unterscheiden
* das irgendwo in der Wohnung verlegte Feuerzeug finden
* eine Kerze anzünden, ohne sich zu verbrennen
* das eigene Gesicht im Spiegel sehen ("wie sehe ich eigentlich aus?")
* Gesichter anderer Menschen erkennen ("wie schaut er mich an? Ist er gealtert? Schaut er müde aus?")
* Bekannte auf der Straße grüßen
* dem Partner tief in die Augen schauen
* den eigenen Kindern zuschauen und mit ihnen spielen
* die Zeichnungen der Kinder bewundern und ihre Hausaufgaben nachsehen
* im Familienalbum blättern
* im Straßencafé sitzen und über Passanten lästern
* einen Schaufensterbummel machen und sich in die Auslagen vertiefen
* ein schön angerichtetes Essen betrachten ("das Auge ißt mit")
* das Etikett auf der Weinflasche studieren
* ein Bergpanorama oder den Sonnenuntergang am Meer genießen
* beim Zugfahren aus dem Fenster schauen
* schnell mal etwas im Lexikon nachschlagen
* auf der Litfaßsäule Konzertplakate lesen
* mitreden können, wenn es um die Frisur der Bundeskanzlerin geht
* in der Disco einem attraktiven Menschen zuzwinkern und Blicke auffangen
* ein Fußballspiel im Fernsehen verfolgen
* einen Zeichentrickfilm anschauen
* im Theater die Mimik der Schauspieler auf sich wirken lassen usw.

Jeder Betroffene wird die Aufzählung je nach seinen Vorlieben und Lebensgewohnheiten fortsetzen können. Die vielen "kleinen" Abschiede, die geleistet werden müssen, dürften insgesamt nicht weniger gravierend sein als die grundlegenden existentiellen Veränderungen, welche die Behinderung abverlangt.

Die Situation eines Menschen, der erst im Laufe seines Lebens mit einer Behinderung konfrontiert wird, verschärft sich dadurch, daß er genau über die Stigma-Eigenschaft seines Organdefekts Bescheid weiß:

"Ein solches Individuum hat über die Normalen und die Stigmatisierten gründlich gelernt, lange bevor es sich als unzulänglich sehen mußte. Voraussichtlich wird sein besonderes Problem seine Neuidentifizierung sein, und mit besonderer Wahrscheinlichkeit wird es eine Mißbilligung seiner selbst entwickeln." (Goffman 1967, S. 48)

7.2.2 Andauernde Belastungsfaktoren

Verkraftet werden müssen nicht nur die zu verschiedenen Zeitpunkten auftretenden Krisen, die mit Beginn oder Fortschreiten der Behinderung einhergehenden Verluste, die erforderlichen Umorientierungen und Lernprozesse. Vielmehr sind auch die Auswirkungen andauernder, (primär oder sekundär) mit der Behinderung verbundener Belastungsfaktoren[85] nicht zu unterschätzen:

1. Tag für Tag werden wir als blinde oder sehbehinderte Menschen mit Stigmatisierungen, Ausgrenzungstendenzen, offenen oder subtilen Demütigungen, dem Mitleid, der oftmals fehlenden Empathie und den Interaktionsproblemen konfrontiert, wie sie in dieser Arbeit beschrieben wurden. Tag für Tag sind wir gefordert, damit umzugehen, und zwar auch dann, wenn wir unsere Energie gerade auf ganz andere Dinge richten möchten.

2. Tag für Tag benötigen wir zusätzlich Kraft, Merkfähigkeit und Konzentration, um mit dem Alltag fertig zu werden. Oft wird dies erst dann bewußt, wenn wir aufgrund von Ermüdung oder Belastungen anderer Art den zusätzlichen Kraftaufwand nicht leisten können. Plötzlich fällt uns dann nicht mehr ein, wo wir zuletzt den Salzstreuer hingestellt hatten. Plötzlich verlieren wir in der Stadt die Orientierung, derer wir uns so sicher wähnten. Plötzlich stoßen wir uns in der eigenen Wohnung, in der wir uns bestens auskennen, die Nase an einem Türrahmen blutig. Erst dann werden wir gewahr, daß wir uns mehr Ruhe gönnen, mehr Regenerationszeiten

---

85   Ulich definiert "Belastung" wie folgt: "Unter Belastungen verstehen wir [...] solche Beeinträchtigungen der individuellen Befindlichkeit und Stimmung, der Erlebnisverarbeitung und Handlungsmöglichkeiten einer Person in einer gegebenen Situation, die subjektiv Leidensdruck hervorrufen. Belastung ist also für uns der Zustand des Erleidens von Beeinträchtigungen und Mangelzuständen, das Erleben von negativen Veränderungen oder Einbußen an bereits erfahrenen oder jedenfalls möglichen positiven Erlebnis- und Handlungsmöglichkeiten. Entscheidend für die Feststellung von Belastung ist die Perspektive der Person." (Ulich 1985, S. 74)

einräumen müssen als unsere nichtbehinderten Mitmenschen bzw. als wir selbst vor Eintreten oder Fortschreiten der Behinderung. In meiner therapeutischen Arbeit mit Sehgeschädigten bin ich immer wieder mit - gerade von sehr aktiven Menschen selten eingestandenen - *Gefühlen von Erschöpfung* konfrontiert, die oftmals schambesetzt sind und deshalb bis hin zum drohenden *Burnout* gern verleugnet werden (s.a. Weinläder 1985).

3. Nicht zu unterschätzen sind *orthopädische Folgeprobleme*, die durch solche Überanstrengung und Überlastung ebenso auftreten können wie als Resultat unvermeidlich angespannter oder vorsichtiger Bewegungsabläufe (in ständiger Hab-acht-Stellung), ggf. auch eines allgemeinen Bewegungsmangels und einer verschlechterten Körperhaltung.

4. Besonders belastend erleben viele Betroffene, vermehrt *auf die Hilfe anderer angewiesen* zu sein: Wir brauchen jemanden, der die Post vorliest und uns sagt, wenn wir Flecken auf dem Pullover haben. Im Supermarkt müssen wir eine Verkäuferin bitten, uns zu begleiten und die Waren aus den Regalen zu nehmen. In fremder Umgebung müssen wir nach Hausnummern fragen oder jemanden bitten, den richtigen Klingelknopf zu drücken (und manchmal ist genau dann der Gehsteig wie leergefegt).

Hemmungen, um Hilfe zu bitten, können eine ebenso große Rolle spielen wie Gefühle von Kränkung, Ohnmacht, Hilflosigkeit oder Unterlegenheit angesichts der Tatsache, vieles nicht mehr allein zu können. Kurt Jacobs, als Professor für Sonderpädagogik ein erfolgreicher Mann, beschreibt in seiner autobiographischen Skizze sein Leiden an der Abhängigkeit anschaulich:

"Behinderung ist ein quantitatives und qualitatives Mehr an sozialer Abhängigkeit. Schon das kleine Kind strebt danach, gemäß seinem Entwicklungsstand möglichst alles selbständig machen zu wollen. Die Selbständigkeit ist also sozusagen ein Urtrieb des Menschen. Gleichgültig, um welche Behinderung es sich handelt, durchkreuzt diese mit ihren behinderungsspezifischen Lebenserschwernissen immer wieder diesen Urtrieb nach Selbständigkeit. [...] Es ist nicht die Blindheit, also das Nicht-sehen-können anderer Menschen oder schöner Landschaften, sondern die latente soziale Abhängigkeitssituation, in der ich mich oft auch schon bei kleinen Verrichtungen oder Vorhaben befinde. Als blinder Wissenschaftler kann ich zwar völlig selbständig am Schreibtisch wissenschaftliche Theoriekonstrukte entwickeln, aber für den Weg von der Frankfurter Hauptbahn zur S-Bahn muß ich die sehende Begleitung durch Mitarbeiter/Mitarbeiterinnen der Bahnhofsmission in Anspruch nehmen. [...] Wie schön wäre es doch, auf das stets in Zusammenhang mit solchen Hilfeleistungen vorgebrachte Dankeschön verzichten zu können, um letztlich dieses Dankeschön gegen eine eigene, das heißt selbständige und von fremder Hilfe unabhängige Handlung eintauschen zu können. Zur Verdeutlichung hier ein letztes Beispiel: Ich bin allein zuhause und habe Hunger auf einen Apfel. Beim Herunternehmen des Apfels vom Obstteller fällt mir dieser aus der Hand und rollt geräuschlos über den Teppich des Eßzimmers [...]. Entweder krabbele ich jetzt in alle Richtungen über den Teppich, um den Apfel wiederzufinden, was ich unter Umständen nach einigen Minuten genervt aufgebe. [...]. Die andere Alternative wäre, meine Nachbarin anzurufen, sie zu bitten, herüberzukommen und mir bei der Apfelsuche behilflich zu sein. Gleichgültig, für welche Alternative ich mich entscheide, entsteht in mir ein Spannungsgefühl und wieder einmal ein augenblicklich hochkommender Ärger über meine Behinderung und die damit verbundene soziale Abhängigkeit - ein Ärger, der sich auch in den zurückliegenden 34 Jahren jeglicher Rehabilitationsmöglichkeit entzogen hat." (Jacobs 2006, S. 5 ff.)

Jeder Betroffene kennt zur Genüge (und manchmal bis zum Überdruß) solche Situationen, deren jede irgendwie bewältigt werden kann, die in ihrer Summierung aber Kraft und Nerven kosten. Mitunter habe ich den Eindruck, daß sich gerade sehr selbständige, selbstbewußte und erfolgreiche Menschen mit der Akzeptanz dieser verbleibenden Abhängigkeit besonders schwer tun, steht sie doch in krassem Kontrast zum sonstigen Selbsterleben und zum Ideal des "Selbermachens" als zentralem Ziel jeder Rehabilitationsbemühungen (Drolshagen 2007, S. 111). So besteht die Gefahr, diesem manchmal zu wenig hinterfragten Ziel zuliebe den eigenen Aktionsradius mehr als nötig einzuschränken:

"Selbermachen wird sogar dann als Strategie eingesetzt, wenn dies zur Folge hat, daß nur solche Aktivitäten ausgeführt werden, die alleine durchführbar sind. Geht das aufgrund der Sehschädigung nicht, so wird darauf verzichtet. Letzteres bedeutet, daß die individuelle Lebensgestaltung den Möglichkeiten des Selbermachens angepaßt bzw. unter-geordnet wird." (a.a.O., S. 111)

Haben "Selbstbestimmt leben"-Konzepte noch so sehr ihren Sinn, so läßt sich das höhere Maß an sozialer Abhängigkeit im Vergleich zu Nicht-behinderten nicht leugnen. So stellt sich die Frage nach Strategien zum Umgang mit dem eigenen Hilfebedarf. Gerade für ältere Sehgeschädigte Menschen ist die Suche nach Alternativstrategien zu derjenigen des "Selbermachens" besonders wichtig, denn letztlich geht es um Wahlmöglich-keiten, die ein Mehr an Lebensqualität bewirken sollen (a.a.O., S. 111). Jacobs (2006) merkt an, in Zeiten zunehmender Individualisierung, Entsolidarisierung und wachsender Ellenbogenstrategien müsse man das Selbstbestimmungskonzept ergänzen durch ein Selbstbehauptungskonzept. Wichtig ist in diesem Zusammenhang natürlich die Frage, wie personelle Hilfe gestaltet wird. Es dürfte einen großen Unterschied machen, ob der Sehgeschädigte auf das Wohlwollen und die Hilfsbereitschaft seiner Ange-hörigen, Kollegen und Freunde angewiesen ist, oder ob er die Möglichkeit hat, sich selbstbestimmt bezahlte Hilfe bzw. Assistenz zu organisieren:

"Die Bedeutung der Bezahlung personeller Hilfe wurde von Vertretern und Ver-treterinnen der Selbstbestimmt-Leben-Bewegung herausgestellt. [...] Bezahlung wird als Kriterium dafür angesehen, daß Personen, die Hilfen benötigen, diese von den gewünschten Personen in der gewünschten Art und Weise und zum gewünschten Zeitpunkt erhalten. In den Worten der Selbstbestimmt-Leben-Bewegung gesprochen, bedeutet dies, daß die Ausübung der Finanzkompetenz, der Bezahlung, Voraussetzung dafür ist, daß die Hilfe kaufenden Personen die Personalanleitungs- und -organisationskompetenz innehaben, d.h. ihre persönli-chen Assistenten und Assistentinnen, ihre bezahlten Helfer und Helferinnen selbst auswählen, die Art und Weise sowie die Qualität der Hilfen bestimmen und den Ort und Zeitpunkt der Hilfen festlegen." (Drolshagen 2007, S. 111)

Bleibt das Angewiesensein auf Assistenz auch immer eine gewisse emotio-nale Belastung, ermöglicht Bezahlung aber immerhin ein größtmögliches Maß an Selbstbestimmung und Selbstgestaltung des eigenen Lebens trotz Hilfebedarf(a.a.O., S. 112). Der Rückgriff auf unbezahlte Freunde und Familienangehörige birgt demgegenüber die Gefahr von Anpassungsdruck, Dankbarkeitsverpflichtung, Abhängigkeit oder gut gemeinter Bevormun-dung durch die Helfenden einerseits, von tyrannischem Ausnutzen und Einengen der autonomen Bedürfnisse der Angehörigen andererseits. Vermutlich besteht die schwierige Aufgabe darin, beide Formen der Hilfe bzw. Assistenz in ein möglichst balanciertes Verhältnis zu bringen und auch wiederum dazu stehen zu lernen, daß in manchen Situationen die Unterstützung durch einen vertrauten und nahestehenden Angehörigen oder Freund wertvoll oder unverzichtbar ist. In jedem Fall ist das Ertragen, Akzeptieren und Managen von Hilfebedarf eine der schwierigen Aufgaben, die ein sehgeschädigter Mensch meistern muß.

5.   Bei Blinden und hochgradig Sehbehinderten treten gehäuft *Schlaf-störungen* auf. Miles u. Wilson (1977) fanden bei 76% der 50 von ihnen befragten Blinden Schlafstörungen. Zwischen den Störungen des Schlaf-Wach-Rhythmus und dem Alter der Patienten, der Dauer der Erblindung oder der Erblindungsursache fanden sich keine Korrelationen.

Schlafprobleme sind meist Ausdruck eines multifaktoriellen Geschehens. Umwelteinflüsse (z.b. Lärm, Elektrosmog, Vollmond) können den Schlaf ebenso beeinträchtigen wie manche körperliche Krankheiten (etwa Schild-drüsenüberfunktion, Herzinsuffizienz, Asthma, starke Schmerzen), psychi-sche Irritationen (Aufregung, Streß, aber auch große Freude) oder ernstere seelische Störungen (Depressionen, Angstzustände etc.) oder ungünstige Ernährungs- und Lebensgewohnheiten (erhöhter Kaffee- oder Alkoholge-nuß, schwere Mahlzeiten am Abend, Überaktivierung u.ä.).

Leidet ein blinder oder sehbehinderter Mensch unter Schlafschwierigkei-ten, kommen zur Erklärung zunächst all die vielfältigen Bedingungskon-stellationen in Betracht, die wir auch von Normalsehenden kennen. So banal diese Feststellung im Grunde ist, bedarf sie doch der Erwähnung, neigen Ärzte und Therapeuten erfahrungsgemäß doch manchmal dazu, jedes auftretende psychische oder psychosomatische Symptom auf die Behinderung ("Master status") zurückzuführen. Allerdings gibt es durchaus behinderungsspezifische Faktoren, die zur Entstehung von Schlafproble-men führen oder beitragen können:

*   Zunächst ist es nicht verwunderlich, wenn ein Mensch, der sich mit einer Behinderung und ihren Folgen auseinandersetzen muß, in Zeiten der Krise schlecht schläft und nachts seine Sorgen wälzt, wenn er Angstzu-stände entwickelt oder schweißgebadet aus Albträumen erwacht. Gelingt es, die Krise zu überwinden, hat er gute Chancen, wieder schlafen zu können.

*   Der vermehrte Kraftaufwand und die zusätzliche Konzentrations- und Gedächtnisleistung, die hochgradig sehbehinderte und blinde Men-schen aufbringen müssen, können eine weitere Quelle von Schlafproblemen sein, wenn es nicht gelingt, am Abend rechtzeitig abschalten und sich entspannen zu können. Auf diesem Wege entstehen im übrigen nicht selten Suchtprobleme, indem Alkohol oder Beruhigungs- bzw. Schlafmittel i.S. einer Selbstmedikation dazu dienen sollen, die anders nur schwer erreich-bare Entspannung herbeizuführen.

*   Visuelle Fehlwahrnehmungen und optische Pseudohalluzinationen (s.u.) können sich ebenfalls störend auswirken.

*   Vor allem vollblinde Menschen klagen häufig auch dann über Schlaf-schwierigkeiten, wenn keiner der oben aufgeführten Störfaktoren zutrifft. Dies hat zu der Frage geführt, welche Rolle die Lichtwahrnehmung bei der Regulation des Schlaf-Wach-Rhythmus spielt (s. die Übersichten bei Anderek 1993, Sack 1998 sowie Glofke-Schulz 2007):
Licht ist neben anderen Indikatoren (Nahrungsaufnahme, Sozialkontakte ect.) ein wesentlicher Zeitgeber, der endogene Rhythmen des Menschen mit dem 24-Stunden-Rhythmus der Außenwelt in Übereinstimmung hält (*Synchronisation*). Suprachiasmatische Kerne des Hypothalamus sind die wichtigsten Schrittmacherzentren des zirkadianen Rhythmus. Zu ihnen führt eine direkte Verbindung von der Netzhaut (Tractus retinohypothala-micus). Auf der Retina ist offenbar ein spezifischer Typ von Photorezepto-ren für diese Funktion verantwortlich (Proventio et al. 1994). So kommen Läsionen des visuellen Apparats vor, die zwar das Sehen, nicht jedoch das zirkadiane Regulationssystem außer Betrieb setzen. Diese Erkenntnis ist insofern von praktischer Relevanz, als die Frage einer eventuellen Entfer-nung des Augapfels nach völliger Erblindung auch unter diesem Aspekt erwogen werden muß. Das in der Epiphyse (Corpus pineale) synthetisierte Hormon *Melatonin* steht bei Säugetieren und beim Menschen unter der Kontrolle der suprachiasmatischen Kerne des Hypothalamus. Es wird in der Dunkelheit synthetisiert und aus der Epiphyse ins Blut freigesetzt. Licht unterdrückt diese Sekretion. Daher wird Melatonin als innerer neurohormonaler Zeitgeber für die Information "Dunkelheit" angesehen. Fällt die Lichtperzeption aus, verändern sich die zirkadianen Rhythmen (Krieger u. Rithon 1971) i.S. größerer Variabilität (zit. n. Anderek 1993, S. 10). Thorspy (1990) beschreibt eine für Blinde (im Unterschied etwa zu Depressiven oder Schmerzpatienten) spezifische Form der Schlafstörung, die er als *"Non 24 hours sleep awake syndrome"* bezeichnet. Der körpereigene Rhythmus bestehe dann nicht aus 24, sondern aus 24,5 Stunden. Dies sei der freilaufende Rhythmus des Organismus, wenn er nicht mit äußeren Zeitgebern wie Licht abgeglichen werden könne. Daraus ergebe sich mit der Zeit eine immer größere Verschiebung mit Perioden von Schlaflosigkeit. Diese Form der Schlafstörung lasse sich also am Abwechseln asymptomatischer und symptomatischer Phasen erkennen, abhängig von dem Grad der Kongruenz zwischen der Synchronizität der internen biolo-gischen Rhythmen und der 24-Stunden-Welt. Manche Betroffene passen sich den verschobenen Rhythmen an und leiden so weniger unter Schlaf-

mangel und Erschöpfung, müssen jedoch Einbußen ihres beruflichen und sozialen Lebens in Kauf nehmen.

Anderek konnte in ihrer Studie Streß als Störungsursache ausschließen, da sich zwischen hochgradig Sehbehinderten und Vollblinden das Schlafverhalten sehr unterscheide, man jedoch nicht davon ausgehen könne, daß Vollblinde einem höheren Streßpegel ausgesetzt seien als hochgradig Sehbehinderte (Anderek 1993, S. 39). Vielmehr scheint schon ein geringer Sehrest zur Synchronisation endogener Rhythmen auszureichen. Vollblinden schlägt Anderek vor zu versuchen, durch Vermehrung und Intensivierung anderer äußerer Zeitgeber und durch die Reduktion anderer schlafstörender Faktoren die Schlafqualität zu verbessern. Auf medikamentöser Ebene kann versucht werden, durch die Gabe von Melatonin (Arendt et al. 1997) oder anderen Chronobiotika (Dawson u. Armstrong 1996) den Schlaf zu synchronisieren.

6. Eine Sehbehinderung bedeutet oft nicht einfach eine quantitative Minderung, sondern auch eine *qualitative Veränderung des Seheindrucks*, welche als sehr unangenehm, sogar als quälend empfunden werden kann. So berichtet eine 39-jährige Frau mit Retinopathia pigmentosa und Makulaödem:

"Mein Farbsehen hat sich sehr verändert: Sah ich zuvor leuchtende, ästhetisch schöne Farben, kann ich jetzt eine Farbe zwar noch als solche erkennen, doch ist alles mit einem schmutziggrauen Schleier überzogen, die Leuchtkraft ist weg. Das sieht häßlich aus, und so habe ich nicht mehr viel Freude daran, eine Blumenwiese oder bunte Kleidung anzuschauen."

Tanzende Flecken (mouches volantes), Blendeffekte, Flimmerskotome, Schleier und Nebel vor den Augen können sehr irritieren und den Seheindruck seiner ästhetischen Kraft, somit seines positiven emotionalen Gehalts berauben. Ein Augenzittern (Nystagmus) kann nicht nur das Sehen zur Qual werden lassen, sondern auch zu Übelkeit und Gleichgewichtsstörungen führen. Die Gestaltergänzung, die das Gehirn vornimmt, kann zur Folge haben, daß Dinge (aus der Erinnerung "gesehen" werden, die gar nicht mehr da sind. Besonders gefährlich ist, wenn die Gestaltwahrnehmung Gesichtsfeldausfälle verschleiert, wenn z.B. eine glatte Asphaltfläche vorgetäuscht wird, obwohl sich dort ein Poller oder gar eine Baugrube befindet. So macht sich das Gehirn einen Reim auf die Situation und ergänzt das Wahrgenommene (oder ersetzt sogar die fehlende Wahrnehmung) durch Erinnerungen, Hoffnungen, Wünsche und Erwartungen. Je weniger reale Sinneseindrücke zur Verfügung stehen, desto eher treten solche Phänomene auf, die gelegentlich zwar amüsant, öfter aber irritierend, ängstigend oder gefährlich sein können.

7. Blinde Menschen leben eher selten in der Dunkelheit, wie Sehende sich dies meist vorstellen (und nach deren ruhigem Gleichmaß sich Betroffene oft vergeblich sehnen). *Mißempfindungen* verschiedenster Art treten auf und können sehr unangenehm sein. "Sieht" etwa jemand bei Nacht gleißend helles Licht, mag er nur schwer einschlafen können.

Visuelle Phantomwahrnehmungen und Pseudo-Halluzinationen (Charles-Bonnet-Syndrom), über deren Entstehung es unterschiedliche und kaum bewiesene Vermutungen gibt (s. Nadig 1999, Glofke-Schulz 2007) kommen wesentlich häufiger vor, als man vermuten könnte: Menkhaus et al. (2003) fanden bei 12-13% der von ihnen untersuchten älteren Menschen mit eingeschränktem Sehvermögen visuelle Pseudo-Halluzinationen. Da Betroffene aus Angst, ausgelacht oder für verrückt gehalten zu werden, offenbar dazu neigen, ihre Wahrnehmungen zu verschweigen (Olbrich-1987a, 1987b, Theunisse et al. 1996), ist es gut möglich, daß wir von einem wesentlich höheren Prozentsatz ausgehen müssen.

Phantomwahrnehmungen sind "solche Wahrnehmungen, denen weder ein adäquater noch ein inadäquater äußerer Sinnesreiz zugrunde liegt" (Nadig 1999, S. 6). Die meisten von Phantomsehen Betroffenen berichten weniger über seltene und ausgefallene Erscheinungen als über einfache, stereotype Muster, die jedoch durch ihr häufiges Auftreten zu einer erheblichen psychischen Belastung werden können.

Qualvolle visuelle Fehlwahrnehmungen (etwa Flimmern, Sternchen, Blitze, Lichtreflexe, "Schneeflocken") werden unter dem initialen Schock und im optisch katastrophenreichen Übergangsstadium nach *akuter peripherer Erblindung infolge traumatischer Einwirkung* (Kriegsverletzung, Unfall) beschrieben (Jacob 1949).

Im Unterschied zu einfachen Photismen (z.B. Formen, Farben oder Flächen), die oft als Synästhesie akustische Wahrnehmungen oder begriffliches Denken begleiten, bezeichnet das sog. *"Charles Bonnet-Syndrom"* (CBS) das Auftreten komplexer visueller Phantomwahrnehmungen, über deren Trugcharakter sich die Betroffenen meist im klaren sind. Ch. Bonnet (18. Jhdt.) beobachtete seinen sehbehinderten Großvater: Dieser 'sah' Lebewesen (Männer, Frauen, Vögel), aber auch Gegenstände aus dem Alltagsleben, etwa Kutschwagen oder Gebäude. Pseudohalluzinationen anderer

Sinnesmodalitäten traten nicht auf (zit. n. Nadig 1999, S. 39 f.). Heute[86] richtet sich die Diagnose eines CBS nach folgenden Kriterien:
*   Plötzliches und unerwartetes Auftreten von Phantomsehen
*   Rasches Erkennen des irrealen Charakters der Wahrnehmungen
*   Vorliegen keiner weiteren Störung in den sensorischen Sinnen
*   Lebendiger und detailreicher Charakter der Wahrnehmungen
*   Zustände geistiger Verwirrung gehen weder mit den Phantomwahrnehmungen einher noch aus diesen ursächlich hervor (zit. n. Nadig 1999, S. 42)
*   Außschluß anderer organmedizinischer, v.a. neurologischer Erkrankungen (Ball 1995).

Nadig beschreibt Pseudo-Halluzinationen (die episodisch, periodisch oder kontinuierlich auftreten können, wie folgt:

"Von der Reichhaltigkeit des Inhaltes der Pseudo-Halluzinationen her betrachtet, scheint das Phantomsehen den realen Seheindrücken in nichts nachzustehen. Es werden sowohl einfache Strukturen (schwarz-weiße Lichtpunkte und Lichtflächen, isolierte zwei- oder dreidimensionale geometrische Objekte), aber auch komplexe unbewegte Gegenstände (Gebäude und Gemälde) halluziniert; ebenso komplexe animierte Szenen (Stadtbilder, Prozessionen von Menschen oder groteske Szenerien mit Trickfilmcharakter)." (a.a.O., S. 48 f.)

Eine 87-jährige, hochgradig sehbehinderte Patientin erzählte mir, sie "sehe" in ihrem Vorgarten niedliche kleine Esel, die miteinander spielen oder grasen; sie erlebe das als ein ganz und gar friedliches Bild. Schultz (1996) fand bei 56% der von ihm untersuchten Personen positiven oder neutralen Affekt, 44% fühlten sich durch die Halluzinationen belastet. Manche finden Wege, sich ihrer zu entledigen - sie aus dem Fenster zu werfen, zu "zerblasen", zu zerlegen usw. (Nadig 1999, S. 50). Ansonsten können Psychoedukation, Entspannung und Meditation hilfreich sein. Oftmals genüge, so Nadig, die Versicherung, nicht verrückt zu sein bzw. zu werden. Falls möglich, ist natürlich eine Verbesserung des Sehvermögens (z.B. durch Kataraktoperation) wünschenswert. Notfalls können psychotrope Substanzen (Antikonvulsiva, Antidepressiva, Anxiolytika, Sedativa, Neuroleptika) eingesetzt werden.

---

86   Eine erste systematische Aufzählung diagnostischer Kriterien findet sich bei Naville (1908/09).

7.3 Phasenmodelle der Krisenverarbeitung

Krisenhafte Lebensereignisse bzw. Prozesse wie Sterben, Trauern, Elternschaft eines behinderten Kindes werden seit etwa 1970 auf ihre psychische Verarbeitung hin analysiert (Schuchardt 1980, S. 79). Dabei wird erkannt, daß unterschiedliche Krisenzustände vergleichbare Krisenprozeßverläufe aufweisen (a.a.O., S. 85). Die Art und Weise, wie Menschen mit Krisen umgehen, scheint also unabhängig von Art und Inhalt der Krise bestimmten Regeln zu folgen.

Schon zuvor war von einigen Autoren versucht worden, die Bewältigung einer Behinderung in Phasen zu gliedern. Diese Versuche waren jedoch meist wenig systematisch, beschränkten sich oft auf zwei Phasen (Nichtannahme und Annahme der Behinderung) und ermangelten der empirischen Überprüfung an konkretem Verhalten.[87] In systematischer Form und orientiert am verhaltens- und interaktionstheoretischen Ansatz hat als erste Kübler-Ross (1969) den Prozeßverlauf der Annahme des Sterbens analysiert und fand dabei folgende Phasen:

1. Nichtwahrhabenwollen und Isolierung (Leugnung)
2. Zorn (z.b.: "Warum geht es vielen so gut, die es gar nicht verdient haben?")
3. Verhandeln (z.B. von Arzt zu Arzt laufen, auch wenn man bereits weiß, daß es keine Therapie der Krankheit gibt)
4. Depression, Trauer
5. Zustimmung.

Diese Phasen wurden in verschiedenen Untersuchungen über Krisenprozeßverläufe in gleicher oder ähnlicher Form immer wieder gefunden.[88] Sporken interpretiert dies so:

---

87   Cholden (1958) unterscheidet drei Phasen der Verarbeitung einer Erblindung: 1) Schock, Gefühl von drohendem Chaos und Desintegration, psychologische Lähmung, Unfähigkeit zu denken; 2) Apathie, Depression, Trauer; 3) Anpassung an die Blindheit.
88   Caplan u. Killilea (1976); Falek u. Britton (1974); Fitzgerald (1970), Kirtley (1975, S. 154); Roessler u. Bolton (1978); Trevor-Roper (1970, S. 151). Eine Darstellung findet sich auch bei Klee (1980, S. 292ff.). Scott (1969, S. 8) kritisiert das Phasenkonzept aus folgenden Gründen: 1. Es ist schwer zu testen, ob die Phasen so ablaufen, 2. Gefahr der Übergeneralisierung, 3. Scott bezeichnet es als fraglich, ob die Anpassung an die Behinderung unab-hängig von dem Verhalten und den Einstellungen stattgefunden hat, die es angeblich produzieren soll. Scott verweist auf Ergebnisse von Josephson, der unabhängiges Verhalten bei Blinden

"Der Bejahungsprozeß des Sterbens zeigt sozusagen auf, inwieweit ein Mensch gelernt hat, mit Leid, Unrecht, schmerzlichen Gegebenheiten fertig zu werden." (Sporken 1975, S. 19)

Er untersuchte den Bejahungsprozeß bei Eltern geistig behinderter Kinder und fand neun Phasen. Diese stimmen im wesentlichen mit den von Kübler-Ross gefundenen überein. Jedoch gehen vier Phasen voraus, die den Prozeß der Realitätswahrnehmung differenzieren:

1. *Unwissenheit*
2. *Unsicherheit* (etwas Ungewöhnliches wird bemerkt)
3. *Implizite Leugnung* (die Anzeichen der Andersartigkeit des Kindes werden deutlicher; die Eltern verstärken aber ihre Abwehr, um diese Anzeichen nicht bemerken zu müssen)
4. *Entdecken der* (jetzt nicht mehr anzweifelbaren) *Wahrheit*.

Tuttle (1984) beschreibt Erblindung als Trauma (vgl. Kapitel 7.2.1), dessen Bewältigung in verschiedenen Verarbeitungsphasen erfolgt. In seinem Modell überlappen sich die einzelnen Phasen und bilden keine klare Hierarchie. Jederzeit kann der Betroffene von einer in die andere Phase wechseln und in seinem Entwicklungsprozeß wieder zurückfallen. Behinderungsverarbeitung versteht Tuttle als dynamischen Prozeß, in dem es kein endgültiges Bewältigtsein gibt (a.a.O., S. 159). Tuttle beschreibt folgende Phasen:

1. *Trauma.* Einbruch des (physischen oder sozialen) Erblindungstraumas in das Leben des Betroffenen. Das Trauma ereignet sich plötzlich und unerwartet bzw. angekündigt oder erahnt.
2. *Schock und Verleugnung.* Ist der erste Schock überwunden, setzen Abwehrmechanismen ein, welche die Verleugnung der Erblindung zur Folge haben.
3. *Trauer und Rückzug.* Die Tragweite und Unausweichlichkeit der Erblindung werden bewußt. Ärger, Angst, Hilflosigkeit oder Verbitterung sind die emotionalen Konsequenzen dieser Einsicht. Ein sozialer oder emotionaler Rückzug in sich selbst kann eine dauerhafte Isolation zur Folge haben.
4. *Depression.* Der Betroffene konzentriert sich allein auf die verlorengegangenen Fähigkeiten und Möglichkeiten. Das Selbstwertgefühl ist

---

fand, die ihre Behinderung nicht akzeptiert hatten. Auch Cook (1976) bezweifelt die Universalität der Phasenabfolge.

niedrig, und es besteht die Gefahr einer Chronifizierung des depressiven Syndroms.

5. *Neuorientierung und Neubestätigung.* Durch die Reflexion und Neustrukturierung der früheren Lebensinhalte wird ein neues Selbstkonzept entwickelt. Der Betroffene kann die ihm verbleibenden Möglichkeiten wahrnehmen und neue Lebensformen entwickeln.

6. *Verarbeitung und Aktivierung.* Die Handlungsfähigkeit ist wiederhergestellt, neue Aktivitäten können aufgenommen werden. Das Trauma ist nun beherrschbar, das Leben erscheint wieder lebenswert. Manche erliegen der Gefahr der Überaktivität. Diese kann m.E. unterschiedlich motiviert sein:
   * Durch überschießende Begeisterung angesichts der erlebten Befreiung
   * als erneute Abwehr noch nicht bewältigter Gefühle (etwa der Trauer oder Ohnmacht) und schließlich
   * als Versuch, auf diese Weise Aufnahme in eine ansonsten stigmatisierende Umwelt zu finden.

7. *Selbstannahme und Selbstachtung.* Der Betroffene ist wieder selbständiger geworden und akzeptiert sich mit seinen positiven und negativen Fähigkeiten bzw. Fertigkeiten (a.a.O., S. 159 ff.). Rückschläge und erneute Krisen können das Bewußtsein der Selbstannahme und Selbstachtung jederzeit wieder erschüttern.

Schuchardt (1980, 1996, 2003) interpretiert den Prozeß der Krisenverarbeitung als *Aufeinanderfolge von acht Spiralphasen.* Den vorbestehenden Phasenmodellen fügt sie einige wichtige Gesichtspunkte hinzu. Ihr Ansatz, der mit demjenigen von Tuttle gut vereinbar ist, soll etwas ausführlicher dargestellt werden: Schuchardt zieht den Begriff "Spiralphase" der Bezeichnung "Phase" vor:

"Während Phasen durch Begrenzung abgeschlossen sind, unterstreicht der Begriff Spiralphase einerseits die Unabgeschlossenheit, andererseits bringt er plastisch das Moment der Überlagerung zum Ausdruck. Die Spiralphase lebt aus den sich wiederholenden Spiralringen des Aufstiegs wie des Abstiegs: [...] Der Lernprozeß innerhalb jeder Spiralphase, jedes Spiralringes ist einerseits wiederholbar und durch unterschiedliche situative Auslöser neu initiierbar, andererseits kann er entsprechend der Lernzieloperationalisierung beim schon und noch nicht betroffenen Menschen fortschreitend zu höheren Lernebenen führen, im kognitiven Bereich zur anwachsenden Komplexität, im affektiven Bereich zur graduell höheren Internalisierung." (Schuchardt 2003, S. 138)

Bei der Neubearbeitung ihres ursprünglichen Modells erkannte Schuchardt, daß das Bild der Spirale ein altes und ubiquitäres Menschheitssymbol ist:

"Viel später erst wurde mir bewußt, daß ich hiermit einem *Archetypus* - siehe *C.G. Jung* - Ausdruck gegeben hatte. Denn uralt sind bildliche und bauliche Darstellungen von Schnecke, Labyrinth und Spirale als Symbol für Lebensweg und Seelenreise der Menschen, und bis heute reicht ihre zeichenhafte Kraft." (a.a.O., S. 137)

Die Spiralphasen (s. Abb. 1-3) werden idealtypisch als stufenartig hierarchische Abfolge beschrieben. Ihre Reihenfolge bleibt meist gleich, doch dauern sie unterschiedlich lang. Sie können sich gegenseitig ablösen, existieren aber auch neben- und miteinander (a.a.O., S. 139). Schuchardt wählt die Bezeichnung der Spiralphasen unter zwei Gesichtspunkten: Dem des spontanen verbalen Ausdrucks der Situationsdefinition in direkter Rede (z.B.: "Warum gerade ich?") sowie dem des kognitiv-emotionalen Eindrucks davon, in welchem Zustand sich die Deutungsmuster des Betroffenen gerade befinden (z.B. Aggression):

"Aus der Bezeichnung soll deutlich werden, daß der Lernprozeß Krisenverarbeitung kein ausschließlich kognitiver, durch Diagnose erfaßbarer, sondern gleicherweise ein affektiver, aus Deutungen lebender ist." (a.a.O., S. 138)

Die Spiralphasen im einzelnen beschreibt die Autorin wie folgt (a.a.O., S. 143 ff.):

Eingangsstadium I: Kognitiv-fremdgesteuerte Dimension
1. Ungewißheit
Der Beginn des Auseinandersetzungsprozesses ist gekennzeichnet durch Erleben eines Schocks, durch diffuse Gefühle von Angst und Chaos, durch Abwehrmechanismen wie implizite Leugnung:

"Der Krisenauslöser, ein Unfall, eine Nachricht, ein Ereignis, schlägt wie ein Blitz aus heiterem Himmel ein, zerstört ein durch Normen geordnetes und an ihnen orientiertes Leben. Unvorbereitet wird man mit einer Lebenssituation konfrontiert, die von der Norm abweicht. Die Krise ist ausgelöst. Der Betroffene befindet sich in panischer Angst vor dem Unbekannten. Automatisch greift er auf erlernte Reaktionsmuster zurück, wehrt sich, baut Verteidigungsburgen, setzt rationale Rituale in Gang, tut alles und unterläßt nichts, um den Krisenauslöser zu verdrängen. Dieser kann nicht existent werden, weil er nicht existent sein darf." (a.a.O., S. 143)

Im Mittelpunkt steht die bange Frage: "Was ist denn eigentlich mit mir los?" Unterphasen sind:

1.1   *Unwissenheit:* "Was soll das schon bedeuten?"
Bagatellisierung: "So schlimm wird es doch wohl nicht sein."

1.2   *Unsicherheit:* "Hat das doch etwas zu bedeuten?"
Spannungsgeladene Ambivalenz, erhöhter Sensibilisierungsgrad. Versuch, durch Erklärungsversuche oder die "absolute Wahrheit" zu Phase 1.1. zurückkehren zu können. Die massive Verteidigung gegen die Realität verstärkt sich.

1.3   *Unannehmbarkeit:* "Das muß doch ein Irrtum sein."
Die aktiven Versuche, die drohende Gewißheit abzuwehren, häufen sich. Selektive Wahrnehmung sorgt dafür, daß nur das gesehen wird, was der beunruhigenden Unwissenheit (1.1) Nahrung gibt. Diese Phase ist der letzte Versuch, auf Fluchtwegen der Wahrheitsgewißheit zu entkommen. Gleichzeitig entsteht die Sehnsucht nach Gewißheit, um so der unerträglichen Spannung ein Ende zu bereiten (a.a.O., S. 144).

2.   *Gewißheit:* "Ja, aber das kann ja gar nicht..."
Verstandesmäßig besteht nun Einsicht in die neue Situation, doch kann diese Einsicht noch nicht emotional mitvollzogen werden. Die nun bekannten Fakten dürfen nicht wahr sein. Gespräche über die Realität können erste Schritte sein, die Wahrheit aushalten zu lernen (vorausgesetzt, es finden sich Gesprächspartner, die hierzu bereit und in der Lage sind).

Durchgangsstadium II: Emotional-ungesteuerte Dimension

3.   *Aggression:* "Warum gerade ich?"
Die Kopferkenntnis wird jetzt zur emotionalen Erfahrung. Starke, überwältigende Gefühle brechen hervor, vor allem in Form von Trotz, Protest und Auflehnung:

"Die Qual ist grenzenlos. Dieses Bewußtwerden ist von so starken Gefühlsstürmen überwältigt, daß der betroffene Mensch entweder an ihnen zu ersticken glaubt oder auch erstickt, indem er sie vernichtend gegen sich selbst richtet oder aber im günstigsten Fall sie gegen seine Umwelt aus sich herausbrechen läßt.

Dieser vulkanartige Protest läßt sich am treffendsten mit Aggression (3) bezeichnen." (a.a.O., S. 146)

Die Ausdrucksformen der Aggression als emotionaler Protest im Anschluß an die Frustration der Gewißheit unterscheiden sich entsprechend der Lebens- und Lerngeschichte und ihrer damit verbundenen Werte und Normengültigkeit. Sie können nach innen wie außen gerichtet sein: Nach innen gegen das eigene Selbst in Form von Schuldgefühlen bis hin zu Selbstmordversuchen, nach außen gegenüber anderen als Sündenböcken, gegen Menschen, gegen die Welt, gegen Gott, in Form von Todeswunsch, Lebensabsperrung, Realitätsflucht, Anschuldigungen, Fluch und Zorn. Gemeinsam ist allen diesen Aggressionsformen die sich auflehnende Ohnmacht gegenüber der Macht der Schicksalskrise. Da der Krisenauslöser selbst nicht angreifbar ist, werden gern Ersatzobjekte als Zielscheiben gesucht, was oft zu feindseligen Reaktionen der Umwelt führt (Teufelskreis) und die Angehörigen zu Mitbetroffenen macht. Die Aggression nicht zuzulassen, kann jedoch zum Beginn einer apathischen Resignation werden und in die Depression führen. Um schwer wiedergutzumachenden Beziehungskrisen nach Möglichkeit vorzubeugen, ist im Rahmen von Beratung/Prozeßbegleitung eine gründliche Aufklärung der Bezugspersonen dringend zu empfehlen.

4.   *Verhandlung:* "Wenn ..., dann muß aber..."
Maßnahmen, um aus der angesichts der ausweglosen Situation erlebten Ohnmacht herauszukommen. Versuche, die Behinderung loszuwerden. Das "Ärztewarenhaus" wird (oft um jeden Preis) aufgesucht, "Wunderwege" werden beschritten (Wallfahrten nach Lourdes, Gelöbnisse etc.). Auch eine einseitige, überwertige Fixierung auf die Hoffnung, die Fortschritte der medizinischen Forschung würden eines Tages die Erkrankung heilbar machen, gehört hierher.

5.   *Depression:* "Wozu das alles?"
Der Betroffene erlebt das Scheitern in den vorausgegangenen Phasen als subjektives Versagen. Er spürt seine Hilflosigkeit, ist hoffnungslos, verzweifelt und deprimiert. Er trauert um das Verlorene und um das, was in Zukunft verlorenzugehen droht. Das gesamte Leben kann als sinnlos empfunden werden. Gleichzeitig liegen in dieser Trauerarbeit die Wurzeln für einen möglichen Neuanfang:

"Sie enthält die Wendung zur Umkehr, zur nach innen gerichteten Einkehr und zur Begegnung mit sich selbst. Aus diesem Sich-selbst-Finden erwächst die Freiheit, sich von erlittener Erfahrung zu distanzieren und die notwendigen nächsten Handlungen selbst zu gestalten." (a.a.O., S. 149)

Zielstadium III: Aktional-selbstgesteuerte Dimension
6. *Annahme:* "Ich erkenne jetzt erst"
Der Betroffene befindet sich in einer Grenzsituation:

"Charakteristisch für diese Windung der Spirale ist die bewußte Erfahrung der Grenze. Das Durchstehen, das Erleiden der Kampfphasen *gegen* alles, was im rationalen und emotionalen Bereich existiert, hat die Widerstandskraft erschöpft. die Betroffenen fühlen sich leer, fast willenlos, aber wie befreit auf der Grenze. [...] Nun sind sie am Ende angekommen, verausgabt, doch wie erlöst." (a.a.O., S. 149)

Der Zustand des Leerseins macht offen für neue Erfahrungen:

"Im Offensein, im Bei-sich-selbst-Sein wie im Von-sich-selbst-los-Sein wächst 'es' aus ihnen. Es fällt dem Betroffenen auf, daß er selber noch da ist, es rührt ihn an, daß er nicht allein ist, daß er sich seiner Sinne doch bedienen kann. er ist beschämt, daß er sein Denken und Fühlen, sein vollgültiges Menschsein vergaß. über ihn bricht eine Fülle von Wahrnehmungen, Erlebnissen, Erfahrungen herein, die sich zur Erkenntnis verdichten:
'Ich erkenne jetzt erst...!'
Ich bin, ich kann, ich will, ich nehme mich an, ich lebe jetzt mit meiner individuellen Eigenart." (a.a.O., S. 149)

Manchmal kann die Annahme ein augenblickliches Erkennen, ein "Aha-Erlebnis" von einem Moment zum nächsten sein. Hören wir hierzu, wie die taubblinde Helen Keller das Erwachen aus ihrer langen und tiefen Verzweiflung schildert:

"Wir [Anm.: sie und ihre Lehrerin Anne Sullivan] schlugen den Weg zum Brunnen ein. [...] Während der kühle Strom über die eine meiner Hände sprudelte, buchstabierte sie mir in die andere Hand das Wort 'water', zuerst langsam, dann schnell. [...] Mit einem Male durchzuckte mich eine nebelhafte, verschwommene Erinnerung an etwas Vergessenes, ein Blitz des zurückkehrenden Denkens, und einigermaßen offen lag das Geheimnis der Sprache vor mir. Ich wußte jetzt, daß 'water' jenes wundervolle, kühle Etwas bedeutete, das über meine Hand hinströmte. Dieses lebendige Wort erweckte meine Seele zum Leben, spendete

173

ihr Licht, Hoffnung, Freude, befreite sie von ihren Fesseln! [...] Ich verließ den Brunnen voller Lernbegier." (Keller 1903, zit. n. Schuchardt 1980, S. 259)

7. Aktivität: "Ich tue das!"
Jetzt werden Kräfte freigesetzt, die bisher gegen die individuelle Eigenart eingesetzt wurden. Dieses freigewordene Kräftepotential drängt zur Tat. Das Individuum kann nun sein Leben unter Einsatz seiner Ich-, Sozial- und Sachkompetenz selbstbestimmt gestalten (Schuchardt 2003, S. 150). Zu dieser Aktivität gehört auch die Umstrukturierung von Werten, die einen Anstoß zur Veränderung des (Gesellschafts-)systems zur Folge, wenn auch nicht immer von vornherein zum Ziel haben kann (s. Kapitel 11). Es wird erkannt, daß es nicht so sehr darauf ankommt, was man hat, als vielmehr darauf, was man aus dem Möglichen und Verfügbaren gestaltet. Die Gefahr der Überaktivität, auf die Tuttle zu Recht hinweist (s.o.) wird von Schuchardt nicht explizit thematisiert.

8. Solidarität: "Wir handeln!"
Der Wunsch, selbst gesellschaftlich verantwortlich zu handeln, entsteht:

> "Der individuelle Bereich, die individuelle Eigenart werden in ihrer Be-ziehung zum weiteren Lebensrahmen erkannt. Der Krisenauslöser rückt in den Hintergrund, das gesellschaftliche Handlungsfeld tritt in das Bewußtsein und fordert zu gemeinsamem Handeln heraus. Solidarität (8)ist die letzte Stufe des Lernprozesses Krisenverarbeitung: Wir handeln, wir ergreifen Initiative. Das ist Ausdruck einer erfolgreichen Krisenverarbeitung, einer angemessenen komple-mentären Integration/Partizipation." (a.a.O., S. 150)

Dieses Ziel zu erreichen, kann als überwältigendes Glück und neue Sinn-haftigkeit erlebt werden. Solidarität bedeutet: *Der Behinderte braucht die Gesellschaft, und die Gesellschaft braucht den Behinderten* (Schuchardt 1980, S. 111).

In der Neufassung ihres Modells akzentuiert Schuchardt weit mehr als in dieser ursprünglichen Aussage (die m.E. dennoch ihre Gültigkeit behält) die Komplementarität des Lernprozesses Krisenverarbeitung. Den künstlichen Spalt zwischen behinderten und Nichtbehinderten überbrückt die Autorin, indem sie von "- schon - betroffen" und "- noch nicht - betroffen" Menschen spricht. Krisenverarbeitung und soziale Integration betrifft alle Beteiligten: Behinderte Menschen, um die es in diesem Buch geht, sind eine Herausforderung für die Gesellschaft, und die Gesellschaft ist eine

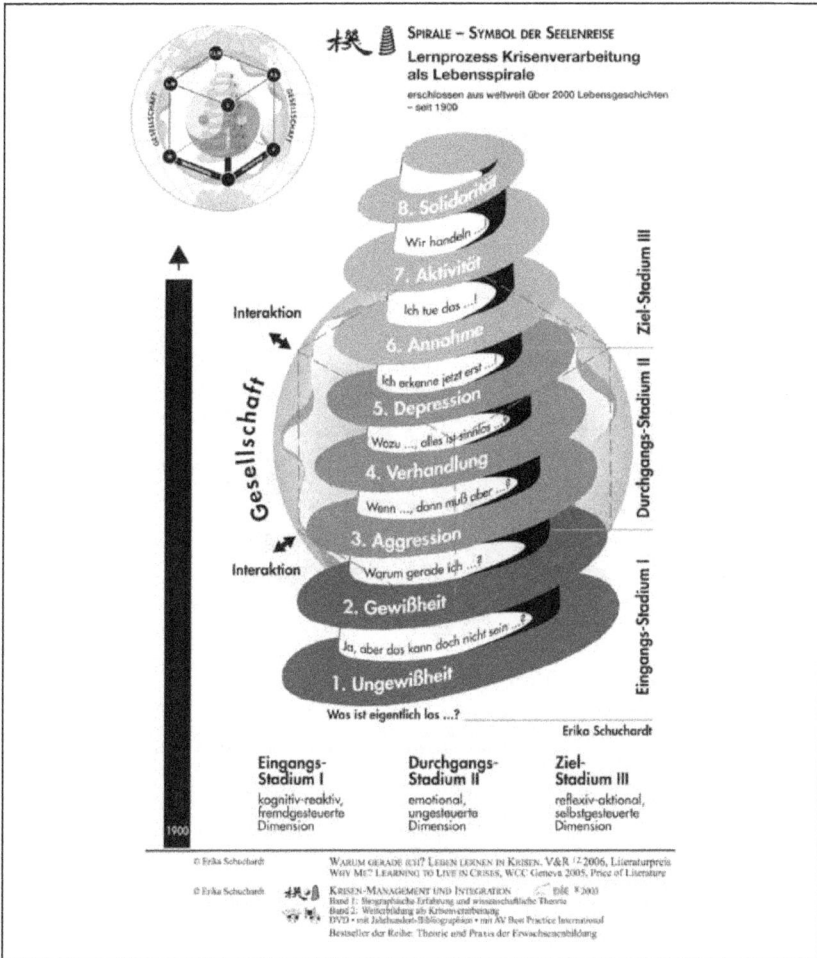

Abb. 1
Spirale - Symbol der Seelenreise. Krisenverarbeitung als gesellschaftliche Interaktion
(Schuchardt 2003, S. 151)[1]

---

1 Der abgebildete Würfel steht bei Schuchardt, die aus der Erwachsenenbildung kommt, für:
   Weiterbildung, Forschung und Lernende. Die Kugel drückt das Eingebettetsein in der Ge-
   sellschaft/der Welt aus.

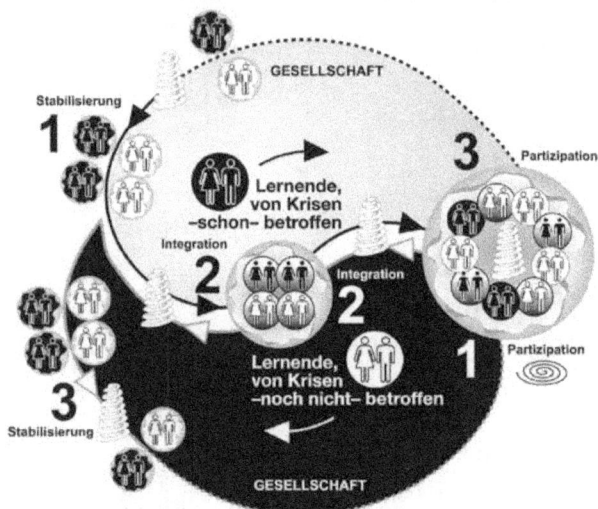

Abb. 2 und 3

KRISEN-MANAGEMENT-INTERAKTIONSMODELL ZUM LERNPROZESS KRISENVERARBEITUNG ALS KOMPLEMENTÄRER 3-SCHRITTE-PROZESS

erschlossen aus rd. 30 Bildungs-Pilotprojekten
Best-Practice-International – seit 1970

C

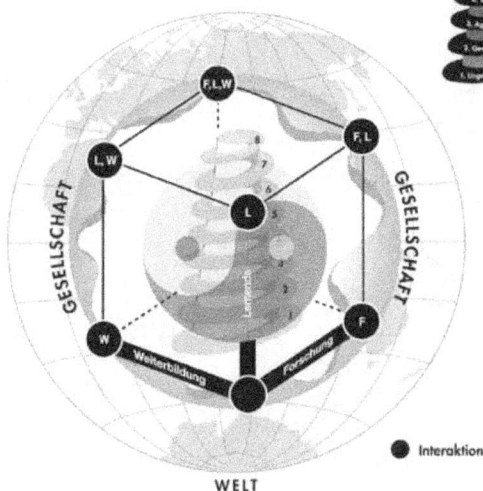

GESELLSCHAFT

GESELLSCHAFT

F,L,W

L,W

F,L

L

W

F

Weiterbildung

Forschung

Lernprozess

● Interaktion

WELT

樸 Krise – ein verborgener Reichtum

Der von Krisen –schon– betroffene Mensch –
ist eine Herausforderung für die Gesellschaft –
komplementär gilt:
die Gesellschaft der –noch nicht– betroffenen Menschen –
ist eine Herausforderung für den –schon– betroffenen Menschen –
analog der Komplementarität im Christus-Symbol und im chinesischen Yin Yang

INTEGRATION/PARTIZIPATION KOMPLEMENTÄR-MODELL

Komplementäre Grundvoraussetzung
kosmischen und menschlichen Seins

● Gleichgewicht ↔ Leben in Balance ↔ Shalom
● Un-Gleichgewicht ↔ Krankheit
● Trennung ↔ Tod

© Erika Schuchardt 樸 KRISEN-MANAGEMENT UND INTEGRATION ⬥ 8. 2003
Band 1: Biographische Erfahrung und wissenschaftliche Theorie
Band 2: Weiterbildung als Krisenverarbeitung
DVD • mit Jahrhundert-Bibliographien • mit AV Best Practice International

Bestseller der Reihe: Theorie und Praxis der Erwachsenenbildung

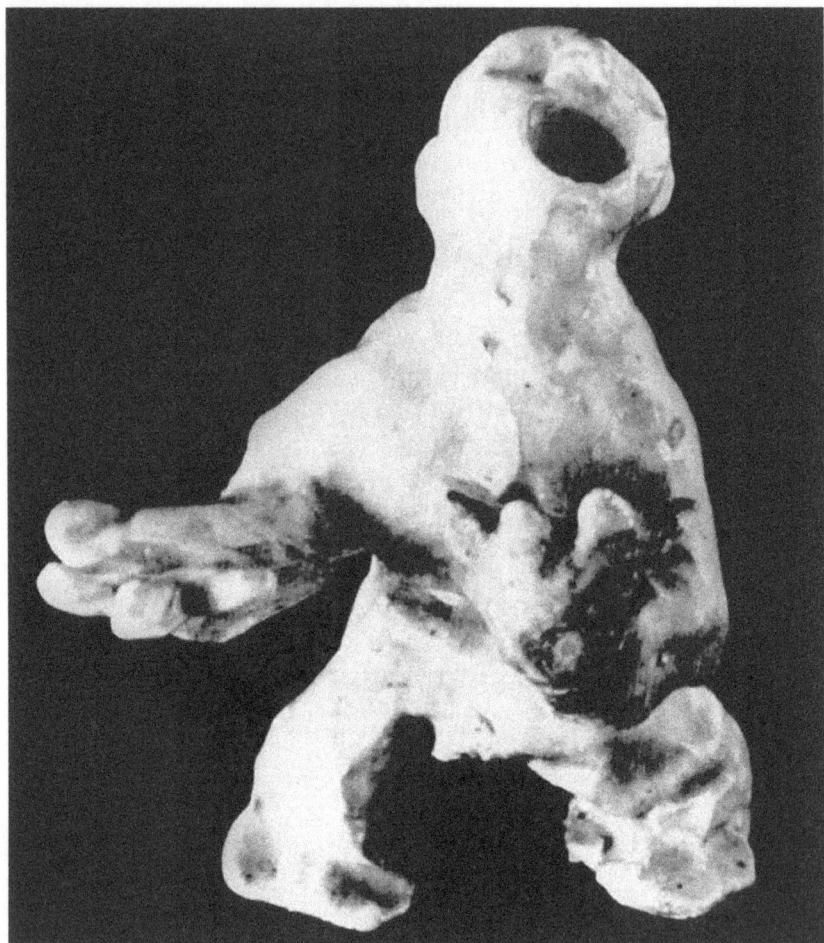

Abb. 4
„*Ich will Augen haben*"
(Kiyoshi Mizohatat, Schüler der 7. Klasse)
„*Nach einer erfolglosen Augenoperation legte dieser Junge seinen gesamten Seelen-
schmerz in diese Skulptur hinein. Obwohl die geschlossenen Augen und der weit
offene Mund einem Gefühl der Verzweiflung Ausdruck zu geben scheinen, zeigen
seine ausgestreckten Hände, daß die Glut seiner Hoffnung unvermindert ist.*"
(a. a. O., S. 9, Übers. d. Verf.)

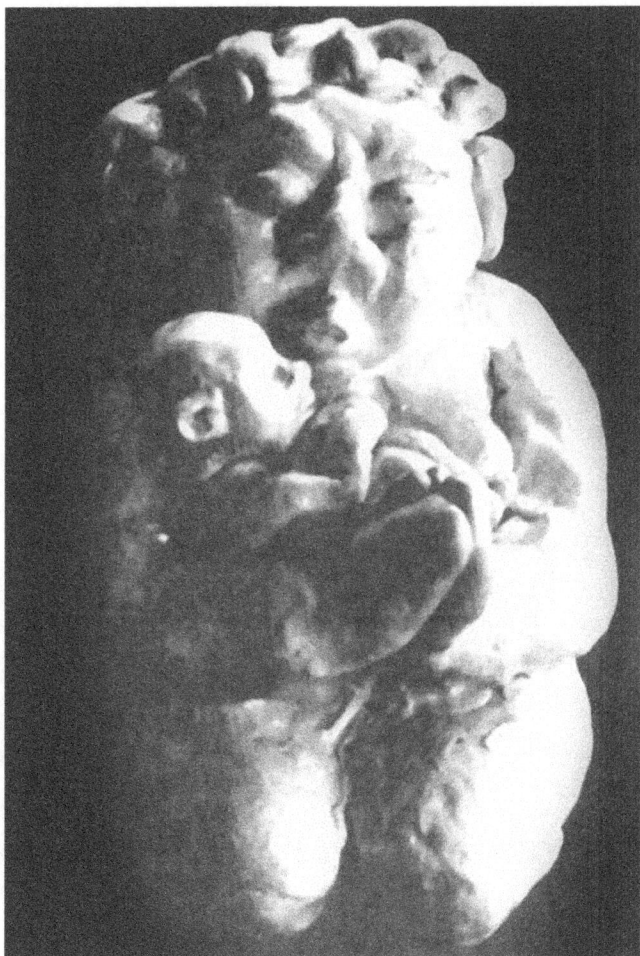

Abb. 5

„Mutter ist sanft und ein Kind schläft in ihren Armen"
(Shigenori Matsui, taubblinder Junge, 9. Klasse)
„Die Mutter hat schöne, regelmäßige Locken. Ihr zärtlicher Blick
und der behagliche Schlaf des Kindes harmonieren gut miteinander. Normalerweise ist eine solch komplizierte Kombination für
Blinde sehr schwer darzustellen." (a. a. O., S. 12, Übers.
d. Verf.)

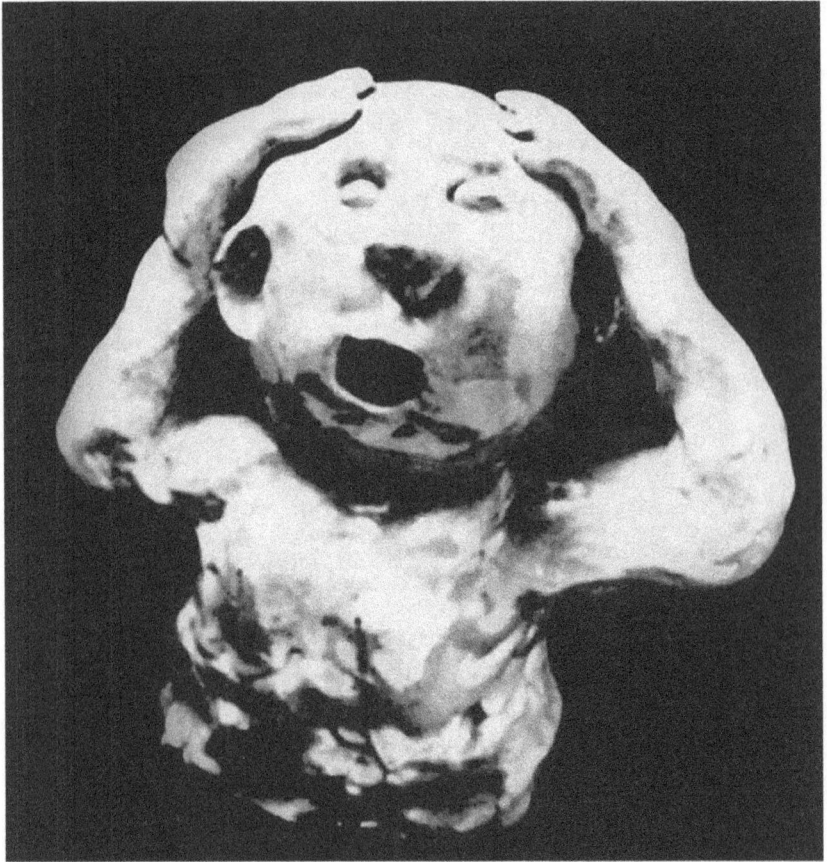

Abb. 6
„ *Wo sind meine Haare geblieben?“*
(Yaeko Sumiya, Schülerin der 9. Klasse)
„ *Nachdem dieses Mädchen meinen Kopf berührt hatte, muß es wohl gedacht haben, es würde selbst eines Tages glatzköpfig. Humorvoll nannte sie das: ‚Unerwartete Überraschung für den Lehrer‘. Und kichernd fügte sie hinzu: ‚Herr Lehrer, werden Sie nicht böse.‘“ (a. a. O., S. 28, Übers. d. Verf.)*

Abb. 7
„Wenn ich erwachsen bin, werde ich Masseur"
(Kunihiro Momihara, Schüler der 6. Klasse)
„Der lange Hals der Person, die massiert wird, ebenso wie die geneigte Kopfhaltung
des Masseurs werden realistisch porträtiert. Die etwas hölzerne Form ist in technischer
Hinsicht kennzeichnend für eine Anfängerarbeit, aber in diesem Werk verdeutlicht
sie erfolgreich die anatomische Struktur." (a.a.O., S. 15, Übers. d. Verf.)

Herausforderung für behinderte Menschen: Auf Seiten des Betroffenen erfordert es viel Mut und Kraft, sich der inneren Auseinandersetzung mit der Behinderung zu stellen und um soziale Teilhabe zu ringen. Auf Seiten der Umwelt sind Respekt, Toleranz, Kritikfähigkeit und die Bereitschaft gefragt, Integration und Partizipation zur komplementären Entwicklung, zu einem gemeinsamen Lern- und Einigungsprozeß werden zu lassen, der allen Beteiligten etwas abverlangt, von dem aber auch alle in je eigener Weise profitieren. Das bedeutet, daß sich auch der Nichtbehinderte durch die bewußte Begegnung mit behinderten Menschen verändern und weiterentwikkeln wird. Die Erkenntnisse der relationalen Psychoanalyse mit ihrer Konzeptualisierung eines intersubjektiven Möglichkeitsraums, wie sie in Kapitel 4.4 skizziert wurde, stützt Schuchardts Sichtweise. Schuchardt geht von einem Lernprozeß in drei Schritten aus, den Betroffene und nicht Betroffene in gegenläufiger Entwicklungsrichtung vollziehen müssen:

"Wollen von Krisen – schon - betroffene Menschen lernen, mit ihrer Krise zu leben, wollen gleicherweise von Krisen - noch nicht - betroffene Menschen Zusammenleben und Integration in Vielfalt erlernen, brauchen sie Lernangebote. Kernstück solcher Lernprozesse ist die gesellschaftliche Schlüsselqualifikation Krisenverarbeitung, das heißt für – schon - betroffene Menschen, aus Instabilität wieder zur inneren Balance/Partizipation zurückzufinden, hingegen für - noch nicht - betroffene Menschen, aus der gewohnten Partizipation über die unvertraute, nicht selten konfrontierende Integration sich der eigenen Stabilisierung zur Individuation neu zu stellen. Dazu sind in Abhängigkeit vom jeweils gegebenen Persönlichkeitsbild unterschiedliche Lernschritte notwendig, die von - schon - betroffenen Menschen und - so vorhanden und motivierbar - deren Bezugspersonen wie von weiteren zu gewinnenden Menschen der Gesellschaft begangen werden müssen. Dabei geht es - nicht selten mißverstanden - eben gerade nicht um 'Anpassung' betroffener Menschen an die Normen der - noch nicht - betroffenen Menschen, es geht vielmehr um wechselseitiges komple-mentäres Lernen. [...] Der von Krisen - schon - betroffene Lernende sucht angesichts seiner Instabilität im ersten Schritt Lernangebote zur Stabilisierung gemeinsam mit anderen - schon - Betroffenen, erst im zweiten Schritt Lernangebote zur Integration gemeinsam mit - noch nicht - betroffenen Menschen und schließlich im dritten Schritt Angebote zur Partizipation, [...]. Analog dazu verläuft der Lernprozeß sog. - noch nicht - betroffener Menschen - allerdings in genau umgekehrter Folge:
    Im ersten Schritt herausgerissen aus gewohnter Partizipation über die Begegnung im zweiten Schritt im Rahmen einer Integration bis zur Stabilisierung im dritten Schritt. Das eröffnet auch letzteren Lernchancen, wie sie den – schon

- Betroffenen eher unfreiwillig abgefordert werden." (Schuchardt 2003, S. 405 ff.)

Allerdings weist Schuchardt darauf hin, daß das Lernziel "Solidarität" nur von wenigen Menschen erreicht wird (a.a.O., S. 150). Bei ihrer umfangreichen Analyse fand Schuchardt eher wenige angemessene gegenüber einer Mehrheit unzumutbarer Prozeßverläufe. Daraus folge, so die Autorin, die Forderung nach Konstituierung einer integrierten interdisziplinären Krisenmanagement-Pädagogik/Andragogik als Integral des Gesamtbildungssystems (a.a.O., S. 140).

Gerade in der (Weiter-)Entwicklung der Fähigkeit zur Selbsttranszendenz und zu verantwortlichem, solidarischem Handeln in einer zu verändernden Welt läge ja die größte Chance des Lernprozesses, wie ihn alle Beteiligten auf je unterschiedliche Weise zu meistern haben. Diese Chance wahrzunehmen, hieße auch, zu neuem Sinn- und Glückserleben finden zu können.

Zu zwei Aspekten möchte ich zum Schluß ergänzend Stellung nehmen: Zu der von Schuchardt mit "Depression" überschriebenen Spiralphase 5 sowie zum Begriff der Annahme/Akzeptanz (Spiralphase 6).

7.4 Depression - Trauer - Aufbrechende Emotionen? (Spiralphase 5 nach Schuchardt)

Schuchardt scheint keinen Unterschied zwischen "Depression" und "Trauer" zu machen, wenn sie schreibt:

"Gemeinsam ist allen Depressionen, daß sie die tief verwurzelten Emotionen der Trauer erleben, um sie sich lösend und loslassend verarbeiten zu lernen. Sie wird aus der Abkehr von allen nach außen gerichteten irrealen Hoffnungen und dem Abschiednehmen von der verleugnenden Utopie in der Trauerarbeit der Depression die nach innen gerichtete Einkehr der Begegnung mit sich selbst, aus der heraus der zukunftsorientierte Anfang des dritten und letzten, handlungsorientierten Zielstadiums III im Lernprozeß Krisenverarbeitung erwachsen kann." (a.a.O., S. 158)

Eine solche Gleichsetzung halte ich nicht für sinnvoll. Auf der deskriptiven Ebene mögen depressive und Trauerreaktionen bei oberflächlicher Betrachtung manchmal ähnlich aussehen: Beide gehen i.d.R. einher mit sozialem Rückzug, zeitweiligem Antriebs- und Interesseverlust, Konzentrationsstörungen, oftmals Appetitverlust oder Schlaflosigkeit. Die Betroffenen wirken bedrückt, in sich gekehrt, neigen zum Grübeln oder zu Schuldgefühlen. Lassen wir uns (etwa als Therapeuten) jedoch näher auf den Kontakt ein, werden deutliche Unterschiede im Verhalten des Betroffenen erkennbar und in unserer Gegenübertragung spürbar: Ein Trauernder wirkt in seinem Weinen und Wehklagen, seiner intensiven Beschäftigung mit dem Verlust ebenso wie in den Momenten stiller innerer Einkehr durchaus sehr lebendig. Wir spüren, wie er mit sich, seinen Gefühlen und der Sehnsucht nach dem verlorenen Objekt kämpft, wie er in Schmerz und tiefer Verzweiflung mit sich, Gott und der Welt ringt und sich dabei sehr aktiv mit dem Erlittenen auseinandersetzt. Meist ist es nicht schwer, sich empathisch auf diesen Menschen einzustellen, ihm zuzuhören und begleitend zur Seite zu stehen. Im Unterschied dazu wirkt der Depressive eher eingemauert, gelähmt und der Lebendigkeit seines Gefühlslebens ganz oder teilweise beraubt. Weit mehr als beim Trauernden imponieren Negation, Pessimismus, unterdrückte Aggression und zermürbende Selbstvorwürfe. Bei der Begegnung mit ihm fühlen wir uns vielleicht selbst gelähmt, leer, müde oder hoffnungslos (konkordante Gegenübertragung). Vielleicht reagieren wir aber auch genervt und verärgert angesichts der vielen uns entgegengebrachten "Ja, aber...", die vor uns eine Mauer aufzurichten scheinen. Wir nehmen dann bei uns diejenigen Gefühle wahr, die der Depressive selbst nicht zulassen kann (komplementäre Gegenübertragung), und das empathische Mitgehen wird uns vermutlich sehr viel schwerer fallen.

Unter psychodynamischen Gesichtspunkten läßt sich die Unterscheidung zwischen Trauer und Depression klarer fassen: Freud (1916/17b) unterscheidet zwischen der einfachen und der melancholischen Trauer. Einfache Trauer i.S. einer gesunden Trauerreaktion wird, so Freud, bestimmt von einer schmerzlichen Verstimmung, der vorübergehenden Aufhebung des Interesses für die Außenwelt, eines Verlusts der Liebessowie Hemmung der Leistungsfähigkeit. Dieser zeitweilige Rückzug diene der Hingabe an die Trauer und der notwendigen Ermöglichung der Trauerarbeit. In ihr arbeite der Trauernde seine Erinnerungen an das verlorene Objekt (dies kann ein Mensch ebenso sein wie eine Körperfunktion) schmerzhaft durch, um dann die libidinöse Besetzung vom Objekt abziehen zu können und auf es zu verzichten. Sei die Lösung der Libido geglückt, habe sich die Trauer aufgezehrt, und das Ich sei wieder frei und ungehemmt. Die Libido könne andere Objekte besetzen. Im Unterschied zu dieser normalen Trauerreaktion werde die pathologische Trauer dadurch kompliziert, daß eine schon zuvor vorhandene Ambivalenz durch Kränkungen, Zurücksetzungen und Enttäuschungen von seiten des Objekts verstärkt worden sei. Anders als in der normalen Trauer könne das Objekt nicht aufgegeben werden. Die Bindung bleibe erhalten, indem es durch eine narzißtische Identifizierung in das Ich aufgenommen werde. Dadurch treffe der Haß, der ursprünglich dem Objekt gegolten habe, nun das eigene Ich, das von da an beschimpft und erniedrigt werde. Aus den Anklagen gegen das Objekt (oder das Schicksal) werden Selbstvorwürfe. Depression wäre somit die Folge mißglückter Trauerarbeit.

Gab Freud später die strikte Trennung zwischen Trauer und Melancholie (Depression) auch auf, können beide Reaktionen wohl doch als Pole eines Kontinuums mehr oder weniger geglückter Trauerarbeit unterschieden werden. Nach der heutigen psychoanalytischen Theorie der Trauer wird die Bindung an das verlorene Objekt nicht einfach aufgegeben, sondern in einem Restrukturierungsprozeß transformiert, wodurch die Erinnerungen (in unserem Falle etwa an das vorherige Sehvermögen und visuelle Erinnerungen) zum Bestandteil der inneren Welt werden können (Bohleber 2005). Heute besteht in der Depressionsforschung weitgehend Einigkeit darüber, daß Depression kein einheitliches Krankheitsbild ist, sondern als multifaktorielles Geschehen angesehen werden muß (Mentzos 1995). Bohleber faßt zusammen:

"Wie diese integrativen Modelle zeigen, verstehen wir Depression heute als ein komplexes, multifaktorielles Geschehen, an dem konstitutionelle Faktoren, biologische Vulnerabilität, ungünstige Früherfahrungen und Objektbeziehungsstrukturen beteiligt sind, die eine reife Integration der Selbst- und Objektrepräsentanzen in Ich, Ich-Ideal und Über-Ich nur ungenügend gelingen lassen. Wir gehen heute nicht mehr von einer einzigen psychogenetischen oder ätiologischen Konstellation aus, die zur Depression führt, sondern es ergeben sich unterschiedliche Wege zur Entstehung verschiedenartiger depressiver Syndrome. Erinnert sei hier an schwere Verluste oder Traumatisierungen, die nahezu jeden mit depressiven Folgezuständen belasten." (Bohleber 2005)

Will (1994) unterscheidet vier Typen von Depressionen anhand der leitenden Emotionen:

* Über-Ich- oder Schulddepression mit Schuldgefühlen und Selbstanklage

*   Oral-abhängige Depression mit ängstlicher Sehnsucht und Enttäuschung
*   Ich-Depression mit Hilf- und Hoffnungslosigkeit
*   Narzißtische Depression mit Scham und Selbsterniedrigung.

Depressive Störungen treten bei Menschen, die sich mit einer Behinderung auseinandersetzen müssen, keineswegs selten auf. Sie deuten entweder auf eine Blockade des Bewältigungsprozesses oder auf die Kapitulation vor unüberwindlich erlebten Schwierigkeiten (Stigmatisierung und Ausgrenzung, Langzeitarbeitslosigkeit nach erfolgreicher Umschulung etc.) hin. Verschiedene *Einflußfaktoren* müssen berücksichtigt werden:

1. Disposition bzw. Vulnerabilität
Wer infolge genetischer Disposition und/oder seiner Persönlichkeitsentwicklung (s. Kapitel 6.9) zu depressiver Problemverarbeitung neigt, wird besonders gefährdet sein, bei der Konfrontation mit einer Behinderung depressive Störungen zu entwickeln.

2. Verleugnete bzw. verdrängte Aggression
Schuchardt (1980, S. 303 f.) beschreibt am Beispiel der Mutter Helen Kellers, wie fehlende Aggression zur Depression tendiert. Wer die für die Verarbeitung unabdingbar nötige Wut auf Gott und die Welt, die Anklage des Schicksals und die Frage: "Warum gerade ich?" (Phase 3) nicht zulassen kann, riskiert, daß die verdrängte Aggression nach innen gerichtet wird, wo sie dann zu Selbstanklagen und Schuldgefühlen führt.

3. Gefühle von Ohnmacht und Hilflosigkeit
Diese im Zusammenhang mit den primären und sekundären Folgen einer Behinderung unvermeidlich auftretenden Gefühle können zur Depression führen, wenn sie nicht akzeptiert, relativiert und integriert werden können bzw. sich kein Weg zur Wiedererlangung der Handlungsfähigkeit findet (Seligman 1975). Kann das Ich eine gewünschte Befriedigung nicht erlangen und auch seine Aggression nicht dafür einsetzen, wendet es diese möglicherweise gegen die Selbstrepräsentanz. In einem solchen Fall entwickelt sich ein narzißtischer Konflikt zwischen einem wunschbestimmten Selbstbild und dem Bild des scheiternden, entwerteten Selbst. Das Selbstwertgefühl geht verloren, und eine depressive Stimmung ist die Folge (E. Jacobsen, zit. n. Bohleber 2005). Wie unter 2) wird also die Aggression, die hier allerdings anderen Ursprungs ist, nach innen gerichtet.

4. Verletzlichkeit des Ich

Der Verlust einer Körperfunktion wird zunächst mit einer narzißtischen Kränkung einhergehen, die verarbeitet werden muß mit dem Ziel, auch mit der Behinderung zu einem stabilen Selbstwertgefühl zurückzufinden. Ein Mensch, der bereits vor Eintritt seiner Behinderung narzißtisch verwundet war, wird sich damit besonders schwer tun. Sein Ich weist eine besondere Verletzlichkeit und Intoleranz gegenüber Frustrationen auf. Es entstehen quälende Spannungen Zwischen stark ausgeprägten narzißtischen Erwartungen und Idealen einerseits, der Unfähigkeit, diesen Idealen nachzukommen, andererseits. Für einen solchen Menschen ist es besonders schwer, die an sich selbst gestellten Erwartungen mit den realen Möglichkeiten und den Grenzen, die ihm seine Behinderung setzt, in Einklang zu bringen. Ein depressiver Affekt wird die Folge sein (Bibring 1952, zit. n. Bohleber 2005). Auf (reale oder imaginäre) Hilflosigkeit des Ich angesichts als überwältigend erlebter Schwierigkeiten depressiv zu werden, ist eine dem Menschen ganz allgemein zur Verfügung stehende Reaktionsweise. Hier herrschen nicht Schuldgefühle vor, sondern Scham und Demütigung, außerdem Gefühle von Verlassenheit und Hilflosigkeit.

5. Phänomene des Zeitgeistes

Der Verlust an traditionellen Strukturen und Verhaltenserwartungen habe zu einer massiven sozialen Verunsicherung geführt. Die Identität werde zum lebenslangen Projekt des Einzelnen (Keupp et al. 1999; Bohleber 2005). Ehrenberg (2004) sieht Depression als Krankheit der zeitgenössischen Gesellschaft, deren Verhaltensnormen nicht mehr auf Schuld und Disziplin gründen, sondern auf Verantwortung und Initiative. Das zeitgenössische Individuum scheint von der Vorstellung beherrscht zu sein, alles sei möglich, und von der Angst um seine Selbstverwirklichung, die sich bis zur Erschöpfung steigern könne. Der Druck zur Individualisierung führe zu Scham, Versagens- und Insuffizienzgefühlen. Sei die Neurose die Krankheit des Individuums, das durch den Konflikt zwischen Erlaubtem und Verbotenem zerrissen wurde, so ist für Ehrenberg Depression die Krankheit des Individuums, das durch die Spannungen zwischen Möglichem und Unmöglichem gehemmt und erschöpft wird (zit. n. Bohleber 2005). Menschen mit Behinderungen sind an diesem Punkt besonders gefährdet, können sie die Illusion unbegrenzter Möglichkeiten doch noch weniger aufrechterhalten als Nichtbehinderte.

6. *Erschöpfungsdepression*

Über den vermehrten Einsatz an Kraft, Konzentration und vielleicht auch Kampfgeist und Zivilcourage, den Menschen mit Behinderungen aufbringen müssen, wurde bereits gesprochen. Dies kann mit der Zeit zu Burn-out-Syndromen führen, die früher treffender mit dem Begriff "Erschöpfungsdepression" bezeichnet wurden.

Fassen wir zusammen: Trauer und Depression sind nicht dasselbe, und Depression ist kein einheitliches Krankheitsbild, sondern ein komplexes, multifaktorielles Geschehen mit je unterschiedlicher Symptomatik, Psychodynamik und Ätiologie. Weiter fällt an Schuchardts Modell auf, daß wenig über Angst gesprochen wird. Angst spielt aber bei der Auseinandersetzung mit einer Behinderung eine wichtige Rolle: Wie wird mein Leben weitergehen? Werde ich zurechtkommen? Werde ich die zahllosen Alltagsprobleme meistern können? Werde ich meinen Arbeitsplatz behalten bzw. einen finden? Bleibe ich arbeitsfähig? Kann ich mich und ggf. meine Familie weiterhin ernähren? Welche weiteren Verluste an Gesundheit sind zu erwarten? Wie werde ich von anderen angesehen? Hält mein Partner/meine Familie zu mir? Kann ich mich noch als ganzen, integeren Menschen erleben und mich wertschätzen? Diese und viele andere Fragen drängen sich auf und machen Angst. Diese kann sich äußern in konkreten Befürchtungen, diffusen Angstgefühlen, Phobien, Panikattacken, Schlafstörungen (s. Kapitel 7.2.2) Alpträumen (s. Kapitel 9) oder funktionellen körperlichen Beschwerden.

Da also die affektiven Reaktionen auf das Eintreten der Behinderung derart vielfältig sind, schlage ich vor, sich der Terminologie Kasts, anzuschließen, die von der *"Phase der aufbrechenden Emotionen"* und der nachfolgenden *"Phase des Suchens und Sich-Findens"* spricht (Kast 1982, 1987). Eine solche Bezeichnung läßt Raum für das gesamte Gefühlsspektrum: Zorn, Wut, Angst, Panik, Trauer, Depression, Verzweiflung, Hoffnungslosigkeit, aber auch Sehnsucht, Hoffnung, Vertrauen, Erwartung, Suchen und sich Finden. Alle diese Gefühle haben und fordern im Verarbeitungsprozeß ihr Recht, soll irgendwann eine echte und tiefe Annahme der Behinderung und damit, wie KAST sagt, ein neuer Selbst- und Weltbezug möglich werden.

7.5 Zum Akzeptanzbegriff (Spiralphase 6 nach Schuchardt)

1.

All zu häufig habe ich miterleben müssen, wie Betroffene mangelnder Annahme ihrer Behinderung verdächtigt wurden, wenn sie sich aggressiv verhielten, sich zornig zur Wehr setzten. Sie fühlten sich der Erwartung ausgesetzt, sich "angepaßt, pflegeleicht und demütig lächelnd" zu präsentieren, wie es einmal eine blinde Kollegin formulierte. "Annahme" im Sinne einseitiger Anpassung und als möglichst reibungsloses Einfügen in das normative System der Nichtbehinderten (miß-)zuverstehen, ist nicht der Akzeptanzbegriff, den Schuchardt meint und den auch ich vertrete. Mit "Annahme" meine ich die innere Freiheit, seinen eigenen, selbstbestimmten Weg des Umgangs mit der Behinderung zu finden, Werte zu hinterfragen und an der Entwicklung einer autonomen Wertorientierung und einer authentischen Identität zu arbeiten (zum Begriff der Authentizität s. Keupp et al. 1999). "Annahme" bedeutet also nicht, sich widerspruchslos mit sekundären Schädigungsfolgen abzufinden. Vielmehr muß auch die Fähigkeit entwickelt werden, selbstbewußt zum eigenen Sosein stehen, sich für seine Rechte einsetzen und seine Interessen vertreten zu können. Aggression i.S. eines solchen Engagements ist selbstbewußter Ausdruck von Akzeptanz und nicht eine vorübergehende Phase der Behinderungsverarbeitung.

2.

An Phasenmodellen wird oft kritisiert, durch die Beschreibung aufeinanderfolgender Phasen werde ein "Happy end à la Hollywood" vorgegaukelt. Ganz berechtigt erscheint mir diese Kritik nicht, betonen sowohl Tuttle als auch Schuchardt doch die Unabgeschlossenheit der Phasen und die Möglichkeit des Scheiterns bei unzureichender Prozeßbegleitung. Schuchardt schildert, wie die Phasenfolge immer wieder durchlaufen werden muß, im günstigen Falle allerdings auf jeweils höheren Niveaus kognitiver Differenzierung und affektiver Integration. Sie weist nachdrücklich darauf hin, daß die Depression (Spiralphase 5) wie in jedem anderen Leben situativ immer wieder neu ausgelöst, jedoch auf dem Fundament der Annahme als selbstverständlich dazu gehörig verarbeitet werden könne. Hören wir hier noch einmal Helen Keller:

"Ich täuschte mich darüber nicht, und es ist nicht wahr, daß ich nie traurig oder bitter bin. Aber ich habe sehr früh schon beschlossen, nicht zu klagen. Der tödlich Verwundete muß versuchen, den Rest seines Lebens mit einem Lächeln auf sich zu nehmen um der anderen willen." (zit. n. Schuchardt 1980, S. 262)

Räumt Keller hier auch ein, daß Stimmungstiefs im Umgang mit einer Behinderung, und sei sie noch so akzeptiert, unvermeidlich sind, klingt ihr Votum doch ein wenig nach Anpassung aus Rücksicht auf die Mitmenschen oder nach Tapferkeit im Sinne des Spruches: "Lerne zu leiden, ohne zu klagen". Allerdings schildert sie auch, was ihr Kraft gab:

"Es wird behauptet, daß das Leben hart mit mir verfuhr, und manchmal habe ich innerlich mit mir gehadert, daß viele menschliche Freuden mir vorenthalten sind. Aber wenn ich an den Reichtum denke, welchen Freundschaft mir gebracht hat, ziehe ich alle Anklagen gegen das Schicksal zurück." (a.a.O., S. 263)[89]

Mit meiner Auffassung des Akzeptanzbegriffs gehe ich noch einen Schritt weiter: Akzeptanz kann niemals ganz endgültig, eindeutig oder frei von Ecken und Kanten oder zeitweiligen Rückschlägen sein. Vielmehr bleibt das Leben mit der Behinderung unvermeidlich voller Spannungen und Widersprüche (s. Kapitel 12): Nach gelungener Krisenverarbeitung fühlen wir uns etwa lebendig, aktiv und voller Tatendrang, stoßen dann aber hart an die Grenzen, welche die Behinderung oder die soziale Umwelt unserem Aktionsradius setzen. Wir suchen uns neue Betätigungsfelder, die mit der Behinderung vereinbar sind, und müssen doch erleben, wie wir neidisch werden auf Nichtbehinderte, denen Möglichkeiten offenstehen, von denen wir Abschied nehmen mußten oder die wir niemals hatten. Wir sind mobil und haben gelernt, uns zu orientieren, stoßen uns dann aber in einem unkonzentrierten Augenblick schmerzhaft die Nase an einem Türpfosten. Wir möchten Beziehungen eingehen und müssen erleben, wie unser Sehbehindert- oder Blindsein bei vielen Menschen auf Befremden, ja oft auf Angst und Ablehnung stößt. Wir fühlen uns als gleichwertige Mitbürger und erfahren stets von neuem Diskriminierungen und Stigmatisierungen. Vielleicht haben wir erfolgreich umgeschult, um dann bei der Arbeitsplatzsuche vor verschlossenen Türen zu stehen. Wir glauben, nach mühevoller Arbeit an uns selbst in seelischem Einklang mit unserer Behinderung zu stehen und stellen mit Verwunderung fest, wie wir trotzdem von Zeit zu

---

89   Zum Wert sozialer Beziehungen als Ressource s. auch Kapitel 10.

Zeit in Krisen geraten, heftige Gefühle von Wut und Trauer durchleben müssen usw..

Bedeuten solche (scheinbaren?) Ungereimtheiten, daß wir etwas falsch machen, daß wir "es noch nicht geschafft haben", daß unsere Akzeptanz unzureichend ist? Oder liegen diese Widersprüchlichkeiten in der Natur der Sache? Hieße gelungene Akzeptanz dann nicht eher, daß wir lernen müssen, mit all dem zu leben in dem Wissen, daß diese Spannungen nicht endgültig aufgelöst werden können? Nach meiner Erfahrung als Betroffene und als Therapeutin bin ich zu der Überzeugung gelangt, daß letzteres der Fall ist. Diese Einsicht mag zunächst entmutigt oder resigniert klingen. Sie hat jedoch in ihrer Ehrlichkeit etwas Entlastendes und Befreiendes, indem sie die Erlaubnis enthält, fühlen zu dürfen, wie man fühlt, ohne sich deshalb mangelnde Annahme der Behinderung vorwerfen zu müssen. So will ich den Akzeptanzbegriff wie folgt modifizieren:

Akzeptanz in einem einerseits ehrlicheren und bescheideneren, andererseits tieferen und umfassenderen Sinne heißt, nicht nur die Behinderung als solche, sondern auch die wiederkehrenden Krisen und emotionalen Erschütterungen liebevoll anzunehmen als vollkommen gesunde und normale Reaktionen (s.a. Glofke 1990).

"Schattenakzeptanz", also die Annahme eigener Fehler und Schwächen, ist ein hochwirksamer Schutz des Selbstwertgefühls (Kast 2003). Auf dem Boden so verstandener Akzeptanz kann Gelassenheit wachsen. Gelassenheit beinhaltet das Wissen, daß das Leben voller Abgründe ist. Kast sagt:

"Gelassen ist man dann, wenn man das Selbstvertrauen hat, mit diesen Widrigkeiten umgehen zu können und in diesen Situationen auch die Selbstachtung nicht zu verlieren. Gelassenheit hat auch damit zu tun, etwas lassen, also auch bleiben lassen zu können und sich selber nicht so furchtbar ernst zu nehmen." (Kast 2003)

So wird Platz für reifen Humor: Dieser ist nicht aggressiv, hat nicht die Schärfe der Ironie und läßt mitlachen. Aber er ist überraschend, lockert Affekte, verfestigte Haltungen, Einstellungen und starre Denkmuster, scheinbar Festgefahrenes. Humor schafft inneren Abstand und hilft, sich von übertriebener Selbstbezogenheit zu lösen (Kast 2003).

Ich schlage vor, die von Schuchardt beschriebenen Phasen weniger in ihrer zeitlichen Abfolge zu betrachten, sondern eher als Reaktionsmöglichkeiten bzw. -komponenten zu verstehen, deren jede zu je verschiedenen Zeitpunkten mit unterschiedlich viel psychischer Energie besetzt werden kann (Glofke 1990). Diese Sicht beinhaltet die Möglichkeit, daß verschiedene Reaktionsmuster mit sich verändernden Gewichtungen neben- und miteinander existieren. Mit zunehmender Krisenerfahrung kann zum Glück die subjektiv empfundene Bedrohung, die von der Krise und den mit ihr verbundenen emotionalen Erschütterungen ausgeht, geringer werden. Das Wissen, frühere Krisen erfolgreich bewältigt zu haben, kann das Vertrauen stärken, auch diesmal wieder einen Weg finden zu können. Dies kann der Angst die Spitze nehmen und dazu beitragen, daß Krisen seltener auftreten, von Mal zu Mal kürzer dauern und weniger heftig ausfallen.

7.6 Facetten gelungener Krisenverarbeitung

Wie wir gesehen haben, ist die Verarbeitung der Behinderung ein fortlaufender, niemals endgültig abgeschlossener Prozeß. Schuchardt beschreibt Annahme, Aktivität und Solidarität als Zielstadium III (aktional selbstgesteuerte Dimension) des Krisenverarbeitungsprozesses und betont die Unabgeschlossenheit und Überlagerung der Spiralphasen (s. Kapitel 7.3). In Kapitel 7.5 habe ich einen Akzeptanzbegriff vorgeschlagen, der die Widersprüchlichkeiten und wiederkehrenden emotionalen Erschütterungen einschließt, die im Leben mit einer Behinderung unvermeidlich sind. Kapitel 8 wird sich damit beschäftigen, daß der Krisenverarbeitungsprozeß daran gebunden ist, wie gut es gelingt, innere Kraftquellen (Ressourcen) entwickeln und nutzen zu können. Wie in Kapitel 9 zu zeigen sein wird, ist die unbewußte Dimension des Verarbeitungsprozesses von enormer Bedeutung für dessen Gelingen und für eine konstruktive Persönlichkeitsentwicklung (Individuation).

In diesem Abschnitt soll zunächst jedoch konkreter gefaßt werden, was zu gelungener Krisenverarbeitung im einzelnen gehört bzw. woran diese zu erkennen ist:

Kehren wir noch einmal zu Carrolls Beschreibung der Verluste zurück, die nach einer Erblindung verkraftet werden müssen (s. Kapitel 7.2.1): Carroll geht ausführlich darauf ein, was es bedeutet, mit jedem dieser Verluste umzugehen. Angelehnt an seine differenzierte Darstellung seien hier nur einige Beispiele herausgegriffen:

* Wiedererwerb grundlegender Fertigkeiten des täglichen Lebens (Training lebenspraktischer Fertigkeiten, Orientierungs- und Mobilitätstraining, Einarbeitung mit einem Blindenführhund, ggf. Umschulung etc.)

* Erlernen der Punktschrift, um die Fähigkeit schriftlicher Kommunikation wiederzugewinnen. Erlernen des Maschinenschreibens (heute: Umgang mit elektronischen Hilfsmitteln), um Sehenden wieder schriftliche Mitteilungen machen, Texte bearbeiten, das Internet nutzen zu können usw.
* Wiedererlangung der Fähigkeit zur Wahrnehmung des Angenehmen und Schönen durch Konzentration auf die verbliebenen Sinne und Erschließung der Erlebnismöglichkeiten, die diese bieten (s. Kapitel 10)
* Wiedergewinnung eines positiven Selbstwertgefühls durch Relativierung der Bedeutung der Blindheit für die gesamte Persönlichkeit, durch Besinnung auf die eigenen Fähigkeiten und Ressourcen (s. Kapitel 8). Dies wird durch die Entdeckung erleichtert, wie viele Lebensbereiche von der Behinderung nicht betroffen sind. Der blinde Autor Perle drückt diese Erkenntnis so aus:

"Meine Blindheit war nicht die völlige Dunkelheit, die ich mit dem Konzept 'blind' assoziiert hatte. Ich konnte lesen, umhergehen, ohne mich zu stoßen und mich an der weiblichen Schönheit erfreuen, die es auf dem Campus im Überfluß gab." (Perle 1978, S. 257, Übers. d. Verf.)

Andere Autoren erachten folgende Aspekte einer gelungenen Anpassung an das Blindsein für besonders wichtig: [90]
* Kirtley beschreibt die "Erholungsphase" (recovery) wie folgt:

"Die Erholungsphase ist charakterisiert durch gesunde Lösung der Trauerarbeit, allmähliche Wiederaufnahme von Objektbeziehungen, Lenken der psychischen Energie in Richtung auf reale Lebensprobleme, Beginn von Lernprozessen, Erwerb von Fertigkeiten zur Erleichterung der Kommunikation und Erhöhung der Mobilität, Wiederaufnahme der Arbeit, Akzeptieren der Blindheit als Behinderung anstelle masochistischer Unterwerfung unter sie oder Leugnung der Tatsache, daß die Blindheit einen von anderen Menschen unterscheidet." (Kirtley 1975, S. 156, Übers. d. Verf.)

---

90 Gelungene Krisenverarbeitung wird in der angelsächsischen Literatur oft als "adjustment" bezeichnet; doch wird dieser Begriff selten expliziert. Roessler u. Bolton wird (1978, S. 1 ff.) zählen verschiedene Modelle des "adjustment" auf, die sich teilweise widersprechen (z.B. das Modell sozialer Konformität versus das Modell aktiver Auseinandersetzung ("positive striving model")). Ich verwende die deutsche Übersetzung "Anpassung" nicht im Sinne sozialer Konformität, sondern im Sinne des Piaget'schen Begriffes der Adaptation (vgl. Ginsburg u. Opper 1975, S. 33 ff.).

* Wright (1960) nennt folgende Kriterien einer gelungenen Bewältigung:
  - Bereicherung des Wertespektrums (s. Kapitel 11)
  - Reduzierung der Auswirkungen der Blindheit durch Erwerb neuer Fertigkeiten
  - Sich *mit* der Behinderung akzeptieren. Einsicht, daß die Behinderung nicht die Person im ganzen abwertet
  - Unterordnung des Physischen in der Bewertung der eigenen Person
  - Dem "spread phenomenon" entgegenwirken, also die Blindheit in ihrer Bedeutung relativieren und erkennen, daß viele Lebensbereiche nicht von ihr betroffen sind
  - Aufgeben des vergleichenden Charakters von Werten (s. Kapitel 11)

* Fogel u. Rosillo (1969) nennen Zielflexibilität als zentralen Aspekt gelungener Bewältigung: Der Betroffene fixiert sich nicht auf frühere Ziele (z.B. ein guter Autofahrer sein, Tennisturniere gewinnen, Zeichnen), sondern setzt sich erreichbare Ziele und sucht neue Betätigungsfelder, die mit der Behinderung in Einklang gebracht werden können (etwa Tandemfahren, Wandern, Konzerte besuchen, einem Chor beitreten).

* Wiener (1975) führt die Fähigkeit, wo nötig um Hilfe zu bitten, als wichtiges Kriterium an.

* Kast (1982, 1987) spricht von verändertem Selbst- und Weltbezug als der letzten Phase eines gelingenden Trauerprozesses und macht damit (ähnlich wie Schuchardt mit ihrer Beschreibung der Spiralphase "Solidarität") deutlich, daß es keineswegs nur um eine Neugestaltung des Umgangs mit sich selbst, sondern auch um einen veränderten Zugang zur Welt und zu zwischenmenschlichen Beziehungen geht. Gelungene Krisenverarbeitung heißt auch, wieder über sich selbst hinaussehen und sich der Welt öffnen, sich auf Lebensaufgaben und Begegnungen einlassen zu können.

* Manchmal wird unterschätzt, wie sehr die persönliche Krise des Betroffenen auch seine Angehörigen und Freunde, Arbeitskollegen und andere Bezugspersonen mitbetrifft. Manche Beziehungen gehen in die Brüche - Ehepartner trennen sich, Freunde wenden sich ab, Stigmatisierung und Ausgrenzung werden erfahren. Umgekehrt mutet der Mensch in der Krise seinen Bezugspersonen einiges zu in Form von Unausgeglichenheit, Aggressivität und Reizbarkeit, Hilfsappellen und manchmal überzogenen Erwartungen, fehlender emotionaler Präsenz und Offenheit für die Sorgen anderer etc. (Knoke 2004). Für alle Beteiligten kann es dann schwer sein,

sich nicht enttäuscht voneinander zurückzuziehen, sondern wieder auf den anderen zuzugehen und darauf zu vertrauen, daß es auch unter den veränderten Bedingungen möglich ist, tragfähige Bindungen (um-)zugestalten oder neu aufzubauen. Die Beziehungspartner müssen eine neue Balance zwischen geben und Nehmen finden, ihre gemeinsamen Aktivitäten den Gegebenheiten anpassen, ihre Freiräume neu aushandeln, im günstigsten Fall miteinander das Geschehene und seine Folgen für die Beziehung bewußt reflektieren. Die Nöte der Angehörigen sind dabei genauso wichtig wie die Anliegen des direkt Betroffenen - eine Tatsache, die in manchen Selbsthilfeorganisationen erst allmählich stärker beachtet wird. Gelingt dieser gemeinsame Entwicklungsprozeß, können sich Beziehungen sehr intensivieren und vertiefen.

Zusammengefaßt heißt das: Gelungene Krisenverarbeitung - oder sagen wir ruhig: Heilung[91] - ist ein vielschichtiges Geschehen und findet auf gedanklicher, emotionaler, sozialer, lebenspraktischer und spiritueller Ebene statt. Ziel ist letztendlich, einen veränderten Selbst- und Weltbezug herzustellen, zu einem sinngebenden, befriedigenden und unter den veränderten Bedingungen realistischen Lebensentwurf zu finden. Die schwierige Kunst besteht darin, zu bewahren, was bewahrt werden kann, zu verändern, was verändert werden muß und zu akzeptieren, was nicht verändert werden kann (verbunden mit der Weisheit, das eine vom anderen zu unterscheiden). Kann die Behinderung einmal als Herausforderung zur Weiterentwicklung angenommen werden, öffnet sich die Tür zu einem persönlichen Wachstum, das über Behinderungsbewältigung i.e.S. weit hinausgehen, zur Reifung und Individuation wesentlich beitragen kann. Die Kapitel 10 bis 12 widmen sich diesem Thema.

---

91   vgl. Rehmert (2005), der in seinem Artikel mit dem etwas provokativen Titel: "RP ist heilbar" einen bewußten Gegenakzent zur Gefahr einseitiger Fixierung auf die Suche nach medizinischer Heilung setzt und die Möglichkeit psychischer, sozialer und nicht zuletzt spiritueller Heilung in den Vordergrund stellt.

8 Was hilft: Schutzfaktoren und Ressourcen

"Es geht im Leben nicht darum, gute Karten zu haben, sondern mit einem schlechten Blatt ein gutes Spiel zu machen." (Robert Louis Stevenson)

Phasenmodelle leisten einen wesentlichen Beitrag zum Verständnis von Prozessen der Trauer, des Abschiednehmens und der Verarbeitung von Krisen. Betroffenen können sie helfen, ihre Reaktionen zu verstehen und in den Sinnzusammenhang seelischer Entwicklung zu stellen. Dem Berater oder Therapeuten liefert ihre Kenntnis wertvolle Hinweise darauf, wo der Ratsuchende gerade steht und wo er in der Beratung oder Psychotherapie abgeholt werden muß. Dennoch lassen solche Modelle einige wesentliche Fragen offen: So geben sie wenig Aufschluß darüber, welche inneren seelisch-geistigen Kräfte und welches zwischenmenschliche Beziehungsgeschehen es sind, die den Betroffenen befähigen, sich von einer Phase in die nächste hinein zu entwickeln. Auch wenn Schuchardt (1980/2003) zu Recht die Notwendigkeit angemessener Prozeßbegleitung betont, darf nicht übersehen werden, daß Menschen von Natur aus über Selbstheilungskräfte und Ressourcen verfügen bzw. solche im Laufe ihrer Entwicklung erwerben oder erweitern. Diese können helfen, auch mit schwierigsten Anforderungen des Schicksals fertig zu werden. Um solche Fähigkeiten soll es im nun folgenden Kapitel gehen.

"Der Versuch, den Menschen nicht nur negativ von seinen Störungen her, sondern auch positiv, also unter dem Aspekt seiner Fähigkeiten zu sehen, ist alt und findet sich schon bei Platon, der die dem Menschen innewohnenden Fähigkeiten durch vier Tugenden beschreibt: Gerechtigkeit, Einsicht, Kühnheit und Weisheit. Orientalische Philosophen sprechen in ähnlicher Weise von den Tugenden Liebe, Gerechtigkeit, Macht und Weisheit." (Peseschkian 1993)[92]

Zwanzig Jahre, nachdem er das Phänomen der "gelernten Hilflosigkeit" und dessen Rolle bei der Entstehung depressiver Störungen erforscht hatte[93], wandte sich M. Seligman in seiner "Positiven Psychologie" der Frage zu, was Menschen zu Glück und Wohlbefinden verhilft (Seligman 2003, 2006).

---

92   In: Jork u. Peseschkian 1993
93   Seligman 1975, 1991; Seligman u. Petermann 1992

Er und seine Kollegen forschten nach den sog. *Tugenden*, die in allen spirituellen Traditionen auftauchen: Bei Aristoteles, Platon, Thomas von Aquin, Augustinus, im Alten Testament, im Talmud, bei Konfuzius, Buddha, Laotse, im Koran, den Upanishaden u.a. Alle diese Traditionen, verteilt über 3000 Jahre und die gesamte Erdoberfläche, unterstützen folgende Tugenden: Weisheit und Wissen, Mut, Liebe und Humanität, Gerechtigkeit, Mäßigung, Spiritualität und Transzendenz. Die Autoren beschäftigten sich dann mit der Frage, welche Fähigkeiten nötig sind, um diese Tugenden leben zu können. Sie kamen auf Qualitäten wie: Neugier, Interesse für die Welt, Lerneifer, Urteilskraft, kritisches Denken, geistige Offenheit, Erfindergeist, Originalität, weiterhin praktische, soziale, personale und emotionale Intelligenz, Weitblick, Tapferkeit, Zivilcourage, Durchhaltekraft, Fleiß, Gewissenhaftigkeit und Integrität, Ehrlichkeit, Großzügigkeit und die Fähigkeit zu lieben. Zu Mäßigung führen Demut und Bescheidenheit, Vorsicht und Klugheit. Für die Entwicklung einer transzendenten Haltung dem Leben gegenüber brauchen wir allen voran Sinn für Schönheit und Dankbarkeit. Weitere zentrale Begriffe sind: Hoffnung, Optimismus, Zukunftsbezogenheit, Spiritualität, Gefühl für Lebenssinn, Glauben, Religiosität[94], Vergeben und Gnade walten lassen, spielerische Leichtigkeit und Humor, Elan, Leidenschaft und Enthusiasmus. Eindrucksvoll an dieser Beschreibung ist, daß hier Begriffe (wieder) Eingang in die wissenschaftliche Psychologie finden und diskursfähig werden, die uns lange eher altmodisch, moralisierend oder wissenschaftsfern anmuteten. Zwar ist solches Denken der neueren Psychotherapie im Grunde nicht fremd und findet sich etwa in den Werken C.G. Jungs, Viktor Frankls oder Erich Fromms. Erik Erikson spricht von "Grundtugenden" ("basic virtues") und beschreibt sie als dem Menschen innewohnende Kraft oder aktive Qualität. Er formuliert eine Stufenfolge von Tugenden des Menschen, welche nach den einzelnen Entwicklungsstadien und der Reifung psychischer Funktionen aufgebaut sind: Zielstrebigkeit und Tüchtigkeit, die in der Kindheit entwickelt werden, Treue als Tugend der Jugend und Liebe, Fürsorge und Weisheit als zentrale Tugenden des Erwachsenenlebens (zit. n. Peseschkian, a.a.O., S. 95). Dennoch haben Medizin, Psychologie und Psychotherapie - zumindest in der westlichen Welt - ihr Augenmerk lange weit mehr auf Krankheiten, deren Phänomenologie, Verbreitung,

---

94 Resilienzforscher fanden, daß Glauben und Religiosität mit das Wichtigste sind, um Traumata zu überstehen (Reddemann 2004).

Entstehung und Behandlung gerichtet als auf die Frage, was Menschen dazu verhilft, auch unter schwierigen und schwierigsten Bedingungen gesund zu bleiben oder zu werden. Heisterkamp(1999) analysierte 127 Aufsätze von Psychotherapeuten hinsichtlich der Beachtung verschiedener Gefühlsqualitäten: 135 Sätzen über Freude standen 1800 Sätze über Angst gegenüber.

Über die Möglichkeit, an der Auseinandersetzung mit Anforderungen des Lebens, selbst mit Traumatisierungen, zu wachsen, wurde nicht allzu viel gesprochen. Was heute als *"traumatic growth"* diskutiert wird, galt eher als suspekt. Wer für sich in Anspruch nahm, durch eine ehrliche Auseinandersetzung mit seinem Schicksal auch hinzugewonnen zu haben, wurde allzu schnell verdächtigt, sich ein scheinbares Trostpflaster im Dienste der Abwehr (Leugnung, Reaktionsbildung usw.) zurechtgelegt zu haben. Inzwischen wurden jedoch die Schwächen einer einseitig pathogenetischen Perspektive erkannt und durch *salutogenetische Denkansätze* ergänzt.[95] Mit anderen Worten: Hatte die Wissenschaft sich bislang in erster Linie dem Unglück der Menschen zugewandt, begann sie nun, sich für ihr Glück zu interessieren. Die Neurowissenschaften mit ihren modernen Möglichkeiten (v.a. den neuen bildgebenden Verfahren) trugen wesentliche Erkenntnisse bei.[96]

8.1 Das interne Belohnungs- bzw. Glückssystem[97]

Die Neurowissenschaften haben herausgefunden, daß unser Gehirn über ein internes Belohnungssystem verfügt, das durchaus unabhängig funktioniert. Die Vorstellung, Freude sei die Abwesenheit von Schmerz, wie Freud noch annahm, muß als überholt angesehen werden. Vielmehr werden positive und negative Gefühle im Gehirn von unterschiedlichen Systemen erzeugt. Diese Systeme können miteinander, nebeneinander und gegeneinander arbeiten. Klein faßt zusammen:

---

95   s. Antonovsky 1993, 1997; Peseschkian 1985/1993, Peseschkian u. Ulrich 1996, Jork u. Peseschkian 2003.
96   s. die zusammenfassenden Darstellungen bei Kast (2003) sowie Klein (2002)
97   Eine zusammenfassende und sehr gut allgemeinverständliche Darstellung findet sich bei Klein (2002).

"Schon in der Sprache der Neurochemie bedient sich der Ausdruck von Lust und Unlustgefühl unterschiedlicher Signale. Bei Begehren, Zufriedenheit und sexueller Anziehung spielen die Botenstoffe Dopamin, Oxytocin und Beta-Endorphin wichtige Rollen. Angst, Anspannung und Niedergeschlagenheit hingegen werden unter anderem von Acetylcholin und von Streßhormonen wie Cortisol gesteuert." (Klein 2002, S. 52)

Das dopaminerge Belohnungssystem funktioniert offenbar wie die mentale Kraft, die Freud als Libido beschrieben hat: Es stimuliert das Gehirn mit optimistischen Erwartungen, erzeugt das Gefühl einer sinnvollen Zielgerichtetheit und steuert positive, zielsuchende Interaktionen mit der Welt (Solms 2006, S. 847).

Für gute und weniger angenehme Gefühle gibt es jeweils eigene Schaltungen (Damasio 1995, 2001; Damasio et al. 2000). Das "glückliche" und das "unglückliche" Gehirn zeigen keine konträren Muster. Der rechte Frontallappen ist offenbar mehr für die unglücklichen, der linke mehr für die glücklichen Gefühle zuständig. Aufgrund hemmender und fördernder Schaltstellen gibt es nun sozusagen einen "Konkurrenzkampf" zwischen positiven und negativen Emotionen (zit. n. Klein 2002, S. 56 f.). So kann der linke Frontallappen inhibitorische Signale an die Amygdala senden, um so Ekel, Angst oder Wut abzuschwächen (Jackson et al. 2000). Nur der Mensch und einige Primatenarten scheinen über die autoprotektive Fähigkeit zur Selbstberuhigung einer vegetativen Dauererregung (arousal) angesichts einer chronischen Belastungssituation zu verfügen. Gündel faßt zusammen:

"Es existieren immer mehr experimentell faßbare Hinweise, daß das bewußte Erleben bzw. Durchleben einer bedrückenden emotionalen Erfahrung über die dann verstärkte Aktivierung von vom präfrontalen Cortex zu subcorticalen Regionen ausstrahlenden inhibitorischen Bahnen zu einer Erhöhung meist protektiver parasympathischer Aktivierung und zu einer Inhibition sympathischer Aktivität (Dauerstreß) führt." (Gündel 2005)

Die Fähigkeit zur Affektregulation, somit zur psychophysiologischen Inhibition (Abpufferung) einer akuten oder chronischen körperlichen Streß-situation durch bewußte Wahrnehmung und Verbalisierung hängt nach heutigem Erkenntnisstand unmittelbar mit der Verfügbarkeit einer früheren, Halt gebenden und innere Repräsentanzen stiftenden Beziehung zusammen (Gündel et al. 2002, s. auch Kast 2003). Je nach Beschaffenheit des Systems innerer Repräsentanzen können im Verlauf des Lebens eigene oder fremde emotionale Impulse, so auch die Belastung durch chronische Krankheit oder Behinderung, mit Hilfe dieses reflektierenden Zwischenraums besser wahrgenommen, ertragen, abgefedert und interpretiert werden (Gündel 2005).

Daß positive Gefühle die Lern- und Leistungsfähigkeit verbessern, Kreativität und Problemlösekompetenz fördern, weiß der gesunde Menschenverstand seit langem. Über dem Eingangsportal des von mir besuchten (im 19. Jahrhundert erbauten) Gymnasiums stand folgende Inschrift: "Gesellet zur Pflicht sich die Freude, so dünkt euch die Arbeit ein Spiel". Wie so oft brauchte die Wissenschaft für diese Einsicht deutlich länger. Heute belegen jedoch zahlreiche Studien diesen Zusammenhang (etwa Isen et al. 1987, 1991; Isen 2001).

Das bedeutet: Negative Emotionen, wie sie in der Auseinandersetzung mit einer Behinderung unvermeidlich sind, können gelindert werden, wenn es gelingt, positive Gefühle und Ressourcen zu aktivieren. Diese sind dann keineswegs nur ein "Trostpflaster" oder eine willkommene, jedoch vorübergehende Ablenkung, sondern helfen vielmehr direkt bei der Affektregulation und erleichtern die Problemverarbeitung. Umgekehrt kann ein Scheitern dieser Regulation die negativen Emotionen zu einer Lawine mit Eigendynamik werden lassen und damit das Vorankommen im Bewältigungsprozeß beeinträchtigen. Nach allem, was wir inzwischen über neuronale Plastizität, also die Wandelbarkeit des Gehirns unter wechselnden Lern- und Umweltbedingungen (s. Kapitel 10.1) wissen, lassen sich die einzelnen Regelkreise (z.B. der Affektregulation) in verschiedene Richtungen beeinflussen. Somit können gute Gefühle "trainiert" werden (Klein 2002, S. 71 f.). Bei diesem Training kommt der Phantasietätigkeit eine fast ebenso große Bedeutung zu wie der realen Erfahrung (s. Kapitel 9). Ressourcenorientierte, salutogenetisch denkende Beratung bzw. Psychotherapie wird auch hier (und nicht ausschließlich bei der Beachtung der Problemanteile) ansetzen.

8.2 Ressourcenorientierung versus "Positives Denken"

An dieser Stelle muß einem möglichen Mißverständnis vorgebeugt werden: Die Erkenntnisse der Glücks- und Resilienzforschung, der Positiven Psychologie und Salutogenese sind keineswegs gleichzusetzen mit populärpsychologischen Vorstellungen über "positives Denken", wie sie seit Jahren in aller Munde (und oft mehr schädlich als nutzbringend) sind. Es geht nicht darum, das eigene Leben und die Welt durch eine rosarote Brille zu sehen, Leid zu vermeiden oder zu verleugnen.[98] Wie Reddemann (2004a, 2004b) an dem sizilianischen Märchen "Glücklos" illustriert, muß ein schweres Schicksal zunächst durchlitten und angenommen werden, bevor eine positive Wendung möglich wird. Am Beispiel der Biographie Johann Sebastian Bachs, dessen Leben durch eine Reihe schwerer Traumatisierungen geprägt war (angefangen vom frühen Verlust der Eltern, dem Tod seiner ersten Frau, einiger seiner Kinder und anderer Nahestehender über zahllose Schikanen im Beruf bis hin zu seiner fast völligen Erblindung im Alter) und anhand seiner wunderbaren Musik zeigt Reddemann (2004a, 2006) eindrucksvoll, wie es gelingen kann, Schicksal anzunehmen, auszudrücken und zu überwinden. Für unser Verständnis von Akzeptanz ist wichtig zu sehen, wie Schweres und Leichtes, Verzweiflung und Hoffnung, Resignation und Selbstermunterung, Schmerz und Freude miteinander existieren dürfen und zusammengehören (s. Kapitel 7.5 und 12). Wie wir gesehen haben, unterstützt die moderne Hirnforschung diese Sichtweise. Betrachten wir all diese Reaktionsmöglichkeiten als Ich-Zustände im Sinne der Transaktionsanalyse, geht es darum, diese flexibel mit psychischer Energie besetzen und miteinander in Beziehung bringen zu können, statt in einem einzelnen Ich-Zustand fixiert zu sein. Albert Schweitzer, der sich intensiv mit Bach beschäftigt hat, schreibt:

> "Was ist mir Bach? Ein Tröster. Er gibt mir den Glauben, daß in der Kunst wie im Leben das wahrhaft Wahre nicht ignoriert und nicht unterdrückt werden kann, auch keiner Menschen Hilfe bedarf, sondern sich durch seine eigene Kraft durchsetzt, wenn seine Zeit gekommen. Was er war, steht nur in den Tönen: Lebensfreude und Todessehnsucht, unvermittelt eins. [...] Es liegt nämlich etwas so unendlich Lebendiges und unendlich Abgeklärtes in seiner Stimmführung: Jede einzelne Stimme ein Wille, eine Persönlichkeit, alle frei, in Freiheit sich begegnend, sich meidend, sich hassend, sich liebend, sich helfend und zusammen etwas einheitlich Lebendiges, das so ist, weil es so ist." (zit. n. Reddemann 2004a)

Können positive Gefühle also keineswegs das Erleben und Durcharbeiten von Leid und schmerzlichen Erfahrungen ersparen, haben sie doch un-

---

98   Kast (2003) unterscheidet denn auch klar "Freude" von "Spaß": Die "Spaßgesellschaft" verdränge alles, was beunruhigen könnte.

mittelbaren Einfluß darauf, wie wir Schwierigkeiten, Schicksalsschläge, Konflikte und Probleme meistern. Kast spricht von *"gehobenen Emotionen"*, die sie als wesentliche Ressource ansieht:

> "Unter gehobenen Emotionen wollen wir einfach alles verstehen, was unsere Stimmung hebt: Freude, Begeisterung, Hoffnung, Interesse, gutes Selbstwertgefühl, Lust. [...] Dann wird deutlich, daß die Freude ein Gegengewicht zur Erdenschwere ist, zur Enge und zur Dunkelheit. Freude zeigt uns: Es gibt noch etwas, das über uns hinausgeht, in die Höhe geht, etwas, was mehr ist, als im Moment ist. [...] Freude ist auch Transzendenz und auf Transzendieren hin angelegt in einem ganz weiten Sinn. [...] Mit gehobenen Gefühlen hat man ein besseres Selbstwertgefühl. Man ist sozial verträglicher, man erlebt weniger Streß. Man ist kreativer, man lernt besser, man hat eine bessere Immunabwehr. Und das sind Ressourcen im therapeutischen Prozeß. Das Hirn soll umlernen, nicht nur immer aufnehmen, was Angst und Panik macht, sondern eben auch, was Freude auslöst." (Kast 2003)[99]

Dabei gehe es auch um das selbstverständliche Selbstvertrauen, um Bedeutsamkeit, die Möglichkeit des sich Öffnens, Vitalität, Kompetenz, Lebensenergie, Mut, zuversichtlichen Tatendrang - Aspekte, die nicht möglich sind, wenn die Freude nicht zugelassen werden kann.

Mögen wir vielleicht auch gewohnt sein, unsere Biographie (und als Psychotherapeuten diejenige unserer Patienten) Im Lichte der Probleme zu betrachten, können wir ebensogut fragen, wo die glückhaften Momente des Lebens waren und sind (Kast 1994, 2003). Einer "Krankengeschichte" stellen wir dann gleichwertig eine Biographie des Glücks, der Freude, der Stärken und Interessen gegenüber. In diesem Fall stellen wir uns bzw. unseren Patienten ganz andere Fragen:

* Wie schaffen Sie es, trotz Ihrer Belastungen (Erkrankungen etc.) weiterzumachen?
* Wann und wie oft fühlen Sie sich wohl?
* Wann in Ihrem Leben haben Sie sich am wohlsten gefühlt?
* Wann fühl(t)en Sie sich gesund?
* Woher beziehen Sie Kraft?
* Wie war der heutige Tag/die letzte Woche? Was hat Ihnen Freude gemacht?

---

99   Zur Immunabwehr: Davidson et al. (1999) fanden, daß stärkere Aktivität des für positive Gefühle zuständigen linken präfrontalen Cortex einhergeht mit einer größeren Zahl an Killerzellen und damit einer verbesserten Infektabwehr.

* Was sind Ihre Stärken?
* Wofür interessieren Sie sich?
* Wofür setzen Sie sich ein?
* Wieviel Zeit nehmen Sie sich für sich/für Ihr Gesundwerden?
* Wie hätten Sie sich gern? Was ist Ihr Ziel (heute, im nächsten Monat, in den nächsten fünf Jahren, im Leben)?
* Wer sind Ihre Vorbilder?
* Was ist wirklich gut in Ihrem Leben?
* Woran glauben Sie?
* Wer in Ihrer Umgebung steht Ihnen zur Seite?[100]

8.3 Resilienz bzw. Schutzfaktoren

In der Psychotraumatologie wurde erkannt, daß das Aufspüren und Stärken von Ressourcen und Selbstheilungskräften die Grundlage ist, auf der eine (spätere) Bearbeitung der traumatischen Erfahrung überhaupt erst möglich und verantwortbar ist (Reddemann u. Sachsse 1997, Reddemann 2001, 2004b).

Coping- und Protektionsforschung versuchen, einen Ausgleich zur einseitig störungsbezogenen Betrachtung zu schaffen: Der hier zentrale Terminus "Resilienz" meint nicht nur das Phänomen, sich unter schwierigen Lebensbedingungen gesund und kompetent zu entwickeln. Unter "Resilienz" versteht man auch die relativ eigenständige Erholung von einem Störungszustand. Thematisiert werden also Prozeß und Ergebnis der (durchaus auch gelingenden) Anpassung an belastende Lebensereignisse. Gemeint ist eine zwar nicht absolute, jedoch relative Widerstandskraft gegenüber potentiell traumatisierenden Lebensereignissen und -umständen. Diese Widerstandskraft - von Peseschkian[101] im Rahmen der von ihm begründeten "Positiven Psychotherapie" als *"generalisierte Widerstandsressourcen"* bezeichnet - kann je nach Lebensphase sehr unterschiedlich ausgeprägt sein und beruht auf vielfältigen Interaktionen von Anlage und Umwelt sowie Person und Situation (Bender u. Lösel 1997).

Wirksame, die "fehlende Schädigung" erklärende Schutzfaktoren lassen sich aufgliedern in individuelle (gutes Sozialverhalten, kommunikative Kompetenz, hoher Aktivitätsgrad, internale Kontrollüberzeugung) sowie soziale

---

100   s. hierzu auch Jork u. P Peseschkian (2003)
101   P Peseschkian 1985, P Peseschkian u. Ulrich 1996, Jork u. P Peseschkian 2003

Einflüsse (liebevolle Beziehung zu einem oder mehreren nahestehenden Menschen, unterstützende Systeme von außen).

Das eigentlich Erstaunliche an den Befunden über Resilienz sei, so Reddeman (2004a), das Gewöhnliche daran: Resilienz entstehe in der Entwicklung durch das ganz normale Operieren protektiver Systeme, deren einige wir mit anderen Arten teilen:

> "Was resiliente Individuen charakterisiert, sind aber normale menschliche Eigenschaften wie die Fähigkeiten zu denken, zu lachen, zu hoffen, dem Leben einen Sinn zu geben, zu handeln oder das eigene Verhalten zu unterbrechen, um Hilfe zu bitten und diese zu akzeptieren, auf Gelegenheiten zu reagieren oder Erfahrungen und Beziehungen zu suchen, die für die Entwicklung gesund sind." (Reddemann, 2004a)

Wesentlich für das Vertrauen, eine Situation bewältigen zu können, sei, so Antonovsky (1993, 1997) das *Erleben von Kohärenz (sense of coherence):* Man verfüge über den Kohärenzsinn, wenn man erlebe, daß die Anforderungen aus der inneren und äußeren Welt strukturiert, vorhersagbar, verstehbar und erklärbar seien (comprehensibility). Kann die Sinnhaftigkeit (meaningfulness) einer Anforderung erkannt oder erspürt werden, kann man am ehesten Ressourcen aktivieren.

Nun dürfte bei Eintreten einer lebensverändernden Erkrankung oder Behinderung für die meisten Betroffenen ein darin schlummernder Sinn zunächst kaum erkennbar sein; umso nötiger ist, die eingetretene (oder zu erwartende) Veränderung als positive Herausforderung und Entwicklungschance begreifen zu lernen. Diese Sichtweise denk- und erlebbar zu machen, ist eines der Hauptanliegen dieser Arbeit.

Zur Resilienz gehören aktive Bewältigungsbemühungen, kognitive Kompetenzen, Erfahrungen der Selbstwirksamkeit, positives Selbstwertgefühl, Flexibilität, stabile emotionale Beziehungen und Modelle positiver Bewältigung (Bender u. Loesel 1997). Reddemann (2004a) beschreibt folgende Resilienzfaktoren als wesentlich:
* Intelligenz, Kreativität und Humor
* Fähigkeit, sich von festgefahrenen Rollen (Geschlechterrollen, kulturellen Rollen usw.) zu lösen, sich täglich neu zu erfinden
* ein Familienklima, in dem alle Gefühle erlaubt sind
* Erleben einer (äußeren oder geistigen) Heimat, des Verbundenseins
* klare Weltwahrnehmung

* Fähigkeit, sich gefaßt auf Veränderungen einzustellen
* Fähigkeit, das Schwere annehmen zu können, ohne darin zu versinken
* Fähigkeit, zwischen Veränderbarem und Unabänderlichem zu unterscheiden
* Bereitschaft zu Barmherzigkeit und Mitgefühl
* Fähigkeit zur Entwicklung tröstlicher innerer Bilder
* Fähigkeit, auch den kleinsten Hoffnungsschimmer wahrzunehmen und zu nutzen
* ein transzendentes Wertesystem
* die Bereitschaft, sich mit Tod und Sterben auseinanderzusetzen.

Eine wichtige Rolle spielt das Konzept des *Flow* (Csikszentmihalye 2005): Flow meint ein "Fortgetragenwerden von einer Macht, die sich dem Willen entzieht, einer Art müheloser Bewegung in einem Strom von Energie" (zit. n. Reddemann 2004). Flow-Erlebnisse treten meist auf im Zusammenhang von Tätigsein und Arbeit oder der Konfrontation mit Anforderungen des Lebens. Zum Flow-Erlebnis gehören klare Ziele und die Freude an den zur Zielerreichung unternommenen Schritten. Flow wird möglich, wenn Handlungsanforderungen und Handlungspotential hoch sind und beide in einem ausgewogenen Verhältnis zueinander stehen. Unter solchen Voraussetzungen können sogar die (zunächst oft als angstbesetzt und mühsam empfundenen) Schritte lustvoll erlebt werden, die nötig sind, um mit einer Behinderung umgehen zu lernen (Mobilitätstraining, Erlernen der Punktschrift etc.). Im Flow-Erlebnis werden Handeln und Bewußtsein eins. Man geht ganz im Tun auf, das Zeitgefühl verändert sich. Flow kann gesehen werden als die andere Seite des Anliegens, einen Grund oder eine Rechtfertigung dafür zu finden, daß wir am Leben sind. Somit liegt darin etwas Transzendentes (vgl. hierzu die Spiralphasen "Aktivität" und "Solidarität" nach Schuchardt sowie Frankls logotherapeutischen Ansatz).

Gelingt es, innere Ressourcen zu aktivieren, wird sich dies positiv auf das (in jeder persönlichen Krise zwangsläufig angeschlagene) Selbstwertgefühl auswirken, was dann wiederum den Krisenverarbeitungs- und Problemlösungsprozeß erleichtern wird:

> "Wenn wir ein gutes Selbstwertgefühl haben, fühlen wir uns weniger rasch bedroht, reagieren weniger rasch feindselig. Wir haben weniger Angst, wir sind ideenreicher. Infolgedessen scheint es mir sehr klar zu sein: Das ist eine Ressource." (Kast 2003)

Resilienz hängt ab vom Verhältnis zwischen Risiko- und Schutzfaktoren. Die Protektionsforschung stellt daher die schützenden Einflüsse den Risikofaktoren gegenüber und bringt sie in eine mathematische Formel (Petzold 1993). Mag dieses Modell ebenso wie die sog. Bewältigungs- (Coping-) forschung (Ulich 1987; Bründel 1993) seinerseits auch kritisierbar sein (etwa als zu statisch, zu behaftet mit Vorannahmen, zu umweltdeterministisch etc.), liefert es doch eine wertvolle Ergänzung bei der Erforschung des Umgangs von Menschen mit belastenden Lebensereignissen und schützt vor einer einseitig pathologisierenden Sichtweise.

8.4 Schlußfolgerungen

Ich hoffe, in diesem Kapitel gezeigt zu haben, wie hilfreich es ist, neben der unvermeidlichen Beschäftigung mit dem Problematischen (der Krise, dem Trauma, dem Verlust) auch positive Gefühle zuzulassen. Die neurophysiologischen Befunde über Koexistenz und Zusammenwirken positiver und negativer emotionaler Reaktionen im Gehirn sind gut vereinbar mit einem Akzeptanzbegriff, wie ich ihn in Kapitel 7.5 formuliert habe.

Kraftquellen, Ressourcen und eigene Stärken (i.S. von Resilienzfaktoren) sensibel wahrzunehmen, zu fördern und zu kräftigen, ist weit mehr als ein Trostpflaster oder eine vorübergehende Ablenkung. Vielmehr wird die einseitige Fixierung auf Unerfreuliches und damit eine drohende Chronifizierung der Krise verhindert, der Verarbeitungsprozeß katalysiert. Diese Möglichkeit verdanken wir der neuronalen Plastizität und Regulationsfähigkeit unseres Gehirns, seiner enormen Bereitschaft also, sich zu wandeln und neuen Anforderungen anzupassen. Sich die eigenen (vielleicht in Vergessenheit geratenen) Stärken ebenso bewußt zu machen wie seit Jahrtausende tradierte, möglicherweise als "altmodisch" in Misskredit geratene Tugenden, schützt vor innerer Lähmung, Resignation und dem Verharren in Ohnmachtsgefühlen. Mögen Zeiten des Rückzugs und reduzierter Aktivität manchmal auch sinnvoll und zur Erholung nötig sein, ist unser Gehirn doch meist auf Aktivität angewiesen; Passivität führt zu Depression, durch Hemmung der Neurogenese (also des Nervenwachstums) sogar zum Abbau grauer Hirnsubstanz.

Gerade in Krisenzeiten mag es besonders schwer fallen, Freude wahrzunehmen und zu genießen. Umso wichtiger ist es dann erst recht, sich frohen Erlebnissen (und sei es nur Vogelgezwitscher am Morgen beim

Aufwachen) aufmerksam zuzuwenden und das Erlebte in der Phantasie und Imagination (s. Kapitel 9) auszugestalten. Dabei ist wichtig, daß jeder seine individuellen Kraftquellen herausfindet und für sich nutzen lernt. Dennoch haben sich bestimmte Bereiche besonders bewährt; hier sollen beispielhaft einige herausgegriffen werden:

* *Sport* führt zu Oxytocin-, Serotonin- und Endorphinausschüttungen und dadurch zu gehobener Stimmung. Neurogenese (damit Gedächtnis und Lernfähigkeit) werden gefördert. Dem behinderten Menschen kann er helfen, ein positives Körpergefühl und Selbstvertrauen zu bewahren oder wiederzugewinnen. Er kann seinen Körper, der ihm so viele Scherereien bereitet, mit seinen verbliebenen Funktionen lustvoll erleben. Für einen blinden Menschen, der vieles von seiner Mobilität eingebüßt hat und sich dadurch manchmal eingesperrt fühlen mag, können eine Tandemtour oder ein flotter Ausritt die Freude an Bewegung und Geschwindigkeit zurückgeben.

* *Musik* zu hören, zu komponieren oder selbst zu musizieren, ist, wie wir am Beispiel Johann Sebastian Bachs gesehen haben, für viele Menschen eine wichtige Ressource. Musik geht da weiter, wo die Ausdrucksfähigkeit der Sprache endet. Sie kann helfen, Gefühle auszudrücken, zu verarbeiten und zu überwinden. Sie kann zum Erleben solcher Gefühle einladen, die ohne sie (noch) nicht spürbar sind (Hoffnung, Vertrauen, Zuversicht, Wiederauferstehen aus einer erlebten Katastrophe etc.).

* Was für Musik gilt, trifft in ähnlicher Weise auf *andere musische und kreative Aktivitäten* zu, seien dies Tanzen, expressives Schreiben, Dichten oder Schriftstellerei, Malen und Zeichnen, Bildhauerei oder das kreative Gestalten eines Gartens (s. Kapitel 10.6).

* Freude wird ausgelöst durch eine Arbeit, die fordert, ohne zu überfordern (Flow), durch Finden und Erfinden, Geschenke machen und bekommen, im Zusammenhang mit Wachsen und Werden, durch Natur und Kultur, durch gutes Essen, Sexualität und durch Abwesenheit von Schmerz (Kast 2003).

* *Soziale Interaktionen* (mit Mensch oder Tier) gehören zu den wichtigsten belohnenden Stimuli überhaupt. Schicksalsschläge werden wesentlich besser bewältigt, wenn man darüber mit anderen Menschen sprechen kann: Eine Studie an Brustkrebspatientinnen mit infauster Prognose zeigte, daß diejenigen Patientinnen, die einmal wöchentlich an einer Selbsthilfegesprächsgruppe teilnahmen, signifikant weniger Schmerzen, bessere Stimmung und doppelt so lange Überlebenszeiten aufwiesen als die

mit der üblichen Routine behandelte Kontrollgruppe (Spiegel et al. 1989, Spiegel 1991). Eine Göteborger Studie an über 2000 Männern zeigte, daß selbst die härtesten Schicksalsschläge relativ gut verkraftet wurden, wenn die Männer jemanden hatten, mit dem sie sprechen konnten (Rosengren 1993). Sich in einer bzw. für eine Gemeinschaft zu engagieren (s. Spiralphase 8 nach Schuchardt) ist eine wesentliche Ressource:

> "Der Rückzug ins Privatleben bedeutet für die meisten Menschen einen selbstgewählten Verzicht auf Glück, nicht nur, weil sie dadurch weniger Unterstützung genießen und ihre Hausgemeinschaft, ihr Viertel, ihre Stadt weniger wohnlich ist, als sie sein könnte. Vielmehr zieht, wer sich engagiert, fast immer eine große Befriedigung aus seiner Tätigkeit selbst." (Klein 2002, S. 269)

Argyle (1996) führte eine Studie über Freizeitgestaltung durch. Dabei gaben die meisten Befragten an, daß es ihr freiwilliges Engagement sei, das ihnen am meisten Freude bereite. Auf einer Punkteskala, auf der die Befragten den Wert ihrer jeweiligen Aktivitäten bewerteten, rangierte nur das Tanzen noch höher. Dabei war ihnen besonders wichtig, Gleichgesinnte kennenzulernen, die Ergebnisse ihrer Arbeit zu sehen und ihre Lebenserfahrung zu erweitern. Daraus kann geschlossen werden: Sich zu engagieren, sei es in einem Selbsthilfeverband, einem Kirchenchor, Sportverein oder einer Bürgerinitiative, ist nicht nur aus moralischer Sicht begrüßenswert, sondern dient auch dem eigenen Wohlbefinden.

Zu einer besonders heilsamen Ressource kann die liebevolle *Beziehung zu einem Tier* werden. In verschiedenen Bereichen werden seit längerem Tiere, allen voran Hunde und Pferde, mit gutem Erfolg zu therapeutischen Zwecken eingesetzt: In Krankenhäusern und Altenheimen, in der Arbeit mit Behinderten, Drogenabhängigen, verhaltensauffälligen Jugendlichen etwa oder im resozialisierenden Strafvollzug (Greifenhagen 1991, Greifenhagen u. Buck 2003). Tiere können manchmal sogar Komapatienten aus der Bewußtlosigkeit herauslocken. Daß gerade Tiere so besonders wertvolle Partner in Krisen sind, sehe ich vor allem durch folgende Aspekte begründet:

1.   Ein Tier stigmatisiert nicht. Es liebt seine Bezugsperson bedingungslos, wenn es mit Liebe und Verständnis behandelt wird. Eine Behinderung ändert daran nichts, denn Vorurteile sind uns Menschen vorbehalten. Ein Tier ist im Gegenteil sehr bereit, sich auf die Möglichkeiten, Grenzen und Bedürfnisse seines Herrchens oder Frauchens einzustellen.

2.   Ein Tier, dem es gut geht, hat fast immer gute Laune, und seine Lebensfreude ist in hohem Maße ansteckend. Dem Charme eines zur Begrü-
ßung freudig wiehernden Pferdes oder eines spielwilligen Hundes, der
seinem Herrchen oder Frauchen mit lachendem Gesicht einen Ball oder ein
Stöckchen vor die Füße wirft, kann sich selbst die betrübteste Seele kaum
entziehen. Tiere können durch den Trost, den sie spenden, ungemein
aufmuntern. Ein Hund etwa legt seinem weinenden Besitzer die Schnauze
auf den Oberschenkel, stupst ihn mit der Nase, ohne Fragen zu stellen. Ein
solcher Kontakt berührt denjenigen, der sich dafür öffnet, unmittelbar,
intensiv und ohne Wenn und Aber.
3.   Ein Tier ist auf uns angewiesen und zwingt auch in Zeiten der Krise,
Antriebslosigkeit oder innerer Lähmung, sich aufzuraffen und Verantwortung für das uns anvertraute Lebewesen zu übernehmen. Dies halte ich für
ein hochwirksames Antidepressivum.
4.   Ein Hund oder ein Pferd sorgen für Bewegung an der frischen Luft,
an der es aufgrund der Mobilitätseinschränkung nach einer Erblindung oft
mangelt. Über die positive Wirkung von Sport und Bewegung wurde bereits
gesprochen.

Nach einer Erblindung kann die Anschaffung eines Blindenführhundes
somit weit mehr bedeuten als eine Mobilitätshilfe und ein Zuwachs an
Selbständigkeit, kann doch die innige Freundschaft zwischen Mensch und
Tier beglücken, bereichern und trösten.

Die vorangegangenen Beispiele mögen genügen, um eine Vorstellung davon
zu geben, wie heilsam sich das Aufspüren und Nutzen von Ressourcen und
Fähigkeiten auswirken und die Auseinandersetzung mit belastenden
Lebensereignissen erleichtern kann. Der besonderen Rolle von Phantasie,
Imagination und Traum wird sich das folgende Kapitel widmen.

9 Zur unbewußten Seite von Coping-Prozessen: Phantasien und Träume als innere Helfer bei der seelischen Verarbeitung der Sehschädigung

9.1 Die Kraft innerer Bilder als Gegengewicht zu aktiven Coping-Strategien

"Bewußtsein ist offenbar eine Vorbedingung, doch der schöpferische Prozeß selbst läuft in einer tieferen Schicht ab, in die wir keinen Einblick haben." (Robert Sheldrake)

Es wurde bereits angedeutet, daß gängige Phasenmodelle vor allem aktive und bewußte Strategien der Verarbeitung und Problemlösung betonen. Selbst das Zulassen unvermeidlich heftiger Gefühle wird als aktive (und anstrengende) Arbeit aufgefaßt, wie wir etwa dem Begriff "Trauerarbeit" entnehmen können. Die Bedeutung aktiven, selbstverantwortlichen Handelns zu betonen, ist grundsätzlich legitim und fruchtbar, entspricht wohl auch am ehesten unseren westlichen Denkgewohnheiten. Über eine allzu starke Betonung dieses Aspekts könnte jedoch eine wesentliche Grundtatsache des Lebens aus dem Blickfeld geraten: Nämlich die, daß das Leben sich in Polaritäten vollzieht (s. Kapitel 12) und daß der Gegenpol zu "Aktivität" nicht zwangsläufig "Passivität"[102] ist, sondern auch mit "geschehen lassen", "sich entwickeln lassen" oder "wachsen (und sterben) lassen" zu tun hat. Die einseitige Akzentuierung des aktiv handelnden Pols, wie sie gängige Coping-Modelle nahelegen, paßt in die geistig-seelische Landschaft eines (in seiner Einseitigkeit pathogenen) kulturellen Skripts, das Aktivität, Effizienz, Perfektheit, Geschwindigkeit, Anpassungs- und Anstrengungsbereitschaft als alles beherrschende und nicht hinterfragte Grundwerte propagiert (Gündel 2001; Glofke-Schulz 2006). In ihrem Ausschließlichkeitsanspruch führen diese Werte zu Verformungen und Verzerrungen ebenso wie zum Brachliegenlassen wesentlicher Ressourcen, damit oft zu Überforderung

---

102   Passivität wird hier - im Sinne der Schiff'schen Konzeption - verstanden als Fehlen von problemlösendem Verhalten (Schiff 1975, 1977)

und unzureichender Problemlösung. Ich stimme Gündel zu, wenn er schreibt:

"Ein Wert ist immer skriptproduzierend und mithin pathogen, wenn nicht auch sein Gegenteil als möglicherweise wertvoll eingeschlossen wird." (a.a.O., S. 25).

Wenn Gündel zu Recht einen Wandel in der Erlaubnis- und Wertelandschaft unserer Kultur fordert, so gilt dies auch und erst recht für behinderte oder chronisch kranke Menschen, die der Forderung, aktiv, schnell, anpassungsfähig, fehlerlos, stark und experimentierfreudig zu sein, ohnehin nicht oder nur mit autodestruktivem Krafteinsatz nachkommen können. Autonomie als Ziel des Bewältigungsprozesses setzt die Bereitschaft und innere Erlaubnis voraus, sich von solchen Aspekten des kulturellen Skripts zu distanzieren und dem vernachlässigten Gegenpol (der Ruhe, Kontemplation, dem Träumen und Phantasieren) liebevolle Aufmerksamkeit zu schenken. Nicht zuletzt können hierdurch gerade behinderte Menschen einen wertvollen, das Selbst transzendierenden (s. Spiralphase 8 nach Schuchardt) gesellschaftlichen Beitrag in Richtung des von Gündel geforderten Erlaubnis- und Wertewandels leisten.

Zwar ist auch das Unbewußte intersubjektiv verfaßt (Stolorow u. Atwood 1992, S. 162), und so sind unbewußte Vorgänge keineswegs gänzlich frei von äußeren (familiären, gesellschaftlichen und kulturellen) Einflüssen. Dennoch bieten sie weit mehr Freiräume für die Suche nach einem selbstbestimmten, individuellen Weg jenseits einseitigen Anpassungsdrucks, als dies dem bewußten, rationalen oder pseudorationalen, oft stark normativ geprägten Denken möglich ist. So können Träume, innere Bilder[103] und Phantasien zumindest einen relativen Schutz davor bieten, den Coping-Prozeß zu einer Art "Anpassungstechnologie" verkommen zu lassen. Zaretsky, der sich mit der Geschichte der Psychoanalyse auseinandersetzt, arbeitet heraus, wie das größer gewordene Verlangen nach einem persönlichen Leben und der Befreiung von tradierten Zwängen im Menschenbild der Psychoanalyse Ausdruck fand und revolutionäre Kraft entfaltete: Mit ihrem Menschenbild setze die Psychoanalyse zwischen das Subjekt und die Gesellschaftsordnung die psychische Realität und das Unbewußte als einen Ort, dessen Erhellung in der Auseinandersetzung mit

---

103   Wenn ich hier dem allgemeinen Sprachgebrauch folgend von "Bildern" spreche, so beziehe ich mich nicht nur auf visuelle, sondern ebenso auf nichtvisuelle (auditive, taktile, olfaktorische, gustatorische, kinästhetische) innere Vorstellungsinhalte.

familialen und gesellschaftlichen Zwängen eine individualisierende Identitätsbildung ermögliche (Zaretsky 2005, zit. n. Bohleber 2006, S. 786). Aus einer solchen Perspektive ist das Unbewußte nicht ein Sammelsurium von Trieben, denen der Mensch ohnmächtig ausgeliefert wäre, sondern vielmehr ein Freiraum für die Entwicklung als Subjekt jenseits auferlegter Traditionen und normativer Zwänge.

Machen wir uns die Erkenntnisse der modernen Psychotraumatologie (s. Kapitel 7.1 und 7.2) nutzbar, wissen wir, daß wir nicht darauf vertrauen können, die krisenhafte bzw. traumatische Erfahrung, mit einer lebensverändernden Erkrankung oder Behinderung konfrontiert zu werden, könne ausschließlich auf verbalem Wege verarbeitet werden. Reddemann u. Sachsse (1997) ziehen zwei wesentliche Schlußfolgerungen:
1. Sie bemühen sich darum, Ressourcen und Selbstheilungskräfte des Betroffenen zu fördern.
2. Sie tragen der möglicherweise unzureichenden Versprachlichung der traumatisierenden Erfahrung Rechnung, indem sie ausdrücklich davor warnen, immer und immer wieder über das traumatische Ereignis zu sprechen. Dies könne die oben beschriebenen hirnphysiologischen Streßreaktionen in Gang setzen und sich somit u.U. retraumatisierend auswirken. Das klassische, aufdeckende Vorgehen psychoanalytischer Therapie müsse hier modifiziert werden. Die Autoren schlagen vor, imaginative Verfahren einzusetzen, d.h. die Entwicklung heilsamer, beruhigender und stabilisierender innerer Bilder und Phantasien zu fördern. Die Kraft der Imagination nutzbar zu machen, sei ohnehin die älteste Form des Heilens in der Geschichte der Menschheit. Bereits in der Antike finden wir Imaginationsübungen zum Einüben des Glücks, so in Ovids "Metamorphosen". Paracelsus (1494-1541) schreibt:

"Der Mensch besitzt eine sichtbare und eine unsichtbare Werkstatt. Die sichtbare, das ist sein Körper. Die unsichtbare, das ist seine Imagination (Geist). Die Imagination ist die Sonne in der Seele des Menschen. Der Geist ist der Meister, die Imagination sein Werkzeug und der Körper das formbare Material." (zitiert nach Reddemann und Sachsse 1997)

Im Umgang mit Traumafolgen (und ihren hirnphysiologischen Entsprechungen) erweisen sich imaginative Methoden als besonders fruchtbar: Indem auftauchende innere Bilder wie ein Gemälde (oder ein Film) betrachtet und verbal beschrieben bzw. kommentiert werden, kann eine

Brücke zwischen innerem Erleben und Sprache geschlagen werden; durch die Überwindung der Sprachlosigkeit - und darüber hinaus durch die spezifischen Qualitäten intuitiver, bildhafter Denkprozesse - kann die erlittene Erfahrung im Laufe der Zeit verarbeitet und integriert werden.

Seit Beginn der 1970er Jahre hat das Ehepaar Simonton (dtsch. Simonton 1991) die Kraft der Imagination für die Behandlung Krebskranker nutzbar gemacht. In Visualisierungsübungen versucht der Betroffene, konstruktiv und heilend Einfluß auf das Geschehen in seinem Körper zu nehmen, zum Beispiel Tumorzellen zu stoppen, die Zahl der weißen Blutkörperchen zu vermehren usw. Da das Programm der Simontons weithin bekannt sein dürfte, kann ich auf eine ausführlichere Darstellung verzichten. Hier sei lediglich an einem Beispiel illustriert, wie entspannte Visualisierung i.S. der Simontons dazu eingesetzt werden kann, auch den Verlauf einer Augenerkrankung (in diesem Falle eines Makulaödems bei Retinopathia pigmentosa) im Rahmen des Möglichen günstig zu beeinflussen:

Erlebnisskizze

Als ich auf dem rechten Auge noch einen brauchbaren Sehrest besaß, bildete sich über Nacht genau dort, wo sich noch intakte Sehzellen befanden, ein Makulaödem. Das wirkte sich so aus, daß ich von einem Tag auf den anderen praktisch nichts mehr sah, vor allem keinerlei Farben. Abschwellende Medikamente halfen nichts. Da ich mich zuvor im Zusammenhang mit der Behandlung von Krebspatienten mit dem Konzept der Simonton's beschäftigt hatte, hielt ich einen Versuch mit entspannter Visualisierung für lohnend. Ich entwickelte folgende Phantasie: "Ich bin in einem Hochtal mitten in den Alpen. Es wird eingesäumt von hohen, schneebedeckten Bergen. Mitten in diesem Tal befindet sich ein wunderschöner, tiefblauer Bergsee. Dieser mündet in einen rauschenden Wasserfall, der sich die Felsenhänge hinunter ergießt. Ich beobachte ihn fasziniert. Das aufspritzende Wasser glitzert in der Sonne. Ich höre dem mächtigen Rauschen zu. Immer mehr Wasser ergießt sich aus dem See in die Tiefe."

Nach mehreren Wochen täglichen Übens kehrte mein Farbsehvermögen zurück, nach und nach konnte ich wieder Konturen erkennen. Eine Nachuntersuchung beim erstaunten Augenarzt ergab, daß das Ödem sich zwar noch im Auge befand, jedoch in ein weit entferntes Areal am unteren Rand der Netzhaut gerutscht war. Mein Sehvermögen erreichte nie mehr den Stand vor Auftreten des Ödems, und doch waren mir immerhin weitere zehn Jahre vergönnt, in denen ich noch einen nennenswerten Sehrest behielt, vor allem Farben erkennen konnte. Natürlich werde ich nie wissenschaftlich beweisen können, daß diese Verbesserung Folge der Visualisierungsübung war, und doch stärkte diese Erfahrung mein Vertrauen in die Kraft innerer Bilder.

Reddemann und Sachsse (1997) sowie Reddemann (2001) schlagen eine Vielzahl von Imaginationsübungen als Hilfen zur Stabilisierung und Problembewältigung vor, die sie teils selbst entwickelt, teils bestehenden Traditionen (v.a. östlichen Meditationspraktiken) entlehnt haben. Als Beispiele greife ich drei Übungen heraus, die mir im Zusammenhang unseres Themas besonders wertvoll erscheinen:

1.   Der sichere innere Ort:
Der Übende wird eingeladen, sich einen Ort vorzustellen, zu dem niemand sonst Zutritt hat und an dem er sich vollkommen sicher und geborgen fühlt. Wann immer Streß und Belastung zu groß werden, kann man sich in der Phantasie an diesen sicheren Ort begeben und dort zur Ruhe finden.

2.   Die inneren Helfer:
Bei dieser Übung geht es darum, "den Arzt in sich selbst" oder "die innere Weisheit" zu finden und um Rat zu fragen. Wie im Märchen tauchen innere Helfer in der Phantasie gern als Tiere oder Fabelwesen, gute Feen oder Schutzengel auf. Oft zeigen sie sich im nächtlichen Traum (s. Kapitel 11.4). Können sie als Hilfsfiguren erkannt und verstanden werden, kann der Träumer sie in seine bewußten Tagphantasien einbauen.

3.   Der Tresor:
Nicht jedes Problem kann sofort oder überhaupt gelöst werden. Um sich in einer solchen Situation nicht völlig lahmlegen zu lassen und sich zumindest zeitweise distanzieren zu können, ist es notwendig und hilfreich, bewußt verdrängen, ein Problem zeitweise in den Hintergrund schieben zu können. So mag man sich das Problem als einen Gegenstand (ein Paket, eine Filmrolle o.ä.) vorstellen und es dann in einen Tresor einschließen, den Schlüssel abziehen und ihn an einem Ort deponieren, wo man ihn bei Bedarf (z.B. wenn das Problem zur Bearbeitung ansteht) wiederfindet.

Je nach individuellen Vorlieben und Erfordernissen der Situation können Imaginationsübungen beliebig variiert, modifiziert oder neu erfunden werden. Manchen Menschen etwa, die sich in ihrer Umgebung (z.B. am Arbeitsplatz) angefeindet und stigmatisiert fühlen, hilft die Vorstellung, um sich herum einen für andere undurchdringlichen Schutzkreis (Licht, Wärme, Energie) aufzubauen. Der Kreativität des Einzelnen sind keine Grenzen gesetzt.

Phantasien, Visualisierungen, Tag- und Nachtraum sind in ihrer - im Vergleich zum rationalen, sekundärprozeßhaften Denken - Unmittelbarkeit und Spontaneität, ihrem Bilderreichtum und der Vielschichtigkeit emotionalen Ausdrucks aufs Engste miteinander verwandt. Dem nächtlichen Traumgeschehen in seiner einzigartigen Intensität und Kreativität kommt besondere Bedeutung zu, weshalb ihm der Rest dieses Kapitels gewidmet wird. Nach einem kursorischen Überblick über den gegenwärtigen Stand der Traumforschung (s.a. die zusammenfassenden Darstellungen bei Mertens 1998 sowie Thomae u. Kächele 1998)sollen konkrete Beispiele aus meiner psychotherapeutischen Praxis eine Vorstellung davon geben, wie das Verständnis des oft auf den ersten Blick so bizarr wirkenden Traumgeschehens die Verarbeitung einer Sehschädigung spiegeln und vorantreiben kann.

9.2 Traum und Problemlösen

"Oh, ein Gott ist der Mensch, wenn er träumt,
ein Bettler, wenn er nachdenkt." (Friedrich Hölderlin)

"Wenn wir nicht mehr träumen können, sterben wir." (Anna Goldmann)[104]

Seit jeher hat sich die Menschheit - quer durch alle Kulturen - in je unterschiedlicher Weise Rat und Hilfe bei den Bildern des Traums gesucht. Seit jeher haben Menschen ein Bedürfnis, sich die Welt nicht ausschließlich durch logisch-rationales Denken zu erklären und mit ihr umzugehen. Keine Kultur kommt ohne Mythen und Mythologien, ohne Märchen und Geschichten aus. Dies gilt auch für unsere seit der Aufklärung sehr einseitig am logisch-rationalen, technologischen Denken orientierte westliche Welt. Wo alte Mythologien und Mythen keine Gültigkeit mehr beanspruchen können, werden sie durch neue ersetzt. Das urmenschliche Bedürfnis nach bildhaftem Denken und Phantasietätigkeit zeigt sich etwa in dem Boom, den märchenhafte Romane wie die Abenteuer Harry Potters erleben.

Geschichte und aktuellen Stand der durch Freud angeregten Traumforschung setze ich als bekannt voraus und beschränke mich darauf, einige wesentliche Gesichtspunkte zusammenzufassen und die ausgleichende (kompensatorische) und problemlösende Funktion des Traumgeschehens hervorzuheben:

---

104   zit. n. Focke (1999)

In die moderne Wissenschaft hat die Beschäftigung mit Träumen vor gut hundert Jahren mit Freuds bahnbrechendem Werk: "Die Traumdeutung" Eingang gefunden. Seither beschäftigen sich die Psychoanalyse und andere Forschungsbereiche der Psychologie bzw. psychotherapeutische Schulen intensiv mit der Frage, wie das Verständnis von Träumen und Phantasien für die Behandlung psychisch erkrankter Menschen ebenso nutzbar gemacht werden kann wie für die seelische Entwicklung psychisch Gesunder. Hinzu kamen in den letzten Jahrzehnten die experimentelle Traumforschung und die verbesserten Untersuchungsmöglichkeiten der Neurowissenschaften. Diese Forschungszweige beschäftigen sich mit den physiologischen und biochemischen Abläufen in Schlaf und Traum (Entdeckung des REM-Schlafs 1953) und liefern in diesen Bereichen wertvolle Erkenntnisse. Sinn und Bedeutung der Trauminhalte können sie jedoch ebensowenig erklären, wie die Analyse der physikalischen Eigenschaften von Radiowellen Aufschluß über den musikalischen Gehalt einer im Rundfunk gesendeten Symphonie geben kann:

> "Die Neuropsychologie ist eine bewundernswerte Wissenschaft, aber sie schließt die Psyche [...] aus. Es ist das Ziel der Neuropsychologie wie auch der klassischen Neurologie, vollkommen objektiv zu sein, und eben darauf basieren auch ihre großen Erfolge und Fortschritte. Aber ein lebendes Wesen und insbesondere ein Mensch ist vor allem [...] ein Subjekt, nicht ein Objekt. . Eben dieses Subjekt, das lebendige Ich, ist es, das (von der Neuropsychologie) ausgeschlossen wird." (Sacks 1989, S. 217)

Seit Beginn der 1990er Jahre kristallisiert sich allerdings immer deutlicher heraus, daß sich die Erkenntnisse der psychologischen und psychoanalytischen Forschung einerseits, der Neurowissenschaften andererseits keineswegs ausschließen, sondern im Gegenteil gut miteinander vereinbar sind. Nehmen wir als Beispiel die bereits angesprochene Annahme, daß Träume sich der bewußten Kontrolle entziehen. Solms, der sich intensiv mit der Vereinbarkeit von Psychoanalyse und Neurowissenschaften auseinandersetzt, schreibt hierzu:

> "Träume werden durch eine dynamische Veränderung in der regionalen Hirnaktivierung erzeugt, und zwar durch eine Aktivierung der triebhaft-motivationalen (limbischen) Systeme bei Deaktivierung der exekutiv-kontrollierenden (präfrontalen) Systeme. Infolgedessen werden sie nicht von den reflektiven Systemen verarbeitet, die normalerweise die kognitiven Prozesse einschließlich der Erinnerungsprozesse steuern." (Solms 2006, S. 838 f.)

So könnte Freuds Vision, eines Tages die organischen (hirnanatomischen und -physiologischen) Entsprechungen der von ihm beschriebenen psychologischen Vorgänge auffinden zu können, ein Jahrhundert später in Erfüllung gehen (Saum-Aldehoff 2000).

Freud sah im Traum die "via regia" (den "Königsweg") zum Unbewußten. Er glaubte, daß sich im Traum in meist sehr verhüllter Form kindliche Triebwünsche zum Ausdruck bringen. Nach heutigem Wissensstand haben Freuds Ergebnisse in vielen Bereichen ihre Gültigkeit behalten, bedürfen aber der Modifikation und Ergänzung. So wissen wir inzwischen, daß nicht der Traum der Hüter des Schlafes ist, wie Freud annahm, sondern vielmehr umgekehrt der *Schlaf als Hüter des Traumes* angesehen werden kann. Das bedeutet, daß dem Traum lebenswichtige Funktionen zukommen, für deren Erfüllung der Schlaf den nötigen Freiraum zur Verfügung stellt. Dies geschieht allein schon dadurch, daß wir während des Schlafens von Außenreizen sowie alltäglichen Aufgaben abgeschirmt und daß Normen sozialer Akzeptanz zumindest teilweise außer Kraft gesetzt sind.

Wir gehen heute davon aus, daß Freuds *Wunscherfüllungshypothese* einen wesentlichen Aspekt beschreibt, in ihrer Ausschließlichkeit jedoch nicht haltbar ist. Vielmehr erfüllt der Traum auch *schöpferische, informationsverarbeitende, problem- und konfliktlösende, das Selbstwerterleben regulierende, adaptive und kommunikative Aufgaben.* Träume scheinen dazu zu dienen, gefühlsmäßig erregendes Material in diejenigen Strukturen innerhalb des Gedächtnissystems zu integrieren, die sich als erfolgreich im Umgang mit ähnlichen Themen erwiesen haben. Damit leistet der Traum Wesentliches bei der *Organisation unserer Erfahrungen.* In der C.G. Jung'schen Psychologie wird die *kompensatorische Funktion des Unbewußten,* somit auch des Traumgeschehens betont, d. h. die Fähigkeit, Einseitigkeiten des bewußten Denkens und Fühlens auszugleichen und zu ergänzen (Jung 1971, 1991; Meier 1985). Über den inneren Dialog verschiedener (z.B. bewußter vs. unbewußter) Aspekte des Träumers (subjektstufige Bedeutungsebene nach C.G. Jung) hinaus werden im Traum auch Beziehungsschicksale (z.B. das Ausmaß von Integration/Partizipation oder Ausgrenzung eines sehgeschädigten Träumers) verbildlicht und bearbeitet (objektstufige Bedeutungsebene nach C.G. Jung). Mentzos faßt zusammen:

"Ich gehe nur davon aus, daß das Traumleben [...] eine erhebliche Bereicherung unseres Lebens mit sich bringen kann. Der Traum stellt die einmalige Fähigkeit zur Selbstwahrnehmung in die Tiefe dar, während er gleichzeitig auf neue Möglichkeiten und zukünftige Perspektiven hinweist:" (Mentzos 1995B, S. 655).

Mentzos vergleicht den Traum mit einem Theaterstück oder Film, dessen Autor und Regisseur wir sind. Für den therapeutischen Umgang mit Träumen beinhaltet diese Sicht die Möglichkeit, in wacher Phantasietätigkeit das Drehbuch oder einzelne Szenen daraus umzuschreiben, fortzusetzen, zu einem guten Ende zu bringen etc. - ein Vorgehen, das sich der Psycho-analytiker Gaetano Benedetti für die Behandlung psychotisch erkrankter Menschen auf eindrucksvolle Weise nutzbar macht (Benedetti1998). Dieser Gedanke ist im übrigen nicht neu, finden wir doch im Yoga eine Tradition vor, das Traumgeschehen in Form des sogenannten *"luziden Träumens"* bereits während des Schlafes handelnd und verändernd zu beeinflussen (Garfield 1981).

Kommt dem Traum problemlösende Funktion zu, ist anzunehmen, daß die verschiedenen *Phasen von Krisenverarbeitungs- bzw. Copingprozessen* sich im Traum nicht nur spiegeln, sondern mit seiner Hilfe auch auf einer tieferen Ebene entwickelt und katalysiert werden. Der Traum kann auf die durch-zuarbeitende Bewältigungsphase hindeuten und Lösungswege anbieten, lange bevor das Wachbewußtsein ihrer gewahr wird. So zeigt der Traum Entwicklungsrichtungen auf. In meiner therapeutischen Arbeit mit behin-derten Menschen hat sich diese Vermutung bestätigt, und es hat sich vielfach als spannend und fruchtbar erwiesen, sich bei der Suche nach inneren Helfern und schöpferischen Lösungen die Sprache des Traums nutzbar zu machen. Dies soll - nach einem Exkurs über Besonderheiten des Traumerlebens bei sehgeschädigten Menschen - anhand einiger Fallbeispiele illustriert werden.

9.3 Zum Traumerleben sehgeschädigter Menschen

Blinde Menschen werden oft gefragt, wie sie träumen und welche Sinnes-qualitäten sie benutzen. Seit über 200 Jahren findet diese Frage wissen-schaftliche Beachtung. Ausführliche Literaturüberblicke geben Strunz (1987) und Ogon (1993). An dieser Stelle soll nur auf einige wenige Gesichtspunkte eingegangen werden:

Johann Wilhelm Klein, der 1804 die Blindenanstalt in Wien gründete, schrieb 1819 über die Träume Geburtsblinder bzw. Früherblindeter und bezeichnete sie als "eigentümliche Geburten der Phantasie": Sie "betreffen bei den Blinden meistens hörbare Gegenstände. Aber auch sichtbare Gegenstände, von denen er sich auf anderen Wegen Kenntnisse verschafft hat, stellen sich ihm im Traume dar. Diese Träume erlangen manchmal eine solche Lebhaftigkeit, daß er noch eine Zeitlang nach dem Erwachen die Idee beibehält, er habe im Traume wirklich gesehen - eine Erscheinung, welche nicht nur bei den Blinden, welche früher gesehen haben, sondern auch bei den Blindgeborenen vorkommt." (Klein 1819, S. 23)

Klein und ebenso der Begründer der Berliner Blindenanstalt August Zeune (1821, S. 25) wandten sich entschieden gegen die damals unter Medizinern verbreitete Auffassung, Blinde würden überhaupt nicht träumen. Eine erste systematische, großangelegte Studie findet sich bei Heermann (1838). Auf der Grundlage zahlreicher Interviews stellte er fest:

"Dabei war mir bei den meisten, welche nach langer Blindheit noch wie sehend zu träumen angaben, merkwürdig, welche Freude und Heiterkeit die Erinnerung an dieses Traumsehen [...] veranlaßte, als ob dieses Sehen im Traume gewissermaßen ein Ersatz für die Entbehrung des Gesichtes am Tage sei." (Heermann 1838, S. 121)

Visuelle Traumbilder fand Heermann bei vollständig Blinden nur dann, wenn sie nach dem 5. Lebensjahr erblindet waren. Je länger die Erblindung zurücklag, desto undeutlicher wurden visuelle Traumbilder bis zu deren völligem Fehlen (Heermann 1838, S. 156). Bei Geburtsblinden spielten Gehörtes, die Vorstellungen des Tastens sowie des Bewegens und Gehens die vorherrschende Rolle. Geruchs- und Geschmackswahrnehmungen kamen vor, wurden aber seltener berichtet.

Friedrich Hitschmann (1894) analysierte nach seiner Erblindung vor allem seine eigenen Träume. Er betonte die Bedeutung abstrakter Vorstellungen gegenüber derjenigen konkreter Bilder und die besondere Wichtigkeit des Klangs der menschlichen Stimme. Ein häufiges Phänomen sei auch das Träumen in Versen.

Nach Lenk haben Späterblindete, die gezwungen sind, ihr optisches Weltbild gegen ein taktiles einzutauschen, entsprechende Träume in dem Sinne, daß optische Traumbilder weniger werden, sich immer mehr mit Tastbildern vermischen und schließlich ganz durch diese ersetzt werden (Lenk 1922, S. 229, zit. n. Ogon 1993). Buttenwieser-Kaufmann (1927) untersuchte über 100 Träume von 57 Blinden und stellte fest, daß nach einer Früherblindung als erstes die Farbvorstellungen verlorengehen, bis schließlich optische ganz durch akustische und taktile Inhalte ersetzt werden. Auch bei Späterblindeten würden visuelle Traumbilder immer verschwommener, verschwänden jedoch selten vollständig. Heermann (1838) schildert das Beispiel zweier blinder Personen, die 52 bzw. 54 Jahre nach ihrer Erblindung immer noch visuelle Traumwahrnehmungen hatten. Buttenwieser-Kauffmann untersuchte auch Trauminhalte und fand z.b. bei 30% der von ihr analysierten Träume die Vorstellung, sich als Blinder ohne fremde Hilfe frei bewegen zu können.

Appenzeller betrachtet den Traum besonders für blinde Menschen, deren Aufmerksamkeit, Gedächtnis und Vorstellungskraft im Alltag stark strapaziert werden, als ideales Mittel zur meditativen Entspannung (Appenzeller 1952, S. 20).

Schumann (1959) untersuchte systematisch die Träume blinder Menschen aus psychoanalytischer Perspektive. Neben der phänomenologischen Beschreibung der Träume beschäftigt er sich mit deren tiefenpsychologischer Deutung. Er befaßt sich mit Träumen Blinder in Riten, Sagen, Legenden, Märchen und Folklore. Er versucht, aus den Träumen Aussagen über den blinden Menschen abzuleiten und gibt darüber hinaus therapeutische Hilfen. Nach Sschumann fehlen in den Träumen Geburtsblinder jegliche Formvorstellungen, obwohl diese im Wachzustand durch sukzessives Abtasten erlangt werden. Der Bedeutungsgehalt der Dinge sei zwar bekannt, könne aber nicht empfunden werden:

"Die Blindgeborenen schildern, daß sie im Traume das Wesen eines Dinges erleben. [...] Die Blindgeborenen träumen also von den Substanzen." (Schumann 1959, S. 17)[105]

Bei Späterblindeten (Erblindung nach dem 14. Lebensjahr) sieht Schumann in Übereinstimmung mit Blank (1958) keinen wesentlichen Unterschied zu den Träumen Normalsehender, denn ihre Träume bleiben "reich an visuellen Vorstellungen" (a.a.O., S. 19). Allerdings scheinen die optischen Eindrücke im Laufe der Jahre allmählich zu verblassen, wobei es sehr große interindividuelle Unterschiede gebe.

Über die Träume Sehbehinderter gibt es offenbar keine Studien (Ogon 1993, S. 54).

Aussagen zu Inhalten und Bedeutung der Träume blinder Menschen finden sich in der Literatur deutlich spärlicher als zur Frage der Sinnesqualitäten. Focke fand bei ihrer Analyse der Träume blind geborener älterer Menschen, daß

---

105   zit. n. Ogon 1993

Wiederholungsträume deutlich seltener (weniger als halb so oft) vorkämen als bei Sehenden. Als möglichen Grund hierfür vermutet Focke, daß blinde Menschen in ihrem Alltag mehr Konzentration aufbringen müssen als Sehende und deshalb auch im Traum vielleicht mehr Aufmerksamkeit und Selbstverstehen hervorbringen (Focke 1999, S. 43):

> "Zusammenfassend könnte gesagt werden, daß die unglaublich starke Aufmerksamkeit eines Blindgeborenen im Alltag der Lebendigkeit und dem Symbolreichtum im Traum zugute kommt. Es ist eine ganzkörperliche Aufmerksamkeit. Über diesen Weg nimmt der Träumer auch sich selbst in seiner Strukturproblematik und sozialen Stellung aufmerksamer wahr, was Wiederholungsträume verhindert respektive überflüssig macht." (a.a.O., S. 44)

Blank (1958) betont die in den Träumen der Blinden häufig vorkommende Problemverarbeitung. Angstträume seien sehr häufig. Blank fand bei seinen blinden Psychotherapiepatienten eine weniger ausgeprägte Traumsymbolik als bei Sehenden; die Träume seien realistischer und enthielten weniger verkleidete, verzerrte und bizarre Elemente. Der Autor führt dies darauf zurück, daß blinde Menschen mehr mit realen Problemen beschäftigt seien als Sehende, welche mehr Freiräume für die Verwendung von Symbolen hätten. Kirtley u. Sabo (1979) kamen bei ihrem Vergleich der Träume Blinder und Sehender zu dem Ergebnis, daß die Träume der blinden Versuchsgruppe trotz erheblicher interindividueller Unterschiede insgesamt weniger symbolreich waren als diejenigen Sehender.[106] In weiteren Veröffentlichungen beschäftigten sich die Autoren mit aggressiven Trauminhalten (1981 und 1983). Es erscheint allerdings fraglich, ob sich die emotionalen Traumgehalte von denen Sehender wirklich unterscheiden (Ogon 1993, S. 192). Ogon resümiert, gemäß den vorliegenden Studien gebe es keine inhaltlich-formalen Unterschiede zwischen den Träumen Blinder und denjenigen Sehender. Man finde lediglich - zumindest bei Geburts- und Früherblindeten - keine oder nur spärliche visuelle Traumbilder, stattdessen verstärkt auditive Wahrnehmungen (Ogon 1993, S. 55). Entgegen allen anderslautenden bisherigen Annahmen lassen neuere Befunde allerdings die Vermutung zu, daß auch Geburtsblinde durchaus in der Lage sind, visuelle Traumbilder zu produzieren und diese nach dem Erwachen graphisch darzustellen. Bertolo und seine Mitarbeiter führten eine Untersuchung an

---

106 Die weiteren, sehr detaillierten inhaltsanalytischen Auswertungen zu referieren, würde den Rahmen dieser Arbeit sprengen; der interessierte Leser sei auf den Originalartikel verwiesen. Eine Zusammenfassung findet sich bei Mager u. Mahmoudpour (1987).

zehn Geburtsblinden durch. Im Hirnstrombild (EEG) zeigte sich, daß diejenigen Bereiche des Gehirns, die für die Verarbeitung visueller Reize zuständig sind, während des Traumschlafs aktiv waren. Die Versuchspersonen wurden regelmäßig geweckt, damit sie ihre Träume beschreiben und eine Szene daraus zeichnen konnten. Obwohl diese Menschen noch nie optische Wahrnehmungen gehabt hatten, konnten sie visuelle Eindrücke aus ihren Träumen schildern und diese sogar zeichnen (Landschaften, Gegenstände und Personen). Bertolo schloß daraus, daß Geburtsblinde Wahrnehmungen des Hör- und Tastsinns im visuellen System zu einem Konzept ihrer Umwelt zusammenfügen (Bertolo et al. 2003). Neuere Untersuchungen mit einer größeren Zahl an Versuchspersonen bestätigen diese Ergebnisse (Bertolo 2005). Visuelles Vorstellungsvermögen scheint diesen Befunden zufolge grundsätzlich also auch ohne visuelle Außenwahrnehmungen möglich zu sein.

Bezüglich des Erhalts visueller Vorstellungen nach eingetretener Erblindung fallen große interindividuelle Unterschiede auf. Grundsätzlich kann das Traumerleben einen wertvollen Dienst leisten, indem es visuelle Vorstellungen und Erinnerungen lebendig hält. Wird der visuelle Cortex nicht mehr von außen stimuliert, bestünde sonst die Gefahr, daß die Fähigkeit, sich Bilder vorzustellen und Gesehenes zu erinnern, allmählich verlorenginge. Traum- und Phantasietätigkeit wirken diesem drohenden Verlust entgegen und können dazu beitragen, daß das Leben auch nach der Erblindung im buchstäblichen Sinne farbig bleibt. Voraussetzung ist nach meiner Erfahrung allerdings, diesen inneren Bildern bewußte und wertschätzende Aufmerksamkeit zu schenken. Der blinde Autor John Hull, der sich in Form von Tagebuchaufzeichnungen intensiv mit seinem Traumerleben auseinandersetzt, beschreibt, wie der Traum ihm intensives visuelles Erleben ermöglicht und dessen Fehlen in der Realität ersetzt:

"Es ist seltsam, wie häufig ich, wenn ich Unterhaltung suche, nun auf Träume angewiesen bin. Ich bin ganz in Träume wie diesen vertieft, so wie ich früher fasziniert war, wenn ich einen Spielfilm sah. Die äußere Welt erfahre ich selten mit solcher Eindringlichkeit." (Hull 1995)

Trevor-Roper machte ähnliche Beobachtungen:

"Eine zunehmende Intensität der Traumfarben wird gewöhnlich von kürzlich Erblindeten festgestellt, die die Träume, die ihre verlorene Bildwelt wiederherstellen, oft genießen (und ungeduldig darauf warten, sie wieder aufzunehmen)." (Trevor-Roper 1997, S. 89)

Diese Freude am visuellen Erleben im Traum schließt natürlich nicht aus, daß auch Gefühle von Traurigkeit und Enttäuschung auftreten können, wenn der Träumer nach dem Erwachen feststellt, daß er "nur" geträumt hat und im Wachzustand wirklich und unwiederbringlich seines Sehvermögens beraubt ist. Diese Ambivalenz zu ertragen und anzunehmen, gehört zur Akzeptanz, wie ich sie in Kapitel 7.5 definiert habe.

9.4 Beispiele aus der Praxis

Wie ich zu zeigen versucht habe, leistet der Traum Wesentliches beim Verständnis (und der Veränderung) von Beziehungskonstellationen und beim Durcharbeiten der unterschiedlichen Phasen des Bewältigungsprozesses, treibt diesen katalysierend voran und hilft, krankheits- bzw. behinderungsrelevante Ereignisse, Erwartungen und Gefühle zu verstehen und so lange durchzuarbeiten, bis sie "verstoffwechselt" und in die Persönlichkeit integriert werden können. So erzählte ein blinder Mann, der einmal in einem großen Bahnhof die Bahnsteigkante unmittelbar vor Einfahrt des Zuges hinuntergestürzt war, sich wie durch ein Wunder nicht verletzt hatte und sich im letzten Moment in Sicherheit hatte bringen können, er habe mehrere Wochen lang fast jede Nacht von drei grellen Lichtern geträumt, die sich, begleitet von ohrenbetäubendem Lärm, auf ihn zu bewegten. In jedem dieser Träume erlebte er intensive Todesangst, verbunden mit der Erleichterung darüber, daß ja nichts passiert war. So konnte er dieses Schockerlebnis allmählich verdauen und ist nun wieder in der Lage, angstfrei Bahnhöfe aufzusuchen.

Im Traum zeigen sich - wie im Märchen nicht selten in Gestalt von Tieren oder Fabelwesen - *innere Helfer*, die als eine Art "Hilfs-Ich" den Träumer unterstützen, das jeweilige Abenteuer zu bestehen und die anstehenden Probleme kreativ und erfolgreich zu lösen. Diese inneren Helfer sehe ich als Ausdruck selbstheilender und wachstumsfördernder seelischer Kräfte, die im Bewältigungsprozeß die Funktion von Katalysatoren übernehmen.

Auf detaillierte Trauminterpretationen verzichte ich hier aus Respekt vor der Tatsache, daß Träume nur vom Träumer selbst oder im lebendigen

Dialog mit ihm gedeutet werden können. Auch ist zu bedenken, daß die Bedeutung eines Traums überdeterminiert ist, also auf mehreren Ebenen verstanden werden muß. Somit ist es ein wenig willkürlich, auf eine bestimmte Bedeutungsebene (hier die der Krankheits- bzw. Behinderungsverarbeitung) zu Ungunsten anderer Aspekte (etwa der Übertragungsebene oder sonstiger Beziehungsschicksale) zu fokussieren. Mit Rücksicht auf diese Überlegungen sollen die folgenden Traumerzählungen daher als Illustration verstanden werden und für sich selbst sprechen.

In der am Beginn der Auseinandersetzung stehenden *Zeit des Nichtwahrhabenwollens und Leugnens*, oft kurz nach Diagnosestellung, taucht die Erkrankung erfahrungsgemäß nur selten im Traum auf.[107] Erst nach und nach tritt ein diffuses Gefühl von Bedrohung oder Gefahr auf, zunächst meist noch in sehr verschlüsselter Form, etwa in Form eines als fremd und von außen kommend erlebten Feindes oder Angreifers, eines Einbrechers, Bankräubers oder einer drohenden Naturkatastrophe. Erst wenn der anfängliche Schock überwunden ist bzw. die Leugnung nicht mehr aufrechterhalten werden kann, wird der eingetretene oder drohende Verlust weniger verhüllt erscheinen, etwa wie im folgenden Traum eines 30-jährigen, von Erblindung bedrohten Mannes:

"Ich bin allein in einem ansonsten leeren Raum. Ein Fremder kommt zur Tür herein. Er sieht sehr unheimlich aus. Er trägt einen Dolch in der Hand und kommt auf mich zu. Ich weiche nach hinten zurück, kann aber nicht entkommen oder mich wehren. Schritt für Schritt nähert sich der Mann. Er will mir die Augen ausstechen."

Beginnende seelische Veränderungen kündigen sich häufig in Reiseträumen an, wobei die Reise oft unsicher, gefahrvoll und ihr Ziel unbekannt ist. Doch

---

107   Ogon fand in seiner Untersuchung bei den von ihm befragten Späterblindeten und Sehbehinderten die vorherrschende Tendenz, sich im Traum ihrer Sehbehinderung nicht bewußt zu sein. Keiner der Interviewpartner konnte sich daran erinnern, daß seine Sehschädigung jemals ein Thema in seinen Träumen gewesen wäre: "Zwar wissen die meisten auch im Traum, daß sie blind bzw. sehbehindert sind, jedoch ist diese Behinderung im Traum keine Be-Hinderung im eigentlichen Sinne. Die Probanden sind in ihren Traumhandlungen dadurch nicht bewußt eingeschränkt. Indessen machen sie im Traum Aktivitäten, die in ihrem Wachleben aufgrund ihrer Behinderung nicht möglich wären." (Ogon 1993, S. 178). Wiewohl ich letzteres Phänomen aus den Träumen Sehgeschädigter kenne, habe ich dennoch vielfach die Erfahrung gemacht, daß die Behinderung und die mit ihr verbundenen Einschränkungen und Verluste in der Zeit der inneren Auseinandersetzung sehr wohl thematisiert werden, wenn auch mitunter in recht verschlüsselter Form.

kann meist schon die Erkenntnis erahnt werden, die eine der von Focke befragten blinden Träumer in dem Satz ausdrückt: "Auch wenn ich lande, ich werde nie mehr derselbe sein." Ein häufiges Symbol für zu entwickelndes Neues ist - in allen Variationen - die Geburt oder das Auftauchen eines Kindes (s.a. Focke 1999, S. 109). Auch der Umzug in ein neues Haus oder die Renovierung der Wohnung können der Ahnung Ausdruck geben, daß eine wichtige Veränderung der Identität ansteht. Dieses Thema kann sich durch ganze Traumserien hindurchziehen und zeigt den jeweiligen Stand der Entwicklung. Eine psychisch kranke Frau, die in über zwanzig Jahren zahlreiche psychotische Episoden durchgemacht hatte, als typische "Drehtürpatientin" etliche Male in der Psychiatrie gewesen und zuletzt als "schizophrener Residualzustand" diagnostiziert worden war, beschäftigte sich in ihrer Psychotherapie intensiv mit dem Herrichten ihrer Wohnung (der Reorganisation und Neustrukturierung ihres Selbst): Zu Beginn der Behandlung war ihre Wohnung eine baufällige Hütte ohne Fenster und Türen, das Dach war eingestürzt, der Wind pfiff durch alle Ecken. Im Inneren war alles voll Müll, eine brauchbare Einrichtung gab es nicht. Deutlicher konnten Fragmentierung, Selbstverlust und Bedrohung kaum ausgedrückt werden. Im Zeitraffer läßt sich zusammenfassen, daß nach und nach aus der baufälligen Hütte ein festes Haus wurde mit sicheren Mauern, das Dach wurde neu errichtet. Es dauerte noch lange, bis auch Fenster und Türen eingebaut werden konnten. Der Müll wurde entsorgt, allmählich wurden Möbel, ein warmer Ofen, ein Herd angeschafft. Mehrere Wasserrohrbrüche, welche die Wohnung überschwemmten, zeigten, wie bedroht das Erreichte immer noch war; auch kamen Einbrecher und sonstige ungebetene Gäste. Am Ende der (viele Jahre dauernden) Psychotherapie hatten die Türen Schlösser und die Fenster Rolläden. Jetzt konnte die Patientin selbst entscheiden, wer sie besuchen durfte und wer draußen bleiben mußte. Die Wohnräume waren gemütlich eingerichtet, lediglich der Garten um das Haus herum war noch Brachland und stand zur Gestaltung an. Psychotische Rezidive waren trotz Reduktion der neuroleptischen Medikation seit drei Jahren nicht mehr aufgetreten.

Innere Helfer, wie ich sie oben als "Hilfs-Ich" beschrieben habe, mögen schon relativ zu Beginn des Auseinandersetzungsprozesses auftreten, sind jedoch oft noch unfähig, ihre hilfreiche Funktion auszuüben, etwa weil sie gelähmt oder eingefroren sind:

"Ich trete eine Reise in ein entlegenes Land hoch im Norden an. Es ist sehr kalt. Frierend wandere ich über das zugefrorene Meer, komme zu einer mittelalterlich wirkenden Stadt, die es zu erkunden gilt. Ich gehe auf ein Stadttor zu, über dem als Stadtwappen ein Delphin angebracht ist. Dieser Delphin besteht ganz und gar aus Eis."

In späteren Träumen und den damit verbundenen Einfällen des Träumers tauchte der Delphin immer wieder als hilfreiche Leitfigur auf ("der Delphin ist der Führhund des Meeres"). Er konnte allmählich zu Leben erweckt werden und stand dem Träumer mit all seiner Intelligenz, Kontaktfreude, seinem Charme und Witz hilfreich zur Verfügung.

Nicht immer kann der Träumer Hilfsfiguren oder dem Therapeuten von Anfang an vertrauen. So träumte eine 44-jährige Frau:

"Die Therapeutin geht mit mir in mein Elternhaus, sieht sich dort um, schaut Kinderfotos von mir an. Sie vergleicht meine Schuhe mit denen meiner Mutter und bemerkt, diese seien sich sehr ähnlich. Mich freut sehr ihr Interesse, und ich weiß selbst, daß ich Schuhe finden möchte, die genau an meine Füße passen. Ich gehe daraufhin in ein Schuhgeschäft. Ich kann die Schuhe nicht allein finden, doch die Verkäuferin ist verschwunden. Da kommt ein großer, heller Hund auf mich zu (der sehr dem Blindenführhund der Therapeutin ähnelt). Er stupst mich mit der Schnauze, rennt hinüber zu einem bestimmten Schuhregal, kehrt zu mir zurück. Ich weiß, daß er friedlich ist. Dennoch habe ich Angst vor ihm und fühle mich so gelähmt, daß ich nicht aufstehen und ihm folgen kann."

Veranschaulicht dieser Traum auch sehr deutlich den aktuellen Stand der Übertragungsbeziehung zu mir als Therapeutin, zeigt er bei subjektstufiger Betrachtung darüber hinaus die heftigen Zweifel der Patientin, ob sie denn wohl ihren eigenen Kräften (der inneren Hilfsfigur) vertrauen könne.

Schumann (1959) und Ogon (1993) berichten von Träumen Blinder, in denen der Träumer von einem Begleiter geführt werde. So berichtete eine geburtsblinde Probandin Ogons, sie habe in ihren Träumen stets das Gefühl, ein Begleiter sei bei ihr. Dabei spüre sie oftmals deutlich, wie dieser sie am Arm festhalte und führe. Während Ogon (1993, S. 177) solche Träume darauf zurückführt, daß Blinde tatsächlich sehr oft von sehenden Begleitern geführt werden, sehe ich bei subjektstufiger Betrachtung jenseits dieses realen Aspekts auch eine tiefere Bedeutungsebene: Das Vorhandensein einer inneren Instanz, die als "innerer Helfer" dem Träumer begleitend und wegweisend zur Seite steht (s.a. Focke 1999, S. 81).

Wie im Märchen können innere Helfer sehr kraftvolle und mächtige Figuren sein. So berichtete ein 38-jähriger, erblindeter Mann, der in eine

schwere seelische Krise geraten war, im Verlauf seiner Psychotherapie folgenden Traum, den wir aus dem Vorwort bereits kennen:
"Ich bin in Afrika, irgendwo tief im Busch. Ich kenne mich nicht mehr aus. Vor mir erstreckt sich ein dichter, undurchdringlich und bedrohlich wirkender Dschungel. Ich muß diesen Dschungel durchqueren, um an mein Ziel zu gelangen. Ich habe keine Ahnung, wie ich das schaffen soll, schließlich gibt es dort auch Schlangen und andere gefährliche wilde Tiere. Da tritt eine majestätisch dreinblickende Löwin aus dem Dickicht hervor und kommt auf mich zu. Ich erschrecke sehr, bis ich ihr freundliches Gesicht sehe. Mit einem Nicken ihres gewaltigen Kopfes gibt sie mir zu verstehen, daß ich ihr folgen soll. In diesem Moment weiß ich, daß sie mich sicher durch den Dschungel führen und vor allen Gefahren beschützen wird".

Manchmal sind es solche Hilfsfiguren, die den Träumer einladen, die emotionale Erstarrung, wie sie für die Phase des Nichtwahrhabenwollens kennzeichnend ist, zu lösen und die, wenn auch schmerzlichen, Gefühle allmählich zuzulassen. So träumte eine an Retinopathia pigmentosa erkrankte Frau, die lange als Krankenschwester in der Psychiatrie gearbeitet hatte:

"Ich gehe durch ein psychiatrisches Krankenhaus. Es geht offenbar darum, daß die Psychiatrie reformiert werden muß. Eine Gruppe von Ärzten will den ganzen Laden auf einmal umkrempeln. Mir ist klar, daß das schiefgehen muß, daß Reformen allmählich und schonend eingeführt werden müssen. Auf meinem Rundgang durch die Klinik komme ich in einen großen Raum mit gotischem Kreuzrippengewölbe. An eine Säule gelehnt stehen zwei autistische, völlig erstarrt wirkende Männer. Sie scheinen jeden Kontakt zur Außenwelt abgebrochen zu haben. Mir ist klar, daß sie nicht reagieren würden und wahrscheinlich Angst bekämen, wenn ich sie ansprechen würde. Plötzlich erscheint ein Hund. Schwanzwedelnd, doch sehr langsam und vorsichtig geht er auf einen der Männer zu und berührt fast unmerklich seine Hand mit der Schnauze. Zu meinem größten Erstaunen sehe ich, wie der Mann ganz langsam die Hand nach dem Hund ausstreckt und ein leises Lächeln für einen kurzen Augenblick über sein Gesicht huscht."

Eine vorsichtige *Annäherung an die Erkrankung* und an die mit deren Fortschreiten zu erwartende Behinderung zeigt sich oft darin, daß sich der Träumer erstmals als behindert inszeniert. Diese ersten Versuche, die Behinderung in das Traumgeschehen und damit in das Identitätserleben zu integrieren, lösen oft Angst aus, manchmal aber auch gemischt mit einer gewissen Erleichterung, die entstehen kann, wenn nicht mehr verleugnet werden muß. So rief mich vor einiger Zeit eine 27-jährige, an einer fortschreitenden Netzhautdegeneration erkrankte Frau mit noch gutem

Sehrest sehr aufgeregt an, um mir folgenden Traum (der im übrigen auch sehr schön die Komplementarität des Lernprozesses Krisenverarbeitung illustriert) zu erzählen:

"Ich bin zu Hause in meinem Wohnzimmer und sitze auf dem Sofa. Zu meiner größten Verwunderung halte ich einen Blindenstock in der Hand. Meine Mutter kommt ins Zimmer, sieht mich mit dem Stock, erschrickt sehr und beginnt zu weinen. Auch ich muß weinen, und doch fühle ich mich auf seltsame Weise getröstet."

Angst und Hoffnung, Bedrohung und Zuversicht, Wissen um den Verlust bisheriger Fähigkeiten und Vertrauen in die eigenen Kräfte und Ressourcen liegen oft sehr nah beieinander. So träumt eine 68-jährige Frau, die seit einigen Jahren an altersabhängiger Makuladegeneration (AMD) erkrankt ist:

"Ich gehe eine Straße hinunter. Es wird langsam dunkel. Zu meinem Entsetzen sehe ich, daß die Straße immer enger wird. Mir ist, als kämen von beiden Seiten die Mauern langsam, aber unaufhaltsam auf mich zu. Auch wird der Boden holperiger. Ich bekomme Angst. Plötzlich aber merke ich, daß ich anfange zu schweben. Ja, ich tanze förmlich die Straße hinunter. Mir wird leicht ums Herz."

In der *Phase des Verhandelns* versucht der Betroffene bekanntlich auf verschiedenen Wegen, der Unausweichlichkeit seines Schicksals zu entfliehen. Man unterwirft sich verschiedenen (medizinischen oder paramedizinischen) Behandlungsversuchen, unternimmt Pilgerfahrten nach Lourdes oder dergleichen. Kollektiv (etwa in der Selbsthilfegruppe) gilt das Interesse nahezu ausschließlich Fragen der medizinischen Forschung, die eines Tages die Behinderung abschaffen soll. Träume wie der folgende (dem das Buch: "Die zerbrochene Kugel" (Glofke-Schulz u. Rehmert 1999) seinen Titel verdankt) können jedoch die Botschaft enthalten, daß diese Strategie (ein Hochhaus bauen[108]) nicht zum Ziel führt, daß stattdessen die emotionalen Erschütterungen in der Tiefe (Erdbeben) sensibel wahrgenommen und akzeptiert werden müssen, damit aus der zerbrochenen Ganzheit (Kugel) etwas Neues entstehen kann. Der Traum teilt auch mit, daß Beschwichtigungsversuche (Konzerte) nicht helfen:

"Ich befinde mich in der Heimat meiner Kindheit: Der kleine, verwunschen wirkende Ausläufer eines großen Sees, ein kleines, idyllisch wirkendes Dorf mit spitzem Kirchturm, umgeben von Wäldern. Etwas jedoch ist ungewöhnlich in diesem Dorf: Da gibt es eine

---

108   Mit der symbolischen Bedeutung des Hochhauses als Ausdruck narzißtischen Allmachtsstrebens im Rahmen des "Gotteskomplexes" (s. Kapitel 4.2.3) beschäftigt sich Richter (2006, Kapitel 17).

Meßstation, die dazu da ist, Erschütterungen der Erde zu registrieren, um so Erdbeben vorhersagen und entsprechende Gegenmaßnahmen ergreifen zu können. Zu diesem Zwecke müßten tiefe Bohrungen in die Erde vorgenommen werden, um mittels eines Seismographen alles mitzubekommen, was sich tief unten in der Erde tut. Das kommt mir auch ganz in Ordnung vor. Zu meinem größten Erstaunen sehe ich aber direkt hinter dem Dorf ein mindestens fünfzehnstöckiges Hochhaus mit einer nackten Betonfassade, das aussieht wie ein Zwischending aus Krankenhaus und Fabrik. Auf dem Flachdach des sehr häßlichen Gebäudes liegt eine rote, in zwei Hälften zerbrochene Kugel, die mir vorkommt wie eine zerstörte Erdkugel. Ich weiß, daß in diesem Hochhaus auch Leute sind, die dort arbeiten. Sie sind jedoch nicht direkt zu sehen, gesichtslos. Irgend etwas wirkt auf mich beängstigend und bedrohlich. Etwas stimmt nicht an der ganzen Sache. In mir wächst der beklemmende Verdacht, daß hier überhaupt nicht Erschütterungen der Erde gemessen werden sollen. Dazu bräuchte es weder ein solches Hochhaus noch so viele Leute, die ganze Maschinerie wäre überflüssig. Vielleicht ist ja die Atommafia am Werk oder die Rüstungsindustrie, die hier ABC-Waffen entwickelt. Damit niemand Verdacht schöpft, soll die Bevölkerung durch Konzerte beschwichtigt werden, die in den Räumen des Hochhauses stattfinden sollen."

Im allgemeinen gilt das Stadium des Verhandelns als eine noch sehr unreife Übergangsphase, gekennzeichnet durch irrationale und illusionäre Hoffnungen und als massive Abwehr gegen die Einsicht in die Unausweichlichkeit des Schicksals. So richtig dies auf der einen Seite ist, so wird andererseits leicht übersehen, daß sich im Verhandeln mit dem Schicksal auch ein gesunder Lebenswille manifestiert und konstruktive, selbsterhaltende und gesundheitsfördernde Kräfte in Gang setzen kann. Diese Kräfte sind es aber, die den Verlauf einer fortschreitenden oder gar lebensbedrohlichen Erkrankung innerhalb gewisser, wenn vielleicht auch enger Grenzen günstig beeinflussen. Im Falle lebensbedrohlicher Erkrankungen wie Krebs wissen wir längst, daß der Wunsch und die Hoffnung zu überleben nicht ohne Wirkung auf die Überlebenschance bleiben. Dabei muß mitunter fast unmöglich Erscheinendes geleistet werden: Zu hoffen gegen alle Vernunft. Dieses "Apfelbäumchen-Prinzip" (frei nach Luther) betrachte ich keineswegs als zu überwindende, unreife Bewältigungsphase. Eine 50-jährige Patientin, die an einer lebensbedrohlichen Erkrankung des Immunsystems leidet, erzählt folgenden Traum:

"Ich bin in einem großen, vollkommen leeren Raum. Drei Personen in schwarzen Umhängen (darunter die Therapeutin) schreiten langsam im Raum auf und ab. Sie sehen aus wie Rabbiner und singen hebräische Gesänge. Sie benötigen noch eine Frauenstimme. Ich zögere zunächst, da ich mir unsicher bin, ob ich gut genug singen kann. Dann jedoch

trete ich zu ihnen und beginne zu singen. Es sind jiddische Lieder, wie sie im Warschauer Ghetto und im KZ gesungen wurden".

Zu diesem Traum fielen der Patientin zum einen Sklavenarbeiter ein, die ihre schwerste körperliche Arbeit dadurch schafften und überlebten, daß sie sangen. Die hebräischen Gesänge der Rabbiner bezeichnete sie im Gespräch als "Beschwörungsritual gegen den Tod", als Ausdruck ihrer (scheinbar so unvernünftigen) Hoffnung, weiterleben zu dürfen oder, falls das nicht möglich sei, den Tod wenigstens zu ertragen wie manche KZ-Häftlinge, die auf dem Weg in die Gaskammer sangen.

Kann die Realität der Erkrankung weder geleugnet noch durch Behandlungsversuche und andere Strategien des Verhandelns vermieden werden, sind heftige Erschütterungen der Seele, wie sie sich im Traum vom Erdbeben und der zerbrochenen Kugel andeuten, unvermeidlich. Das *Aufbrechen heftiger Gefühle von Depression und Trauer, Wut, Angst und Verzweiflung* wird als sehr bedrohlich erlebt. Im Traum kann sich die Angst davor, von Emotionen überschwemmt zu werden, etwa so ankündigen:
"Ich sitze in meiner Wohnung. Plötzlich höre ich, wie aus dem Wasserhahn in der Küche Wasser läuft, obwohl ich mich nicht entsinnen kann, ihn aufgedreht zu haben. Ich gehe in die Küche, um ihn zuzudrehen. Zu meinem größten Entsetzen muß ich feststellen, daß das nicht geht. Das Wasser läuft und läuft. Das Spülbecken läuft über, das Wasser sprudelt auf den Boden, allmählich wird die ganze Wohnung überflutet. Ich muß hilflos zusehen, wie der Wasserspiegel steigt und steigt. Ich gerate in Panik."

Der heftigen Angst, von Gefühlen überflutet zu werden, steht die Sehnsucht gegenüber, sich aus der anfänglichen, meist nicht minder qualvoll erlebten Erstarrung zu befreien. Wem es schwer fällt, sich in eine solche Dimension seelischen Erlebens hineinzufühlen, der möge sich in Franz Schuberts Liederzyklus "Die Winterreise" (nach Texten von Wilhelm Müller) vertiefen; kaum etwas vermag das Grauen dieser Erstarrung und das Sehnen nach deren Lösung besser auszudrüken als dieses tief bewegende und erschütternde Werk. Der lebendige Schmerz heißer Tränen wäre so viel leichter zu ertragen als das Eingefrorensein, die Leblosigkeit und Kälte. So heißt es in dem Lied "Die Erstarrung":

"Ich will den Boden küssen,
Durchdringen Eis und Schnee
mit meinen heißen Tränen,
Bis ich die Erde, die Erde seh'."

Diese Sehnsucht können wir erahnen, wenn der gefrorene Delphin (s.o.) auftauen muß, damit er als "Führhund des Meeres" helfen kann, oder wenn die beiden erstarrten, autistischen Männer in der Psychiatrie langsam ihre Hände nach dem lebendigen, auf sie zukommenden Hund auszustrecken beginnen.

Wenn Hull (1995) in seinen Tagebuchaufzeichnungen Träume schildert, in denen das Schiff, auf dem er sich befindet, unterzugehen droht, manifestiert sich darin in aller Deutlichkeit die mit dem Untergang des Sehvermögens verbundene Angst. Wenn wir uns vorstellen, wie im Fall einer Havarie die Passagiere (somit auch der Träumer) ertrinken, sofern nicht augenblicklich Rettung kommt, erkennen wir auch die intensive Angst vor Verlust der Identität bis hin zur Todespanik.

Die Gefühle können so heftig sein, das eigene Körperbild kann so sehr beschädigt werden, daß sich der Träumer danach sehnt, den Körper verlassen zu können. Dies mag der Ausdruck von Todeswünschen sein, erinnert aber auch an die *dissoziativen Reaktionen* von Opfern sexuellen Mißbrauchs oder anderer Formen massiver Gewalt, die sich zu schützen versuchen, indem sie innerlich aus ihrem Körper heraustreten und diesen scheinbar unbeteiligt von außen betrachten. Der folgende Traum einer 28-jährigen erblindeten Frau drückt dies aus, zeigt der Träumerin aber auch, daß Dissoziation letztlich nicht hilft, sondern sie ihrer Lebendigkeit beraubt. Dem in dieser Phase der Erblindung präsenten Todeswunsch hält der Traum einen energischen Lebenswillen entgegen:

"Ich verlasse meinen Körper, schwebe als Geistwesen unter der Zimmerdecke und schaue auf ein Bett in dem ansonsten leeren Raum hinab. Ich sehe mich bzw. meinen Körper dort liegen. Noch während ich diesen Körper betrachte, wird er zunehmend blasser und welker. Die Wangen fallen ein. Mir wird klar, daß er stirbt, wenn meine Seele nicht sofort in ihn zurückkehrt. Ich bekomme Angst und spüre, daß es noch zu früh zum Sterben ist, und so gleite ich hinab und schlüpfe zurück in den Körper, um diesen wiederzubeleben."

Die *Annahme der Behinderung*, Ziel des Krisenverarbeitungsprozesses, kündigt sich gern dadurch an, daß der Träumer mit ihr als seiner individuellen Eigenart gelassen umgehen kann, sie nicht mehr bekämpfen muß. Eine 45-jährige, seit einigen Jahren erblindete Frau erzählt gegen Ende ihrer erfolgreichen Psychotherapie einen solchen Traum:

"Ich begebe mich zu einem zweiwöchigen Aufenthalt in eine Augenklinik in der Schweiz. Dort soll herausgefunden werden, ob meine Form der Augenerkrankung behandelbar ist oder nicht. Das Krankenhaus ist (entgegen all meinen Erfahrungen in der Realität) sehr

schön, gemütlich, ja fast luxuriös. Im gemütlichen Speisesaal wird ein köstliches warmes Buffet mit den feinsten Schweizer Spezialitäten serviert. Ich esse mit großem Genuß. Mit meinem Blindenstock gehe ich sicher, flott und entspannt durch die Gänge, fühle mich sehr wohl und überhaupt nicht hilfsbedürftig. Irgendwie genieße ich den Aufenthalt wie einen Urlaub. An den Abenden werden sogar Theaterfahrten organisiert. Nach einigen Untersuchungen komme ich zum Arzt. Dieser teilt mir mit einem Ausdruck des Bedauerns mit, an meiner Erblindung sei leider nichts zu ändern. Ich spüre, wie ich mit völliger innerer Ruhe und Gelassenheit reagiere, fast schon mit einem Gefühl der Erleichterung: Also keine anstrengenden Behandlungen! Ich verabschiede mich freundlich und marschiere zügigen Schrittes aus dem Zimmer. Ich finde es ganz in Ordnung, daß die Dinge so bleiben, wie sie sind. Ich freue mich auf daheim und verlasse das Krankenhaus - nicht ohne mir vorher noch einmal eine wohlschmeckende kleine Mahlzeit vom Buffet gegönnt zu haben."

Hier gibt es keinen Protest mehr gegen die Behinderung. An die Stelle von Wut, Verzweiflung oder Trauer sind Ruhe, Gelassenheit und Einverständnis getreten. Auf medizinische Behandlungsmöglichkeiten zu hoffen, ist der Träumerin unwichtig geworden. Sie kann die Welt der Kranken (Klinik) frohen Mutes zurücklassen. Vitalität, eine heitere Grundstimmung und das Erleben von Selbständigkeit sind zurückgekehrt; das Leben mit all seinen Köstlichkeiten kann wieder genossen werden.

Wieder erfüllt leben und Teil der Gemeinschaft sein zu können, gelingt oft erst nach einer langen Reise (als einem sehr treffenden Symbol für den inneren Entwicklungsprozeß, ggf. auch für die Psychotherapie). Der nachfolgende Traum der gerade vorgestellten 45-jährigen Frau soll unsere Reise durch die Welt der inneren Bilder abrunden:

"Ich bin Araberin und lebe in einem Nomadenstamm, der mit seinem Vieh und Zelten auf der Suche nach fruchtbarem Weideland umherzieht. Da ich blind und somit für das Hüten der Tiere nicht mehr nützlich bin, werde ich aus dem Stamm ausgestoßen. Es gelingt mir, die Wüste zu durchqueren und nach Europa zu reisen. Dort studiere ich fünf Jahre lang an einer Universität Archäologie und schließe das Studium erfolgreich ab. Danach kehre ich zu meinem Stamm zurück, denn ich weiß, daß ich nun über ein Wissen verfüge, das die anderen nicht haben, das ihnen aber nicht nur von Nutzen sein kann, sondern eigentlich lebensnotwendig ist: Ich weiß um die Geschichte unseres Volkes. Dieses Wissen macht mich zur unentbehrlichen Schamanin, zur Medizinfrau des Stammes. Mit diesem Wissen kann ich heilend tätig sein. Meine Blindheit spielt jetzt keine Rolle mehr."

Dieser Traum berührte die Träumerin tief. Im Rahmen ihrer Psychotherapie war sie in ihre seelischen Tiefen (einschließlich ihrer Lebensgeschichte vor der Erblindung) hinabgestiegen. Sie hatte sich mit Ausgrenzung und Stigmatisierung auseinandergesetzt, hatte eine weite und beschwerliche Reise hinter sich und war sich nun ihres dabei erworbenen Wissens und ihrer heilenden Kräfte bewußt. Sie konnte nun selbstbewußt und voller Selbstvertrauen in ihre (sehende) Lebensgemeinschaft zurückkehren, ohne ein Hehl aus ihrer Blindheit machen zu müssen. Der Traum drückt auch die Hoffnung aus, daß diese Gemeinschaft sich ihrem Anteil am komplementären Lernprozeß (s. Kapitel 4 und 7.3) nicht verschließt, sondern um Partizipation, Integration und neue Stabilität ringt und sie in ein nun verändertes Zusammenleben ohne Stigmatisierung aufnimmt. Bei allem Schmerz, den der Verlust ihres Sehvermögens mit sich gebracht hatte, hatte sie eine tiefe Gewißheit erworben, daß ihr manches Wissen verborgen geblieben wäre, hätte sie all das nie durchmachen müssen. Gleichzeitig war ihr klar, daß dies kein "Happy end à la Hollywood" sein konnte, denn die Streifzüge durch die Wüste würden für sie als Blinde immer beschwerlich bleiben. Die Träumerin konnte aber die Mühe für lohnend befinden, war es ihr doch gelungen, durch Wahrnehmung ihrer Verantwortung für die Gemeinschaft ihr Selbst zu transzendieren und sich einem übergeordneten Lebenssinn einzufügen. Die Weisheit, die in diesem Traum steckt, erinnert an die Topoi zahlreicher Märchen, die das Ausgestoßenwerden, das Sich-Bewähren in der Fremde mit all ihren Abenteuern, Gefahren und Aufgaben sowie die siegreiche Rückkehr thematisieren, durch die nicht nur der Protagonist selbst, sondern auch die Gemeinschaft (etwa die verzauberte Stadt) erlöst wird. Velma Wallis, die in einer Familie mit dreizehn Kindern in Alaska aufgewachsen ist, erzählt in ihrem Buch eine alte indianische Legende, die sie von ihrer Mutter gehört hat und die nun dieses Kapitel abrunden möge:

"In einem strengen Winter hoch oben im Norden Alaskas wird ein Nomadenstamm der Athabasken von einer Hungersnot heimgesucht. Das Verlassen des Winterlagers und die Suche nach neuer Nahrung sollen einen Ausweg bieten. Wie es das Stammesgesetz vorsieht, beschließt der Häuptling, zwei alte Frauen als unnütze Esser zurückzulassen. Keiner wagt es, dagegen aufzubegehren, nicht einmal die Tochter der einen; auch sie muß sich bestürzt dem Beschluß beugen.

Als die beiden Frauen allein und verlassen in der Wildnis auf sich gestellt sind, geschieht das Erstaunliche: Statt aufzugeben, finden sie den Willen und den Mut, sich der Herausforderung zu stellen. Der anfängliche Zorn weicht dem puren Willen zu überleben. Nach und nach erinnern sie sich der Fähigkeiten, die sie früher einmal besessen, die sie aber im Lauf der Jahre vergessen hatten, als die Jüngeren die Nahrungsbeschaffung übernahmen. Am Schluß ist es dann so, daß der Stamm am Verhungern ist und auf die Hilfe der ausgestoßenen alten Frauen angewiesen, die geschickt vorgesorgt und ein Vorratslager angelegt haben. Die Geschichte endet mit den ein wenig märchenhaften Zeilen: 'Es folgten noch manche bitteren Zeiten der Not, denn im kalten Land des Nordens kann es gar nicht anders sein. Doch das Volk hielt sein Versprechen. Nie wieder ließ die Gruppe irgendeines ihrer alten Mitglieder im Stich. Sie hatte eine Lektion erhalten, und das von zwei Menschen, die sie von fortan zu lieben und zu umsorgen lernten, bis jede von ihnen als glückliche alte Frau starb.'" (Wallis 2002, zit. n. Prantl 2005, S. 170 f.)

10 Reorganisation der Wahrnehmung

Erblindung ist der plötzliche oder allmähliche, mehr oder weniger vollständige Verlust der Fähigkeit, die Außenwelt visuell wahrzunehmen. Welche Schwierigkeiten dies mit sich bringt und welche Anpassungsaufgaben sich daraus ergeben, wurde in Kapitel 7 ausführlich beschrieben. Der Betroffene muß sich neue Kompetenzen erarbeiten, um seine Umwelt wieder in einem Maße adäquat wahrzunehmen, das die Bewältigung seiner alltäglichen Aufgaben erlaubt. Jenseits dieses Rehabilitationsziels i.e.S. kann er - entsprechende bewußte Bemühungen vorausgesetzt - im Laufe der Zeit eine Bereicherung seines Erlebens erfahren, die ihm mit intaktem Sehvermögen vielleicht niemals zuteil geworden wäre. Informationen über solche Entwicklungen zu erhalten, wird nicht immer ganz einfach sein: Nach meiner Erfahrung sind Betroffene oft eher zurückhaltend, ihre Erlebnisse zu berichten, wissen sie doch nur zu gut um das mystifizierende Stereotyp, Blinde verfügten über den sogenannten "sechsten Sinn". Dieses Klischee wird kaum jemand bestärken wollen - es sei denn, er tröstet sich selbst mit dieser Idee oder legt Wert darauf, sich in der Öffentlichkeit als etwas ganz Besonderes zu präsentieren. Auf der Basis eines solchen Bedürfnisses bekommt man möglicherweise aber keine sachlichen Informationen.[109]

Liest man Gedichte, autobiographische Aufzeichnungen oder Erzählungen sehgeschädigter Autoren[110], beeindruckt allerdings die positive Wertschätzung gegenüber den veränderten, durchaus als bereichernd

---

109   So kommt es gelegentlich vor, daß Blinde in der Öffentlichkeit (früher auf Jahrmärkten, heute im Fernsehen) auftreten und vorführen, wie sie Farben mit ihren Fingerspitzen ertasten können. Der Wahrheitsgehalt solcher publikumswirksamer Show-Effekte sind unter Blinden höchst umstritten, nähren aber auf jeden Fall das bestehende Klischee. Edwards (1973) hält nach Sichtung einiger Studien für möglich, daß manche (darunter auch normalsehende) Menschen die Fähigkeit besitzen, die sog. "dermo-optische Wahrnehmung" zu erlernen. Trevor-Roper kommentiert: "Aber irgendwie ist die Welt noch nicht überzeugt, und es wurden keine dermalen oder stofflichen Anhaltspunkte gefunden, die diese ungeheuerliche Fähigkeit erklären könnten." (Trevor-Roper 1997, S. 185)
110   Jeder Ausgabe der Kassettenzeitschrift "Retina Gespräch" wird seit längerem ein Gedicht eines sehbehinderten oder blinden Autors vorangestellt. Die Arbeitsgemeinschaft blinder Autoren veröffentlicht regelmäßig Werke, im Internet etwa zu finden unter www.blautor.de. Eine besonders ergiebige Fundgrube für äußerst differenzierte und feinsinnige Reflexionen zum Thema Wahrnehmung findet sich in den Tagebuchaufzeichnungen von Hull (1995).

erlebten Möglichkeiten, die Welt wahrzunehmen. Mag man über den literari-
schen Wert einer Lyrik im Stile von: "Ich lausche dem Rauschen in den
Wipfeln der Bäume und spüre den Wind auf meiner Haut" geteilter Mei-
nung sein, bleibt in jedem Fall der Respekt vor dem Reichtum an vielfältigen und beglückenden Sinneseindrücken, die sich Menschen mit redu-
ziertem oder fehlendem Sehvermögen jenseits konkreter Alltagsbewältigung
erschließen und als Kraftquellen nutzen können.

Wer sich noch in der Krise befindet und vom Eindruck des Verlusts
beherrscht wird, mag noch nicht offen dafür sein, neue und bereichernde
Sinneserfahrungen zuzulassen und anzuerkennen. Nicht zuletzt benötigen
die Anpassungs- bzw. Lernvorgänge des Gehirns, die zum Umbau neuronaler Netze und damit zur Neustrukturierung von Wahrnehmungs- und
Denkvorgängen erforderlich sind, Zeit.

Die folgenden Ausführungen sind in erster Linie als Hypothesen und als
Erlebnisberichte Einzelner zu verstehen. Unterstützt werden diese durch
Ergebnisse der Neurowissenschaften, die in jüngerer Zeit wesentliche
Befunde über Wahrnehmung und Denken beitragen konnten. Bevor auf
subjektive Erlebnisse eingegangen wird, sollen daher einige wissenschaftliche Voraussetzungen geklärt werden. Besonders wichtig ist, die "Kompensationsthese", die in Kapitel 2.3 als Aspekt des Blindheitsstereotyps
diskutiert wurde, zu entmystifizieren und auf eine wissenschaftliche Basis zu
stellen.

10.1 Neuronale Plastizität

In Kapitel 8 wurde bereits kurz die Fähigkeit des Gehirns angesprochen,
seine strukturelle Organisation veränderten Bedingungen anzupassen
(Röder 1995, S.3). Hatte man bislang angenommen, die Struktur des
Gehirns sei nach Abschluß der frühkindlichen Entwicklung unveränderbar,
revolutionieren seit einigen Jahren neue Untersuchungsmethoden die
Hirnforschung. Die Magnetresonanztomographie (MRT) sowie die Möglichkeit der Darstellung funktioneller Aktivierungsbilder waren Quan-
tensprünge auf dem Weg, Struktur und Funktion des Gehirns zu ergründen:

"Vor allem die Beobachtungen von strukturellen Umbauprozessen im erwachsenen menschlichen Gehirn erschütterten das bis dahin von den Hirnforschern ein
Jahrhundert lang vertretene Dogma von der Unveränderbarkeit der während der

Phase der Hirnentwicklung einmal herausgebildeten Nervenzellverschaltungen."
(Hüther 2004)[111]

Heute wissen wir, daß bis ins Greisenalter nicht nur neue Verschal-tungen entstehen, sondern darüber hinaus neue Nervenzellen gebildet werden, um Aufgaben zu übernehmen - ein Vorgang, den wir als *"Neurogenese"* bezeichnen (Kempermann 2006). Zu funktionstüchtigen Neuronen reifen die im Frontalhirn und Teilen des Hippocampus gebildeten[112] jungen Nervenzellen allerdings nur bei geeigneter *Stimulation durch Lernreize,* geistige Anforderungen, körperliche Betätigung oder soziale Kontakte heran (zit. n. Blech 2006). Die neu gebildeten Zellen verfügen offenbar über eine höhere Erregbarkeit als die alten; so genügen wenige junge Zellen, um die Netzwerkarchitektur des Gehirns gründlich zu verändern. Dies ermöglicht erst die in den letzten Jahren (dank den Forschungen der Entwicklungs-neurobiologie, Neurochemie und der biologischen bzw. physiologischen Psychologie) erkannte *neuronale Plastizität.* Zu unterscheiden sind entwick-lungs- bzw. lernbedingte Plastizität einerseits, traumatogene Plastizität andererseits (etwa unter den Bedingungen sensorischer Deprivation oder Deafferentierung). Das zentrale Nervensystem (ZNS) kennt Reorganisa-tionsmechanismen auf verschiedenen Ebenen (Molekül, Synapse, Neuron, Neuronennetz, sensorische Karte, Sinnessystem, ZNS als Ganzes[113]). Bemerkenswert ist, daß Reorganisationsvorgänge bereits wenige Stunden nach einem traumatischen Ereignis in Gang gesetzt werden, z.b. indem teildeprivierte Areale okkupiert werden: Neurone des ZNS scheinen um corticalen Raum zu konkurrieren:

"Wenn die Zellen eines Areals aufgrund von Deprivation oder direkter Läsion in diesem Konkurrenzkampf geschwächt sind, so die Vorstellung, breiten sich intakte Repräsentationen auf Kosten des Schwächeren aus, indem sie durch Synaptogenese und axonale Sprossung corticales Volumen okkupieren." (Nadig 1999, S. 77)

Neuronale Plastizität vollzieht sich in Form mindestens dreier Mechanis-men:

---

111   s.a. Hüther (2001). Eine allgemeinverständliche Einführung in den Stand der Hirnforschung findet sich bei Herschkowitz (2006).
112   Auch in anderen Hirnregionen finden sich neuronale Stamm- und Vorläuferzellen, die jedoch nicht aktiv zu werden scheinen.
113   zit. n. Nadig 1999, S. 75.

1. Die vorhandenen Synapsen, welche einzelne Neuronen verbinden, können sich innerhalb weniger Sekunden verstärken. Hierdurch wird ihre Effizienz im Sinne einer Disinhibition erhöht (zit. n. Nadig 1999, S. 77).
2. Im Verlauf von Stunden sprießen neue Axone und bilden an ihren Enden Synapsen, wodurch ständig neue Verschaltungen entstehen. Engert u. Bonhoeffer (1999) beobachteten unter Verwendung eines Zwei-Photonen-Mikroskops auch Dendritenwachstum im Zusammenhang mit Lernprozessen.
3. Die oben dargestellte Neurogenese erstreckt sich über mehrere Tage und sorgt für langfristige Verankerung des Gelernten.

Streß beeinträchtigt durch die Ausschüttung von Streßhormonen (Glucocorticoide) die Neurogenese ebenso wie mißbräuchlicher Nikotin-, Alkohol- oder sonstiger Drogenkonsum. Auch depressive Zustände scheinen mit einer Einbuße an neuronaler Plastizität einherzugehen (Klein 2002, S. 81 f.). Umgekehrt haben die Hirnforscher erkannt, daß die bei jedem Lernprozeß aktivierten neuronalen Verschaltungen dann besonders fest miteinander verknüpft werden, wenn es gleichzeitig zu einer Aktivierung emotionaler Zentren im Gehirn kommt, die mit einer vermehrten Ausschüttung sogenannter neuroplastischer (das Aussprossen von Axonen und die Bildung von synaptischen Kontakten stimulierender) Botenstoffe, v.a. Serotonin und Dopamin, einhergehen (Klein 2002, S. 81 f.). Gefühle sind somit, wie in Kapitel 8 bereits ausführlich diskutiert wurde, wichtige Signale und Instrumente der Lebensbewältigung; ohne sie wäre es nicht möglich, neue Erfahrungen zu machen und sich zu ändern (Hüther 2004). Vergegenwärtigen wir uns den unverzichtbaren Wert emotionaler (und damit immer auch sozialer) Vorgänge für die Fähigkeit, sich veränderten Bedingungen anzupassen und nötige Lernaufgaben zu bewältigen, wird umso deutlicher, von welch zentraler Bedeutung Streßbewältigung und emotionale Krisenverarbeitung für den kompetenten Umgang mit einer Behinderung sind. Konkrete Rehabilitationsanforderungen (Erlernen der Punktschrift, Mobilitätstraining, Restsinnschulung u.v.a.m.) dürften ohne entsprechende seelische Entwicklung nur schwer zu erfüllen sein. Misserfolgserlebnisse sind dann vorprogrammiert mit der Konsequenz weiterer Stimmungsverschlechterung, Resignation und Entmutigung - ein Teufelskreis. Umgekehrt dürfte die erfolgreiche seelische Auseinandersetzung mit der Behinderung die Neurogenese stimulieren und damit die notwendigen Anpassungsleistungen des Gehirns erheblich erleichtern. Dies wiederum dürfte eine positive Spirale in Gang setzen, den seelischen Verarbeitungsprozeß weiter vorantreiben und das Ziel eines akzeptierenden, selbstbewußten Umgangs mit der Behinderung und einer konstruktiven Weiterentwicklung der Persönlichkeit näher rücken lassen. Indem für das Gehirn (ähnlich wie für einen Muskel) der Grundsatz: "Use it or loose it" zu gelten scheint (Hüther 2004), dürfte schließlich Deutlich werden, wie notwendig und hilfreich es ist, Betroffene abgesehen von der Krisenverarbeitung i.e.S. zu vielfältigen geistig-seelischen, sozialen und körperlichen Aktivitäten zu ermutigen und (nicht nur vorübergehenden) Passivitäts- und Rückzugstendenzen entgegenzuwirken.

10.2 Das Konstrukt der Kompensation

Wenden wir uns nun der Frage der *Kompensation* zu, zu deren Verständnis die jüngeren Erkenntnisse der Hirnforschung Wesentliches beitragen konnten:

Die Vorstellung, die übrigen Sinnesorgane blinder Menschen seien leistungsfähiger als diejenigen Normalsehender (Kompensationsthese) gilt nach empirischer Überprüfung als widerlegt. Bei audiometrischen Tests fanden sich durchweg keine Unterschiede zwischen Sehenden und Blinden (Carroll 1961, S. 18; Kirtley 1975, S. 141; Monbeck 1973, S. 17). Manchmal sind andere Sinne Blinder sogar schlechter als diejenigen Sehender, nämlich dann, wenn eine Mehrfachbehinderung vorliegt(Beispiel: Usher-Syndrom). Infolge des fehlenden Synergie-Effekts aus Sehen und Hören (z.B. zusätzliches Lippenablesen, um den Gesprächspartner auch bei hohem Hintergrundgeräuschpegel zu verstehen) haben Blinde manchmal den subjektiven Eindruck, schlecht zu hören und finden sich dann beim Ohrenarzt ein, um ihr Hörvermögen überprüfen zu lassen.

An dieser Stelle muß eine wichtige Differenzierung getroffen werden: Die Schärfe eines Sinnes und die Effektivität seines Gebrauchs sind voneinander zu trennen (Carroll 1961, S. 20; Guttenberg 1968, S. 109). Ein Erblindeter hört nicht plötzlich einen leisen Ton, den er vor seiner Erblindung nicht wahrgenommen hätte. Aber er kann lernen, den Informationen, welche die anderen Sinne vermitteln, mehr Aufmerksamkeit zu schenken und sie effektiver zu deuten. Lusseyran schreibt zu diesem Thema:

"Man sagt meist, die Blindheit schärfe die Fähigkeiten des Gehörs. Ich glaube nicht, daß das wahr ist. Nicht meine Ohren hörten besser als früher, sondern ich konnte mich ihrer besser bedienen." (Lusseyran 1968, S. 26)

Zwischen Schärfe und effektivem Gebrauch eines Sinns zu unterscheiden, ist nicht ganz einfach, da wir i.d.R. nicht das Potential aller fünf Sinne gleichermaßen ausnutzen und ihre objektiven Grenzen infolgedessen nicht kennen. Bereits im 18. Jahrhundert machte sich Diderot (ed. 1951) mit seinen noch heute aktuellen drei Thesen ähnliche Gedanken:

1. Die nichtvisuellen Sinne des Blinden sind nicht geschärft, sondern er schenkt ihnen mehr Aufmerksamkeit.

2. Bei der Erziehung blinder Kinder soll man sich mehr auf die Restsinne stützen als auf das Fehlende konzentrieren.

3. Auch ein gehörloser Blinder kann durch Berührungskontakt erzogen werden.

Da in unserer Kultur das Sehen von klein an viel mehr trainiert wird als die übrigen Sinne, verwundert es kaum, daß der Erblindete nicht sofort auf einen anderen Sinn als Hauptsinn "umschalten" kann; dazu ist ein gutes Stück Training notwendig (Carroll 1961, S. 130):

Erlebnisskizze:
Als meine Sehfähigkeit sich so verschlechtert hatte, daß ich nur noch sehr eingeschränkt (und bald darauf gar nicht mehr) lesen konnte, begann ich, Hörbücher zu verwenden . Obwohl ich es von Anfang an als sehr angenehm empfand, meine zuvor stets überanstrengten Augen entlasten zu können, mußte ich feststellen, daß ich anfangs große Schwierigkeiten hatte, mich zu konzentrieren, das Gehörte zu verstehen und mir einzuprägen. Mich irritierte auch, daß ich nicht wußte, was ich mit meinen Händen anfangen sollte, die zuvor immer das Buch gehalten hatten. Erst mit der Zeit lernte ich, das Gehörte aufmerksam aufzunehmen und zu verarbeiten. Inzwischen habe ich mich so an diese Arbeitsform gewöhnt, daß ich es sehr genieße, mich voll dem Text zuwenden zu können, ohne einen großen Teil meiner Energie auf den Lesevorgang als solchen verwenden zu müssen.

Kommen wir nun zu einer ersten Definition des Begriffs *"Kompensation"*: Unter Kompensation ist ein äußerlich sichtbares oder inneres Verhalten zu verstehen (Boldt 1992), das dem Ausgleich der Folgen des teilweisen oder völligen Sehverlusts dient. Nater bezieht sich auf Adlers (Adler 1907/1977) wertpositive Auffassung, derzufolge Kompensation als Motor der menschlichen Entwicklung anzusehen sei (s. Kapitel 5). Nater definiert wie folgt:

"Da jeder Mensch nur leben kann, wenn ihm ständig Ausgleichsprozesse gelingen, ist Kompensation nichts Behindertenspezifisches oder gar Diskriminierendes, sondern ein allgemein menschliches Prinzip. [...] Gewinn und Realisation von Lebensperspektiven setzt auf einer fundamentalen Ebene voraus, daß Menschen mit einer Sehschädigung ihre Beeinträchtigungen wertpositiv ausgleichen können. [...] Dem Konstrukt der Kompensation liegt ein Vorverständnis zugrunde, das am allgemeinen Menschsein orientiert ist. [...] Wenn wir von Kompensation im pädagogischen Zusammenhang sprechen, verstehen wir unter diesem Begriff einen wertpositiven Ausgleich von Sehschädigungsfolgen im umfassenden Sinne. Dies impliziert unter anderem zwei Aspekte: Zum einen die Vereinbarkeit mit den geltenden sozialen Normen, zum anderen die Übereinstimmung mit den realen individuellen Möglichkeiten - eine Forderung, die nicht zuletzt die personale Akzeptanz sehschädigungsbedingter Grenzen einschließt. Negativen Formen von Ausgleichsversuchen gilt es vorzubeugen. Sofern sie manifest sind, müssen sie abgebaut werden, notfalls im Falle fixierter Neurosen mit Hilfe der Psychotherapie." (Nater 1998, S. 217)

Sehleistungen sind, so Nater, das Resultat eines komplexen Verarbeitungsprozesses, an dem physiologische Funktionen (optometrisch erfaßbare Sehfunktionen[114]) und psychische Fähigkeiten, Wissensbestände, Fertigkeiten, Emotionen, Werthaltungen usw. maßgeblich beteiligt sind (Nater 1991, S. 11). Auf letzterer Ebene gehe es nicht mehr um einfache Reaktionen auf sinnfreie Reizmuster, sondern um funktionale Sehleistungen im Dienste komplexer, lebensbedeutsamer Handlungen als Resultat eines komplexen Verarbeitungsprozesses unter Beteiligung sensorischer, motorischer, emotionaler, motivationaler und voluntativer Komponenten. Damit relativiere sich die Bedeutung der Komponenten des optisch-physiologischen Sehvermögens für das funktionale Sehen:

"Wie wir noch sehen werden, stören beeinträchtigte Sehfunktionen zwar das funktionale Sehen. Sie determinieren die auf Sinnerfassung und Lebensbedeutung gerichteten Wahrnehmungsprozesse jedoch längst nicht mehr

---

114   Sehfunktionen gem. DIN 5340: Sehschärfe, Gesichtsfeld, Kontrastsensitivität, Farbsichtigkeit, Lichtbedürftigkeit, Nachtsehen, Blendungsempfindlichkeit, Adaptationsgeschwindigkeit, Skleriopsis, Fixationsstabilität, Bewegungssehschärfe, Wahrnehmungsverzögerungszeit (zit. n. Nater 1998).

in dem Ausmaß, wie dies für die Ermittlung der optometrischen Ergebnisse in den augenmedizinischen Sehtests der Fall ist." (Nater 1998, S. 224)

Sehgeschädigte sind grundsätzlich in der Lage, eine Vielzahl psychischer Fähigkeiten kreativ einzusetzen, um die physiologischen Deviationen auszugleichen (Nater 1991, S. 12) - es sei denn, es liegen zusätzliche gravierende Intelligenzdefizite vor. Nater spricht von *physiologischer und psychischer Kompensation.* Diese Unterscheidung wird verständlich, wenn wir den Sehvorgang aus psychoneurologischer Sicht betrachten:[115] Der visuelle Reiz löst in den Rezeptorzellen der Netzhaut (125 Millionen je gesundem Auge) Erregungsmuster aus, die mit Hilfe komplizierter Verschaltungen über die Ganglienzellen der Netzhaut, den Sehnerv (N. opticus), das Chiasma opticum sowie den seitlichen Kniehöcker (Corpus geniculatum laterale) des Thalamus zur primären Sehrinde (Area striata[116]) weitergeleitet werden. Dort entsteht ein Erregungsmuster, das dem des Sehobjekts im wesentlichen analog (isomorph) ist (Nater 1992, S. 8 f.). Metzger (1966) spricht vom "primären Hirnrindenbild" (Perzeption), Nater (1998) von "Figurationsleistung". In den nachgeschalteten sekundären Sehzentren[117] sowie denjenigen Hirnarealen, in denen Vorstellungsinhalte, Erinnerungen an Verhaltenskonsequenzen, Wissensbestände, Werthaltungen und weitere Engramme (z.B. emotionaler, begrifflicher, motorischer und auditiver Art) abgespeichert sind, die zu mehr oder weniger bewußten und klaren

---

115   Wer sich für eine eingehendere Analyse der überaus komplexen visuellen Reizverarbeitung und der damit einhergehenden hirnphysiologischen Geschehnisse interessiert, sei auf Hobel (1989) verwiesen.

116   Die Area striata (Area 17) ist eine 2 mm dicke Zellplatte mit einer Fläche von einigen Quadratzentimetern. Sie umfasst ca. 200 Millionen Zellen (gegenüber 1,5 Millionen Zellen des Corpus geniculatum laterale). In ihrer anatomischen Vielfalt, speziell in der Komplexität der Zellschichtung, übertrifft die Area 17 alle anderen Teile des Gehirns (a.a.O., S. 108).

117   Nachdem die eingehende Information über mehrere Gruppen synaptisch verbundener Zellen die einzelnen Schichten der primären Sehrinde passiert hat, wird sie zu weiteren Sehrealen geschickt, die wie die Netzhaut verschiedene synaptische Stufen enthalten. "In dem am weitesten hinten gelegenen Hirnteil, dem Occipital- oder Hinterhauptslappen, sind mindestens ein Dutzend solcher briefmarkengroßer visueller Felder, und die gerade davor liegenden Parietal- und Temporallappen (Scheitel- und Schläfenlappen) beherbergen anscheinend noch viel mehr davon." (Hobel 1989, S. 18). Ein drittes Gebiet scheint eine Rolle zu spielen, ist aber noch weit weniger erforscht, nämlich das mediotemporale (MT) Areal, mit dem sowohl die primäre Sehrinde als auch das sekundäre visuelle Feld verbunden sind. Über die ungefähr ein Dutzend weiteren nachgeschalteten, mit Sicherheit ebenfalls hauptsächlich visuellen Areale (z.B. das visuelle Feld V3 oder die tertiäre Sehrinde) ist praktisch nichts bekannt (a.a.O., S. 21, S. 106).

Erwartungen und Handlungsbereitschaften führen, muß dieses Muster identifiziert und interpretiert werden("Apperzeption" nach Metzger). Diese Identifikation i.S. der Be-Deutung einer noch bedeutungsfreien Figuration bzw. des Herausbildens der wahrscheinlichsten Hypothese (Gregory 1966/2001) wird also wesentlich durch subjektive Einstellungen und Erwartungen sowie der daraus resultierenden Gerichtetheit mitbestimmt und ist der Vorgang des Abgleichs und sinnstiftenden Erkennens (Nater 1998, S. 231). Bei der Abfolge von Figuration und Identifikation handelt es sich offenbar nicht um abgeschlossene, hintereinandergeschaltete Prozesse: Nach Roth (1996) gibt es vielmehr Partialfigurationen und -deutungen, an die sich weitere Figurationen mit Deutungsergebnissen anschließen können, bis ein vorläufiger Endzustand bzgl. der figuralen Erfassung und kognitiven Einordnung eines Sehdinges erfolgt (zit. n. Nater 1998, S. 227).

Wie wir inzwischen wissen, beginnt die psychische Verarbeitung von Seheindrücken bereits subcortical. Dies wird deutlich am Phänomen des "Blindsehens": Patienten, die infolge einer Läsion des visuellen Cortex vollständig erblindet sind, können dennoch angemessen auf visuelle Stimuli reagieren - auf Reize also, derer sie sich bewußt nicht gewahr werden können. Daraus kann geschlußfolgert werden, daß diese Patienten unbewußt "sehen" (Weiskrantz 1986). Die Sehbahn scheint außerdem keine "Einbahnstraße" und keineswegs gegenüber Informationen anderer Sinnesmodalitäten abgeschottet zu sein: Das Corpus geniculatum laterale des Thalamus erhält nicht nur Afferenzen von der Retina über das Chiasma opticum, sondern auch aus nichtvisuellen Arealen sowie zurück von der Großhirnrinde (a.a.O., S. 15). Dies bedeutet, daß das primäre Großhirnrindenbild mit seiner Konzeptualisierung einer quasi photographischen Abbildung hinterfragt und vermutlich relativiert werden muß (Nater 1998, S. 231). Trotz dieser Einschränkung ist die etwas vereinfachende Kategorisierung in Figuration und Identifikation von heuristischem und praktischem Wert für das Verständnis der physiologischen und psychischen Kompensation und soll daher beibehalten werden.

Drei *Komplexe von Störfaktoren und Wahrnehmungserschwerungen* können den Wahrnehmungsprozeß beeinträchtigen:
1. Physikalische und gestaltliche Eigenschaften des Sehdinges (z.B. Kleinheit)
2. Folgen der strukturellen Abweichung des Sehorgans (physiologische Beeinträchtigungen, welche die Figurationsleistung stören)

3.   Eine psychische Bedingungslage, die es dem Personenkreis der Sehgeschädigten schwerer macht, zu gültigen Wahrnehmungen zu gelangen;
stärkste Kovariation mit dem Faktor Intelligenz (Nater 1998, S. 233).

Die Erziehung zur Kompensation kann nur gelingen, wenn sie a) früh
genug beginnt und kontinuierlich fortgeführt wird (a.a.O., S. 235) und wenn
sie b) die drei o.g. Störungsebenen und deren Wechselwirkungen berücksichtigt:

1. Physiologische Kompensation
Nater beschreibt deren Zweck darin, "die Figurationsleistungen soweit zu
optimieren, daß für die nachfolgende Deutung Hinweisreize (Cues) wirksam
werden können. Das heißt, die Figuration muß auswertbar werden. Das
Prinzip der physiologischen Kompensation nenne ich physiologische
Passung." (Nater 1998, S. 236)
    Passung bedeutet optimale Abstimmung zwischen Anforderung und
Vermögen (a.a.O., S. 237). Diese kann erreicht werden, indem
*   das Sehding modifiziert wird (Vergrößerung, Verkleinerung, Änderung der Beleuchtung, Kontrastverstärkung, Änderung der Bewegungs-
geschwindigkeit etc.) oder, wie ich ergänzen möchte, indem visuelle durch
akustische oder taktile Informationen (Hörbuch, Sprachausgabe, Punktschrift, akustische Ampelsignale etc.) ersetzt werden
*   die sehgeschädigte Person in die Wahrnehmungssituation eingreift,
sich an die gegebenen physiologischen Schwellenwerte anpaßt und/oder die
Reize durch den aktiven Einsatz von Hilfsmitteln verändert (Abstands-
reduktion, vermehrte Blick- und Umblickbewegungen, Einsatz von optischen oder elektronischen Hilfsmitteln)
*   indem diese beiden Methoden miteinander kombiniert werden (a.a.O.,
S. 237).
Erlebnisskizze:
*Als meine zentrale Sehschärfe noch relativ gut (ca. 30%), mein Gesichtsfeld jedoch schon
stark eingeschränkt war, waren meine Augen ständig in Bewegung, um den
Wahrnehmungsraum nacheinander "abzuscannen", was mit erstaunlicher Geschwindigkeit (allerdings auch einiger Anstrengung) gelang. So konnte ich zügig lesen, mich im
Straßenverkehr noch sicher orientieren. Beim Lesen benötigte ich eine ziemlich starke
Beleuchtungsintensität. Schlechte Fotokopien konnte ich wegen des schlechten Kontrasts
nicht erkennen, weshalb ich stets Originaltexte beschaffen mußte. Mit zunehmender Sehverschlechterung wurde eine Reduktion des Leseabstandes nötig. Später nutzte ich ver-*

größernde Sehhilfen - erst Lupen, später ein Fernsehlesegerät. Inzwischen arbeite ich ausschließlich mit elektronischen Hilfsmitteln (z.B. Scanner plus PC mit Sprachausgabe und Braillezeile) oder lasse Texte auf Kassette bzw. CD aufsprechen. Musikstücke lerne ich nach Gehör auswendig. Starke Beleuchtung erlebe ich wegen der eingetretenen Blend-empfindlichkeit jetzt eher als belastend und trage dunkle Kantenfilterbrillen, um meine lichtempfindlichen Augen zu schützen. Sichere und entspannte Mobilität verschafft mir nun die Zusammenarbeit mit meinem Blindenführhund.

Dieses Beispiel verdeutlicht, wie unterschiedliche Techniken physiologischer Kompensation mit zunehmender Sehverschlechterung immer wieder modifiziert und den Erfordernissen der Situation angepaßt werden müssen. So schwierig dies sein mag, bin ich doch oft beeindruckt, wie gut viele Betroffene bei entsprechender Hilfestellung diese Aufgabe bewältigen - ein ausgezeichnetes Anschauungsbeispiel für die enorme Lernfähigkeit des menschlichen Gehirns, sicher aber auch für Mut, Willenskraft, Durchhaltevermögen und Frustrationstoleranz.

2. Psychische Kompensation

Wie wir gesehen haben, setzt die Identifikation der gesehenen Figuration den Einsatz psychischer Fähigkeiten, Wissensbestände, Vorstellungsinhalte, Erinnerung an Verhaltenskonsequenzen, Emotionen und Werthaltungen voraus. Beispielsweise könnten wir keinen Baum als solchen erkennen, hätten wir nie zuvor Bäume gesehen (Gedächtnis), einen Begriff dafür entwickelt, was ein Baum auch bei sehr verschiedener Gestalt ist (Abstraktionsvermögen, Begriffsbildung), welche emotionale Bedeutung er für uns hat usw.. Dieser komplexe Fundus an Erfahrungen und Fähigkeiten ist es nun, der es ermöglicht, die physiologischen Deviationen auszugleichen (Nater 1991, S. 12). Selbst bei spät operierten Blindgeborenen scheint die wahrgenommene Figuration vom ersten Augenblick an kein völliges Chaos von Einzeleindrücken darzustellen, sondern sich spontan zu Gestalten mit Konturen, Unterganzheiten und formalen Strukturverhältnissen zu figurieren (Valvo 1971, zit. n. Nater 1998, S. 228).[118]

---

118   Die Frage, ob das Sehen erlernt werden muß, wenn ein Geburtsblinder das Augenlicht wiedergewinnt, ist umstritten. Die Ansicht John Lockes, das Sehen müsse erst erlernt werden, scheint nur auf einen Teil der betroffenen Personen zuzutreffen (Monbeck 1973, S. 91). Allerdings gibt es auch sehr entmutigende Erfahrungen in bezug auf spät operierte blinde Kinder. Hobel schreibt hierzu: "Doch als man beispielsweise Achtjährigen die getrübten Linsen entfernte und ihnen eine Brille anpasste, kam man zu tief deprimierenden

Psychische Kompensation einer Sehschädigung, die außer im Falle zusätzlicher Intelligenzminderung i.d.R. gut gelingen kann, beinhaltet die Vermittlung von Fertigkeiten zur physiologischen Passung sowie die Optimierung des Vorstellungsspeichers, der Gerichtetheit (Aufmerksamkeitsfokussierung), der kognitiven Wahrnehmungstätigkeit, der Begriffsbildung, antizipatorischer Lernprozesse(z.B. vorausschauender Sinnerfassung), der Handlungsfähigkeit und der Reizverarbeitung auf intersensoriellen Ebenen. Ziel ist größtmögliche Unabhängigkeit des Sehgeschädigten von Maßnahmen der physiologischen Kompensation (Nater 1998, S. 239).

Durch die Fähigkeit zur Gestalterkennung und -ergänzung (visuelle Komplettierung)[119] ist es hochgradig Sehbehinderten oft möglich, noch so lückenhafte Seheindrücke adäquat zu interpretieren, etwa Buchstabenruinen zu sinnvollen Wörtern zu ergänzen (Hobel 1989, S. 109). Daß es hierbei auch zu (durchaus gefährlichen) Fehlinterpretationen kommen kann, wurde in Kapitel 7.2 dargelegt; an der Fähigkeit als solcher ändert die Möglichkeit, sich zu irren, allerdings nichts, ist doch auch die intakte Sinneswahrneh-

---

Ergebnissen: Der Gesichtssinn der Kinder war keineswegs wiederhergestellt. Sie waren so blind wie vorher, und grundlegende Sehdefekte blieben selbst nach Monaten oder jahrelangen Bemühungen des Sehenlernens erhalten. Ein Kind vermochte zum Beispiel immer noch nicht, einen Kreis von einem Dreieck zu unterscheiden." (Hobel 1989, S. 198 f.) Irgendwann zwischen Geburt und Erwachsenenalter, schlußfolgert Hobel, wird offenbar eine Phase der Plastizität durchlaufen, während der die visuelle Deprivation einen kaum zu korrigierenden corticalen Defekt bewirkt (a.a.O., S. 203). Fisher (zit. n. Trevor-Roper 1997) untersuchte in den 1960er Jahren das Sehenlernen anhand von 16 Fallstudien. Alle untersuchten Personen hatten die größten Schwierigkeiten, die drei Dimensionen, die sie durch den Tastsinn kannten, mit dem neuen zweidimensionalen Bild in Beziehung zu bringen. Zu Beginn des Lernprozesses hatten die Betroffenen immer das Gefühl, die Objekte würden ihre Augen berühren, und es war mühsam für sie, die Dinge sozusagen in die Perspektive zurückzuschieben. Alle hatten Schwierigkeiten mit der Farbwahrnehmung und zeigten ein schwaches visuelles Gedächtnis. Problematisch blieb auch, die Bewegungen des Auges oder der Hand mit der neu gesehenen Welt zu verbinden. Angesichts solcher und ähnlicher Ergebnisse stellt Trevor-Roper resümierend die Frage: "Ist es das alles wirklich wert, wenn wir einem Mann, der von Geburt an blind ist und für sich selbst eine zufriedenstellende Orientierung und Lebensweise geschaffen hat, eine Operation vorschlagen, die das Sehvermögen wiederherstellt?" (Trevor-Roper 1997), S. 202)

Eine literarische Bearbeitung dieser Problematik findet sich in dem Theaterstück "Molly Sweeny" (Friel 1999): Die geburtsblinde Protagonistin, zur Operation gedrängt, wird nach Wiedererlangung ihres Sehvermögens und qualvollen Versuchen, sehen zu lernen, verrückt und endet in der Psychiatrie. In Kapitel 12.5 werde ich noch einmal kurz auf dieses Thema zurückkommen.

119 s. Graumann 1966, Metzger 1966, Hobel 1989, S. 109.

mung fehlerbehaftet und keineswegs objektives Abbild der äußeren Realität (deren Existenz manche Philosophen, die eine radikale konstruktivistische Position einnehmen, ohnehin in Frage stellen).

Neben der Auswertung unvollständiger, verschwommener, verzerrter oder wie auch immer veränderter Seheindrücke gehört zur psychischen Kompensation auch das vermehrte und effektivere Einbeziehen anderer (auditiver, haptisch-taktiler, kinästhetischer, olfaktorischer und seltener gustatorischer) Informationen - umso mehr dann, wenn der Sehrest gering oder völlig verlorengegangen ist. So kann der Erblindete lernen, Hall, Echo, Veränderungen von Geräuschen und Tönen auszuwerten (s. Kapitel 10.5). Besonders wichtig wird die Haptik[120], denn nur sie vermittelt Vorstellungen von Form, Raum, der Lage von Objekten, Oberflächenbeschaffenheit, Gewicht, Material etc. (Nater 1991, S. 23; s. Kapitel 10.5). Von großer Bedeutung sind Synergie-Effekte, die durch sinnvolle Zusammenführung von Sinneseindrücken verschiedener Modalitäten erzielt werden. Beispielsweise führt bei hochgradig Sehbehinderten oft der Tastsinn das Auge (Nater 1992, S. 13). Ziel ist daher, so Nater, die Befähigung, das kompensatorische Potential des Integrals der Sinne nutzen zu können (Nater 1998, S. 239).

Beleuchten wir abschließend die Frage der Kompensation unter dem Aspekt der Erkenntnisse zur *neuronalen Plastizität:* In Kapitel 10.1 wurde erwähnt, wie schnell nach einem Trauma im Gehirn Reorganisationsprozesse einsetzen und daß im Falle sensorischer Deprivation, also z.B. nach Erblindung, deprivierte Areale von anderen Funktionen okkupiert werden.

Die Grenzen ganzer Hirnareale können sich verschieben, wenn das fehlende Augenlicht durch den Tastsinn ersetzt werden muß: Das Auflösungsvermögen der Haut und damit das zum Lesen der Blindenschrift erforderliche Punktdiskriminationsvermögen[121] läßt sich durch intensives Training verbessern. Untersucht man die Hirnaktivität, zeigt sich, daß die entsprechenden somatosensorischen Rindenfelder bei diesem Lernprozeß expandieren (Röder 2003). Pascual-Leone und seine Mitarbeiter konnten zeigen, daß wenige Stunden Übung zu genügen scheinen, um die für den rechten Zeigefinger zuständigen Areale (auf Kosten anderer) wachsen zu lassen. An blinden Redakteuren, die Brailletexte Korrektur lasen, fanden sie,

---

120 Diese integriert Hautsinne, den kinästhetischen und den vestibulären Sinn (Nater 1992, S. 23)

121 Dies ist der Abstand, den zwei Bleistiftspitzen haben müssen, damit sie gerade noch als zwei und nicht als eine erkannt werden können. Die Punkte der Blindenschrift liegen nur 2,3 mm auseinander.

daß sich die Felder für den Lesefinger bereits nach dem ersten Arbeitstag vergrößert hatten. Nach einem arbeitsfreien Wochenende waren diese Areale bereits wieder ein wenig geschrumpft (Pascual-Leone u. Torres1993; Pascual-Leone 1995).

Röder zeigte weiterhin, daß Blinde bei der Erkennung von Hörreizen signifikant schneller sind als sehende Versuchspersonen: Mit Hilfe ereigniskorrelierter Potentialmessungen[122] konnte sie nachweisen, daß ihre blinden Versuchspersonen im Hörcortex eine stärkere Reaktion zeigten als die Sehenden. An der Verrechnung der Höreindrücke scheinen bei Blinden wesentlich mehr Nervenzellen beteiligt zu sein, was die Effizienz des Gehörs verbessert (Röder 2003, S. 71).

Auch für die weiter oben besprochene Verbesserung der intersensorischen Zusammenarbeit ließen sich neurophysiologische Korrelate finden: Bei blinden Katzen sorgen Veränderungen im sogenannten anterioren ektosylvischen Cortex (einer Hirnregion, in der alle Sinnessysteme aufeinandertreffen) dafür, daß ihnen die Lokalisation von Schallquellen besser gelingt als ihren sehenden Artgenossen (Rauschegger 1995, zit. n. Röder 2003, S. 72). Röder schreibt hierzu:

"Bei blinden Tieren erregte ein Hörreiz nicht nur die auditiven Bereiche dieses multisensorischen Areals, sondern auch die visuellen. Offensichtlich kommt es also zu einer Reorganisation des anterioren ektosylvischen Cortex. Die arbeitslosen visuellen Felder werden von den intakten Sinnen genutzt." (a.a.O.)

Die effektivere Lokalisation von Schallquellen durch die Reorganisation multisensorischer Felder ließ sich in einem nächsten Schritt auch bei menschlichen Versuchspersonen nachweisen. Vor allem bei seitlich angebrachten Schallquellen, die für Sehende schwer zu definieren sind, zeigten sich blinde Versuchspersonen deutlich überlegen. Dabei lag die Hauptaktivität weiter hinten in der Hirnrinde als bei Sehenden, und zwar über Arealen, die Eingänge von allen Sinnessystemen empfangen. Offenbar reorganisieren sich bei Blinden diese multisensorischen Felder, wobei die

---

122 Mit Hilfe computergestützter Signalverarbeitungsprogramme lassen sich aus EEG-Kurven die durch den Reiz ausgelösten systematischen Antworten des Gehirns extrahieren. Die Wellen und Täler, die dann sichtbar werden, zeigen die einzelnen Verarbeitungsschritte in verschiedenen Hirnarealen an. Die zeitliche Verzögerung einer Welle informiert darüber, wann ein Verarbeitungsschritt durchgeführt wird. Die Höhe gibt Auskunft über die Stärke der Erregung, und die Verteilung der Signale über die Schädeloberfläche lässt darauf schließen, wo im Gehirn der eingegangene Reiz prozessiert wird (Röder 2003, S. 72).

eigentlich für visuellen Input zuständigen Felder jetzt auditive Reize verarbeiten (a.a.O., s. 72).

Untersucht wurde auch das Sprachverständnis: Blinden und sehenden Versuchspersonen wurden Sätze vorgelesen, in denen jeweils ein unsinniges Wort enthalten war (Beispiel: "Bobby wird morgen zehn Jahre Berg"). Wie die Versuchsleiterin vermutet hatte, erkannten Blinde schneller als Sehende die Sinnlosigkeit des Satzes. Bei (rechtshändigen) Sehenden waren überwiegend Regionen im linken Frontalcortex aktiv; im Unterschied dazu zeigten sich bei Blinden die Sprachfunktionen weit weniger lateralisiert; zusätzlich scheinen Blinde auf Hirnareale zuzugreifen, die sich üblicherweise mit der Auswertung visueller Informationen befassen (a.a.O., S. 73). Auch beim Wiedererkennen menschlicher Stimmen schnitten Blinde im Experiment erwartungsgemäß besser ab als Sehende.

Zusammenfassend läßt sich sagen: Wenn davon die Rede ist, sehgeschädigte Menschen würden besser hören, tasten oder riechen als Normalsehende, so geht es keineswegs um eine Überlegenheit der Ohren, der Haut etc. oder gar um mehr oder weniger geheimnisumwitterte, womöglich übersinnliche Fähigkeiten (wie das Blindheitsstereotyp nahelegt), sondern schlicht um bessere funktionale Leistungen, die auf kognitive Komponenten der effektiveren Apperzeption bzw. Identifikation zurückgeführt werden können (Nater 1992, S. 24). Welches Maß an so verstandener Kompensation erreicht werden kann, hängt von einer Vielzahl von Faktoren ab, allen voran vom Zeitpunkt der Erblindung. Röders Versuchspersonen waren geburtsblind, und es ist fraglich, ob sie bei Späterblindeten zu ähnlichen Ergebnissen gekommen wäre. Beim Lesen der Punktschrift etwa sind Geburtsblinde, die bis zu 200 Wörtern pro Minute identifizieren können, Späterblindeten haushoch überlegen. Geburtsblinde sind dadurch im Vorteil, daß sie in einem Alter auf das Leben ohne Augenlicht trainiert werden, in dem ihre Organe (einschließlich des Gehirns) am anpassungsfähigsten sind. Bei optimaler Förderung können sie so ein hohes Maß an Kompensation erreichen (Schäfer 1994, S. 19). Andererseits können Späterblindete auf Erinnerungen an Gesehenes zurückgreifen, was nicht nur schön, sondern oft auch sehr nützlich bei der Alltagsbewältigung ist.

Klar ist auch, daß jede noch so erfolgreiche Kompensation an Grenzen stößt, die vom Betroffenen akzeptiert werden müssen. Wie wir gesehen haben, kann die Beeinträchtigung des Synergie-Effekts aus Sehen und Hören dazu führen, daß der hochgradig Sehbehinderte oder Erblindete sich irrtümlicherweise für schwerhörig hält. Ein Aspekt der bei Blinden üblichen Geräuschempfindlichkeit besteht darin, daß akustische Reize nicht durch visuelle Informationen vorweggenommen bzw. erwartet werden können, so den Betroffenen unvorbereitet erreichen und möglicherweise erschrecken (Jacob 1949).

Mag sich, wie oben beschrieben, ein blinder Mensch auch leichter tun, seitliche Schallquellen (etwa einen heranfahrenden Krankenwagen) zu orten, ist der Sehende insgesamt dennoch überlegen, kann er doch zusätzlich seine Augen zu Hilfe nehmen. Ähnliches gilt für das Wiedererkennen von Menschen: Zwar sind Blinde, wie beschrieben, beim Wiedererkennen von Stimmen schneller als Normalsehende; dennoch sind sie bei der Identifikation von Personen benachteiligt, da das visuelle Erkennen von Gesichtern am schnellsten und effektivsten ist (Röder 2003, S. 74). Röder resümiert:

"Zunächst einmal sind sie [Anm.: die Blinden] in vielen elementaren Wahrnehmungen sehenden Menschen überlegen. Ihr räumliches Gehör ist präziser, ihr Sprachverständnis besser, und auch ihr Gedächtnis arbeitet bei bestimmten Aufgaben exakter. Die Schärfung der Sinne verdanken sie der enormen Plastizität des Gehirns, das sich vor allem bei Geburtsblinden an den Verlust des eigentlich wichtigsten sensorischen Eingangs anpaßt. In den zu den intakten Sinnessystemen gehörenden Neuronennetzen erhöht sich die Effizienz der Verarbeitung. In den multisensorischen Arealen beteiligen sich die visuellen Anteile an der Prozessierung von Hör- und Tasteindrücken. Selbst der visuelle Cortex ist nicht untätig, sondern wird zumindest teilweise von den anderen Sinneskanälen besetzt. Durch die bessere Leistung ihres auditiven und haptischen Systems können Blinde den Verlust des Augenlichts kompensieren. In manchen Situationen sind sie dem aufs Visuelle fixierten Gesunden sogar voraus. [...] Vollständig ersetzen läßt sich der Sehsinn aber trotzdem nicht. Das macht auch Sinn, zumindest aus evolutionärer Perspektive, denn sonst könnte der Mensch von vornherein auf seine Augen verzichten." (a.a.O., S. 74)

10.3 Neue Bewertung des Sehens

Will sich ein sehgeschädigter Mensch neuen Erlebnissen im Bereich der Wahrnehmung öffnen, muß er zunächst die beherrschende Stellung des Sehens innerhalb der Sinnesorgane relativieren. In unserer weitgehend visuell organisierten Welt ist das schwer genug. Wer über ein normales Sehvermögen verfügt, nimmt ca. 80% aller Informationen über die Augen auf, und etwa die Hälfte aller Nervenfasern, die Sinnesreize ans Gehirn leiten, gehört zum Sehnerv (Trevor-Roper 1997, S. 9). Trevor-Roper blickt auf unsere Evolutionsgeschichte zurück und stellt fest:

> "Die Bedeutung des Geruchssinns, der das Leben der meisten unserer Wirbeltiervorfahren bestimmte, ist derart geschrumpft, daß er kaum noch zu unserem Geschlechtsleben und Überleben beiträgt und abgesehen von einem geringen ästhetischen Vergnügen - in erster Linie beim Essen - wenig zu bieten hat. Und selbst dann vermag er uns meist nicht zu verraten, ob das Essen, das wir zu uns nehmen, giftig sei, und warnt uns nur, wenn es durch Verfall ungenießbar geworden ist. Der Hörsinn hat in unserer Entwicklungsgeschichte nie eine herausragende Rolle gespielt. Er bildete sich bei unseren im Wasser lebenden Ahnen als Verfeinerung des Gleichgewichtsorgans heraus. Dieses teilte ihnen mit, ob sie sich in der richtigen Lage befanden und ob sie sich bewegten. Aber seine Bedeutung ging mit dem Auftauchen des Menschen zurück, da unsere Augen sich zum größten Teil seiner Funktion bemächtigten. Anfänglich half der Hörsinn unseren Wirbeltiervorfahren bei der Partnersuche. Später wurde er auch eingesetzt, um Alarm zu schlagen und gelegentlich, um das Territorium zu verteidigen. Durch die Evolution hindurch blieb er ein Mittel der Kommunikation, und für die Einschätzung der äußeren Welt ist er für uns heute fast nur indirekt von Bedeutung, Wenn wir nämlich auf den Bericht eines besser sehenden Begleiters zurückgreifen müssen." (a.a.O., S. 9)

Wollen wir (aus erkenntnistheoretischem Interesse oder aus der Notwendigkeit einer Sehschädigung heraus) dennoch dem Sehen seine dominante Stellung streitig machen, müssen wir uns einige wesentliche Gesichtspunkte vergegenwärtigen:

1.   Das Sehen ist nur *eine* unter den Wahrnehmungsmöglichkeiten.
Visuelle Reize sind nur ein kleiner Ausschnitt aus dem Spektrum physikalischer Veränderungen unserer Umwelt. Daß der Mensch gerade über fünf und nicht über vier, sechs oder sieben Sinne verfügt, ist nicht selbstverständlich, wenn auch vom Evolutionsgesichtspunkt her begreiflich (s. o.). Unsere fünf Sinne befähigen uns, uns in unserer Umwelt zurechtzufinden und zu erhalten. Daß wir nur einen kleinen Ausschnitt aus dem Spektrum physikalischer Veränderungen unserer Umwelt registrieren, gilt bereits innerhalb des visuellen Bereichs, denn der Mensch kann nur Licht bestimmter Wellenlängen wahrnehmen; er sieht daher ganz anders als etwa die Biene, die ultraviolettes Licht erkennt. Trotzdem würde kaum jemand die Unfähigkeit des Menschen, Licht anderer als der für uns sichtbaren Wellenlängen wahrzunehmen, als Sehbehinderung empfinden. Niemand

wundert sich darüber, daß wir keine radioaktiven Strahlen wahrnehmen oder Ultraschall hören können. Demzufolge gilt die Benutzung technischer Hilfsmittel zur Erfassung bestimmter Aspekte der physikalischen Welt als selbstverständlich (Geigerzähler, Ultraschallgerät, Teleskop etc.), während sie in anderen Bereichen als außergewöhnlich betrachtet wird (z.B. Langstock als Orientierungshilfe) (Whiteman 1960,S. 48). Es unterliegt also kultureller Bewertung, welche Fähigkeit wie beurteilt wird (a.a.O., S. 45). Die kulturelle Abhängigkeit der Bewertung der Wahrnehmungsfähigkeiten veranschaulicht eine Kurzgeschichte von Bellamy (1898). Die Marsmenschen, welche die Fähigkeit zur Voraussicht besitzen, kommen auf die Erde und halten die Menschen für blind, da diese nicht in die Zukunft sehen können.

Denkbar ist auch eine Welt, in der niemand die Fähigkeit zur visuellen Wahrnehmung besitzt. Dieses Thema behandelt eine Kurzgeschichte von Wells (1911): Alle Bewohner eines Tales sind seit zwanzig Generationen blind. Ein Wanderer, der sich in dieses Tal verirrt, sieht in seiner Umwelt, die ganz auf Blinde und deren Lebensgewohnheiten eingestellt sind, keinen Sinn und findet sich in ihr nicht zurecht.

Blinde Kinder leben oft in einer konsistenten und für sie vollständigen Welt; erst durch Konfrontation mit den Sehenden und deren Reaktionen erfahren sie ihre Unfähigkeit zu sehen als etwas Besonderes:

"Ich wußte nicht, was Blindheit war, einfach weil ich nicht wußte, was Sehen bedeutete." (Sullivan 1978)

Wie wir in Kapitel 10.2 gesehen haben, ist Sinneswahrnehmung keineswegs ein objektives Abbild der Realität, sondern subjektiv und oft trügerisch. Daß hierin das Sehen anderen Sinnesmodalitäten nicht überlegen ist, zeigen die zahlreichen optischen Täuschungen, die nicht nur dem Amusement dienen, sondern etwa von der Werbung reichlich für deren Zwecke ausgenützt werden: Werbefachleute beschäftigen sich intensiv damit, wie der Kunde in jeder Sinnesmodalität getäuscht (und besser manipuliert) werden kann. So fand Krishna (2006)[123] heraus, daß Menschen dazu neigen, das Volumen eines Gefäßes (etwa eines Glases) fälschlicherweise für besonders groß zu halten, wenn es hoch und schmal ist. Der Tastsinn hingegen scheint den Inhalt niedrigerer und dickerer Gefäße zu überschätzen. Die Wirtschaft nutzt solche Erkenntnisse, indem man etwa Getränke in hohen, schmalen

---

123   zit. aus GEO, Geoskop, 9, 2006, S. 165.

Gläsern serviert, Popcornverpakungen für Kinos (in denen es naturgemäß dunkel ist) eher niedrig und breit gestaltet, um den Kunden mehr Inhalt zu suggerieren. Ungeachtet der Erkenntnisse Piagets darüber, wie Kinder im Laufe ihrer kognitiven Entwicklung lernen, mehrere Kriterien gleichzeitig in die Beurteilung der Größe eines Gefäßes einzubeziehen[124], sind wir gegen solche Irrtümer nicht gefeit.

Unsere Umwelt überwiegend mit dem Gesichtssinn zu erfassen, hat Vor- und Nachteile. Die Vorteile liegen auf der Hand: Der größte und unersetzliche Vorzug des Sehens dürfte darin bestehen, daß wir mit keiner anderen Sinnesmodalität Reize aus so großer Distanz wahrnehmen können. Doch hat es auch Nachteile, im "Zeitalter des Bildes" (Lusseyran 1970, S. 12) zu leben, d. h. sich auf das Sehen als Hauptsinn zu verlassen:

"Aber wir erhalten nichts von dieser Welt, ohne es zu bezahlen. Und für all die Vorteile, die uns die Augen geben, müssen wir auf andere, von denen wir gar nichts ahnen, verzichten. Dies waren die Gaben, die mir so überreich zuflossen." (Lusseyran 1968, S. 26)

Lusseyran räumt dem Sehen eine Stellung als wertvolles Werkzeug ein, dessen Überbewertung jedoch von Nachteil ist:

"Was ist der Wert des Sehens? Versuchen wir zu antworten. Das Sehen ist ein wertvoller Sinn. Die seiner beraubt sind, wissen das sehr wohl. Aber vor allem ist das Sehen ein praktischer Sinn. Das Sehen erlaubt uns, Formen und Entfernungen zu handhaben. Es macht aus jedem Gegenstand etwas Nützliches oder mindestens etwas Nutzbares.

Es stellt sich uns als Verlängerung unserer Hände dar, als ein zusätzliches Vermögen der Handhabung. Dank unserer Augen gehen wir weiter. [...] Wir können auch noch dort wirken, wohin unsere Arme und Beine nicht mehr reichen. [...]

Aber hat dieser Vorteil nicht die Eigenschaft eines Instrumentes oder gar eines Werkzeuges? Die Vorteile daraus sind augenscheinlich. Aber hängen sie nicht völlig davon ab, welchen Gebrauch man von ihnen macht? Kurz, hat das Sehen eine eigene Kraft, oder ist es nur ein Werkzeug? [...]

Hier haben wir einen der größten Reichtümer der sinnlichen Erfahrungsmöglichkeiten: Es gibt kein Werkzeug, das einzigartig und unersetzlich wäre. Jeder Sinn kann an die Stelle des anderen treten, wenn er in seiner Ganzheit ausgenützt wird.

---

124   s. hierzu die zusammenfassende Einführung von Ginsburg u. Opper 1969/1975

Aber nun stehen wir, was das Sehen betrifft, vor einer großen Schwierigkeit: Das Sehen ist ein oberflächlicher Sinn. [...] Es bringt uns in ein Verhältnis zu einer Oberfläche der Dinge. Mit den Augen wandern wir an den Möbeln, an den Bäumen, an den Menschen entlang. Dieses Entlang-Wandern, dieses Entlang-Gleiten genügt uns. Wir nennen es Erkennen. Und hier, glaube ich, liegt eine große Gefahr. Die wirkliche Natur der Dinge liegt nicht in ihrer ersten Erscheinung. [...] Das Sehen zieht den äußeren Schein vor; das liegt in seiner Natur. [...] Es ist nicht der Vorgang des Sehens, den ich hier angreife. Ich beschuldige nur einen gewissen Götzendienst, nämlich diese Sicherheit, die den Sehenden eigen ist, daß Sehen die hauptsächliche und genügende Betätigung des Geistes ist." (Lusseyran 1970, S. 8 ff.)

Saint-Exupery mögen ähnliche Gedanken bewegt haben, als er in "Der kleine Prinz" schrieb:

"Der Mensch sieht nur mit dem Herzen gut. Das Wesentliche ist für die Augen unsichtbar." (Saint-Exupery 1946/1952)

Der schwarze Musiker Ray Charles setzt sich mit seinem doppelten Stigma als Schwarzer und Blinder auseinander und kommt in seiner Autobiographie zu dem Schluß, daß seine Blindheit ihn vor Vorurteilen schützt:

"Ich wußte, daß Blindheit plötzlich eine Hilfe war. Ich lernte, niemals bei der Hautfarbe Halt zu machen. Wenn ich mir einen Mann oder eine Frau ansah, wollte ich hinsehen, hineinsehen. Sich von Schattierungen oder Farbgebungen ablenken zu lassen, ist blöd. Es steht im Weg. Es ist etwas, das ich einfach nicht sehen kann." (Charles u. Ritz 1994, S. 134)

In Kapitel 2.4 wurde die sagenhafte Selbstblendung des Demokrit erwähnt als Ausdruck der Vorstellung, das Sehen könne der tieferen Erkenntnis hinderlich sein:

"Dies war auch die Praxis einiger Muezzine, die, nachdem sie den Koran auswendig gelernt hatten, auf diese Weise sicherstellten, daß sie nicht durch äußerliche Schönheit abgelenkt werden könnten." (Trevor-Roper 1997, S. 179)

John Milton (deutsch 1966) glaubte, das Verständnis seiner selbst habe sich durch den Verlust seines Augenlichts vertieft. James Thurber schreibt:

"Ein blinder Mann profitiert vom Fehlen der Ablenkungen. Meine Achtelsicht verdeckt möglicherweise traurige und unansehnliche Anblicke und läßt mir nur

die lebhaften und strahlenden, darunter einige meiner Freunde und Nachbarn."
(zit. n. Trevor-RoperR 1997; S. 182)

Pierrevilley, ebenfalls selbst blind, äußert sich zu diesem Thema:

"Der begabte blinde Mann besitzt mehr Urteilsvermögen und Ausgeglichenheit
als der, der sehen kann. Dies ist nicht überraschend, denn der Augensinn ist
derjenige für das Vergnügen. Je weniger man derart gestört ist, desto weniger
werden die inneren Gedanken von äußeren Ereignissen unterbrochen. Je mehr
man sich auf sich selbst konzentriert, desto mehr Zeit nimmt man sich, die
Betrachtung ausreifen zu lassen und das Für und Wider der eigenen Überlegungen abzuwägen." (zit. n. Trevor-Roper 1997, S. 181)

Auf die Problematik der Wiedererlangung des Augenlichts nach vorher
bestehender Blindheit wurde bereits eingegangen. Dabei wurde deutlich, wie
mühsam der Prozeß des Sehenlernens sein kann. Im Zusammenhang mit
den Überlegungen zur Bedeutung des Sehens komme ich nun noch einmal
kurz auf dieses Thema zurück: Hat ein geburtsblinder Mensch, der sich gut
in seinem Leben orientiert hatte, sein Sehvermögen (durch Operation)
wiedererlangt und durchaus erfolgreich das Sehen gelernt, stellt sich immer
noch die Frage, ob es ihm nun besser geht als zuvor und was das Sehen ihm
jetzt letztendlich bedeutet:

"Man erinnere sich des traurigen Falls von Sydney Bradford, dessen
Hornhauttrübung - die Folge einer Impfung in der Kindheit - im Alter von 52
Jahren entfernt wurde. Er fand, daß sich der Übergang vom Tasten zum Sehen
als recht leicht erwies, und ein Minimum an Übung erlaubte es ihm, Briefe zu
lesen, die er nur durch Fühlen kennengelernt hatte. Trotzdem war er bald
entmutigt: Er fand die Welt trist. Abblätternde Farbe und andere Makel nahmen
ihn mit. Ihm gefielen leuchtende Farben; er war aber niedergeschlagen, wenn
das Licht verblaßte. Dieser fröhliche und angepaßte Mensch mit einer
befriedigenden Arbeit in der Industrie, der vor seiner Operation in seiner
Freizeit zufrieden Braille gelesen hatte, wurde danach zusehends verstörter,
verlor schließlich seine Selbstachtung und verstarb bald darauf tief unglücklich."
(Trevor-Roper 1997, S. 204)

Wenn ich solche Äußerungen zitiere, so keineswegs, um dem ohnehin
überstrapazierten Blindheitsstereotyp neue Nahrung zu geben, sondern um
zu zeigen, daß dem Sehen und Nichtsehen je eigene Qualitäten mit je
spezifischem Wert und je typischen Beschränkungen zukommen. Dies mag
helfen, einer einseitigen Überbewertung des Sehens entgegenzuwirken.

Um die Bedeutung des Sehens angemessen zu bewerten, ist es auch hilfreich, sich den Standort des Menschen in der Evolution (s.o.) vor Augen zu führen: Die höheren Organismen besitzen die Fähigkeit, der Dominanz sensorischer Kontrolle zu entfliehen, an deren Stelle die flexible, symbolische Kontrolle tritt. Demzufolge beruhen Persönlichkeitsunterschiede nicht auf unterschiedlichen Sinnesempfindungen, sondern auf deren subjektiver Verarbeitung durch das Individuum, das den Sinneseindrücken Bedeutung verleiht (Whiteman 1960, S. 47).

2.   Die dem Sehen zugeschriebene Bedeutung kann relativiert werden, wenn es gelingt, den realen Akt der visuellen Wahrnehmung von deren symbolischen Konnotationen (s. Kapitel 2.4) zu trennen.

3.   Wie leicht es gelingen kann, die Bedeutung visueller Wahrnehmung zu relativieren, hängt natürlich entscheidend mit der Bereitschaft der Umwelt (Familie, Gemeinde, Arbeitsplatz, Gesellschaft) zusammen, nichtvisuelle Informationen zur Verfügung zu stellen. Akustische Ampelanlagen, Sprachausgaben und Braille-Beschriftungen in Aufzügen, taktile Leitlinien auf dem Boden von Bahnhöfen, barrierefreie Internetseiten, Verfügbarkeit von Hörbüchern, Audiodeskription von Filmen oder Theateraufführungen bis hin zu ganz alltäglichen "Kleinigkeiten" wie etwa Braille-Etiketten auf Medikamentenpakungen sind nur wenige Beispiele hierfür.

4.   Je besser die gesundheitlichen, psychosozialen, materiellen und intellektuellen Möglichkeiten und die zur Verfügung stehenden Rehabilitationsangebote sind, um so erfolgreicher kann die Kompensation des fehlenden Sehvermögens durch die anderen Sinne (s. Kapitel 10.2) gelingen, und um so eher kann die Bedeutung des Sehens relativiert werden.

5.   Was den *ästhetischen Wert des Sehens* und die Beschäftigung mit künstlerischen Interessen betrifft, so wird derjenige, der aufgrund seiner Vorliebe für Musik oder das gesprochene Wort (Theater, Lesungen, Hörspiele usw.) immer schon eher akustisch orientiert war, dem Sehen eine weniger beherrschende Stellung zuerkennen als jemand, der gewohnt war, sich vornehmlich mit Malerei oder Photographie auseinanderzusetzen.

10.4 Veränderungen im Bereich des Sehens

Gelingt es, dem Sehen seine übermächtige Stellung zu nehmen, wird es paradoxerweise möglich, im Bereich der visuellen Wahrnehmung intensiver zu erleben als zuvor. In den nun folgenden Abschnitten soll es weniger um Kompensation in einem technischen Sinn (s. Kapitel 10.2) gehen als um den ästhetischen und emotionalen Wert verschiedener Sinnesmodalitäten.

Der Sehgeschädigte, der mit dem teilweisen oder völligen Verlust des Augenlichts nicht mehr Dinge assoziiert, die nichts damit zu tun haben, und der verstehen gelernt hat, daß die anderen zur Verfügung stehenden Sinne ihre je eigene Qualität besitzen und gleichwertig sind, lindert seine Angst vor der möglicherweise eines Tages eintretenden völligen Erblindung. Er kann dann das ihm verbliebene Sehvermögen ohne den Ballast damit verbundener Assoziationen bewußt nutzen und genießen - vielleicht sogar intensiver als ein Normalsehender, da das Sehen seine (vermeintliche) Selbstverständlichkeit eingebüßt hat und zum bewußten Vollzug geworden ist. Damit ist natürlich nicht gemeint, daß er aus Angst, etwas zu verpassen, optischen Sinneseindrüken nachjagt in dem hektischen Bestreben, in kürzester Zeit all das sehen zu wollen, wofür ein Normalsehender ein ganzes Leben lang Zeit hat. Dies veranschaulicht der Bericht eines 43-jährigen Mannes, der an Zapfen-Stäbchen-Dystrophie, einer degenerativen Netzhauterkrankung leidet und sich wegen funktioneller Herzbeschwerden zu mir in Psychotherapie begab:

"Als mir bewußt wurde, daß ich eines Tages wahrscheinlich erblinden würde, glaubte ich, ich hätte nun keine Zeit mehr zu verlieren. Ich bildete mir ein, ich müsse vor dem Tage X noch so viel wie möglich sehen - reisen, Bücher lesen etc.. Also las ich von morgens bis abends, eilte hierhin und dorthin, bis ich merkte, daß ich unter inneren Druck geriet, ständig unter Spannung stand und in Wirklichkeit überhaupt nichts sah. Heute denke ich, ich lief vor meiner 'Torschlusspanik' davon. Irgendwann verstand ich, daß es nicht auf die Quantität, sondern auf die Qualität des Gesehenen ankommt, daß ich erst dann richtig sehen würde, wenn ich die Dinge in aller Ruhe auf mich einwirken ließe. Seither nehme ich mir viel Zeit, lese weniger, reise langsamer, betrachte länger und sehe mehr. Seither kann ich mich auch mit dem Gedanken versöhnen, daß ich, wenn ich einmal blind sein werde, mengenmäßig weniger gesehen haben werde als andere, die gute Augen haben. Ich bin mir aber sicher, daß ich dann sehr intensive Erinnerungsbilder in mir tragen werde, und die will ich dann hüten wie einen Schatz. Ich hoffe, daß mir das gelingen wird."

Wie steht es nun aber mit den *amaurotisch Blinden,* die über keinen Sehrest verfügen, also keinerlei visuelle Wahrnehmungen haben? Wie in Kapitel 2.3 dargestellt, besteht ein Teil des Blindheitsstereotyps in dem Glauben, der Blinde lebe in einer "Welt der Dunkelheit". Bewältigung der Blindheit wird als (symbolische) Wiedergewinnung des Lichts betrachtet: "Aus der Finsternis zum Licht" ist der Titel der Autobiographie eines Blinden (Johannsen 1973), "The Lighthouse" der Name einer amerikanischen Blindeninstitution etc. Das *Dunkelheitskonzept* beeinflußt die Selbstwahrnehmung des Sehgeschädigten, v.a. des Späterblindeten, der bis zur Erblindung mit hoher Wahrscheinlichkeit die Stereotype der Sehenden geteilt hat (Carroll 1961, S. 34). Von diesen Vorstellungen muß er sich lösen, will er sich neuen Erfahrungen öffnen.

Ein Sehender, der die Augen schließt, befindet sich zuerst in völliger Dunkelheit. Doch schon nach kurzer Zeit weicht diese den Photismen der Imagination (Chevigny u. Braverman 1950, S. 132). Innere Bilder und Vorstellungen, mitunter auch Halluzinationen, treten an die Stelle der visuellen Wahrnehmung der Außenwelt. Wie wir in Kapitel 7.2 gesehen haben, leben blinde Menschen keineswegs in einer "Welt der Dunkelheit" (Cutsforth 1951, S. 127); der Geburtsblinde schon deshalb nicht, weil Dunkelheit nur als Gegensatz zum Licht existiert und erlebbar ist. Doch auch der Späterblindete ohne Sehrest hat nicht immerwährendes Schwarz vor Augen. Angesichts der Vielfalt visueller Fehlwahrnehmungen und Pseudo-Halluzinationen würde sich mancher ein solches (ruhiges und gleichmäßiges) Dunkel vor Augen vielleicht sogar wünschen. Doch erlebt der Erblindete nicht nur störende visuelle Empfindungen, sondern erfährt auch - in Abhängigkeit von seiner jeweiligen Stimmung - eine Steigerung seiner Vorstellungskraft:

"Ich, der ich von jeher mit reger Phantasie begabt war, habe eine starke Vorstellungskraft, die sich durch das Nichtsehen ins Extreme gesteigert hat. Jeder erfaßte Eindruck, sei er erhört, erfühlt, durch ein beschreibendes Wort geweckt, geht durch die Bereiche des Früheren, des Lichts.
Bin ich müde oder in Gedanken, so bin ich gleichgültig gegen jeden Eindruck, und die Vorstellungskraft ist mäßig. Bin ich bei der Sache, so ist der Mangel des fehlenden Auges als Bilderfassung fast ganz aufgehoben.
Ich gehe eine breite schöne Straße hin; ein Auto hupt, mit feinem Rollen gleitet in mäßiger Fahrt ein Auto vorbei; ich sehe den fein lackierten Wagen, wie er mit eleganter Wendung um die Ecke fährt. Die 14 Leutchen in unserem Büro haben für mich alle ihr Gesicht; ob es richtig ist, will ich nicht sagen. Oft ist es

falsch; aber es ist doch ein Gesicht. Die Vorstellung beruht auf einer erfaßten Eigenart des Einzelnen, auf seinem Schritt oder einer Besonderheit, die das Bild vermittelt." (Bericht eines im 17. Lebensjahr Erblindeten, in Jacob 1949, S. 39)

Diese Schilderung veranschaulicht Reichtum und Lebendigkeit der bildlichen Vorstellungen, die wir als *"inneres Sehen"* bezeichnen können. Die wohltuende und heilsame Kraft des bewußten Umgangs mit inneren Bildern wurde in Kapitel 9 besprochen. Wie ich aus eigener Erfahrung und den Schilderungen zahlreicher Betroffener weiß, ist die bewußte Pflege visueller Erinnerungen von großer Bedeutung. Eine 65-jährige Frau, die seit etwa zehn Jahren völlig erblindet ist, erzählt:

"Früher habe ich mir sehr viel angesehen. Da ich schon lange im voraus wußte, daß ich eines Tages erblinden würde, tat ich das sehr bewußt. Immer wieder blätterte ich z.B. in den Fotoalben meiner Familie, betrachtete die Bilder meiner Kinder, meiner Verwandten und Freunde. Mit meinem Mann machte ich schöne Urlaubsreisen, und so manches Bergpanorama prägte ich mir ein. Ich ging gern in Museen und sah mir Gemälde an. Die, welche mich am meisten beeindruckten, versuchte ich besonders in Erinnerung zu behalten. Natürlich war ich dabei auch traurig, da ich ja wußte, daß das irgendwann vorbei sein würde. Aber heute bin ich froh, daß ich das so gemacht habe: In meinem Inneren sind 'Fotoalben', die all diese herrlichen Bilder enthalten. Wenn ich Zeit habe, nehme ich sozusagen diese Alben aus meinem 'inneren Regal' und schaue sie an. In solchen Momenten bin ich glücklich. So wehmütig mir manchmal auch zumute sein mag, so sehr hüte und bewahre ich doch dieses Geschenk in meinem Herzen."

Wie visuelle Assoziationen zu nichtoptischen Wahrnehmungen gebildet werden, schildern Chevigny u. Braverman (1950, S. 136) an einem Beispiel:

"Ein Blinder träumt von einem Bekannten und sieht im Traum, daß der Bekannte eine Brille trägt. Wie kommt das, obwohl die Brille nie im Gespräch erwähnt wurde? Brillenträger halten ihren Kopf etwas anders zum Gesprächspartner, da die Brille ihr Gesichtsfeld einengt. Der Blinde hatte tagsüber die Kopfbewegungen an Veränderungen des Schalls (Stimme) bemerkt und daraus unbewußt geschlossen, daß der Gesprächspartner eine Brille trägt; im Traum erscheint die Brille dann visuell.

Hier zeigt sich, wie sich der sogenannte 'sechste Sinn' der Blinden in eine komplexe, aber erklärbare Kette von Assoziationen auflösen läßt. Übrigens scheint es sich bei den Assoziationen um eine 'Einbahnstraße' zu handeln: Die

Visualisierung von Tönen (man spricht auch vom 'Farbenhören') ist wahrschein-
licher als der umgekehrte Vorgang." (a.a.O., S. 140).[125]

Lusseyran schildert sein Erleben des "inneren Lichts" so:

"Mit den Augen aufhören zu sehen, heißt nicht, in eine Welt eintreten, in der das
Licht aufgehört hat zu bestehen.
   In dem Augenblick, in dem ich mein Augenlicht verlor, habe ich in meinem
Innern das Licht unversehrt wiedergefunden. Ich mußte mich nicht daran
erinnern, was dieses Licht für meine Augen gewesen war, nicht die Erinnerung
daran wachhalten: Es war da, in meinem Geist und in meinem Körper. Es war
dort in seiner Ganzheit eingeprägt. Das Licht war da, begleitet von allen
sichtbaren Formen, Farben und Linien, ausgestattet mit derselben Kraft, die es
in der Welt der Augen hat, nämlich sich zu vergrößern, sich zu verringern und
sich zu verschieben. [...]
   Das Licht, das ich ohne meine Augen weiterhin sah, war dasselbe wie zuvor.
Aber mein Standort dem Licht gegenüber hatte sich geändert: Ich war seinem
Ursprung näher gekommen." (Lusseyran1970, S. 14 f)

Lusseyran berichtet weiter, wie ihn in Situationen der Angst und Unsicherheit das "innere Licht" verläßt:

"Wenn ich, anstatt mich vom Vertrauen tragen zu lassen und mich durch die
Dinge hindurch zu stürzen, zögerte, prüfte, wenn ich an die Wand dachte, an die
halb geöffnete Türe, den Schlüssel im Schloß, wenn ich mir sagte, daß alle Dinge
feindlich waren und mich stoßen und kratzen wollten, dann stieß oder verletzte
ich mich bestimmt. [...] Was der Verlust meiner Augen nicht hatte bewirken
können, bewirkte die Angst: Sie machte mich blind." (Lusseyran 1968, S. 22)

In Lusseyrans Verhältnis zum "Licht" spiegelt sich seine rückhaltlose
Annahme der Wirklichkeit wider, worauf Sölle hinweist:

"Die Kraft dieses Subjekts ist so ungebrochen, die Annahme des ganzen Lebens
so stark, daß auf das Vermeiden, Umgehen des Leidens kein Gedanke
verschwendet wird; die Theodizeefrage[126] ist hier überholt durch eine
unbegrenzte Liebe zur Wirklichkeit. [...] Das Ich geht über das bloße Ertragen
dessen, was ist, weit hinaus - es lebt die Liebe zur Wirklichkeit, es bejaht die

---

125   zum "Farbenhören" s.a. Trevor-Roper (1997, S. 84)
126   Theodizee bedeutet "die Rechtfertigung des Glaubens an Gottes allmächtige und
allweise Güte trotz der sinnlos scheinenden Übel der gottgeschaffenen Welt." (Herders
Fremdwörterbuch 1969)

Totalität, die gegenwärtig erfahren wird, auch in ihren schmerzhaften Bruch-
stücken." (Sölle 1973, S. 116)

10.5 Erweiterung der Erlebnismöglichkeiten anderer Sinnesmodalitäten

In Kapitel 10.2 wurde darauf eingegangen, daß ein sehgeschädigter Mensch
lernen kann und muß, seine nichtvisuellen Sinne effektiver zum Einsatz zu
bringen. Wie die Neurowissenschaften gezeigt haben, ist das Gehirn in
hohem Maße fähig, sich auf die neuen Anforderungen einzustellen,
entsprechende Motivation und geeignetes Training vorausgesetzt. Auf die
Restsinnschulung und die Möglichkeiten, welche diese eröffnet, komme ich
nun in Anbetracht ihrer grundlegenden Bedeutung noch einmal zurück. Die
Grenzen zwischen lebenspraktischem Nutzen und emotionalem bzw.
ästhetischen Zugewinn dürften fließend sein: Das bewußt wahrgenommene
Plätschern eines Baches, das früher vielleicht nie beachtet worden war, gibt
nicht nur Auskunft darüber, wo man sich gerade befindet, sondern kann
gleichzeitig als schön, lebendig oder beruhigend empfunden werden.[127] Aus
diesem Grund befaßt sich dieser Abschnitt mit beiden Aspekten.

Die potentielle Überlegenheit blinder Menschen beim Einsatz
nichtvisueller Sinne wird seit jeher genutzt:

"Wir wissen zum Beispiel, daß blinde Kameltreiber ein hohes Ansehen genießen,
weil in der Wüste der Geruch der Erde als Wegweiser dient und das Sehen oft
von geringem Nutzen ist." (Trevor-Roper 1997, S. 185)

Seit einiger Zeit werten bei der holländischen Polizei blinde "Sonderauf-
spürungsbeamte" Tonbandaufzeichnungen von Gesprächen zwischen
Verdächtigen aus:

"Sie können nicht nur Hintergrundgeräusche wesentlich besser identifizieren
und die verschiedenen Gesprächsteilnehmer besser auseinanderhalten. [...]
Blinde erkennen auch eher als Sehende, wer der Boß ist und wer nur Aufträge
entgegennimmt." (Röder 2003, S. 70)

---

127 Eine wahre Fundgrube für differenzierte Gedanken über den praktischen und ästhetischen Wert nichtvisueller Sinneseindrücke findet der interessierte Leser in den autobiographischen Tagebuchaufzeichnungen des in diesem Buch mehrfach erwähnten blinden Theolo-
gen John Hull (1995).

Nach Krähenbühl sind die wichtigsten Faktoren einer leistungsfähigen Kompensation der Wahrnehmung durch die verbleibenden Sinne:
*   eine ausgeprägtere Aufmerksamkeitshaltung
*   eine Verfeinerung der Sinneswerkzeuge[128]
*   ein höherer Grad der Auswertung von Informationen (Krähenbühl 1977, S. 78).

Die leistungsfähigsten Sinne, die einem blinden Menschen die Wahrnehmung seiner Umwelt ermöglichen, sind *die haptische und die auditive Wahrnehmung*. Geruchs- und Geschmackssinn besitzen eher eine unterstützende Funktion (Krähenbühl 1977, S. 70 f.). Der Tastsinn unterscheidet sich insofern von den sog. Fernsinnen wie Gehör, Gesichts- und Geruchssinn, als er lediglich durch direkten Kontakt die Wahrnehmung der Beschaffenheit eines Gegenstandes ermöglicht (Ahrbeck u. Rath 1994).

Um die *praktische Bedeutung der Restsinnwahrnehmung* zu unterstreichen, seien hier einige Beispiele herausgegriffen (s.a. Schäfer 1994, S. 72 f.):
*   Mit den Füßen kann die Bodenbeschaffenheit bzw. der Bodenbelag ertastet werden. Dies schützt nicht nur vor dem Stolpern, sondern hilft auch bei der Orientierung.
*   Orientierung an Geräuschen in der Innenstadt (Brunnengeplätscher, Kirchenglocken, Maschinengeräusche eines Betriebes, Gesprächsfetzen an einem Kiosk, Klingeln der Straßenbahn u.v.a.m.
*   Akustisches Entschlüsseln der Ampelphasen einer Kreuzung anhand des Verkehrsflusses
*   Wahrnehmung eines Fensters durch hereindringende Geräusche
*   Echo-Orientierung als Hilfe bei der Lokalisation von Hindernissen (Wänden, Bäumen, Telefonzellen, geparkten Autos usw.)
*   Deutung der sehr unterschiedlichen Geräusche des Regens als Hilfe bei der Erfassung der räumlichen Umgebung (Hull 1995)
*   Wärmeentwicklung der Sonne als Hilfe bei der Richtungsorientierung
*   Wind, z.B. Luftzug am Ende einer Häuserreihe, Rascheln im Laub usw.

---

128   wobei nach allem unter 12.2 Gesagten hier nicht die Sinnesorgane als solche gemeint sein können, sondern der Wahrnehmungsvorgang im Ganzen.

* Auffinden mancher Geschäfte durch deren spezifischen Geruch (Bäckerei, Metzgerei, Fischgeschäft, Drogerie, Sportgeschäft, Buchhandlung etc.)
* Kinästhetische Wahrnehmung, z.b. räumliche Orientierung im Auto oder Bus anhand von Kurven oder Steigungen
* Erfassen der Weg- bzw. Bodenbeschaffenheit durch die mit der Zeit verfeinerte propriozeptive Wahrnehmung derjenigen Hand und desjenigen Armes, mit dem der Führhundhalter über das Geschirr Kontakt zu den Bewegungsabläufen seines Hundes hat[129]
* Identifizieren von Kleidungsstücken durch deren Gewebestruktur.

Diese Aufzählung soll genügen, doch könnte jeder Betroffene die Reihe anhand seiner eigenen Erfahrungen fortsetzen.

Noch weit schlechter trainiert als das Hören sind in unserer Kultur Tasten, Riechen und Schmecken, die in vielen Bereichen tabuisiert sind (z.b. wird in aller Regel nicht geduldet, das Gesicht eines anderen Menschen zum Zweck seiner Identifizierung abzutasten).

Der *Aufmerksamkeit* kommt als Vorbedingung für die Erweiterung der Wahrnehmungsmöglichkeiten herausragende Bedeutung zu. Als Erblindete müssen (und können) wir lernen, unsere Sinne zu öffnen für Eindrücke, die der Sehende oft ignoriert; das kann nicht nur nützlich, sondern auch bereichernd, auch amüsant sein:

Erlebnisskizze:
Eines schönen, warmen Sommertages machte ich zusammen mit meinem Mann einen Tandemausflug. In einem gemütlichen, schattigen Biergarten auf dem Lande machten wir Rast. Während wir uns ausruhten und unsre Brotzeit einnahmen, lauschte ich dem Gackern von Hühnern und dem Geschnatter einiger Enten und Gänse, die irgendwo hinter dem Haus herumliefen. Diese Geräuschkulisse erlebte ich als sehr beschaulich und anheimelnd. Nach über einer halben Stunde bog eine kleine Schar Gänse um die Hausecke und war somit nun zu sehen. Erfreut rief mein Mann aus: 'Oh, da sind ja auch Gänse'. Ich konnte mir ein Schmunzeln nicht verkneifen.

---

129   Auch aus anderen Zusammenhängen kennen wir die Erweiterung des Tastfeldes über die Körpergrenzen hinaus. Sie ist für jede Art von Werkzeuggebrauch notwendig - egal, ob wir mit einem Kugelschreiber schreiben, Kartoffeln schälen, einen Kran lenken oder mit einem Tennisschläger den Ball treffen (Henschel 2004).

Lusseyran geht ein ganzes Stück weiter und schreibt:

"Die Bedingung heißt nicht einfach, nicht mehr zu sehen. Noch bedeutet sie, den verbliebenen Sinnen eine neue Struktur zu geben. Die Vorbedingung ist viel einfacher: Man muß aufmerksam sein. Ein wirklich aufmerksamer Mensch könnte alles erkennen. Er hätte für das Erkennen keine sinnesgebundenen Voraussetzungen mehr nötig. Es gäbe für ihn weder Licht noch Ton noch die jedem Ding eigene Form, sondern jedes Objekt würde sich ihm in allen seinen möglichen Gesichtern darbieten, das heißt, es würde ganz und gar in seine innere Welt eingehen. [...] Und gerade von dieser totalen Aufmerksamkeit werden die Sehenden dauernd abgelenkt. Die Blinden auch, aber doch schon weniger. Für sie besteht die praktische Notwendigkeit, aufmerksam zu bleiben, und ganz einfach hierin besteht die erste ihrer Gaben." (Lusseyran 1970, S. 19)

Weiter schildert er lebendig und anschaulich, wie er seinen Erfahrungsbereich des Hörens erweiterte (a.a.O., S. 24 ff.). Auf eine Wiedergabe dieser Schilderung verzichte ich aus Platzgründen, doch lohnt es sich, diese faszinierende Textstelle nachzulesen.

Krähenbühl (1977, S. 61 ff.), selbst blind, beschreibt am Beispiel der Personenwahrnehmung, wie wichtige Informationen über die andere Person mit den nichtvisuellen Sinnen aufgenommen und interpretiert werden:
1.	*Akustisch:* Am Schrittgeräusch erkennt er Leute im Treppenhaus. Stimme und Sprechweise liefern zahlreiche Informationen: Höhenlage, Lautstärke, Sprachmelodie, Sprechtempo, Gebrauch von Mode- und Fremdwörtern etc. geben Auskunft über Alter, Geschlecht, Beruf, Schichtzugehörigkeit, Bildungsstand, Stimmung usw. des Gesprächspartners. Atmen, Kleidergeräusche, Fingerschnippen, Körpergeräusche sowie gesellschaftlich bedingte Geräusche wie das eines Feuerzeugs oder das Klappern einer Schreibmaschine ergänzen das Bild.
2.	*Olfaktorisch:* Hierzu zählen Eigengerüche des Individuums[130] ebenso wie künstliche Düfte, z.B. Parfums.

130	Welche Rolle diese sog. Pheromone bei der zwischenmenschlichen Kommunikation spielen, ist in der Riechforschung nach wie vor umstritten. Einerseits ist das für die Pheromonwahrnehmung verantwortliche vomeronasale Organ (VNO) beim Menschen verstummt und erscheint als funktionsloses Relikt der evolutionären Vergangenheit. Andererseits bleibt die Frage, warum Menschen immer noch so intensiv Gerüche aussenden, vor allem in der Achselhöhle, die, und zwar ausschließlich beim Menschen, ein kompliziertes chemisches Gemisch aus Steroiden, Fettsäuren und mindestens 100 anderen Substanzen produziert. Experimentell wurde, um nur ein Beispiel unter vielen herauszugreifen, gezeigt, daß die Schreckreflexe eines Menschen größer sind, wenn er den Angstschweiß einer anderen Person

3. *Taktil:* Kontakt in der ursprünglichen Wortbedeutung ist in unserer Kultur in weiten Bereichen tabuisiert. Jedoch vermittelt z.b. die Art des Händedrucks wichtige Informationen über den anderen und seine gefühlsmäßige Verfassung.

4. *Gustatorisch:* Dieser Bereich entfällt für die Personenwahrnehmung weitestgehend.

Nicht nur über praktische Dinge und alltägliche Notwendigkeiten können die verbliebenen vier Sinne wichtige Informationen liefern. Vielmehr eröffnen sich, wie bereits angedeutet wurde, darüber hinaus *neue und bereichernde Möglichkeiten des Erlebens*. Einige Beispiele sollen dies veranschaulichen:

1. *Erlebnisskizze:*
Schon immer hielt ich mich gern in der Natur auf, ging spazieren oder bergwandern. Wie Normalsehende erfreute ich mich an einem schönen Bergpanorama, am Grün satter Wiesen, am Anblick bunter Blumen oder neugierig dreinblickender Kühe. Natürlich war ich traurig, als das nicht mehr möglich war, und eine Zeit lang hatte ich nicht mehr so viel Freude an den Ausflügen. Heute konzentriere ich mich auf andere Sinneseindrüke: Auf das Rascheln der Blätter an den Bäumen, das Muhen der Kühe oder Wiehern der Pferde, den Geruch der Blumen oder des unter meinen Füßen raschelnden Herbstlaubs, den Gesang der Vögel, das Zirpen der Grillen oder das Plätschern eines Baches. Es fühlt sich anders an, ob ich auf einem weichen Waldboden, durchs Moor oder über einen geröligen Bergpfad gehe. Wind und Sonne im Gesicht, nicht zuletzt eine schmackhafte Brotzeit am Ziel runden das sinnliche Erlebnis ab, das ich nun gar nicht mehr langweilig oder eintönig finde.

2. In einer Selbsthilfegesprächsgruppe erzählt eine 33-jährige blinde Frau:
"Ich habe zwei Kinder, drei und fünf Jahre alt. Was mich fasziniert, ist, daß sie lernen, alle ihre fünf Sinne in ungewöhnlicher Intensität zu gebrauchen. Sehen können sie wie alle anderen Kinder, und durch mich lernen sie jeden Tag, wie wichtig und schön auch Hören, Riechen, Tasten und Schmecken sind und was man mit diesen Sinnen alles anfangen kann. So erhalten sie, glaube ich, ein vollständigeres Bild von der Wirklichkeit als die meisten anderen Kinder, die sehende Eltern haben. Sie lernen, eine ganz und gar sinnliche Welt zu genießen."

---

riecht. (s. die Reportage über den Internationalen Kongress der Riechforschung von Groll 2006)

3.   Ernst Klee bildete seine Studenten aus, indem er sie in die Rolle von Behinderten schlüpfen ließ. So versetzten sie sich in die Situation von Blinden, indem sie Brillen mit schwarzer Plakatfarbe bemalten und die darunter mit Mull und Heftpflaster verklebten Augen verbargen.

"Beim Blindentest passierte etwas Überraschendes: Etwa die Hälfte der Studenten gefiel der Versuch ausgesprochen gut, weil sie neue Erfahrungen machten, ihre Sinne wiederentdeckten.
      Sie erlebten Geräusche und Gerüche viel intensiver, spürten am Wind, daß sie auf einen freien Platz kamen, genossen Sonne und Schatten." (Klee 1980, S. 152)

4.   Wer als Sehender die Ausstellung *"Dialog im Dunkeln"* besucht hat, weiß davon zu erzählen, wie irritiert, manchmal auch ängstlich er zu Beginn ist und wie erstaunlich rasch auf nichtvisuelle Wahrnehmungen umgestellt werden kann. Aus einem anderen Zusammenhang kann ich Ähnliches berichten:

Erlebnisskizze:

Seit ein paar Jahren reite ich. Nach anfänglichen Schwierigkeiten gelang es mit viel Übung, die Abmessungen der Reithalle und die Bewegungen des Pferdes soweit zu erspüren, daß das korrekte Ausreiten von Bahnfiguren beim Dressurreiten kein allzu großes Problem mehr ist. Um die etwas übertriebene Bewunderung anderer Reiter auf ein Normalmaß zurückzuschrauben, entschied sich meine damalige Reitlehrerin eines Tages zu einem Experiment: Für die Dauer einer Unterrichtsstunde bekamen alle anderen Reiter Augenbinden. Da ich in diesen Dingen geübter war als sie, führte ich die Abteilung an. Am Beginn der Stunde gab es einiges Gequietsche und Gejohle, halb ängstlich, halb amüsiert und reichlich desorientiert. Immer wieder rief jemand: "Hilfe, wo bin ich hier überhaupt?", und von Zeit zu Zeit fanden sich alle Pferde in einer Ecke des Reitplatzes auf einem Haufen. Eindrucksvoll für alle Beteiligten war jedoch, daß es nicht lange dauerte, bis das Chaos sich zu ordnen begann. Am Schluß der Stunde sah die Abteilung schon nahezu normal aus, und fast alle berichteten, sie hätten ihre Angst (weitgehend) verloren und ein besseres Gefühl für das Pferd und ihren Sitz im Sattel entwickelt. Alle staunten, wie schnell jeder so etwas lernen kann, und meine mehr oder weniger selbstverständliche Routine im Umgang mit diesem Problem verlor von da an den Nimbus des Magisch-unerklärlichen.

Diese Beispiele mögen genügen, um zu verdeutlichen, daß die Möglichkeit neuer und bereichernder Erfahrungen Normalsehenden ebenso offensteht wie Blinden, sofern sie nur dazu bereit sind. Wir sehen ein weiteres Mal, wie viel Behinderte und Nichtbehinderte bei entsprechender Bereitschaft und Experimentierfreude voneinander lernen können.

Schlußbemerkung: Plädoyer für die Stille

Abrunden will ich dieses Kapitel mit einem Gesichtspunkt, über den nach meiner Erfahrung zu wenig gesprochen wird: So wie nahezu jede Erscheinung im Leben eine Kehrseite hat, bezahlen wir auch für das verfeinerte Wahrnehmungsvermögen des Gehörs einen Preis. Dieser besteht in der Gefahr der Überlastung dieses für uns Blinde so zentralen Sinneskanals, der von früh bis spät sozusagen auf Hochtouren läuft. Dies kann zur Folge haben, daß wir mit der Zeit immer geräuschempfindlicher werden und die Reizüberflutung der uns umgebenden lärmenden Welt nur schwer ertragen. Ohne mit gesicherten epidemiologischen Daten aufwarten zu können, habe ich den Eindruck, daß Tinnitus und Hörsturz bei hochgradig Sehbehinderten und Blinden gehäuft vorkommen. Es ist unnötig zu betonen, welche Katastrophe eine zusätzliche (noch dazu vermeidbare) Hörbeeinträchtigung darstellt. Deshalb arbeite ich mit meinen sehgeschädigten Klienten regelmäßig an der Entwicklung einer *"Geräuschhygiene"* mit dem Ziel der Prävention. Für sehgeschädigte Menschen ist es noch schädlicher als für Normalsehende, an lauten Straßen zu wohnen, sich Discolärm auszusetzen oder den ganzen Tag vom Radio berieseln zu lassen. Während der Normalsehende Stille beim Lesen findet, muß der Sehgeschädigte - es sei denn, er bedient sich der Punktschrift - der Stimme eines Sprechers lauschen. Um so wichtiger ist es, aktiv Momente der Stille zu suchen und bewußt zu genießen - sei es in der Badewanne, bei der Meditation oder einem Waldspaziergang. Falls möglich, muß u.U. die Wohnumgebung gewechselt werden. Solche und ähnliche Maßnahmen sind wichtig, will man Hörschäden oder indirekten Folgen wie Verspannungen, Herzbeschwerden, Schlafstörungen usw. bestmöglich vorbeugen.

10.6 Veränderte Wahrnehmung und künstlerischer Selbst-ausdruck

> "Picasso-Ausstellung in Paris. Der Meister selbst ist bei der Vernissage zugegen. Jankel, in Paris schon längere Zeit ansässig, hat seinen frisch aus der polnischen Provinz zugezogenen Vetter Schmul in die Ausstellung mitgenommen. 'Warum malt er so merkwürdig?' will Schmul wissen. Jankel fragt den Meister und erklärt Schmul: 'Er sagt, er sieht es so!' 'Reb Picasso!' wendet sich Schmul tadelnd an den Maler, 'Ojb (wörtl. ob = wenn) ihr seht nischt gut - far woß (wozu) molt ihr?'" (Jüdischer Witz)[131]

Wie wir wahrnehmen, bestimmt in wesentlichem Umfang kognitive Prozesse, affektives Erleben und Handeln (ebenso wie diese Variablen umgekehrt die Wahrnehmung beeinflussen). Nachdem die letzten Abschnitte der Reorganisation der Wahrnehmung gewidmet waren, stellt sich nun eine weitere spannende Frage: Welche Konsequenzen haben solche Veränderungen für den künstlerischen Selbstausdruck?

Der (in diesem Buch bereits mehrfach zitierte) britische Augenarzt und Kunstkenner Patrick Trevor-Roper (1970/1997) hat sich intensiv mit der Frage auseinandergesetzt, wie sich unterschiedliche Sehfehler bis hin zur völligen Blindheit auf die Persönlichkeit und ihr künstlerisches Gestalten, insbesondere auf Malerei, Bildhauerei und Dichtkunst auswirken können. Dabei warnt er allerdings vor allzu forschen Schlußfolgerungen und einer psychologistischen Reduktion des künstlerischen Ausdrucks (einer Gefahr, der die Psychoanalyse bei ihren Versuchen, künstlerische Werke zu deuten, mitunter erlegen sein mag):

> "Es muß daran erinnert werden, daß diese Folgerungen lediglich lose Mutmaßungen darstellen und daß es verheerend wäre, irgendwelche festen Schlüsse aus diesen verstreuten Beispielen von Dichtern zu ziehen, deren offensichtlicher Sehfehler eine der geringsten Komponenten ihrer psychologischen Struktur bildeten." (a.a.O., S. 33)

Trevor-Roper geht von der These aus, daß Seheinschränkungen wie etwa Kurzsichtigkeit somatopsychisch den Charakter des Betroffenen beeinflussen:

---

131   Landmann 1988

"Ein verlängerter Augapfel ist jedoch bei keinem Individuum ein isolierter anatomischer Zufall. Kein Teil von uns ist in seiner Form oder Funktion unabhängig vom Ganzen, und das kurzsichtige Auge, ursprünglich nur eine Facette der ererbten Form des menschlichen Körpers, vermag dessen Entwicklung, seine Haltung und Bewegungen innerhalb eines begrenzten Rahmens das ganze Leben lang zu beeinflussen. Genauer gesagt, ist der kurzsichtige Augapfel Teil einer Persönlichkeitsstruktur, auf deren Entwicklung er einen Einfluß ausübt, der von größter Bedeutung sein könnte: Die kurzsichtige Persönlichkeit. Studien, die den Intelligenzquotienten mit dem Refraktionsfehler ins Verhältnis setzten, legen nahe, daß der Kurzsichtige in jedem Fall bei 'Papier-und-Bleistift-Arten' der Intelligenz überlegen ist, vermutlich aufgrund seiner besseren Lesefähigkeit, und unter den sehr begabten Mathematikern sind Kurzsichtige viermal häufiger anzutreffen als in der Bevölkerung allgemein. [...] Mystiker und religiöse Führer, ebenso wie Musiker und Künstler sind, wie man sagt, häufig kurzsichtig, da eine verschwommene Sicht der äußeren Welt kein Hindernis für ihre innere Vision darstellt." (Trevor-Roper 1997, S. 16 ff.)

Wenn Trevor-Roper also von der "kurzsichtigen Persönlichkeit" spricht, geht es keinesfalls um waghalsige psychosomatische Spekulationen, sondern schlicht um die Frage, wie sich das Sehvermögen bzw. die Art einer Sehbeeinträchtigung auf Betätigungs- und Entwicklungsmöglichkeiten, damit auf die Persönlichkeit einschließlich ihres künstlerischen Ausdrucksstils auswirken kann (a.a.O., S. 21).

Malerei, Bildhauerei und Dichtkunst
Im folgenden können exemplarisch nur wenige Gesichtspunkte herausgegriffen werden. Der interessierte Leser sei auf Trevor-Ropers differenzierte Analyse verwiesen. Über kurzsichtige Künstler schreibt er:

"Am auffälligsten ist der Einfluß auf die Bildsprache, denn der Kurzsichtige - es sei denn, er trägt immer eine Brille - neigt unweigerlich dazu, Beschreibungen von Details, die sich außerhalb seines Akkommodationsbereichs befinden, zu vermeiden. [...] John Milton, ein weiterer mutmaßlicher Kurzsichtiger, erwähnt sehr selten Vögel, und wenn doch, handelt es sich zumeist um den Gesang der Nachtigall, während sein seltener Einsatz von Farbsymbolik gewöhnlich eine haptische Qualität besitzt." (a.a.O., S. 30)

Über James Joyce, der zehnmal an seinen Augen operiert wurde und hochgradig sehbehindert war, schreibt Trevor-Roper:

"Mit der Zeit zog er sich immer mehr in eine Innenwelt aus Assoziationen und Sequenzen zurück, und die Faszination, die Klang auf ihn ausübte, wurde desto bezwingender, je mehr sich sein Sehvermögen verschlechterte. [...] Seine Wortassoziationen wurden bereichert durch ein schieres Vergnügen am Klang um seiner selbst willen wie bei den häufigen Alliterationen in 'Ulysses' und Klänge, die sowohl wegen ihrer Musik als auch wegen ihrer Assoziationen ersonnen wurden, durchdrangen sein letztes großes Werk 'Finegan's Wake' in einem Maß, daß die Erzählung nur als kaum wahrgenommenes Gerüst überlebt."(a.a.O., S. 32 f.)

Was die Malerei betrifft, fällt, so Trevor-Roper, auf, wie viele Impressionisten kurzsichtig gewesen seien oder andere Sehbeeinträchtigungen gehabt hätten: Vermutlich Claude Monet, auf jeden Fall jedoch Cèzanne, Pissarro und Dègas (a.a.O., S. 37). Der Autor stellt die Frage, ob die Sehfehler zur Herausbildung des künstlerischen Stils, der unter anderem durch verschwommene Konturen gekennzeichnet ist, beigetragen haben könnte. Auch die Farbwahl könne durch die je eigene Art des Sehfehlers modifiziert werden. Besonders naheliegend ist ein solcher Einfluß natürlich im Falle der Farbenblindheit:

"Es scheint, daß farbenblinde Künstler, besonders die von verhältnismäßig zurückhaltendem Temperament, im allgemeinen versuchen, ihre Schwäche dadurch auszugleichen, daß sie den Farbgehalt ihrer Bilder reduzieren, so daß diese als Folge davon oft ein wenig melancholisch wirken." (a.a.O., S. 98)

Einflüsse anderer Sehbeeinträchtigungen auf die Farbwahl sind weniger offensichtlich: So scheint bei Alterskatarakt, v.a. nach erfolgter Staroperation, ein Farbwechsel zum Roten hin häufig zu sein (Beispiel: William Turner). Nach 1905 seien die Weiß- und Grüntöne bei Claude Monet, der ebenfalls an grauem Star litt, zunehmend gelblich, die Blautöne zunehmend violett geworden. Monet muß unter der Eintrübung seiner Farbempfindung sehr gelitten haben und zerschnitt vor Wut alle seine Leinwände.

Manche unter den impressionistischen Malern scheinen es vorgezogen zu haben, keine Brille zu tragen oder unterzukorrigieren, vielleicht um sich so von der naturalistischen Weltsicht abzugrenzen.

Ähnliche Beobachtungen wie bei Malern machte Trevor-Roper im Bereich der Bildhauerei:

"Kurzsichtige Bildhauer neigen dazu, sich auf Subjekte zu konzentrieren, die sich innerhalb des begrenzten Bereichs ihrer natürlichen Sehschärfe befinden.

[...] In seiner Biographie über Auguste Rodin schreibt Rilke, daß seine Kurzsichtigkeit einen ganz wesentlichen Einfluß auf Rodins Kunst ausgeübt habe. Da die Abschätzung der Gesamtwirkung eines Werkes ihm Probleme bereitete, habe er instinktiv nur selten umfangreiche Monumente entworfen, bei denen die architektonische Konstruktion von fast ebenso großer Bedeutung wie die Skulptur selbst sei. [...] man warf ihm [Rodin, Anm. d. Verf.] vor, Abdrücke der von ihm bildhauerisch dargestellten Subjekte genommen zu haben, da die Details der Figuren [...] zu lebensecht erschienen, um auf eine andere Art hergestellt worden zu sein." (a.a.O., S. 40)

Menschen, die nahezu blind sind, mögen vielleicht immer noch malen und zeichnen, indem sie sich daran orientieren, wo und wie ihr Stift das Papier berührt. Vereinzelt gibt es auch Blinde, die fotografieren. Von visueller Kunst können wir hier jedoch wohl kaum sprechen. Trevor-Roper schreibt:

"Solche nahezu blinden Künstler sind, da sie von den Einschränkungen direkter Repräsentation befreit sind, in jene haptische oder kinästhetische Welt gestoßen, die ein ganz neues Wertesystem und ganz neue Strukturen bildlicher Symbolik eröffnet." (a.a.O., S. 169)

Der japanische Lehrer Shiro Fukurai (1969) begann Anfang der 1950-er Jahre als einer der ersten, bei blinden und sehbehinderten Kindern künstlerische Begabungen zu fördern. Anfangs stieß er auf große Schwierigkeiten und Mißtrauen auf seiten der Schüler. Im Laufe der Jahre gelang es ihm jedoch, ihnen den kreativen Umgang mit Ton nahezubringen, sie schließlich sogar zum Malen und Zeichnen zu ermutigen. Auf nationalen und internationalen Ausstellungen fanden die Skulpturen ein lebhaftes Echo.

Fukurai ermutigte die Kinder mit einer ganzheitlichen Herangehensweise zum freien Selbstausdruck, indem er sie anleitete, den gesamten Körper, die Atmung und ihr momentanes Gefühlserleben in die Arbeit mit dem Ton einzubeziehen. Ton erwies sich als ideales Medium. Einen Eindruck vom Engagement und der künstlerischen Begabung der sehgeschädigten Kinder vermitteln die Abbildungen in Fukurais Buch; einige von ihnen sollen daher exemplarisch wiedergegeben werden. Sie drücken ein breites Spektrum von emotionalen Qualitäten (Angst, Verzweiflung, Hoffnung, Ruhe, Geborgenheit, Humor) ebenso aus wie einen sachlichen Realitätsbezug (s. Abb. 4-7)

Seine wichtigsten Schlußfolgerungen faßt Fukurai in dem sehr persönlich gehaltenen Bericht wie folgt zusammen:

"1. Die Arbeit der blinden Kinder ist frei von Anmaßungen. Sie hat den Charakter von Frische und Eindringlichkeit, vielleicht weil die Schüler ihre Gefühle unmittelbar von ihren Händen in den Ton übertragen müssen. 2. Obwohl ihre Arbeit unvermeidlich einfach und naiv ist, verringern diese Eigenschaften nicht ihren Wert. Vielmehr kann die Kunst dieser Kinder als Leben in seiner konzentriertesten Essenz interpretiert werden. 3. Da die Kinder nicht den Stil eines anderen imitieren können, offenbart jedes seine eigene Individualität. Die ausdrucksvollen Formen ihrer Skulpturen, die stark an den Tastsinn appellieren, sind von den glatten, leblosen Oberflächen der Hamiwa-Grabstatuen[132] sehr verschieden. Ich frage mich, ob man nicht sagen kann, ihre Arbeit betone eine *neue taktile Dimension künstlerischer Schönheit*, die in ihrer Einfachheit ein Empfinden von Kraft und Bewegung einschließt." (Fukurai 1969, S. 51 f., Übers. und Hervorhebung d. Verf.)[133]

Lowenfeld ermutigte seine blinden und hochgradig sehbehinderten Schüler, aus den Begrenzungen ihrer Behinderung Nutzen zu ziehen und sich ihren Fähigkeiten gemäß künstlerisch auszudrücken. Dabei fand er drei Entwicklungsphasen auf dem Weg zur Befreiung des Gefühlsausdrucks:

1. Zum Scheitern verurteilter Versuch der genauen, wirklichkeitsgetreuen Repräsentation (z.B. eines Gesichts)
2. Versuch der Schematisierung (z.B. Nase als Dreieck). Allmähliche Würdigung einzelner Elemente von Form und Ausdruck. Das zweite Stadium nehme dann einen fast geometrischen Charakter an, da das strukturelle Element bei der Entdeckung und Formulierung des Selbst sehr wichtig werde.
3. Freier Selbstausdruck, befreit vom Zwang der getreuen Nachbildung des Modells. Neue formale Elemente können eingeführt und individuelle strukturelle Symbole können variiert werden (Trevor-Roper 1997, S. 195).

Wird die Welt in erster Linie durch Tasten, Körpergefühl und Muskelempfindungen interpretiert, entsteht, so Trevor-Roper, eine im wesentlichen expressionistische Kunst (im Gegensatz zu derjenigen der visuell motivierten Mehrheit, die eher einem realistischen Stil verhaftet sei). Nach dem Ersten Weltkrieg empfahl eine Gruppe französischer Bildhauer, mit verbundenen Augen zu arbeiten, um die plastische Qualität durch den Ausschluß visueller Wahrnehmung zu betonen (a.a.O., S. 196). Diese Strö-

---

132   Tonstatuen, die als Weihgaben prähistorischen Gräbern beigefügt wurden.
133   Rubin (1975) beschäftigt sich mit dem Ansatz Fukurais, jedoch in etwas technischerer und weniger persönlicher Form als dieser.

mung ermutigte wiederum blinde Künstler zur bildhauerischen Arbeit. Heute werden in Blindeneinrichtungen Kurse angeboten, welche die schöpferische Arbeit mit Ton oder Speckstein zum Inhalt haben.

Trevor-Roper beschäftigt sich schließlich mit der Sprache blinder bzw. erblindeter Dichter und Schriftsteller. Er untersuchte, wie visuelle Ausdrucksweise in diejenige taktiler Vorstellung verwandelt und so eine neue Sicht der dargestellten Wirklichkeit möglich wird. Dabei wird deutlich, daß die taktile Dimension eine andere, aber gleichwertige Darstellung desselben Gegenstands ermöglicht und auch dem sehenden Leser neue Perspektiven der Betrachtung eröffnet (s. die Gegenüberstellung eines Gedichtes von Shelley und dessen Übertragung in taktile Metaphern durch W. H. Coates) (a.a.O., S. 191):

"Diese Metaphorik der Blinden besitzt die Faszination einer Alice-im-Wunderland-Welt, wo alles fremdartig, aber trotzdem erkennbar und wahr ist und manchmal nicht weniger schön. Es wäre jedoch falsch, daraus zu schließen, daß viele von Blinden verfaßte Texte von diesem hohen Rang seien." (a.a.O., S. 192)

Zur Illustration einer Lyrik, die nichtvisuelle Metaphern zu nutzen versteht, gebe ich hier den Text: "Berührungslandschaft" des blinden Dichters W. H. Coates wieder:

"Berührungslandschaft

Dann trat meine Phantasie hinaus über die Szene.
Durch harten Adlerfarn watete sie.
Der Torf streichelte ihre Füße.
Der Grund floß hinweg in breiter Neigung hin zum Tal.

Sie hörte das Schattengeräusch von Bäumen;
Ihre Hand streifte die Felder - eintausend Fluren -
Den entlegenen Wald zu berühren wie ein Schal aus Spitzen
Geworfen über die Knie der Hügel.

Sie verbarg ihr Gesicht in Gräsern üppig und kühl,
Als zu der Ebene sie sprang
Zu Seiten eines flachen Flusses -
Ein Streifen polierten Metalls, der durch die Weiden schneidet.

Und dann zu ferneren Hügeln
Schwellend unter meinen körperlosen Händen
In dreidimensionalen Kurven:
Wunderschönste Hügel, eingebildet und weit weg
Und überzogen mit Samt.

Und weiter noch, jenseits der dunstigen Hügel,
Erreichte ich die gefurchte See;
Berührte ich die Wellen aus Kronen mit Distelwolle."
(zit. n. Trevor-Roper 1997, S. 189; Übers. A. Brausch, a.a.O., S. 214 f.)

Blinde Autoren arbeiten insofern unter erschwerten Bedingungen, als sie in der verfügbaren Literatur auf keine Tradition taktilen oder auditiven Schreibens zurückgreifen können, auf die sie ihren Stil aufbauen oder aus der sie ihren Fundus an Symbolen ausstatten könnten (a.a.O., S. 92). Vor diesem Hintergrund ist es um so erfreulicher, daß blinde Autoren sich in einer Arbeitsgemeinschaft zusammengeschlossen haben, in der sie sich austauschen und gegenseitig literarisch befruchten können.[134] Inwieweit Trevor-Roper zu Recht annimmt, daß die meisten blinden Menschen angesichts der Vielzahl im Alltag zu meisternder Aufgaben und des hierfür notwendigen zusätzlichen Kraftaufwandes mit der Schaffung neuer Symbole und Metaphern überfordert sein dürften[135], wage ich nicht zu beurteilen. Ich neige jedoch zu der optimistischen Einschätzung, daß Behinderungsverarbeitung und Alltagsbewältigung den Betroffenen nicht ganz und gar seiner geistig-seelischen Freiräume und damit seiner schöpferischen Kraft berauben. Die intensive Selbstauseinandersetzung, zu der die Behinderung nahezu zwingt, könnte im Gegenteil sogar zuvor nicht gekannte schöpferische Kräfte freisetzen (s. Kapitel 10.6).

Theater
Kommen wir nun zu einem anderen Bereich künstlerischer Tätigkeit: Dem Theater. Maack weist darauf hin, daß blinde Menschen in der Öffentlichkeit stets exponiert sind und kaum irgendetwas unbeobachtet tun können:

---

134   Zu finden ist diese Arbeitsgemeinschaft im Internet unter www.blautor.de.
135   An anderer Stelle (Glofke-Schulz u. Rehmert 1999) habe ich dieses Dilemma als "Dosenöffner-Problem" bezeichnet und damit auf einen Woody-Allen-Film Bezug genommen: Wie soll der Protagonist wissen, ob es ein Leben nach dem Tod gibt, wenn er nicht einmal weiß, wie der Dosenöffner funktioniert?

"Als Menschen mit dem relativ seltenen Merkmal 'Blindheit' ist für uns häufig eine Art Bühnensituation unausweichlich. Tagtäglich machen wir die Erfahrung, daß wir, mit dem weißen Stock oder dem Führhund deutlich hervorgehoben, uns im öffentlichen Raum quasi auf einer Bühne befinden. Neugierige, besorgte oder bewundernde Blicke verfolgen uns auf Schritt und Tritt. Wir können nicht in der Menge untertauchen und, ohne Aufmerksamkeit auf uns zu ziehen, einen Nachmittag in der Stadt verbringen. Da wir immer Publikum haben, wird die Straße oder der Bahnhof für uns zur unfreiwilligen Bühne. Beim Theaterspielen hingegen konfrontieren wir uns freiwillig und bewußt mit der Bühnensituation. Wir können hier unsere Scheu vor dem Sich-Zeigen, aber auch unsere Lust daran erkunden." (Maack 2003)[136]

Indem blinde und sehbehinderte Menschen sich an Theaterarbeit heranwagen, können sie sich - neben dem künstlerischem Impetus als solchem - ihre oftmals als fremdbestimmt und lästig erlebte öffentliche Exponiertheit aneignen und damit wieder selbst zum Regisseur der Szene werden, statt in einer Art Opferrolle verharren zu müssen. Auf der Bühne flexibel in verschiedenste Rollen schlüpfen zu können, kann von starren Rollenzuschreibungen und -übernahmen befreien. Die Vielfalt emotionaler Erfahrungen, die Blinde und Sehbehinderte machen, kann eine reiche Quelle für vertieftes Agieren auf der Bühne sein:

"Wir haben alle eine ganze Palette von spezifischen Erlebnissen und emotionalen Erfahrungen, mit denen wir das Theaterspiel bereichern und vertiefen können: Angefangen von dem Verlust des Sehvermögens über Erfahrungen der Ausgrenzung bis hin zur tiefen Befriedigung, wenn man es trotz Behinderung schafft. All das sind reiche innere Erfahrungen, die wir sehenden Menschen voraus haben. Gleichzeitig sind die damit verbundenen Gefühle universal menschlich, und daher können sie jeder Rolle Farbe und Tiefe geben. Dies setzt allerdings voraus, daß wir bereit sind, unseren hellen und dunklen Gefühlen offen zu begegnen. Das Theater ist darauf angewiesen, daß die Spieler bereit sind, ihre Trauer, ihre Wut und ihre Freude zu zeigen." (a.a.O.)

Führen die behinderungsbedingten Wahrnehmungseinschränkungen bei Geburtsblinden, mit der Zeit aber auch bei Späterblindeten zu einer Einschränkung des gestischen, mimischen und Bewegungsrepertoires, kann das Theaterspielen helfen, dieses zu erweitern bzw. den Körperausdruck lebendig zu halten (a.a.O.). Wie alle körperorientierten Therapieverfahren

---

136   Auch dieses Buch lag mir als Hörbuch ohne Seitenangaben vor.

wissen, können über die Arbeit an Körperhaltungen und -bewegungen auch innere Haltungen und Einstellungen modifiziert werden:

> "Auf diese Weise kann eine Erweiterung des eigenen Bewegungsrepertoires verhindern, daß wir uns in Seele und Geist unnötig einengen." (a.a.O.)

Ohne künstlerische Arbeit, die ihren Wert in sich hat und/oder auch völlig andere Ziele verfolgt, auf diesen Teilaspekt reduzieren und damit in den Bereich von Pädagogik oder Therapie[137] verweisen zu wollen, wird in diesen Überlegungen doch deutlich, wie sehr künstlerisches Tun zur Behinderungsverarbeitung, zur Linderung von Wahrnehmungs- und Ausdruckseinschränkungen und schließlich zur *Entstigmatisierung*[138] beitragen kann. Letzteres machen sich Theater- und Kabarettgruppen zunutze, wenn sie öffentlich Behindertsein und die Skurrilität mancher Interaktionssituationen thematisieren, überwinden und sich somit aneignen - natürlich in der Hoffnung, auch ein nicht behindertes Publikum zum Nachdenken anzuregen. Das "Anderssein", das die Behinderung und deren Bewertung durch die Umwelt auferlegt, wird vom Stigma zum Potential. Dieses allerdings ist per se noch keine Qualifikation und ersetzt keineswegs die konsequente Arbeit an der schauspielerischen Kompetenz. Der Blindheit eine innewohnende eigene ästhetische Qualität zuschreiben zu wollen, wäre eher Nahrung für das Blindheitsstereotyp und würde sich ausgrenzend auswirken:

> "Der offensive Umgang mit der Behinderung schließt allerdings nicht aus, daß intensiv an einem bewußten, kontrollierten Körperausdruck und einer Erweiterung des Bewegungsrepertoires innerhalb der besonderen physischen Möglichkeiten der Behinderten gearbeitet wird. [...] Die besonderen Eigenschaften von Behinderten gelten hier nicht schon als Garant einer besonderen ästhetischen Qualität, sondern als Herausforderung zur Suche nach angemessenen ästhetischen Möglichkeiten." (Roth-Lange 2003)

---

[137] Die therapeutischen Möglichkeiten der Theaterarbeit nutzt seit langem das Psychodrama. Gemeinsam mit meinem Kollegen Berndt Kühnel leite ich seit einiger Zeit Psychodrama-Workshops mit Blinden und Sehbehinderten aus psychosozialen Berufen. In diesen Seminaren, die oftmals die Behinderungsverarbeitung sowie die Interaktionsprobleme mit Sehenden zum Inhalt haben, wird der befreiende Charakter eines spielerisch-humorvollen Herangehens besonders deutlich.

[138] Der Wert künstlerischen Schaffens für die Entstigmatisierung wurde bislang intensiver mit Bezug auf psychisch kranke Menschen diskutiert (s. etwa Thomashoff u. Sartorius 2004).

Wie die unterschiedlichsten Facetten und Möglichkeiten von Theaterarbeit mit Blinden und Sehbehinderten aussehen können, kann hier nicht im einzelnen ausgeführt werden (s. den spannenden Tagungsbericht von Sassmannshausen u. Winkelsträter (2003).

Musik

Wenn ich hier vergleichsweise wenig darüber schreibe, wie blinde und sehbehinderte Menschen musizieren, komponieren oder Musik rezipieren, liegt dies daran, daß ihre Möglichkeiten, sich mit Musik auseinanderzusetzen, sich naturgemäß von denjenigen Sehender nicht essentiell unterscheiden. Indem für die meisten von uns das Gehör der Hauptsinn ist, liegt es nahe, daß (ebenso wie das gesprochene Wort) Musik für Sehgeschädigte eine nahezu ungetrübte, reiche und kraftvolle Ressource (s. Kapitel 8) und Gestaltungskraft sein kann. Zahlreiche blinde Musiker, die in der (äußerst hart konkurrierenden) Musikszene den Durchbruch geschafft haben, sind ein lebendiger Beweis dafür. Natürlich fielen wir auf das Blindheitsstereotyp herein, wollten wir annehmen, blinde Menschen seien musikalischer als Sehende. So unsinnig eine solche Annahme wäre, bleibt doch immerhin die Tatsache, daß Blindheit fast zwangsläufig eine gute Gehörschulung nach sich zieht und somit zumindest kein Nachteil ist. Anders als weiter oben für andere Kunstgattungen dargelegt wurde, ist nicht anzunehmen, daß der musikalische Stil blinder und sehbehinderter Menschen sich von demjenigen Normalsehender unterscheidet. Die Schwierigkeiten, mit denen sehgeschädigte Musizierende zu kämpfen haben, sind eher technischer Natur: Wer mit Blindennotenschrift arbeitet, muß (außer er ist Sänger) auswendig lernen, als Pianist oder Organist muß er dann in einem zweiten Schritt linke und rechte Hand zusammenfügen. Wer - meist als Späterblindeter - die Blindennotenschrift nicht beherrscht, muß sich darin schulen, nach Gehör auswendig zu lernen. Wer in einem Orchester spielt oder einem Chor singt, muß sich äußerst sensibel in das musikalische Geschehen einfühlen, da er den Dirigenten nicht sieht. An seine Grenzen kommt der blinde Musiker in Situationen, in denen in rascher Folge neue Stücke erarbeitet werden und die Ensemblemitglieder daher auf gutes Blattlesen angewiesen sind. Ein blinder Musiker braucht immer zusätzliche Vorbereitungszeit, es sei denn, er arbeitet vornehmlich mit Improvisation, etwa als Jazzmusiker. Daß der Umgang mit Musik nicht zuletzt eine enorme Hilfe bei der Bewältigung von

Schicksalsschlägen sein kann, wurde in Kapitel 8 am Beispiel Johann Sebastian Bachs bereits dargelegt.

Ausblick

Mir ist bewußt, daß ich in diesem Kapitel keineswegs alle Formen künstlerischen (Selbst-)Ausdrucks berücksichtigen konnte. Ich hoffe, dennoch einen Einblick in künstlerisches Tun blinder und sehbehinderter Menschen gegeben zu haben. Schließen will ich mit einem Zitat von Olsson:

> "Die Welt ist nicht so, wie unsere Augen sie wahrnehmen. Wir wissen nicht, wie die Welt unabhängig von der Determination unserer Augen wirklich ist. Jedes Wahrnehmungsorgan bringt seine eigenen Gesetze und Einschränkungen mit, bevor es uns die Welt vermittelt. Deine Welt ist nicht wie meine Welt und ist doch unsere gemeinsame Welt, weil wir uns davon erzählen und versuchen, den anderen zu verstehen. Unser Einfühlungsvermögen, unser Interesse an der Sichtweise anderer Menschen und dem Spiel mit den menschlichen Möglichkeiten baut die Brücke über die Einsamkeit der immer wieder auf sich selbst zurückgeworfenen Personen, die mit Hilfe der verschiedensten Mittel [...] versuchen, sich selbst, die anderen und die Welt in ihrem Wirklichsein zu verstehen." (Olsson 2003)

11 Reorganisation von Einstellungen und Werten

Wir wollen uns nun der Frage zuwenden, wie ein behinderter, in unseren Falle sehgeschädigter Mensch die bewußte Auseinandersetzung mit der Behinderung zur Reorganisation seines Einstellungs- und Wertesystems fruchtbar nutzen und so auf seinem Weg der Selbstwerdung fortschreiten kann (s.a. Glofke 1983, Glofke-Schulz 1999).

Verschiedenste, allen voran krisenhafte Lebensereignisse können Anlaß dafür sein, bisher für unumstößlich gehaltene Einstellungen und Werte, und zwar kulturell verankerte ebenso wie in der eigenen Biographie herausgebildete, zu hinterfragen und ggf. zu revidieren. Ein solcher Entwicklungsprozeß kann ängstigend, schwierig und schmerzlich, aber auch spannend und befreiend sein auf dem Weg zu mehr Bewußtheit, geistig-seelischer Freiheit und Sinnerfüllung, langfristig darüber hinaus zu gesellschaftlich-kulturellem Wandel. Gemäß dem *logotherapeutischen Ansatz Viktor Frankls* ist der Mensch ein "wertstrebiges Wesen". Indem er Werte, von denen er sich angezogen fühlt, verwirklicht, erlebt er Sinn. Frankl spricht von

1. *Erlebniswerten* (Erleben der Welt, ästhetische Werte, Liebe, Kunst, Beziehungen),
2. *schöpferischen Werten* (aktive Gestaltung der Welt, Arbeit, Beruf, Hobbies, Freizeit) und
3. *Einstellungswerten:* Hierunter versteht Frankl

"die sogenannten menschlichen Reifewerte, die in der Auseinandersetzung mit dem Leben (Tod, Schuld, Leid) errungen werden. Der Einstellungswert ist identisch mit der Akzeptanz oder der inneren Zustimmung zum Leben nach einem Schicksalsschlag. Erst wenn die Verunsicherung und die Trauer über den verlorenen Wert sich gelegt haben und es gelungen ist, den verlorenen Wert loszulassen, kann der Einstellungswert durch die Aktivierung des Willens zum Sinn wieder neue Sinnmöglichkeiten erschließen. Der Mensch spürt nun wieder die Spannung zwischen Sein und Sollen, zwischen dem, was ist und dem, was noch werden soll. Die Spannung bleibt so lange erhalten, wie die Beschäftigung mit dem Wert andauert. Die sogenannten traditionellen gesellschaftlichen Werte (Erziehung, Bildung, Integration von gesellschaftlichen Randgruppen, Zuverlässigkeit, Fleiß, Pflicht, Verantwortung) sind in diesem Zusammenhang nicht gemeint. Sie bilden den gesellschaftlichen Hintergrund, denn im Vordergrund stehen in dieser Betrachtung die individuellen Werte. Jeder Mensch entwickelt dabei nur Gespür für seine ganz individuellen Werte, die ihn anziehen. Mit der Entscheidung für eine Wertverwirklichung übernimmt der Mensch die Verantwortung für sein Handeln. Dies setzt Anstrengungsbereitschaft und Einsatz voraus. Der Lohn ist ein erfülltes und glückliches Leben. Die innere Zustimmung zur neuen Realität vermittelt den Betroffenen die Offenheit für eine neue Lebensperspektive." (Knoke 2006)

Ein Wert ist eine

"aus der philosophischen Ethik stammende Bezeichnung für die einem Individuum oder einer Gruppe eigene mehr oder weniger explizite und explizierbare Auffassung von den erstrebens- oder wünschenswerten Handlungen oder Einstellungen in bezug auf Mitmenschen oder Dinge oder Ziele des Verhaltens allgemeinerer (normativer) Art (im Sinne von gut und schlecht). [...]
Wegen des deutlichen Bezuges bzw. naheliegenden Anklanges an wertethische Überlegungen wird der Wertbegriff recht selten in der Psychologie gebraucht; Syn. Einstellungen, soziale Normen." (Drever u. Fröhlich 1977, S. 322)

Jeder Mensch verfügt über ein internes System, das die von ihm vertretenen Einstellungen und Werte mit ihren komplexen Wechselbeziehungen enthält. Dieses Wertesystem kann in erster Linie aus Werten derjenigen Gruppe (Familie, Clique, Subkultur, soziale Schicht, Kultur usw.) bestehen, der das Individuum angehört bzw. sich am meisten zugehörig fühlt. Je nach Stand der Persönlichkeitsentwicklung und Grad an Autonomie (im Sinne geistig-seelischer Unabhängigkeit) kann es aber auch in stärkerem Maße individuelle Komponenten enthalten (s. die Überlegungen zu Konformität, Freiheit und Identität in Kapitel 3). Indem die in autonomer Reflexion oder Meditation, im Austausch mit dafür geeigneten Personen bzw. in der Beschäftigung mit entsprechender Literatur erarbeiteten Werte in Widerspruch zu denen der Gruppe treten können, bleiben dem Einzelnen schwierige ethische Abwägungen und Entscheidungen in aller Regel nicht erspart; die Anforderung an *Ambiguitäts- und Spannungstoleranz* ist hoch.

Natürlich muß jeder, der sich mit Wertefragen auseinandersetzt, sehr vorsichtig sein, will er seine individuellen Werte zur allgemeinverbindlichen Norm erheben (dies könnte dann der Fall sein, wenn er sozial allgemein akzeptierte Werte als ethisch fragwürdig zu erkennen glaubt). Gewissenhaftes Abwägen individueller und sozialer Werte ist nur im rationalen Diskurs mit anderen Menschen möglich. Ohne einen solchen, in gegenseitigem Respekt geführten Diskurs, der mutig wagt, kaum noch hinterfragte kollektive Werte auf den Prüfstand zu stellen, gäbe es allerdings niemals gesellschaftlich-kulturellen Wandel. Dembo et al. (1969, S. 300) bezeichnen *Akzeptieren eines Verlusts als Prozeß der Wertveränderung.* Roessler u. Bolton (1978, S. 93) nennen den Erwerb von Wertklärungs-, Bewertungs- und Zieldefinitionsfertigkeiten als wesentliche Bestandteile der Maßnahmen zur Rehabilitation Behinderter. Carroll vertritt die Ansicht, durch die Auseinandersetzung mit einer Erblindung könnten Wertmaßstäbe verändert werden:

"Das Erlangen eines neuen Maßstabs - sei es im Bereich religiöser, ethischer, moralischer, philosophischer oder kultureller Prinzipien - mag in einigen Fällen durch die Tatsache begünstigt werden, daß das multiple Trauma der Blindheit eine bisher aufrechterhaltene falsche Wertstruktur zerstört hat. [...]
    In anderen Fällen mag dieser Prozeß durch die starken Gefühle behindert werden, die das Trauma ausgelöst hat und die jeder Klarheit des Denkens im Wege stehen." (Carroll 1961, S. 230, Übers. d. Verf.)

Die Veränderung von Werten ist demnach keine Selbstverständlichkeit und muß von Formen neurotischer Flucht unterschieden werden - wenn etwa die Hinwendung zur Religion als eine Art "kosmisches Aspirin" (a.a.O., S. 230) benutzt wird.

Neben den von Carroll angeführten emotionalen Problemen gibt es einige Schwierigkeiten, die Wertveränderungen im Wege stehen können und gemeistert werden müssen:

1.   Die Befürchtung, die eigenständige Reflexion von Werten und daraus resultierende Verhaltensänderungen könnten das Vorurteil der Sehenden verstärken, Blinde seien unnormal und andersartig (s. Kapitel 2.3).

2.   Jeder Mensch, der - wodurch immer veranlaßt - wagt, im Denken und Handeln eigene, nichtkonforme Wege zu beschreiten, riskiert Konflikte mit seinen Bezugspersonen und -gruppen, verliert den Schutz konformer Orientierung und muß sich fast zwangsläufig mit Verlustängsten und Einsamkeitsgefühlen auseinandersetzen. Ein solches Wagnis, noch dazu in einem Leben, das durch die Behinderung in vielen Bereichen ohnehin unsicher geworden ist, erfordert Mut, Vertrauen und Frustrationstoleranz. Wer in sich genug Ressourcen aktivieren kann (s. Kapitel 8), wird eher bereit sein, sich auf ein solches Abenteuer einzulassen als jemand, dem dies weniger gelingt.

3.   Indem das Überdenken und Verändern von Einstellungen und Werten zunächst hohe Anforderungen stellt, könnten behinderte Menschen

sich gegen einen solchen Anspruch zur Wehr setzen vor dem Hintergrund
der Befürchtung, wieder einmal mehr leisten zu sollen als jeder Nichtbehinderte - denn welcher "Durchschnittsbürger" gelangt schon zu solch persönlicher Reife? Um diesen berechtigten und verständlichen Einwand zu
entkräften, muß betont werden, daß es nicht darum geht, aus einem Behinderten einen "besseren" Menschen machen zu wollen. Vielmehr geht es um
die Erkenntnis, daß das Leben durch die Reorganisation relevanter Werte
erfüllter und befriedigender, der Umgang mit der Behinderung entspannter
und versöhnlicher werden kann. So mühsam und ängstigend ein solcher
Prozeß kurzfristig sein kann, dürften die langfristigen Konsequenzen mit
aller Wahrscheinlichkeit positiv sein. Indem die Anforderung, welche die
Krise an den ganzen Menschen stellt, angenommen und aktiv zur Persönlichkeitsentwicklung genutzt wird, kann sich der Betroffene die Behinderung als sinnhaft aneignen.

4.   Da die einzelnen Elemente des Wertesystems eng miteinander
verwoben sind, zieht eine einzige Wertveränderung die Notwendigkeit
weiterer Umstrukturierungen nach sich, wenn das gesamte Wertesystem
kongruent bleiben soll. Dies macht Änderungen einigermaßen kompliziert.

Die bewußte Auseinandersetzung mit einer Behinderung legt im Unterschied zu anderen Lebensereignissen (z.B. Eintritt ins Berufsleben, Verlust
des Arbeitsplatzes, Tod des Partners oder Ehescheidung) die Modifikation
ganz bestimmter Werte nahe. Die nachfolgenden Gedanken entstammen
nicht systematischer empirischer Forschung (zu diesem Thema habe ich in
der Literatur nicht allzu viel gefunden), sondern dem jahrzehntelangen,
intensiven Austausch mit behinderten Menschen.[139] Um der Vielschichtigkeit und Vielfalt menschlicher Entwicklungsmöglichkeiten gerecht zu
werden, muß betont werden, daß ich im folgenden aus einem breiten
Spektrum nur wenige Beispiele herausgreifen kann:

*   *Konzentration auf Wesentliches:*
Werden wir im Laufe unseres Lebens mit einer Behinderung konfrontiert,
werden wir in vielen unserer bisherigen Lebensgewohnheiten unterbrochen.
Einen Teil unserer Lebensziele werden wir ändern müssen, und manche

---

139   Natürlich wäre es lohnend, dieser Thematik in systematischen Untersuchungen nach-
zugehen: Zu fragen wäre, unter welchen Bedingungen Wertveränderungen durch welche
Individuen möglich sind, wie der Prozess der Neubewertung im einzelnen vor sich gehen
kann und in welchem Verhältnis verschiedene Wertveränderungen zueinander stehen.

unserer früheren Tätigkeiten können wir infolge der unmittelbaren oder sekundären (sozialen) Schädigungsfolgen nicht mehr oder nur noch eingeschränkt ausüben. Andere Aktivitäten sind zwar möglich, erfordern jedoch sehr viel mehr Kraftaufwand und Zeit. Auch wer seit Geburt blind oder sehbehindert ist, erlebt Grenzen, die anders sind als diejenigen seiner normalsehenden Mitmenschen. Dies ist einerseits schmerzlich, andererseits können wir uns veranlaßt fühlen, uns bewußter als bisher oder als andere Menschen Gedanken zu machen, was in unserem Leben wesentlich ist und sein soll, welche Ziele und Aktivitäten uns wirklich etwas bedeuten. Dabei können wir zu dem Entschluß kommen, unser "Leben nicht mehr zu vergeuden" (Dembo et al. 1969, S. 306). So können wir durch eine veränderte innere Haltung unsere Lebensgestaltung intensivieren, und zwar auch in Bereichen, die von der Behinderung nicht direkt betroffen sind. Eine seit langem erblindete Frau erzählt:

"Ich lese gern und viel. Früher verschlang ich oft ziemlich wahllos alle Bücher, die mir in die Finger kamen. Seit ich auf Vorlesekräfte angewiesen bin (was einen erheblichen zeitlichen und finanziellen Aufwand bedeutet), überlege ich mir sehr genau, was mich wirklich interessiert. Auch bin ich aufmerksamer dafür geworden, ob ein Autor sich kurz faßt: Ich bin nicht mehr ohne weiteres bereit, ein 500 Seiten starkes Buch zu lesen, dessen Inhalt ebenso auf 100 Seiten hätte abgehandelt werden können. Auf diese Weise habe ich gelernt, meine Zeit effektiver und befriedigender zu nutzen."

Lernen wir, uns auf Wesentliches zu konzentrieren, können wir eine gewisse Gelassenheit entwickeln gegenüber all demjenigen, was wir als weniger wesentlich erkannt haben. So können wir uns manche unnötige Aufregung ersparen. Eine solche Entwicklung, die durch Reduktion zum Wesentlichen hinführt, scheint derjenigen des (bewußten) Älterwerdens ähnlich zu sein. Focke schreibt über die Träume älterer Menschen:

> "Was bleibt, sind Essenzen, Gedanken, doch von solcher Qualität, daß sie den Menschen ganzheitlich anschließen und zu sich bringen." (Focke 1999, S. 107)

*   *Wachsende Bewußtheit und Wertschätzung des Positiven*

Menschen neigen dazu, das Positive im Leben für selbstverständlich zu nehmen (und sich über Unerfreuliches um so mehr aufzuregen). Erst wenn Lebensereignisse uns aus dem gewohnten Gleis katapultieren, werden wir mit der schmerzlichen Tatsache konfrontiert, daß nichts selbstverständlich ist. Wer sich den Fuß bricht, wird gewahr, wie wichtig die Fähigkeit zu laufen ist; ist der Bruch verheilt, wird er merken, wie sehr er diese wiedergewonnene Fähigkeit genießt. Wie in Kapitel 7 besprochen wurde, wirft das Auftreten einer Behinderung zunächst gewaltig aus der Bahn. Kaum etwas ist jetzt noch selbstverständlich, nahezu das gesamte Leben muß reorganisiert werden. Im günstigen Fall kann die Bewußtheit darüber dazu führen, alles Positive, das fortan gelingt oder zuteil wird, um so intensiver zu erleben, zu schätzen und zu genießen. Auf diese Weise können trotz aller Verluste das Leben und die Lebensfreude enorm intensiviert und bereichert werden. In Kapitel 8 wurden mit dem etwas altertümlich klingenden Begriff "Tugenden" innere Haltungen beschrieben, die kraftvolle Ressourcen bei der Bewältigung schwieriger Anforderungen des Lebens sind. Gelassenheit, Bescheidenheit oder Dankbarkeit etwa sind Werte, die in der Auseinandersetzung mit einer Behinderung gelernt werden können. Sie erleichtern den Umgang mit ihr (und dem Leben überhaupt) erheblich, sobald es gelungen ist, sie vom Staub des Moralisierens und Schulmeisterns zu befreien.

* *Das Leben selbst als Wert begreifen*
Nach Dembo et al. (a.a.O., S. 304 f.) ist entscheidend, daß der Behinderte die Bewertung seiner gesamten Person nicht oder nicht mehr von einzelnen Tätigkeiten abhängig macht, sondern sein Leben selbst als Wert erkennt: "Ich fühle mich glücklich, einfach, weil ich auf der Welt bin." (a.a.O., S. 306)[140] Die Generalisierung einer solchen Werthaltung über den eigenen Tellerrand hinaus kann zur Folge haben, mehr Respekt vor dem Leben zu entwickeln, das seinen Wert jenseits allen Nützlichkeitskalküls in sich selbst hat, und den Umgang mit anderen Menschen, Pflanzen und Tieren zu überdenken. Manche Menschen beginnen im Zuge eines solchen Reflexionsprozesses, sich humanitär oder im Umweltschutz zu engagieren.

* *Entwicklung von Normen der Solidarität und Gegenseitigkeit*
In einer Reihe von Situationen sind wir als sehgeschädigte Menschen auf die Unterstützung anderer angewiesen. Um Hilfe bitten und Hilfe annehmen zu können, ist in unserer Kultur keine Selbstverständlichkeit und muß meist erst gelernt werden. Dies kann dazu stimulieren, Normen der Solidarität und Gegenseitigkeit zu entwickeln. Wir können erkennen, daß Reziprozität und Interdependenz zur Conditio humana gehören und daß Autonomie

---

140 Daß dies nicht bedeutet, nichts zu tun, drückt Laotse in dem Satz aus: "Der Weg zum Tun ist zu sein." (zit. n. Fromm 1976, S. 5)

und (meist ohnehin nur vermeintliche[141]) Autarkie nicht dasselbe sind. Wir können auch sensibler dafür werden, wann andere *unserer* Unterstützung bedürfen. Dies ist ein Lernprozeß, der das Hilflosigkeitsstereotyp überwinden hilft und ermutigt, sich trotz oder mit der eigenen Behinderung als kompetent wahrnehmen und das eigene Leben mit Sinn füllen zu können.

* *Abschiedlich leben lernen*
Setzen wir uns bewußt mit einer Behinderung auseinander, können Leid, Unvollkommenheit und schließlich Aufgeben- und Sterbenmüssen zur durchlebten Selbstverständlichkeit werden; Kast (1987) spricht vom "Abschiedlich leben". Das kann bedeuten, daß wir den "Gotteskomplex" (s. Kapitel 2.1.2) aufarbeiten und illusionäre Ideale von Vollkommenheit und Allmacht aufgeben. Konsequent zu Ende gedacht, dürfte das nicht ohne Folgen für unseren Umgang mit uns und der Welt bleiben.

* *Orientierung am Hier und Jetzt (Achtsamkeit)*
Tritt die Behinderung erst im Laufe des Lebens auf, können wir lernen, den Vergleich mit unserer nichtbehinderten Vergangenheit aufzugeben (Dembo et al. 1969, S. 310). Liegt eine fortschreitende Erkrankung vor, können wir die Fähigkeit entwickeln, den Augenblick intensiv zu leben, ohne uns durch den Gedanken an eine Vergangenheit, in der wir besser sehen konnten, oder eine Zukunft, in der wir vielleicht völlig blind sein werden, zu hypnotisieren. Focke weist außerdem darauf hin, daß ein höheres Maß an Achtsamkeit und Bewußtheit allein daraus resultiert, daß wir als Sehgeschädigte unseren ganz normalen Alltag nur mit höchster Konzentration und Aufmerksamkeit erfolgreich bewältigen können (Focke 1999, S. 90 f.).

Eine solche innere Haltung der Achtsamkeit und Bewußtheit, der Orientierung am Hier und Jetzt können wir als positiven Wert erkennen und mit der Zeit auf solche Lebensbereiche übertragen, die von der Behinderung nicht betroffen sind. Dies entspräche Prinzipien, wie sie verschiedene Meditationstraditionen, aber auch psychologische Schulen (z.B. Perls 1976) formuliert haben. Ein solches Leben in Konzentration und Achtsamkeit gewinnt eine eigene, außerordentlich intensive Qualität. Eine 38-jährige Frau drückt das so aus:

---

141   Wer noch glaubt, auf sich selbst gestellt am besten klarzukommen und von der Hilfe anderer unabhängig zu sein, möge nur auf den nächsten Stromausfall oder Streik der Müllabfuhr warten, um dann sehr rasch eines Besseren belehrt zu werden.

"Ich quäle mich nicht mehr mit Zukunftsängsten und Erwartungen. Stattdessen fange ich jeden Tag neu an und versuche, genau diesen und keinen anderen Tag zu leben - mit seinen Verpflichtungen, Freuden, Sorgen und all dem, was ich an diesem Tag tun, gestalten und erleben kann. Dadurch hat mein Leben eine andere Qualität bekommen, und auch meine Beziehungen, allen voran die zu meinen Kindern, sind tiefer und befriedigender geworden."

*   *Orientierung an individuellen Standards*

Wir können nicht nur aufhören, uns mit unserer eigenen Vergangenheit oder Zukunft, sondern auch mit anderen Menschen zu vergleichen. Dembo et al. nennen dies den Wechsel von "comparative values" zu "asset values". Das bedeutet nicht, daß wir aufhören würden, von Vorbildern (am Modell) zu lernen, wohl aber, daß wir die Bewertung unserer Person nicht davon abhängig machen, an welcher Stelle wir in einer (gedachten oder wirklichen) Hierarchie von Mitgliedern einer für uns relevanten Vergleichsgruppe stehen oder zu stehen glauben. Auch können wir dahin gelangen, die Bewertung unserer eigenen Leistung auf der Grundlage unserer Anstrengung anstelle der des Leistungsprodukts vorzunehmen (a.a.O., S. 311). Wir können also daran arbeiten, uns an individuellen Standards zu messen, die unsere Fähigkeiten, Grenzen und den von uns geleisteten Krafteinsatz berücksichtigen. Von der Bewertung durch andere Menschen, die u.U. völlig andere Maßstäbe anlegen, können wir so etwas unabhängiger werden (a.a.O., S. 314).

*   *Umgang mit der Zeit: Die Entdeckung der Langsamkeit*

Für eine Reihe von Tätigkeiten - lesen, sich orientieren, etwas suchen, einkaufen etc. - brauchen wir mehr Zeit als andere bzw. als wir selbst vor Eintreten der Behinderung. Geraten wir unter Zeitdruck, geht meist so viel schief, daß wir gut daran tun, uns nicht zu hetzen. Oft empfinden wir das als lästig. Unser verlangsamtes Tempo können wir aber auch zum Anlaß nehmen, über den Umgang mit der Zeit nachzudenken und zu dem Ergebnis kommen, das Zeitsparen um seiner selbst willen nicht mehr - wie in unserer Kultur verbreitet - als anzustrebenden Wert zu betrachten.[142] Vielleicht wundern wir uns von da an nur noch über manche Mitmenschen, wenn sie nach Feierabend zur U-Bahn hetzen mit dem einzigen Ziel, unter Inkaufnahme von Streß, Genervtheit und Erschöpfung geschlagene fünf Minuten früher nach Hause zu kommen. Vielleicht werden wir offen für die

---

142   Eine, wie ich finde, hervorragende literarische Aufarbeitung der Problematik "Umgang mit der Zeit" ist Endes Kinderbuch "Momo" (1973).

Entdeckung der ganz eigenen Qualitäten und Möglichkeiten, die der Langsamkeit (nicht zu verwechseln mit Phlegma oder Antriebslosigkeit) innewohnen. In diesem Zusammenhang empfehle ich den wunderbaren Roman "Die Entdeckung der Langsamkeit" von Sten Nadolny (1983). Vielleicht kommt es uns nicht mehr so sehr darauf an, wie schnell wir etwas tun, sondern darauf, wie wir es tun und wie achtsam wir es erleben. Eine so veränderte innere Haltung kann sich, wurde einmal ihr Sinn erkannt, auf solche Lebensbereiche ausdehnen, die durch die Behinderung nicht beeinträchtigt sind; mehr innere Ruhe und Gelassenheit, wahrscheinlich auch ein geringeres Herzinfarktrisiko dürften die Folge sein.

* *Gesellschaftliche Normen (Leistung, Konkurrenz etc.) in Frage stellen*
Die Frage nach dem Wesentlichen (s.o.) kann über die individuelle Lebensgestaltung hinaus gestellt werden, wurde sie auch zunächst durch diese angeregt: Man kann beginnen, darüber nachzudenken, was für ein menschenwürdiges Leben überhaupt wesentlich und fördernd, was unwesentlich oder schädlich ist. Normen der Leistung, Konkurrenz, des Besitz- und Machtstrebens oder die Forderungen einer auf Äußerlichkeiten fixierten Warenästhetik können als fremdbestimmtes Ich-Ideal erkannt und überdacht werden. Als Menschen mit Behinderung können wir die Kategorien "normal" und "unnormal" in Frage stellen. Eine ehrliche Auseinandersetzung mit Stigmatisierung beinhaltet, den eigenen Anteil an ihr zu erkennen und sensibel dafür zu werden, welche eigenen Verhaltensweisen die Interaktion mit "Normalen" ungünstig beeinflussen und welche Personen bzw. Personengruppen wir möglicherweise unsererseits stigmatisieren. Es kann dann zu einem anzustrebenden Wert werden, andere Personen(gruppen) in ihrer Eigenart zu achten. Gegenseitiger Respekt autonomer Individuen kann an die Stelle eines Verständnisses treten, das Abweichung von vornherein als pathologische oder moralisch verwerfliche Erscheinung interpretiert. Akzeptieren wir, daß es normal ist, verschieden zu sein, entwickeln wir vielleicht selbst mehr Toleranz und ehrliches Interesse gegenüber Menschen, die sich von uns unterscheiden: Wir mögen unsere Einstellung gegenüber Andersdenkenden, Menschen anderer Rasse, Nationalität, Religionszugehörigkeit oder sexueller Orientierung überdenken. Ohne in naive "Multi-Kulti-Romantik" verfallen zu wollen, sei die Bemerkung gestattet, daß unsere von eskalierenden Konflikten zerrissene Welt dringend einer solchen Bereitschaft bedarf.

*   *Engagement für die Welt, in der wir leben wollen*
In der Auseinandersetzung mit Stigmatisierung können wir uns gesellschaftlicher und politischer Zusammenhänge bewußter werden. Dies kann
dazu anregen, Vorstellungen über eine wünschenswerte gesellschaftliche
Entwicklung zu entwerfen und unsere Einsichten in verantwortliches Handeln umzusetzen. Möglicherweise entschließen wir uns, uns mit anderen
zusammenzutun und gemeinsam mit ihnen auf die Realisierung der als
erstrebenswert erkannten Ziele hinzuarbeiten (Spiralphase 8 nach Schuchardt, s. Kapitel 7.3).

*   *Sich der eigenen Individualität bewußt werden*
Haben wir in der Auseinandersetzung mit einer Behinderung Werte reflek-
tiert und verändert, können wir schließlich von einer Meta-Ebene aus diese
Prozesse betrachten und uns stärker als bisher unserer Individualität und
Authentizität bewußt werden. Wir sehen uns dann mehr als eigenverant-
wortliches, aktiv handelndes und denkendes Subjekt denn als Opfer von
Schicksalsschlägen oder sozialen Definitions- und Interpretationsprozessen.
Damit heilen wir unsere möglicherweise "beschädigte Identität" und
kommen ein gutes Stück voran auf dem Weg zu einer trotz aller Widersprüchlichkeiten integrierten, selbstbestimmten Identität. Diese wird uns im
nächsten Kapitel beschäftigen.

12 Coping - und dann? Fragen zur Identität

Brian: "Ihr seid doch alle Individuen!"
Jüngerschar (nachbetend): "Ja, wir sind alle Individuen!"
Brian: "Und ihr seid alle völlig verschieden!"
Jüngerschar: Ja, wir sind alle völlig verschieden."
Einer aus der Menge: "Ich nicht!"
Jüngerschar: "Psst!"
Brian: "Jeder von Euch sollte versuchen, es für sich selbst rauszufinden!"
(Monty Python: "Das Leben des Brian")

12.1 Einleitung

Bislang haben wir uns mit der Frage beschäftigt, was die Konfrontation mit einer Sehschädigung für den Betroffenen unter den Bedingungen seines sozialen Kontextes bedeutet, wie der Prozeß der Krisenverarbeitung vor sich geht, wodurch er beeinflußt und katalysiert wird. Dabei wurde deutlich, daß erfolgreiche Krisenverarbeitung keineswegs zu einem "Happy end à la Hollywood" führen kann, sondern daß das Leben mit der Behinderung voller Widersprüche bleiben wird. Diese Einsicht hat, wie in Kapitel 7.5 erläutert wurde, zu einer Modifikation des Akzeptanzbegriffs geführt. Nun ist es an der Zeit, auf die in Kapitel 3 bereits angesprochene Frage der Identität zurückzukommen und darüber nachzudenken, wie behinderte Menschen sich nach mehr oder weniger gelungener Krisenverarbeitung und der notwendigen Reorganisation der Persönlichkeit auf längere Sicht selbst verstehen und ihr In-der-Welt-Sein gestalten. Es geht also um Fragen des Körperbildes und der Selbstdefinition, um die Gestaltung von Rollenpositionen und Beziehungen, um Sinngebung, Ziele und Lebensentwürfe - kurz, um die (Re-)Konstruktion der Identität unter den Bedingungen eines Lebens voller schwer oder nicht auflösbarer Widersprüchlichkeiten.

Wie ich zu zeigen versucht habe, ist es in einem gesellschaftlichen Umfeld, das sich zwischen Bemühungen um Gleichstellung und Teilhabe einerseits, alten und neuen Ausgrenzungstendenzen andererseits polarisiert, für Menschen mit Behinderungen zunehmend schwierig, sich zu positionieren. Aus den bisherigen Ausführungen dieser Arbeit dürfte deutlich geworden sein, daß Identität nicht eine individuelle, monadisch zu verstehende Eigenschaft ist, die sich quasi im luftleeren Raum entwickeln könnte.

Identität entsteht und definiert sich in Beziehungen; sie ist eine soziale Realität, die kontinuierlich durch die Erfahrung und Interaktion der Individuen produziert wird (Keupp et al. 1999, S. 95). Der "relationalen Wende" der Psychoanalyse (s. Kapitel 4.4) entspricht die "dialogische Wende" innerhalb der Identitätsforschung, welche eine Absage an das westliche Projekt des singulären Selbst erteilt (a.a.O., S. 98). Ist der andere auch ein "lebendiger Mitschöpfer unseres Bewußtseins, unseres Selbst und unserer Gesellschaft" (Sampson 1985, 1989), ist Identität auch ein Konstruktionsprozeß, der sich in der dialogischen Erfahrung in sozialen Netzwerken vollzieht, geht sie dennoch, wie ich in Kapitel 3 zu zeigen versucht habe, nicht völlig auf in den einzelnen sozialen Rollen, sondern entwickelt und vollzieht sich in Spannung zu ihnen. Somit bleibt die (Re-)Konstruktion und Neugestaltung der Identität - jenseits aller zu leistenden Krisenbewältigung und Trauerarbeit, aller lebenspraktischen Umorientierung und Rehabilitation - die wesentlichste Entwicklungsaufgabe eines Menschen, der eine Behinderung in sein Leben integrieren muß. Nun liegt es in der Natur des Themas, daß es nicht darum gehen kann, Fragen der Selbstwerdung (wie unsere Jüngerschar im vorangestellten Filmzitat) mit vermeintlich allgemeinverbindlichen Statements zu konterkarieren. Jeder muß, so versucht unser (unfreiwilliger) Held Brian seinen Anhängern vergeblich klarzumachen, seinen eigenen Weg finden und sich im Laufe seines Lebens stets von neuem orten. Daher beschränke ich mich im folgenden darauf, nach einigen grundlegenden Bemerkungen Fragen zu formulieren, die als Denkanstöße bei der Suche nach persönlichen Antworten dienen und Hilfestellung auch für die Beratung und Therapie behinderter Menschen geben sollen.

12.2 Identitätskonstruktion vor dem Hintergrund des gesellschaftlich-kulturellen Wandels der Spät- bzw. Postmoderne

Seit etwa Ende der 1970er Jahre erlebt das Identitätsthema Hochkonjunktur, denn es bündele in prismatischer Form die Folgen aktueller Modernisierungsprozesse für die Subjekte (Keupp et al. 1999, S. 9). Die Frage ist, wie sich Subjekte in ihrem Selbstverständnis innerhalb einer sich wandelnden sozialen Welt verorten.

Unter "Identität" verstehen Keupp et al. das "individuelle Rahmenkonzept einer Person, innerhalb dessen sie ihre Erfahrungen interpretiert und das ihr als Basis für alltägliche Identitätsarbeit dient" (a.a.O., S. 60). Die Arbeit an der Identität verstehen die Autoren als einen subjektiven Konstruktionsprozeß, in dem Individuen eine situativ stimmige Passung von inneren und äußeren Erfahrungen suchen und Verknüpfungen zwischen unterschiedlichen Teilidentitäten[143] herstellen:

"Diese individuelle Verknüpfungsarbeit nennen wir Identitätsarbeit, und wir haben ihre Typik mit der Metapher vom 'Patchwork' auszudrücken versucht. Dieser Begriff hat schnell sein Publikum gefunden und sich teilweise auch von unserer Intention gelöst. Wir wollten mit ihm die Aufmerksamkeit auf die aktive und oft sehr kreative Eigenleistung der Subjekte bei der Arbeit an ihrer Identität richten. [...] Häufig ist nur das Produkt der Identitätskonstruktion mit der Patchwork-Metapher in Verbindung gebracht worden, und dann auch nur die buntscheckig-verrückten oder ausgeflippten Produkte - genau das, was der Zeitgeist der Postmoderne zuschreiben wollte." (a.a.O., S. 10)[144]

Mag eine solche Sichtweise auch ein wenig aus der Mode geraten sein, gehe ich davon aus, daß der Mensch grundsätzlich ein aktiv handelndes, mit Vernunft begabtes und der Übernahme von Verantwortung fähiges, sich selbst bedenkendes und entwerfendes Subjekt auf der Suche nach Sinn und seelischem Wachstum ist (s. die Kapitel 3 bis 5). Mögen angesichts der Launen eines unberechenbaren Schicksals die Grenzen zwischen erlebter oder realer Ohnmacht einerseits, selbstverantwortlicher Handlungs- bzw. Problemlösekompetenz andererseits fließend, individuell unterschiedlich und schwer auszuloten sein, sind wir doch keineswegs jedem Schicksalsschlag passiv ausgeliefert, sondern grundsätzlich in der Lage, bewußt und aktiv auch auf extreme Anforderungen des Lebens zu antworten. Identitätsbildung ist eine aktive Leistung der Subjekte, die zwar risikoreich ist, aber

---

143 Unter "Teilidentität" verstehen Keupp et al. in Anlehnung an Burke (1991, 837) "ein Set von angewandten Bedeutungen, die Personen entwickeln und die definieren, wer man glaubt zu sein." Teilidentitäten enthalten kognitive, soziale, emotionale, körperorientierte und produktorientierte Standards, so daß innerhalb einer Teilidentität durchaus Ambivalenzen möglich sind (zit. n. Keupp et al. 1999, S. 219).

144 Das Konzept der "Patchwork-Identität" beschreibt Keupp erstmals in seiner Arbeit von 1988., Hier betont er, daß es nicht um Verlust oder Zerfall der Mitte geht, sondern um einen Zugewinn kreativer Lebensmöglichkeiten, denn eine innere Kohärenz sei der Patchwork-Identität keineswegs abhanden gekommen (Keupp 1988). Dieser Aspekt scheint mir in Folgepublikationen bzw. im öffentlichen Diskurs mitunter verlorengegangen zu sein.

auch die Chance zu einer selbstbestimmten Konstruktion enthält (a.a.O., S. 7). Identität habe, so Keupp, von Anfang an Arbeitscharakter und lebe von einem Subjekt, das sich aktiv um ein Selbst- und Weltverhältnis zu kümmern habe. Es entwerfe und konstruiere sich seine Selbstverortung, und es bedürfe der Zustimmung der anderen zu seinen Entwürfen und Konstruktionen (a.a.O., S. 27). Dabei handele es sich immer um eine Kompromißbildung zwischen Eigensinn und Anpassung, es gehe immer um Autonomie oder Unterwerfung(a.a.O., S. 29, s.a. die Überlegungen in Kapitel 3 dieser Arbeit). Vor dem Hintergrund gesellschaftlichen Wandels gelte es,

> "die theoretischen Herausforderungen der reflexiven Moderne anzunehmen und sich von der Illusion eines Subjektes zu verabschieden, das durch historisch-gesellschaftliche Veränderungen hindurch sich immer gleich darstellt, das abgehoben von seinen gesellschaftlichen Lebensum-ständen die immer gleichen Gefühle, Gedanken und Handlungen generiert. [...] Das Messer wird gewetzt, um eine der heiligen Kühe der Moderne zu schlachten: die Vorstellung eines gelungenen Lebens in der Gestalt einer voll integrierten Persönlichkeit, die sich durch eine einheitliche Identität auszeichnet und auf die Fragen: 'Wer bin ich?' oder 'Wer bist du?' eine klare, verläßliche und in sich widerspruchsfreie Antwort zu geben vermag." (a.a.O., S. 14 ff.)

Für den Menschen unserer Zeit, die gern als "Spätmoderne" oder "Postmoderne" bezeichnet wird, geht es bei der Suche nach Identität nicht mehr so sehr um ein selbstverständliches Einpassen in vorgegebene Strukturen, sondern weit eher um einen Projektentwurf des eigenen Lebens oder um die Abfolge von Projekten, wahrscheinlich um das gleichzeitige Verfolgen unterschiedlicher und teilweise widersprüchlicher Projekte, die in ihrer Vielfältigkeit in neuer Weise die Frage nach Kohärenz und Dauerhaftigkeit bedeutsamer Orientierung des eigenen Lebens stellen (a.a.O., S. 30).

Die Dekonstruktion moderner Identitätskonstruktionen, die Herauslösung aus historisch vorgegebenen Sozialformen und Bindungen i.S. traditioneller Herrschafts- und Versorgungszusammenhänge, der Verlust traditioneller Sicherheiten im Hinblick auf Handlungswissen, Glauben und leitende Normen, die neuen Formen sozialer Einbindung (Beck 1986, S. 206) sowie die erhöhten Gestaltungsspielräume des Einzelnen sind janusköpfig:

Einerseits haben sie befreiendes Potential, denn das "befreite Ich" sei nicht mehr eingesperrt in seiner Identität und nicht länger zu fremdbestimmten Rollen verdammt (Adorno 1967, S. 273). Es ist nicht mehr zwangsläufig Erfüllungsgehilfe gesellschaftlicher Konventionen und Standardisierungen:

"In den Ruinen des modernen Identitätsideals entsteht die Chance, ohne Angst verschieden sein zu können." (Adorno 1980, S. 114).

Es muß wohl kaum näher erläutert werden, welcher Reiz, welche Hoffnung machende Verlockung in diesem Satz Adornos gerade für behinderte Menschen durchscheint, spricht er doch präzise die Sehnsucht vieler Betroffener an, ohne Angst, Anpassungsdruck und Mißachtung ihres Soseins verschieden sein zu dürfen. Die Überwindung rigider und auf Einheit der Person zielender Normalitätsmodelle, die Aufhebung von Identitätszwängen in einer pluralisierten Welt kann als Befreiung artikuliert werden (Keupp et al. 1999, S. 17), denn es entsteht ein Potential für Eigenwilligkeit, für die emanzipatorische Erweiterung von Ich-Grenzen, für die Fähigkeit, in Differenzen zum Bestehenden zu denken (a.a.O., S. 272). Eine auf Anpassung ausgerichtete Identität biete zwar ein gesichertes Maß an Anerkennung, Integration und hinlänglicher Handlungsfreiheit. Dafür sei jedoch vom Subjekt, das unangepaßte mögliche Selbstanteile, Identitätsentwürfe und -projekte unterdrücken müsse, oft ein hoher Preis zu entrichten (a.a.O., S. 274).

Andererseits hat der radikale Bruch mit allen Vorstellungen von der Möglichkeit einer stabilen und gesicherten Identität, die Dekonstruktion grundlegender Koordinaten modernen Selbstverständnisses (z.B. der Vorstellung von Einheit, Kontinuität, Kohärenz, Entwicklungslogik, Fortschritt) naturgemäß auch eine ausgesprochen beunruhigende, potentiell bedrohliche Kehrseite; diese läßt sich hinter Begriffen wie "Kontingenz, Diskontinuität, Fragmentierung, Bruch, Zerstreuung, Reflexivität oder Übergänge" als Thematisierung von aktuellen Merkmalen der Welterfahrung erahnen (a.a.O., S. 30). Schlagworte wie "Tod des Subjekts", "Individualisierung", "Pluralisierung", "Globalisierung", "Virtualisierung" oder "Flexibilisierung" sind in aller Munde; es gibt einen Diskurs zum Verlust von Gemeinschaft und einen Diskurs zur Zerspaltung einer in sich geschlossenen Identität (a.a.O., S. 34f.).

Keupp et al. fassen die Veränderungen innerhalb der fortgeschrittenen Industriegesellschaften wie folgt zusammen:

1. Subjekte fühlen sich entbettet (ontologische Bodenlosigkeit)
2. Entgrenzung individueller und kollektiver Lebensmuster
3. Erwerbsarbeit wird als Basis von Identität brüchig.
4. Multiphrene Situation wird zur Normalerfahrung. Fragmentierung von Erfahrungen. Erlebnis- und Erfahrungsbezüge fügen sich nicht mehr in ein Gesamtbild ein ("Erfahrungssplitter"). Aber auch Vermittlung eines Gefühls für den Wert von Heterogenität.
5. Virtuelle Welten als neue Realitäten
6. Zeitgefühl erfährt Gegenwartsschrumpfung
7. Pluralisierung von Lebensformen
8. Dramatische Veränderung der Geschlechterrollen
9. Individualisierung verändert das Verhältnis vom Einzelnen zur Gemeinschaft. Individualisierung bedeutet die Freisetzung aus Traditionen und Bindungen, die das eigene Handeln i.S. dieser feststehenden Bezüge in hohem Maße steuern. Das bedeutet nicht zwangsläufig Entwicklung einer "Ego-Kultur"; hohe Solidaritätspotentiale sind dennoch möglich (und empirisch nachgewiesen).
10. Individualisierte Formen der Sinnsuche. Ende etablierter Deutungsinstanzen, der Einzelne wird Konstrukteur seines eigenen Sinnsystems (a.a.O., S. 46ff.):

"Diese zehn Erfahrungskomplexe verdichten sich zu einer verallgemeinerbaren Erfahrung der Subjekte in den fortgeschrittenen Industrieländern: In einer ontologischen Bodenlosigkeit, einer radikalen Enttraditionalisierung, dem Verlust von unstrittig akzeptierten Lebenskonzepten, übernehmbaren Identitätsmustern und normativen Koordinaten. Subjekte erleben sich als Darsteller auf einer gesellschaftlichen Bühne, ohne daß ihnen fertige Drehbücher geliefert würden. Genau in dieser Grunderfahrung wird die Ambivalenz der aktuellen Lebensverhältnisse spürbar."

Daß sich das Subjekt als einheitliche und stabile Identität erfahren kann, wird in unserer Kultur nach Hall (1994) immer fraglicher; vielmehr sei es im Begriff, fragmentiert zu werden. Es sei nicht aus einer einzigen, sondern aus mehreren, sich manchmal widersprechenden oder ungelösten Identitäten zusammengesetzt. Dadurch entstehe das postmoderne Subjekt, das ohne eine gesicherte, wesentliche oder anhaltende Identität konstituiert sei. Identität müsse kontinuierlich verändert und neu gebildet werden.

Durch die Konfrontation mit einer "verwirrenden, fließenden Vielfalt möglicher Identitäten" (Hall 1994, S. 182 f.) gibt es mehr Freiheit, aber auch mehr Unbehaustheit und Wurzellosigkeit, Orientierungslosigkeit oder Diffusität (Keupp et al. 1999, S. 39, S. 55). Was für die einen ein Freiheitsgewinn sei, bedeute für die anderen eine Zunahme an Unfreiheit, möglicherweise sogar an Anomie. Wie nie zuvor seien die Subjekte zu einer "Bastelexistenz"[145] gezwungen, zum Provisorium einer Patchwork-Identität angesichts disparater lebensweltlicher Erfahrung (a.a.O., S. 74).

Soll die Suche nach Verortung und Beheimatung nicht die Gestalt eines regressiven Wir annehmen (a.a.O., S. 43), soll also Identität unter diesen gewandelten Bedingungen gelingen, müssen ausreichende materielle, soziale und psychische Ressourcen (z.b. ein hohes Maß an individueller Gestaltungskompetenz, die Fähigkeit zur Verknüpfung und Kombination multipler Realitäten oder Ambiguitätstoleranz[146]) verfügbar sein, denn die Anforderungen an ein aktives Subjekt, an seine Mobilität (geographische und soziale Mobilität, Beziehungs- und politische Mobilität) und an die zu leistende Verknüpfungsarbeit sind hoch:

> "Wir müssen uns unsere eigenen Ligaturen bauen, und wenn wir das nicht tun oder nicht können, dann erfahren wir die Lebensfeindlichkeit sozialer Wüsten." (a.a.O., S. 38)

Die Aufgabe des Subjekts besteht darin, sich in kreativen Akten der Reorganisation eine Behausung zu schaffen, welche die seine ist. Herstellung von Identität wird als offener Prozeß verstanden, der einer alltäglichen und zugleich lebenslangen Bearbeitung zugänglich ist (Straus 1991). In einem Akt der Befreiung könnte das Subjekt zum Architekten und Baumeister seines Gehäuses werden innerhalb eines Möglichkeitsraumes, der sich in der pluralistischen Gesellschaft explosiv erweitert hat (Keupp et al. 1999, S. 55).

---

145 Gross versucht, das Besondere des Zeitgeschehens in einer "Theorie der Bastelmentalität" zu erfassen. Sie sieht die modernen Menschen als Produzenten individueller Lebens-Collagen. Aus den vorhandenen Lebensstilen und Sinnelementen basteln sie ihre eigenen, lebbaren Konstruktionen. Der Bastler, der Heimwerker sei das Sinnbild des zeitgenössischen Menschen (Gross 1985), zit. n. Keupp 1988).
146 Keupp et al. 1999, S. 74

12.3 Zur Frage der Kohärenz: Was bedeutet "integrierte Identität" heute?

Je mehr die Gesellschaft dissoziiert und keinen festen Halt mehr gibt, desto mehr reicht sie die Kohärenzzumutungen an das Subjekt weiter (Keupp et al. 1999, S. 87). Indem Traditionen immer weniger greifen und zur Identitätsbildung herangezogen werden können, muß diese sehr viel individualisierter erfolgen. Radikale Ansätze gehen so weit, das kohärente Selbst als eine Fiktion, geschaffen zum Schutz gegen die Erkenntnis der fragmentierten Qualität von Erfahrung, anzusehen. Das Selbst sei dann lediglich ein imaginäres Konstrukt, das der persönlichen Geschichte des Individuums einen narrativen Sinn verleihe. Die psychische Ausstattung sei mehr durch Dissoziation gekennzeichnet als durch Kohärenz ("kreatives Dissoziieren"). So verstandene Dissoziation wäre ein Steuerungsmechanismus, der es ermöglicht, die Integrations- und Kohärenzarbeit auf das Unverzichtbare zu beschränken "und ansonsten mit Ich- oder Identitätsbaustellen zu leben, mit Unabgeschlossenem und aktuell Unabschließbarem." (a.a.O., S. 90 ff.)

Dennoch scheinen sich die meisten Autoren darin einig zu sein, daß es trotz dieser inneren multiplen Welt wenig Sinn mache, auf das Konzept von der "Einheit der Person" zu verzichten. Die Arbeit an der Kohärenz sei nötig und auch unter extremsten Bedingungen (z.B. Holocausterfahrungen) noch möglich. Der Drang, "aus einem Guß" zu sein, dürfte allerdings von Person zu Person sehr unterschiedlich stark ausgeprägt sein:

> "Wer sich zerrissen fühlt, kann seine Kräfte nicht bündeln oder muß seine Energie auf viele Einzelprojekte aufsplitten. Dieses ins Defizitäre gewendete bild einer fragmentierten Identitätsarena kann in anderen Fällen aber auch eine Chance für eine gelingende Identität sein. Wen es dazu treibt, viele Facetten auszufüllen, für den ist das Aufsplitten der Kräfte in verschiedene Einzelprojekte gerade der Weg zu Handlungsfähigkeit und Authentizität." (a.a.O., S. 269)

Der Frage nach der für die psychische Gesundheit unverzichtbaren Kohärenz bzw. Integrität der Identität des Subjekts können wir jedenfalls nicht ausweichen:

> "Auf der Basis unserer eigenen Forschung zu Identität und Gesundheit kommen wir zu der These, daß Kohärenz für die alltägliche Identitätsarbeit von Menschen eine zentrale Bedeutung hat, deren Fehlen zu schweren gesundheitlichen Konsequenzen führt. Auf der Basis dieser Befunde sehen wir uns in der

Annahme bestätigt, daß das Kohärenzprinzip für die Identitätsbildung nicht zur Disposition gestellt werden darf. Aber die soziokulturellen Schnittmuster für Lebenssinn oder Kohärenz haben sich dramatisch geändert." (Keupp et al. 1999, S. 59)

Ist Kohärenz nichts Naturgegebenes, von vornherein Feststehendes, kann doch auf die Konstruktionsarbeit an einem inneren Zusammenhang der Selbsterfahrung nicht verzichtet werden (a.a.O., S. 94). Ohne diese Konstruktion dürfte es keinen Kern menschlicher Subjektivität geben können. Wer den Kampf um die Kohärenz der Selbsterfahrung verweigert, ist in Gefahr, sich aufzulösen und in die Psychose zu geraten (Frosh 1991). Keupp et al. geben zu bedenken, daß Teilidentitäten keineswegs nur nebeneinander stehen:

"Immer wieder bilden sich wechselnde Zu- und Unter- bzw. Überordnungen heraus. Wir sprechen an dieser Stelle von dominierenden Teilidentitäten. Diese haben, zumindest für eine bestimmte Phase, einen herausgehobenen Status." (Keupp et al. 1999, S. 224)

Verknüpfungsarbeit schafft das *Identitätsgefühl*. Es entsteht aus der Verdichtung aller biographischen Erfahrungen und Bewertungen der eigenen Person. Selbstthematisierung und Teilidentitäten werden zunehmend generalisiert. So entsteht ein Set von relativ andauernden und integrierten fundamentalen Überzeugungen, Prinzipien und Entscheidungen (Greenwood 1994). Bohleber definiert das Identitätsgefühl, zu dem das Selbst- und das Kohärenzgefühl gehören (Antonovsky 1997), als aktives, inneres und übergeordnetes Regulationsprinzip, dem die einzelnen Selbstrepräsentanzen (Selbstthematisierungen) unterliegen. Handlungen und Erfahrungen werden dahingehend geprüft, ob sie in die zentralen Selbstrepräsentanzen integrierbar sind (Bohleber 1997, S. 113).

Nun stellt sich die Frage: Wie kann Verknüpfungsarbeit gelingen? Wie entsteht ein selbstprotektives und selbstverstärkendes Selbstgefühl, das den Bewältigungsprozeß positiv beeinflußt, Anforderungen (wie etwa die Identitätsentwicklung unter den Bedingungen einer Behinderung) zu positiven Herausforderungen werden läßt und die Verwirklichung von Handlungsfähigkeit, Werten und Sinnerleben ermöglicht? Wie kann aus einem "Sammelsurium" mehr oder weniger unverbundener Teilidentitäten ("Flecken") eine zusammengehörige und sinnvoll erscheinende Gesamtgestalt ("Fleckenteppich") werden, ohne sich regressiv oder defensiv auf die Illusion einer geschlossenen und in sich widerspruchsfreien Sicht von Sicht und der Welt zurückziehen zu müssen, wie es etwa im Fundamentalismus oder in esoterischer Weltdeutung geschieht (a.a.O., S. 244)?

Wird diese Frage im Diskurs der Identitätsforschung intensiv bearbeitet, so ist sie auch und in besonderem Maße von hoher Relevanz für die Thematik der Identitäts(re)konstruktionen behinderter Menschen, deren Leben, wie wir gesehen haben, noch mehr als dasjenige ihrer nichtbehinderten Mitmenschen von Widersprüchlichkeiten durchzogen (und manchmal zerrissen) ist. Diese Widersprüchlichkeit muß im Verständnis integrierter (kohärenter) Identität Platz finden:

> "Es wäre gut, sich von einem Begriff von Kohärenz zu verabschieden, der als innere Einheit, als Harmohie, als geschlossene Erzählung verstanden wird. Kohärenz kann für Subjekte auch eine offene Struktur haben, in der - zumindest in der Wahrnehmung anderer - Kontingenz, Diffusion im Sinne der Verweigerung von Commitment, Offenhalten von Optionen, eine idiosynkratische Anarchie und die Verknüpfung scheinbar widersprüchlicher Fragmente sein dürfen. Entscheidend bleibt allein, daß die individuell hergestellte Verknüpfung für das Subjekt selbst eine authentische Gestalt hat, jedenfalls in der gelebten Gegenwart, und einen Kontext von Anerkennung, also in einem Beziehungsnetz von Menschen Wertschätzung und Unterstützung gefunden hat. [...] Erforderlich hierfür ist eine innere Pluralitätskompetenz, durch die innere Vielfalt oder Multiplizität zu einem eigenwilligen, flexiblen und offenen Identitätsmuster komponiert werden kann." (a.a.O., S. 57)

Aus dieser Perspektive komme es weniger darauf an, auf Dauer angelegte Fundamente zu zementieren, sondern eine "reflexive Achtsamkeit für die Erarbeitung immer wieder neuer Passungsmöglichkeiten zu entwickeln (a.a.O., S. 245). So verschieden die einzelnen Identitätsprojekte auch sein mögen, kommt es dennoch darauf an, ein Gefühl der Sinnhaftigkeit, der Verstehbarkeit und der eigenen Gestaltbarkeit entwickeln zu können (Antonovsky 1997).

Wichtig zu verstehen ist, daß Kohärenz nicht als unverrückbare, objektive Tatsache angesehen werden kann, sondern durch Geschichten konstruiert wird (Konzept der *"narrativen Identität"*, s. Gergen u. Gergen 1988; Straus 1991): Es sind Erzählungen und Geschichten, die das eigene Leben ordnen, bearbeiten und begreifen (Ernst 1996, S. 202). Nach Baumann (1995) enthielt die Erzählung der Moderne den Anspruch, differente Erfahrungen und Ambivalenzen integrieren zu können, eine Identität i.S. eines kohärenten ganzen zu entwerfen, und widersprüchliche Erfahrungen herausfiltern, auflösen oder ausgrenzen zu können (zit. n.

Keupp et al. 1999, S. 251). Demgegenüber müssen in der reflexiven Moderne die Narrationen, aus denen Kohärenz geschöpft werden kann, individualisiert geschaffen werden. Wichtig ist aber zu betonen, daß es sich auch bei der Vorstellung, es gebe keine zusammenhängende Lebensgeschichte und keine Kohärenz mehr, um eine Erzählung handelt, um die narrativen Formen, die als postmodern bezeichnet werden (Keupp et al. 1999, S. 57). Auch diese sind Bedeutung suchende Konstruktionen und keineswegs photographisches Abbild vermeintlich objektiver Realität.

12.4 Das Konzept der Polarität und seine Bedeutung für die Konstruktion von Kohärenz

Wie gezeigt wurde, muß das Subjekt Verknüpfungs- bzw. Synthesearbeit leisten, um Identität und Kohärenz stets von neuem zu (re-)konstruieren:

> "Identität wird bestimmt als relationale Verknüpfungsarbeit, als Konfliktaushandlung, als Ressourcen- und Narrationsarbeit. [...] Zum anderen bevorzugen wir den Konstruktionsbegriff, weil er deutlich macht, daß das, was im Akt der Selbstreflexion entsteht (beispielsweise eine Vorstellung einer bestimmten Teilidentität) sich mit dem selbstreflexiven Akt bereits wieder zu verändern beginnt, man sich also in und mit seiner Selbsterzählung ständig neu konstruiert." (Keupp et al. 1999, S. 189)

Die permanent erforderliche Verknüpfungsarbeit ermöglicht dem Subjekt, sich im Strom der eigenen, oft so widersprüchlichen Erfahrung selbst zu begreifen und als hinreichend kohärent zu erleben, also zur Einheit in der Vielfalt zu finden. Vergangenes muß mit Gegenwärtigem und Zukünftigem verknüpft werden (so muß etwa ein Sinnzusammenhang zwischen der Zeit vor der Augenerkrankung, der Gegenwart des fortschreitenden Sehverlusts und der Zukunft der möglicherweise völligen Erblindung hergestellt werden). Weiter muß die Selbsterfahrung unter verschiedenen lebensweltlichen Gesichtspunkten verknüpft werden. Schließlich sind Verknüpfungen auf der Ebene von Ähnlichkeit und Unterschiedlichkeit notwendig, also zwischen Selbsterfahrungen, die zu den bisherigen passen, und solchen, die denen widersprechen oder einfach neu sind (a.a.O., S. 191). All diese Erfahrungen im Längs- und Querschnitt in einen sinnhaften Zusammenhang zu stellen, also zur Herstellung von Kohärenz nutzen zu können, ist oft ausgesprochen schwierig, manchmal zum Scheitern verurteilt. aus meinen bisherigen Ausführungen - z.B. zum Akzeptanzbegriff (s. Kapitel 7.5) - dürfte deutlich geworden sein, daß Identität - so auch und erst recht diejenige eines behinderten Menschen - nur unter Einbeziehung von Widersprüchen, Konflikten, Spannungen und Krisen gelingen kann. Keupp et al. schreiben in Übereinstimmung mit der von mir vertretenen Auffassung hierzu, Die Konstante des Selbst bestehe nicht in der Auflösung jeglicher Differenzen, sondern darin, die daraus resultierenden Spannungen zu ertragen und immer wiederkehrende Krisen zu meistern (a.a.O., S. 196). Es sind gerade die verbleibenden differenten Aspekte, welche die motivationale Spannung für neues Handeln und neue Identitätsentwürfe bilden; Grundspannungen sind die Quelle der Dynamik im Identitätsprozeß (a.a.O., S. 197):

> "Identitätsarbeit zielt auf die Herstellung eines konfliktorientierten Spannungs-zustandes, bei dem es weder um Gleichgewicht und Widerspruchsfreiheit noch um Kongruenz geht, sondern um ein subjektiv definiertes Maß an Ambiguität." (Krappmann 1997)

Identität als Passungsarbeit meint, Differenzen und Widersprüche in ein für das Subjekt lebbares Beziehungsverhältnis zu bringen.

Vor dem Hintergrund dieser theoretischen Überlegungen sowie nach meiner psychotherapeutischen Erfahrung erweist es sich als epistemologisch ebenso wie praktisch-therapeutisch hilfreich, sich auf eine - der Philosophie und Religion seit jeher vertraute - Grundtatsache des Lebens zu besinnen: Das - individuelle wie gesellschaftliche - Leben vollzieht sich nicht geradlinig und widerspruchsfrei gemäß einer von uns für rational gehaltenen Logik. Vielmehr ist es voller Gegensätze und Widersprüche und folgt seinen eigenen, oft schwer durchschaubaren Regeln. Es spannt sich zwischen *Polaritäten* auf. Hermann Hesse schreibt:

> "Unsere Bestimmung ist, die Gegensätze richtig zu erkennen, erstens nämlich als Gegensätze, dann aber als Pole einer Einheit." (Aus: "Das Glasperlenspiel")

Bereits der griechische Philosoph Heraklit spricht von der regulierenden Funktion der Gegensätze:

> "Alles Menschliche ist relativ, weil es auf innerer Gegensätzlichkeit beruht, denn alles ist energetisches Phänomen. Energie beruht notwendigerweise auf präexistentem Gegensatz, ohne welchen es gar keine Energie geben kann. [...]

Alles Lebendige ist Energie, beruht daher auf Gegensätzlichkeit. [...] Nicht eine Konversion ins Gegenteil, sondern eine Erhaltung der früheren Werte zusammen mit einer Anerkennung ihres Gegenteils ist das erstrebenswerte Ziel." (Heraklit, zit. n. Jacobi 1971, S. 80)

In der Philosophie Platons ist es der Eros, der die Gegensätze in der Außenwelt wie im Inneren des Menschen zusammenführt. Aufgabe des Arztes sei, schreibt Platon, das Feindselige im Leibe miteinander zu befreunden, daß es sich liebe. Diese Liebe habe der Gott Asklepeios einzuflößen verstanden (zit. n. Richter 2006, S. 131). Der Psychiater M. Bleuler kommt auf diese Einsicht zurück, wenn er schreibt:

"Es geht im Leben darum, daß wir die verschiedenen, oft sich widersprechenden inneren Strebungen harmonisieren, so daß wir ihrer Widersprüchlichkeit zum Trotz ein Ich, eine ganze Persönlichkeit werden und bleiben. Gleichzeitig haben wir uns damit auseinanderzusetzen, daß unsere äußeren Lebensverhältnisse nie den inneren Bedürfnissen voll entsprechen, daß wir uns an Umwelt und Realität anzupassen haben." (Bleuler 1987, S. 18)

Die Einsicht in die Gegensatzstruktur der Psyche gehört zu den Grundpfeilern der Analytischen Psychologie C. G. Jungs (s. Jacobi 1971, S. 80 ff.). Jung sagt, es gebe kein Gleichgewicht und kein System mit Selbstregulierung ohne Gegensatz (Jung 1976b, S. 66). Er beschreibt die Gegensätzlichkeit und Komplementarität von Bewußtem und Unbewußtem, aber auch verschiedener Positionen innerhalb des Bewußten und des Unbewußten: Handelt es sich etwa um ein Phantasiebild, welches das lichte Prinzip darstellt, so folgt unverzüglich darauf ein Abbild des dunklen Prinzips; die Gegensätze werden in ständiger lebendiger Spannung gehalten (Jacobi 1971, S. 81 f.). Dazu gehören Gegensätze wie: Männliches vs. weibliches Prinzip (Animus und Anima), Introversion vs. Extraversion, Denken vs. Fühlen, Empfindung vs. Intuition etc.. Die Aufgabe der Individuation (Selbstwerdung) besteht darin, Einseitigkeiten auszugleichen bzw. zu ergänzen, die Gegensätze zuzulassen und zunehmend in eine Gesamtgestalt zu vereinen, welche in Ganzheitssymbolen wie dem Mandala Ausdruck findet:

"Das archetypische Abbild dieses Geschehens [Anm.: der Selbstwerdung], dieser Überführung der Gegensätze in etwas Drittes - der"coincidentia oppositorum" - in eine höhere Synthese drückt das sog. vereinigende Symbol aus, indem es die Teilsysteme der Psyche auf einer übergeordneten, höheren Ebene zum Selbst vereinigt darstellt. Alle Symbole und archetypischen Gestalten des Prozesses sind Träger der transzendenten Funktion, d.h. der Vereinigung der verschiedenen Gegensatzpaare der Psyche in einer gelungenen Synthese." (Jacobi 1971, S. 207 f.)

Diese findet symbolischen Ausdruck etwa im Yin und Yang und ihrer Synthese in der Einheit des Tao; das Tao ist als dynamische Ordnung von ineinander übergehenden Gegensätzen charakterisiert (zit. n. Meier 1977, S. 34 ff.). Auch das chinesische Orakelbuch I Ging, auf das Jung wiederholt Bezug nimmt, beruht auf dem Prinzip, daß sich die Gegensätze ihrer inneren Dynamik halber ineinander wandeln (a.a.O., S. 36).

So gehört es zu unseren Entwicklungsaufgaben, uns - mit der Hoffnung auf Entwicklung und Bewahrung von Integrität und Authentizität - stets von neuem zurechtzufinden in verschiedensten, z.t. widersprüchlichen Selbstrepräsentanzen (Selbstthematisirungen) und sozialen Rollen, zwischen so entgegengesetzten Polen wie: Gut und Böse, Leben und Tod, Integrität und Zerrissenheit, Licht und Schatten, Tatendrang und Ruhebedürfnis, geistige Klarheit und unbewußte Triebhaftigkeit, Struktur und Chaos, Stärke und Schwäche, Hoffnung und Verzweiflung, Männlichkeit und Weiblichkeit, Einsamkeit und Bindung usw.. All diese Pole stellen Erlebens- und Verhaltensmöglichkeiten dar, deren Gegensätzlichkeit verwirrend und mitunter schwer aushaltbar sein kann, zumal wir uns zu verschiedenen Zeitpunkten unseres Lebens oder in verschiedenen Lebensbereichen an sehr unterschiedlichen Orten auf dem zwischen den Polen aufgespannten Kontinuum finden bzw. uns aktiv dorthin orientieren müssen. Voraussetzung ist eine gute Fähigkeit zur Selbstwahrnehmung und -reflexion, die erspüren hilft, was im jeweiligen Moment vonnöten und sinnvoll ist.

Dabei kann es niemals um ein Entweder-Oder verschiedener Aspekte gehen, sondern um ein stets neues Ausloten innerhalb eines Spannungsfeldes zwischen Gegensätzen, die in dialektischem Wechselspiel zusammengehören als Seiten derselben Medaille. Eine solche dialektische, dynamische und ganzheitliche Perspektive einzunehmen, kann eine wesentliche Hilfe bei der Synthese und Kohärenz stiftenden Verknüpfungsarbeit sein, indem - auf den ersten Blick unzusammenhängend erscheinende - Teilidentitäten in einen Spannungs- und Sinnzusammenhang gebracht werden können. Ahrbeck u. Rath fragen in Bezug auf sehgeschädigte Menschen:

"Bezüglich der Identitätsentwicklung stellt sich in diesem Zusammenhang die Frage, ob Blindheit bzw. Sehbehinderung eine bedeutungsvolle Einflußgröße ist, die im Mittelpunkt der Identität steht und infolgedessen die Erlebens- und Verhaltensmöglichkeiten in unterschiedlichen Lebensfeldern wesentlich bestimmt. Oder ist es richtig, daß es einen solchen Mittelpunkt, ein Zentrum der Identität gar nicht gibt? Das hieße, daß sehgeschädigte Menschen Erfahrungen aus unterschiedlichen Lebensbereichen zu partiellen Identitäten verarbeiten, die relativ los-gelöst voneinander bestehen, so wie es neuere Theorien zur sogenannten 'Patchwork-Identität' nahelegen." (Ahrbeck u. Rath 1993, S. 31)

Aus meiner Sicht gibt es weder einen plausiblen Grund anzunehmen, daß die Sehschädigung zwangsläufig den Kern der Identität bilden würde ("Master status"?) noch zu vermuten, der Sehgeschädigte müsse bei der Verknüpfungs- bzw. Synthesearbeit scheitern und seine Identität *notwendigerweise* aus relativ losgelöst voneinander existierenden Teilidentitäten zusammensetzen.[147] Das von mir vorgeschlagene "Polaritätenmodell" könnte einen Ausweg anbieten, indem es die Integration noch so widersprüchlich erscheinender Aspekte (Pole) zu einer Einheit im Zuge eines *dialektischen Prozesses der Identitätsarbeit* für möglich und im Dienste einer integrierten, ausbalancierten Persönlichkeit für gesund bzw. heilsam hält.

12.5 Behinderungsrelevante Polaritäten

Vor dem Hintergrund dieser Überlegungen werden im folgenden - ohne Anspruch auf Vollständigkeit - Fragen formuliert zu einigen wesentlichen Polaritäten, zwischen denen wir uns auf der Suche nach unserer Identität als Menschen mit Behinderung stets von neuem orten müssen. Daß viele der angesprochenen Themen grundsätzlich auch Nichtbehinderte betreffen,

---

147 Ahrbeck u. Rath kommen zu dem Schluß, für den Sehgeschädigten bestehe sehr wohl die Notwendigkeit, sich mit veränderten Identitätsaufgaben auseinanderzusetzen, ohne daß die Sehschädigung im Mittelpunkt der Identität stehen müsse. Solche Aufgaben beziehen sich auf folgende Bereiche:
- Sicherheit und Vertrauen sich selbst und anderen gegenüber
- Möglichkeit, eigene Interessen zu verwirklichen und anderen gegenüber durchzu-setzen
- berufliche und private Konkurrenzfähigkeit
- sexuelle Attraktivität
- Auseinandersetzung damit, was es heißt, daß bestimmte Möglichkeiten nicht zur Verfügung stehen (a.a.O., S. 356; zit. n. Borcsa 2001, S. 46).

steht außer Frage; hier sollen aber vor allem behinderungsspezifische Aspekte herausgearbeitet werden.

Krank - gesund

Erlebe ich meine Behinderung als (unbedingt zu bekämpfende) Krankheit und fühle mich als kranker Mensch? Oder ist sie für mich eine Normvariante, die mich in manchem einschränkt, mich dennoch gesund (im Sinne der Definition der Weltgesundheitsorganisation WHO, die Gesundheit als körperliches, seelisches und soziales Wohlbefinden beschreibt) fühlen läßt, sobald ich mich auf die Erfordernisse meiner Behinderung eingestellt habe? Was bedeutet das für mein Lebensgefühl und mein Körperbild, meinen Umgang mit mir und der Welt?

Nicht behindert - behindert

Liegt eine schleichend oder schubweise fortschreitende Erkrankung (wie etwa Retinopathia pigmentosa oder altersabhängige Makuladegeneration) vor, stellt sich die zusätzliche Frage, wie lange ich mich als nicht behindert und ab welchem Stadium ich mich in welchen Lebensbereichen als behindert betrachte. Dabei geht es nicht einfach um die Selbstetikettierung und deren Folgen. Vielmehr ist die je individuelle Antwort auf diese Frage zum einen von hoher Relevanz für die praktische Lebensbewältigung, etwa für die Entscheidung, ab wann technische Hilfsmittel akzeptiert und eingesetzt werden bzw. wie lange (oft mit enormem Krafteinsatz) versucht wird, an den Leistungsnormen und Alltagstechniken Nichtbehinderter festzuhalten. Zum anderen berührt auch diese Frage zutiefst das Identitätserleben, berichten doch gerade Betroffene in Übergangsstadien, sich als "weder Fisch noch Fleisch" zu fühlen. Hierher gehört auch die Frage, ob ich mich vor Übergeneralisierung schützen und mir Sensibilität und Wertschätzung bewahren oder entwickeln kann für solche Lebensbereiche, die keineswegs durch die Behinderung beeinträchtigt werden, in denen ich mich also nicht behindert zu fühlen brauche (etwa Sexualität, Musikgenuss usw.).

Defizit - Verschiedenheit

Die Selbstdefinition als krank oder gesund ist eng verknüpft mit der Frage, ob ich mein körperliches Handicap überwiegend als Defizit erlebe, das mich im Vergleich mit meinen nichtbehinderten Mitmenschen unterlegen erscheinen läßt, oder ob ich meine Behinderung als individuelle Eigenart ansehe, die mich an diesem Punkt einfach von anderen unterscheidet im Sinne des Satzes: "Es ist normal, verschieden zu sein".

298

Ohnmacht - Selbstwirksamkeit

Wie gehe ich mit Gefühlen der Ohnmacht und des Ausgeliefertseins um, die unvermeidlich auftreten, wenn meine Augenerkrankung fortschreitet, deren Verlauf ich kaum oder gar nicht beeinflussen kann? Was geschieht mit mir, wenn ich mich im Kampf gegen eine übermächtige Bürokratie aufreibe und mir vorkomme wie Don Quijote? Wie verkrafte ich Mißerfolgs- und Versagenserlebnisse, um die ich nicht herumkomme, bringt meine Behinderung mich doch immer wieder an Grenzen? Wie geht es mir, wenn ich merke, wie schwer es ist, gegen Vorurteile und Stigmatisierungen anzukommen? Kann ich andererseits Gefühle von Befriedigung und Stolz zulassen, wenn es mir gelingt, im Rahmen des Möglichen Einfluß auf mein Schicksal zu nehmen, mit meiner Behinderung kompetent umzugehen, neue Fähigkeiten zu erwerben und durch mein Engagement einen gewissen Einfluß auf meine Umwelt auszuüben? Kann ich mir ein Bewußtsein dafür bewahren, welche früheren Kompetenzen ich durch meine Behinderung nicht verloren habe? Kann ich mich insgesamt als ein Mensch wahrnehmen, der einem Leben unter schwierigen Bedingungen gewachsen ist?

Kränkbarkeit - Selbstbewußtsein

In engem Zusammenhang damit steht die Frage, wie ich mit den zahlreichen großen und kleinen Kränkungen umgehe, die meine Behinderung direkt und indirekt mit sich bringt. Jeder Verlust einer Körperfunktion und der an sie geknüpften Fähigkeiten bedeutet zunächst eine narzißtische Kränkung, ebenso wie die vielen unvermeidlichen kleineren und größeren Mißgeschicke und Rückschläge des Alltags. Hinzu kommen wiederkehrende Kränkungen durch die Umwelt, wie sie in diesem Buch besprochen wurden. Wie sehr nagt all das nun an meinem Selbstwerterleben? Wie gelassen kann ich damit umgehen auf der Grundlage eines stabilen Selbstvertrauens und des Wissens um meinen Wert als Mensch, meine Stärken und Fähigkeiten? Kann ich mich auch angesichts von Herabsetzungen, Entwertungen und Stigmatisierungen als liebenswert erleben und offen bleiben für den Kontakt mit Menschen, die mich akzeptieren, wie ich bin?

Andersartigkeit - Gemeinsamkeit

Menschen mit Behinderungen werden, so zeigt die Vorurteilsforschung (s. Kapitel 2.1), von Nichtbehinderten oft als andersartig gesehen. Das bedeutet, Trennendes wird betont, Verbindendes übersehen. Dies trägt zur Ausgrenzung behinderter Menschen bei, die diese Vorstellung mitunter in ihr

Selbstbild übernehmen. Wie unterscheide ich mich von Nichtbehinderten? In welchen Bereichen will ich verschieden sein dürfen? Wo ist es hingegen für mich wichtig, Verbindendes zu sehen und zu schaffen?

Abhängigkeit - Autonomie
Wie gehe ich mit der Tatsache um, mehr als meine nichtbehinderten Mitmenschen in manchen Bereichen auf die Hilfe anderer angewiesen zu sein? Fühle ich mich deshalb abhängig (unterlegen, weniger wert etc.)? Kann ich mein zeitweiliges Angewiesensein aus einer erwachsenen, reifen Position heraus annehmen? Gelingt es mir, meine geistig-seelische Freiheit (wie sie etwa der Freiheitsbegriff Friedrich Schillers faßt) und Autonomie (im Sinne der transaktionsanalytischen Definition als Fähigkeit zu Bewußtheit, Intimität und Spontaneität) zu wahren? Was verstehe ich unter Autonomie im Unterschied zu (vermeintlicher) Autarkie? Wie sehr mache ich mir be-wußt, daß Angewiesenheit und Interdependenz zur Conditio humana gehören, also Nichtbehinderte (die diese Tatsache lediglich besser verleug-nen können) grundsätzlich ebenso betreffen? Könnte es im günstigsten Fall sogar sein, daß mir die Auseinandersetzung mit der Behinderung zu einer Qualität geistig-seelischer Freiheit verhilft, die ich ohne diese schwierige Entwicklungsaufgabe möglicherweise nie erreicht hätte?

Anpassung - Individualität
Wie fasse ich den überall verwendeten, oft jedoch nicht weiter reflektierten Begriff "Integration" auf? Verstehe ich ihn als einseitige Anpassung an die Anforderungen und Normen Nichtbehinderter? Wo ordne ich mich unhinterfragt den vermuteten Werten und Normen anderer Behinderter unter (wenn etwa die Glanzleistungen "Turbo-Blinder", wie wir in Betrof-fenenkreisen manchmal ironisch sagen, in den Medien hochgejubelt wer-den)? Setze ich mich dadurch unter Druck und fühle mich fremdbestimmt? Oder gelingt es mir, zu meinen individuellen Möglichkeiten und Grenzen zu stehen? Wo ist Anpassung aus einer erwachsenen Position heraus unver-meidlich? Wo finde ich Freiräume für Unangepaßtheit? In welcher Weise könnte "Integration" auch ein Zusammenleben von Menschen mit und ohne Behinderung bedeuten, bei dem jeder vom anderen lernt? Wie wirkt sich meine Auffassung vom Integrationsbegriff auf mein Identitäts- und Selbstwerterleben aus?

Belastung - Bereicherung für die Gesellschaft
Wie gehe ich mit der Tatsache um, daß ich der Allgemeinheit Kosten
(Blindengeld, Arbeitsplatzassistenz etc.) verursache, noch dazu in Zeiten
leerer werdender öffentlicher Kassen? Was bedeutet es für mein Selbstverständnis und für meinen Stand in der Gesellschaft, daß in Zeiten immer
genauer werdender genetischer, v.a. vorgeburtlicher Diagnostik diese
Kosten immer mehr auf den Prüfstand geraten? Betrachte ich mich deswegen schuldbewußt als Belastung? Oder sehe ich den für mich nötigen
finanziellen Mehraufwand als selbstverständliches Recht, verbunden mit der
Überzeugung, daß wir Behinderten ein nicht wegzudenkender und
wertvoller Teil einer Gesellschaft sind, die durch uns eine Menge lernen und
Bereicherung erfahren kann? Worin sehe ich gerade als behinderter Mensch
meine spezifische Aufgabe in dieser Gesellschaft?

Aufregung - Gelassenheit
Die Auseinandersetzung mit der Behinderung kann nicht ohne Krisen,
Beunruhigungen und heftige emotionale Erschütterungen gelingen. Darüber
hinaus wird es im Alltag immer wieder zu Irritationen und Aufregungen
kommen, sei es durch direkte Auswirkungen der Behinderung oder durch
sekundäre (soziale) Schwierigkeiten, Konflikte und Frustrationserlebnisse.
Allein der vermehrte Konzentrations- und Kraftaufwand, den wir Tag für
Tag leisten müssen, birgt die Gefahr einer wiederkehrenden oder
andauernden Überanspannung und Überaktivierung in sich. Wie leicht
lassen wir uns hierdurch aus der Fassung bringen, ängstigen oder nervös
machen? Gelingt es uns, immer wieder zur Ruhe zu kommen und uns zu
entspannen? Oder versuchen wir, die Überaktivierung durch Suchtverhalten
(Alkohol, Beruhigungsmittel etc.) vermeintlich in den Griff zu bekommen?
Können wir mit der Zeit eine gewisse Gelassenheit entwickeln? Oder
versuchen wir, uns durch Gleichgültigkeit oder Affektverarmung
(Alexithymie) vor Beunruhigung und innerer Erregung zu schützen um den
Preis des Lebendigseins? Können wir Entspannungsmethoden, Meditation
oder andere Kraftquellen zur Affektregulation nutzen?

Rückzug - Engagement
Ziehen wir uns erschöpft oder resigniert aus unserer Umgebung und
unseren Lebensaufgaben zurück oder bringen wir die Zuversicht und Kraft
auf, Beziehungen aufzubauen und zu pflegen, uns aktiv in der Welt zu
engagieren und befriedigende, sinngebende Aktivitäten zu entfalten?
Können wir uns angesichts des hohen Kraftaufwandes, den wir dann leisten

müssen, Phasen der Ruhe, des Rückzugs und der Selbstbesinnung gönnen? Können wir uns etwa, um ein sehr einfaches Beispiel herauszugreifen, zugestehen, daß wir einen Mittagsschlaf benötigen, auch wenn etwa der nichtbehinderte Partner an unserer Seite diesen für sich nicht für notwendig hält?

Einengung - Erweiterung der Lebensperspektive
Wie verkrafte ich die zahlreichen Verluste, die ich angesichts zunehmender körperlicher Einschränkung, zu verschmerzen habe (nicht mehr lesen, fotografieren, Rad oder Auto fahren, Gemälde bewundern, Ausblicke in schöne Landschaften genießen, Gesichter erkennen können usw.)? Habe ich den Eindruck, mein Leben enge sich durch die fortschreitende Behinderung immer mehr ein oder verliere gar an Substanz und Sinn? Kann ich mir trotz aller unvermeidlicher Einschränkungen neue Lebensräume und Sinn-gebungen erschließen? Kann ich so Bereicherungen erleben, auf die ich ohne meine Behinderung vielleicht gar nicht gestoßen wäre? So mag es etwa sein, daß ich nach meiner Erblindung die Erlebnismöglichkeiten der ver-bliebenen Sinne intensiviere (s. Kapitel 10.5), indem ich lerne, Vogel-stimmen zu lauschen oder mich vermehrt meinen musikalischen Interessen zuwende. Die zahlreichen Begegnungs- und Betätigungsmöglichkeiten in einer Selbsthilfeorganisation mögen mir Freude bereiten. Es mag sein, daß ich die Beziehung zu meinem Blindenführhund, die sicher inniger ist als zu jedem anderen Haustier, als beglückende neue Erfahrung genieße. Es mag sein, daß ich meinen "ultimativen Kick" nicht wie manch anderer in (oft leichtsinnigen) Extremsportarten suchen muß, sondern nach erfolgreich ab-solviertem Mobilitätstraining im selbständigen Auffinden eines Ziels in fremder Umgebung. Es mag sein, daß mein zwangsläufig langsamer werdendes Tempo mich einen anderen Umgang mit der Zeit lehrt und mich damit ein wenig von den Fesseln einer immer atemloser und hektischer werdenden Welt befreit (s. Kapitel 11).

Nicht zuletzt muß ich mir an diesem Punkt ehrlich die Frage stellen, ob es in meinem Leben bereits vor Eintreten der Behinderung Schwierigkeiten der Lebensgestaltung oder Sinnfindung gab, die ich jetzt vielleicht fälsch-licherweise meiner Behinderung in die Schuhe schiebe. Dies könnte im Extremfall so weit gehen, daß eine exzessive Beschäftigung mit der Behin-derung, die dann zum zentralen Lebensinhalt würde, dazu herhalten müßte, ein vorheriges Sinnvakuum (scheinbar) auszufüllen.

Stillstand - Entwicklung
Die Konfrontation mit der Erkrankung bzw. Behinderung unterbricht mich zunächst in meiner Entwicklung. So mag sie etwa einer vielversprechenden beruflichen Karriere ein jähes Ende bereiten. Andererseits hoffe ich, gezeigt zu haben, in wie vielfältiger Weise die innere Auseinandersetzung mit der Behinderung zur persönlichen Weiterentwicklung und Selbstwerdung beitragen kann, und zwar weit über die Behinderungsverarbeitung im engeren Sinne hinaus. Indem wir etwa nicht mehr alles und jedes tun können, haben wir die Chance, uns auf das Wesentliche besinnen zu lernen und die Dinge, die uns möglich sind, umso intensiver zu erleben und zu genießen. Folgen wir der Entwicklungspsychologie Erik Eriksons, wissen wir, daß es gerade Lebenskrisen der verschiedensten Art sind, welche die Identitätsentwicklung vorantreiben, indem sie uns zwingen, uns bewußt zu hinterfragen, mit uns selbst und unserem In-der-Welt-Sein auseinanderzusetzen. Karl Jaspers schreibt hierzu:

"Im Gang der Entwicklung heißt 'Krisis' der Augenblick, in dem das Ganze einem Umschlag unterliegt, aus dem der Mensch als ein Verwandelter hervorgeht, sei es mit neuem Ursprung eines Entschlusses, sei es im Verfallensein. Die Lebensgeschichte [...] treibt die Entwicklung des Erlebens auf die Spitze, an der entschieden werden muß. Nur im Sträuben gegen die Entwicklung kann der Mensch den vergeblichen Versuch machen, sich auf der Spitze der Entscheidung zu halten, ohne zu entscheiden. Dann wird über ihn entschieden durch den faktischen Fortgang des Lebens." (Jaspers 1965/2001)

12.6 Schlußbemerkungen: Identität und Selbsttranszendenz

Zusammenfassend läßt sich sagen:

"Identitäten sind hochkomplexe, spannungsgeladene, widersprüchliche, symbolische Gebilde, und nur der, der behauptet, er habe einfache, eindeutige, klare Identität, der hat ein Identitätsproblem." (Sami Ma'Ari, zit. n. Keupp 1988)

Auf den Identitätsbegriff können wir nicht verzichten:

"In ihm steckt wenigstens seinem utopischen Gehalt nach die Idee und die Hoffnung auf ein souverän gelebtes Leben. Idee und Hoffnung sind der Motor für eine nicht resignative Verarbeitung der persönlichen Erfahrung einer

Identitätsverunmöglichung in einer von Entfremdung gezeichneten Welt."
(Aigner 1987, S. 31)

Die Überlegungen in Abschnitt 12.5 widmeten sich einigen der vielfältigen Spannungsfelder, in denen sich Menschen mit Behinderungen auf der Suche nach ihrem je eigenen Selbstverständnis, nach einer kohärenten Identität zurechtfinden müssen. Ich hoffe aber, daß nicht nur die Schwierigkeiten, sondern auch die inhärenten Chancen deutlich geworden sind. Gelungene Identität ermöglicht dem Subjekt ein für es passendes Maß an Kohärenz, Authentizität, Anerkennung und Handlungsfähigkeit (Keupp et al. 1999, S. 274). Daß der dazu notwendige Balanceakt unter den Bedingungen gesellschaftlich nicht befriedigend überwundener Stigmatisierungsprozesse prekär bleiben dürfte, wurde in Kapitel 3 gezeigt. Daher muß hier nochmals betont werden, daß gelingende Identität eines gewissen Maßes an sozialer Integration und Anerkennung bedarf (Keupp et al. 1999, S. 278), daß wir in unserer Gesellschaft keineswegs als gelebte Selbstverständlichkeit voraussetzen können.

So kann gelungene Identität kaum jemals ein Zustand von Spannungsfreiheit sein. Inkonsistenz und Unsicherheit müssen akzeptiert werden. Wie Schmid schreibt, geht es nicht um den Ausschluß des Widersprüchlichen aus dem Werk, das das Leben ist, und nicht in erster Linie um das Gelingen in vordergründigem Sinn, auch nicht um die Vollendung. Auch das Scheitern kann vielmehr Bestandteil dieses Werks sein. Will man das Selbst nicht unter Erfolgszwang setzen, muß das Mißlingen dem Gelingen gleichberechtigt an die Seite gestellt werden (Schmid 1998, S. 77 f.). Auch die Möglichkeit des Scheiterns gehört zum Menschsein und ist Bestandteil dessen, was wir als Menschenwürde bezeichnen (s. Kapitel 3.3).

Aus den vorangegangenen Ausführungen läßt sich aber auch die Hoffnung ablesen, innerhalb erweiterter Möglichkeitsräume Identität freier und eigenwilliger zu gestalten und, was für Menschen mit Behinderungen besonders wichtig ist, ohne Angst verschieden sein zu können. Hören wir dazu noch einmal Keupp:

"Hier eröffnet sich ein subjektiver und gesellschaftlicher Raum für die Entwicklung jenes Möglichkeitssinns, den Robert Musil Im 'Mann ohne Eigenschaften' entworfen hat. Er ermöglicht den Auszug aus dem Gehäuse der Hörigkeit (Max Weber) und führt uns an den Punkt, den Christa Wolf [...] so treffend formuliert hat: 'Freude aus Verunsicherung zu ziehen, wer hat uns das je beigebracht?' (1983) Das Gefühl der Kohärenz der eigenen Lebenssituation entsteht eben nicht nur durch die Reproduktion von in sich selbst gefügten und vorgezeichneten Lebensentwürfen, sondern auch aus dem kreativen Patchwork einer nach vorne offenen Identitätsarbeit." (Keupp 1988, S. 435)

Ist das kluge Subjekt in der Lage, "dem Leben Sinn zu geben, einen Sinn, der dem Konglomerat namens Leben nicht etwa nur abzulesen, sondern der in es hineinzulegen ist, um aus ihm herausgelesen werden zu können", können die Zusammenhänge operabel, kann das Leben lebbar gemacht werden (Schmidt 1998, S. 294 f.). Nun erscheint es mir allerdings wichtig, darauf hinzuweisen, daß ein solcher Sinn sich nicht "heimwerkerlich" im Individuellen, Privaten wird erschöpfen können. So will ich abschließend den Blick auf die Fähigkeit zur Selbsttranszendenz als wesentlichen Aspekt integrierter Identität und eines sinnhaften Lebensentwurfs jenseits narzißtischer Egozentrizität lenken:

"Gelingende Identität [...] müßte also zwischen den Extremen (...] zu finden sein als eine balancierte Variante des gut geführten, des erfüllten Lebens eines sich und andere achtenden, bereichernden, fordernden und umsorgenden Interagierens." (Keupp et al. 1999, S. 275)

Das Paradox lautet nun: *Ziel der Selbstwerdung bzw. Identitätsentwicklung ist, das Selbst schließlich zu überwinden (zu transzendieren) und, ein wenig poetisch ausgedrückt, sich hineinfließen zu lassen in den Strom des Lebens. Dies entspricht einer eher spirituellen Sichtweise, die den einzelnen Menschen in die Ganzheit des Kosmos eingebunden sieht.* Sich in eine übergeordnete Ganzheit einzufügen, heißt auch, sich selbst (mitsamt der eigenen Behinderung) nicht ganz so wichtig zu nehmen, sondern über den eigenen Tellerrand hinauszuschauen.

So betrachtet, bin ich als Mensch mit Behinderung Teil einer Ganzheit, die ohne mich weniger vollständig und damit ärmer wäre. Die Sinnfrage stellt sich dann anders: Sie lautet hier nicht, welchen Sinn das Leben für mich hat, sondern welchen Sinn ich für das Leben habe - und zwar gerade in meinem Sosein als Mensch mit einer Behinderung. Auch wenn Die Frage: "Wer braucht mich?" unter dem Verdacht des konservativen Modernismus stehen mag (a.a.O., S. 297), ist sie dennoch von hoher Relevanz für gelingende Identität und ein sinnerfülltes Leben. So kann gerade ich aufgrund meiner Behinderung kulturell verankerte und der Gesundheit unsres Planeten wenig zuträgliche Werte (etwa Leistungsnormen, kollektive Allmachtsphantasien, Umgang mit den Begrenzungen des menschlichen Lebens etc.) in Frage stellen.

Der Leser sei ermutigt, spielerisch mit den Denkanstößen dieses Kapitels umzugehen und bei der Suche nach seinem eigenen Selbstverständnis oder in der Begegnung mit seinen behinderten Klienten bzw. Patienten unkonventionelle Wege nicht zu scheuen. Sollte es mit Hilfe der vorangegangenen Überlegungen gelungen sein,den kreativen, experimentellen Umgang mit den angeblich nicht zu verändernden Faktizitäten (a.a.O., S. 293), war die Mühe nicht vergebens.

Zusammenfassung und Ausblick

"Mir träumte: Ich habe eine weite Reise unternommen, die zum Ziel hatte, ein fremdes Land zu erforschen und einen magischen Ring in den Schicksalsberg zu werfen. Nachdem ich während der Expedition einige Abenteuer zu bestehen hatte, komme ich am Ziel an und erfülle den Auftrag: Mit einem Gefühl der Erleichterung werfe ich den Ring in den Berg. Danach zeichne ich eine detaillierte Landkarte, auf der es da und dort allerdings einige unerforschte, weiße Flecken gibt. Das ist jedoch nicht schlimm. Nach getaner Arbeit kann ich nun heimkehren. Ich fühle mich müde und zufrieden." (Traum der Autorin, kurz vor Fertigstellung des Manuskripts)

Für mich als Autorin dieser Arbeit geht nun eine lange und spannende Reise ihrem Ende entgegen. Es ist an der Zeit innezuhalten, auf die verschiedenen Stationen zurückzublicken und einige wesentliche Erkenntnisse Revue passieren zu lassen. Zeit auch, einen Blick nach vorn zu wagen in dem Wissen, daß jede Reise den Reisenden verändert. Meinen mitreisenden Lesern danke ich für ihre Geduld, mir bis hierher gefolgt zu sein.

Nach einer knappen Zusammenfassung werde ich meine Arbeit mit einem Blick auf mögliche Zukunftsperspektiven abrunden.

Zusammenfassung

1.
Wurde Behinderung früher als medizinisch faßbarer, kausal interpretierbarer Zustand einer Normabweichung von Dauer aufgefaßt (individuozentrischer bzw. struktureller Ansatz), rückte in der zweiten Hälfte des 20. Jahrhunderts zunehmend die soziale Dimension des Phänomens Behinderung, das nun in seiner Relativität erkannt wurde, in den Vordergrund des wissenschaftlichen Interesses (prozessualer Ansatz). Man begann, zwischen primären und sekundären (sozialen) Schädigungsfolgen zu unterscheiden und emanzipatorische Denkansätze zu entwickeln. Die vorliegende Arbeit unternimmt den Versuch, am Beispiel Sehschädigung die individuelle und die soziale Perspektive zu integrieren und deren Zusammenwirken ins Blickfeld zu rücken. Dies geschieht vor dem Hintergrund der Annahme einer komplexen und näher zu analysierenden Wechselbeziehung zwischen Subjekt und Objekt resp. Subjekt und Subjekt. Ich gehe der Frage nach, was das Eintreten einer Sehschädigung für den betroffenen Menschen unter individuellen, sozialen und gesellschaftlichen Gesichtspunkten bedeutet, wie er innerhalb einer ihm ambivalent begegnenden Umwelt die Behinderung auf

bewußter und unbewußter Ebene verarbeiten, Lebensentwürfe und Sinngebungen modifizieren, seine Interaktionen gestalten, sein Wahrnehmungs- und Wertesystem reorganisieren und seine Identität weiterentwickeln bzw. innerhalb des jeweiligen sozialen und historischen Kontextes rekonstruieren kann. Auf dem Boden theoretischer Überlegungen ebenso wie amplifikatorischer Anreicherung mit literarischem und kasuistischem Material werden folgende Hypothesen formuliert und unterfüttert:

* Der Stigmaträger ist Stigma-Prozessen nicht hilflos ausgeliefert. Vielmehr hat er mit Hilfe seiner Interaktionskompetenz sowie aktiver Identitätsarbeit erhebliche Spielräume bei der Gestaltung der Interaktion und der Selbstregulierung. Bleibt die Passung zwischen Innen und Außen auch ein prekärer Balanceakt, hat er prinzipiell dennoch die Möglichkeit, Einfluß auf das Beziehungsgeschehen, damit letztlich auch auf die Selbstregulation des Interaktionspartners zu nehmen und so langfristig zur Entstigmatisierung beizutragen.

* Gefördert durch persönliche und soziale Ressourcen, ist der von Behinderung betroffene Mensch grundsätzlich in der Lage, seine Behinderung und die mit ihr primär und sekundär einhergehenden Schwierigkeiten und Krisen erfolgreich zu bewältigen und zu einer integrierten Identität und einem sinnerfüllten Leben (zurück-)zufinden. Darüber hinaus kann die Auseinandersetzung mit der Behinderung zur Individuation beitragen, die Entwicklung der Persönlichkeit konstruktiv vorantreiben und damit das Leben bereichern, vertiefen und erweitern. Der Betroffene kann wertvolle Einsichten gewinnen und Lernprozesse durchlaufen, die ihm ohne die Anforderungen der Krise vielleicht nie zuteil geworden wären.

* Erfolgreiche Behinderungsverarbeitung hat eine bewußte und eine unbewußte Dimension. Unbewußte Prozesse, wie sie sich etwa im Traumgeschehen manifestieren, spiegeln nicht nur den jeweiligen Stand der Entwicklung, sondern treiben diese auch katalysierend voran. Dies zu erkennen und zu nutzen, ist von höchster Relevanz für die Selbstauseinandersetzung, ebenso für die beratende und therapeutische Begleitung betroffener Menschen.

* Die zahlreichen im Lebensvollzug des Menschen, so auch desjenigen mit Behinderung, aufspürbaren Antinomien, Widersprüchlichkeiten und Ungereimtheiten müssen nicht zu einer Fragmentierung der Identitätskonstruktionen führen, wenn sie in ihrer Dynamik als Pole einer Einheit verstanden werden. Ein solches Verständnis kann das für die psychische Gesundheit notwendige Erleben von Kohärenz und Kontinuität des Identitätserlebens gewährleisten. Ein Rekurs auf die Annahme mehr oder weniger unverbundener Teilidentitäten ("Patchwork-Identität") ist nicht zwingend. Mit Rücksicht auf unauflösbare Antinomien wird der Akzeptanzbegriff kritisch beleuchtet mit dem Ziel, zu einer ehrlichen und realistischen, aber auch tiefen und umfassenden Sicht auf die Annahme der Behinderung zu finden.

* Krisenverarbeitung und das Bemühen um Integration und Partizipation sind keine Einbahnstraße. Vielmehr erfordern solche Prozesse bei Betroffenen und (noch) nicht Betroffenen komplementäre Lernprozesse. Der Behinderte ist somit eine Herausforderung für die Gesellschaft, und die Gesellschaft ist eine Herausforderung für den Behinderten. Visionen eines möglichen gesellschaftlich-kulturellen Wandels sollen vor dem Hintergrund eines kritisch engagierten und emanzipatorischen Wissenschaftsverständnisses, wie es für die Humanwissenschaften angemessen ist, die Arbeit abrunden.

2.

Trotz methodischer Probleme (z.b. Reaktionstendenzen i.S. sozialer Erwünschtheit) läßt sich bzgl. der *sozialen Reaktionen auf Behinderte* zusammenfassend feststellen: Behinderung wird i.d.R. negativ beurteilt, und die Haltung Behinderten gegenüber ist ambivalent. Die Einstellungsmuster scheinen einigermaßen unabhängig von Schichtzugehörigkeit und Bildungsstand, in gewissem Rahmen jedoch geschlechtsabhängig zu sein. Besonders negativ ist die Bewertung dann, wenn der Betroffene für die Verursachung seiner Behinderung verantwortlich gemacht wird. Originäre affektive Impulse dem Behinderten gegenüber und sozial erwünschte Reaktionen stehen in Konflikt miteinander, was zu Schuldgefühlen und Interaktionsspannungen führt. Ängste unterschiedlicher Genese spielen eine zentrale Rolle.

Die Befunde zur Frage eines gesellschaftlichen Einstellungswandels während der letzten Jahrzehnte sind widersprüchlich: Integrativen Bemühungen scheint eine neue Form der Behindertenfeindlichkeit gegenüberzustehen. Angesichts zunehmender Gewaltbereitschaft und dem Erstarken alter eugenischer Gedanken in neuem, technologisiertem Gewand hat der Stigma-Ansatz E. Goffmans nichts an Aktualität verloren. Sehschädigung muß als Stigma angesehen werden.

Die Frage nach *Funktionen und Ursachen von Stigmatisierung* ist schwer zu beantworten. Diskutiert werden Funktionen wie: Erzeugung von Konformität, Ausübung formaler sozialer Kontrolle, Ausschaltung aus bestimmten Bereichen der Konkurrenz, Einschränkung der Partnerwahl, Reduktion von Verhaltensunsicherheit in der Interaktion, Projektion verdrängter Triebansprüche, Externalisierung unerwünschter Ich-Anteile, Betonung der eigenen "Normalität", Regelung des Zugangs zu knappen Gütern, Stabilisierung des Gesellschaftssystems etc.. Eng verbunden mit solchen Überlegungen sind Erklärungsansätze, die nach Ursachen von Stigmatisierung fragen und zu schwer überprüfbaren, jedoch wertvollen Hypothesen kommen, deren jede als Aspekt eines multifaktoriellen Bedingungsgefüges angesehen werden kann: die Tendenz zur Stigmatisierung als anthropologische Grundkonstante, die Erklärung aus historisch-ökonomischen Bedingungen (marxistische Ansätze), die Annahme des "Gotteskomplexes" als kollektives narzisstisches Dilemma des Menschen der Neuzeit und schließlich die Betrachtung symbolischer Bedeutungen von Sehen und Blindheit, Licht und Dunkel.

Blindheitsstereotyp: Die Stigmatisierung Sehgeschädigter und die seit Jahrtausenden überlieferten Vorstellungen über Blindheit und blinde Menschen stehen in enger Verbindung miteinander: Einerseits liefern die stereotypen Vorstellungen Material für die "Stigma-Ideologie", die der Rechtfertigung und Aufrechterhaltung von Stigmatisierung dient, andererseits können sie Stigmatisierung mitverursachen und aufrechterhalten.

Zwischen Stereotypen, die auf Informationsmangel beruhen, und den auf persönlichkeitsspezifische, im Emotionalen gründende Prozesse zurückführbaren Vorurteilen ist zu unterscheiden. Informationsdefizite dürften relativ problemlos behebbar sein, während Vorurteile als ziemlich änderungsresistent angesehen werden müssen.

Die Vorstellungen Normalsehender über Blindheit und blinde Menschen sind weitgehend stereotyp. Die Widersprüchlichkeit der Annahmen (z.B.: "Genie" versus "Trottel") deutet darauf hin, daß sie im Unbewußten gründen. Empirische Befunde stimmen erstaunlich gut mit den Ergebnissen historischer Analysen überein. Tauchen alte Klischees in neuem Gewand auf, sind sie als solche allerdings oft erst auf den zweiten Blick zu erkennen (z.B. populärpsychologische Spekulationen über vermeintlich psychosomatische Erblindungsursachen als Neuauflage des "Behinderung-als-Strafe"-Stereotyps). Blindheit wird häufig als schlimmstes aller Übel bewertet. Blinde Menschen werden einerseits als defizitäre, hilflose und mit negativen Persönlichkeitseigenschaften (Listigkeit, Bosheit, Schlampigkeit etc.) behaftete Wesen angesehen, andererseits spricht man ihnen mystische Gaben (etwa seherische Kräfte) zu. Fähigkeiten (z.b. im Bereich der Wahrnehmung und des Gedächtnisses) werden selten realistisch auf Lern- und Problemlösungsprozesse zurückgeführt. Verschiedenste Persönlichkeitsmerkmale werden blinden Menschen zugeschrieben: Sie seien ernst, sanft, gefühlvoll, musikalisch, introvertiert, hilflos, traurig, melancholisch etc. I.d.R. wird von ihnen erwartet, unter ihrer Behinderung zu leiden; offensichtliche Lebensfreude und Zufriedenheit scheinen nicht ins Bild zu passen. Insgesamt läßt sich sagen, daß Unterschiede zwischen Blinden und Normalsehenden betont, Gemeinsamkeiten minimiert werden (Zuschreibung von Andersartigkeit). "Sehbehinderung" taucht in den Vorstellungen Normalsehender kaum auf (Dichotomisierung in die Kategorien "sehend" versus "blind").

Interaktionen: Stigmatisierung hat viele Gesichter. Das Bedürfnis nach sozialer Distanz manifestiert sich in vielfältiger Weise und reicht von der Zurückweisung enger Beziehungen bis hin zur physischen Vernichtung behinderter Menschen. Aber auch auf den ersten Blick positiv erscheinende Reaktionen können Ausdruck distanzschaffender Triebabfuhr sein (aufgedrängte Hilfe, anonyme Spenden usw.). Eine zentrale Einstellung Behinderten gegenüber ist - sehr zum Leidwesen Betroffener - das Mitleid. Dieses darf nicht mit der allen höheren Lebewesen von Natur aus eigenen, der Arterhaltung dienenden Fähigkeit zum Mitgefühl (Sympathie) verwechselt werden. Während Mitgefühl auf Partnerschaftlichkeit und Wertschätzung beruht, impliziert Mitleid ein Machtgefälle, die Abwertung und Ablehnung des Bemitleideten. Eine mitleidvolle Haltung kann sich auf verschiedenste Weise, oft in recht subtiler Form manifestieren. Mögliche psychodynamische Wurzeln des Mitleids werden diskutiert, z.B. Reaktionsbildung auf Ablehnung, Bekämpfung von Schuldangst, Externalisierung eigener Schwäche und Verletzlichkeit.

Verunsicherung durch mangelnde Interaktionserfahrung, stereotype Vorstellungen, Bedürfnis nach sozialer Distanz und eine Haltung des Mitleids beeinflussen Zustandekommen und Struktur sozialer Interaktionen in gemischten Kontakten. Gefühle von Befangenheit und innerer Spannung treten auf. Die Behinderung wird entweder zum beherrschenden Merkmal der Interaktion ("master status"), oder es wird krampfhaft versucht, sie auszublenden (Irrelevanzregel). Übliche Interpretationsschemata werden außer Kraft gesetzt, Invasionen des Privaten sind an der Tagesordnung. Manche Verunsicherungen in der Interaktion sind allerdings unmittelbar schädigungsbedingt (z.B. fehlender Blickkontakt). Auch kann der Behinderte selbst als Stigmatisierer auftreten. So ist das Gelingen der Begegnung eine Aufgabe, die nur von allen beteiligten Interaktionspartnern gemeinsam gemeistert werden kann, wobei der Behinderte über einen erheblichen Erfahrungsvorsprung im Umgang mit gemischten Kontakten verfügt. Jenseits des Umgangs mit je aktuellen Interaktionssituationen müssen *langfristige Folgen von Ausgrenzung und Stigmatisierung* bedacht werden, insbesondere die Gefahren sozialer Isolation und eines möglicherweise beschädigten Selbstkonzepts.

3.

Stigma-Prozesse stehen in krassem Widerspruch zu positiven Bemühungen, behinderte Menschen in eine Gesellschaft zu integrieren, welche die Würde des Menschen als unantastbares Gut betrachtet und unserer Verfassung zugrundelegt. Akzeptanz und Ablehnung, Integration und Ausgrenzung, Konformität und Freiheit, Beschädigung und Bewahrung der Identität müssen in ihrer dialektischen Wechselbeziehung verstanden werden. Auch wenn vieles für die Sozialisierung in die Stigmatisiertenrolle und die Einnahme einer normkonformen Haltung spricht, sind Stigmatisierungsfolgen weder zwangsläufig noch einheitlich. Vielmehr ist es möglich, das Merkmal selbst (z.B. die Sehschädigung), nicht jedoch dessen negative Bewertung zu akzeptieren. Während manche versuchen mögen, um den Preis einer Schein-Normalität möglichst die Rolle eines Nichtbehinderten zu spielen, gelingt es anderen, zu ihrer Verschiedenheit zu stehen, ohne dabei Gemeinsamkeiten mit Nichtbehinderten ignorieren zu müssen. Von entscheidender Bedeutung ist, sich der eigenen Würde als Mensch gewahr zu werden bzw. zu bleiben; bewußtes und differenziertes Nachdenken darüber, was Menschenwürde überhaupt bedeutet, schützt die Identität und bewahrt vor Überanpassung, unreflektierter Normkonformität oder Selbstabwertung. Unter steigendem sozialen Druck können noch so erfolgreiche Identitätsstrategien allerdings zusammenbrechen.

Offensive Stigmabewältigung erfordert Kraft, Mut und die Bereitschaft, sich bewußt mit der Behinderung auseinanderzusetzen und an der persönlichen Entwicklung zu arbeiten mit dem Ziel, zu einer stabilen, balancierten Identität, zu einem sinnerfüllten (existentiellen) Leben (zurück-)zufinden und sich aktiv in das soziale und gesellschaftliche Gefüge einbringen zu können.

4.

Ansätze, welche die soziale Dimension des Phänomens Behinderung in den Vordergrund rücken, laufen Gefahr, den Stellenwert der Subjektivität des behinderten Menschen zu unterschätzen. Daher sollte keines der Paradigmata der Behindertenforschung absolut gesehen werden. Vielmehr beleuchtet jeder der gängigen Ansätze einen Teilaspekt des vielschichtigen, multifaktoriell bedingten Phänomens.

Der schwierigen Frage nach der Subjektivität des Individuums sowie dem komplizierten Verhältnis zwischen Subjekt und Objekt bzw. Subjekt und Subjekt gehen verschiedenste theoretische Konzepte aus Philosophie und Psychologie nach: Wichtig sind in diesem Zusammenhang v.a. der symbolische Interaktionismus Meads, die Existenzanalyse Frankls, die dialogische Philosophie Bubers, die materialistische Sozialisationstheorie Lorenzers, die entscheidungsorientierte Skripttheorie der Transaktionsanalyse sowie das in der Psychoanalyse zunehmend sich durchsetzende intersubjektive Paradigma. Die empirische Säuglings- und Bindungsforschung hat das Verständnis des heranwachsenden Kindes und seiner Entwicklung zum handelnden und reflexiven Subjekt grundlegend verändert und vertieft. So unterschiedlich diese Ansätze im einzelnen sein mögen, haben sie doch die Erkenntnis gemeinsam, daß die kartesianische Vorstellung einer strikten Trennung zwischen Subjekt und Objekt zugunsten einer Perspektive aufgegeben werden muß, welche das Dialogische, die primäre Bezogenheit zwischen Subjekten als Teil der Conditio humana in den Mittelpunkt rückt. Abgesehen von Situationen extremer Machtdifferenz oder Gewaltanwendung lassen sich Systeme durchaus irritieren, können eingefahrene Interaktionsmuster durch die bewußte Verwendung des zwischen den Interaktionspartnern aufgespannten "intersubjektiven Feldes" aufgebrochen werden. Ein "Möglichkeitsraum" kann geschaffen werden, in dem sich eine schöpferische Ko-Konstruktion von Bedeutungen ereignen kann - ein Schutzraum, der es den Beteiligten ermöglicht, Verantwortung zu übernehmen. Nehmen wir eine systemische, intersubjektive Perspektive ein, verstehen wir, daß jeder Interaktionspartner die Interaktion mitgestaltet und daß umgekehrt die Interaktion die Selbstregulierung aller Beteiligten beeinflußt. Dem behinderten Menschen bieten solche Überlegungen die Chance, aus einer möglichen Opfer-Verfolger-Dynamik herauszuwachsen und sich mit der Behinderung "ver-antworten" zu lernen.

Die gemischte Interaktion ist eine Herausforderung für alle Beteiligten. Der Behinderte ist eine Herausforderung für den Nichtbehinderten, und dieser ist eine Herausforderung für den Behinderten. Indem Interaktion keine Einbahnstraße ist, können auch Bemühungen um Integration und Partizipation nur als gemeinsamer Lernprozeß verstanden werden, in dem alle Beteiligten sich auf komplementäre Weise verändern und entwickeln müssen.

5.

Der Mensch strebt von Natur aus nach Verwirklichung seiner Fähigkeiten und Überwindung von Hindernissen oder Defiziten - kurz, nach Entfaltung seines ganzen Menschseins. Dabei sind es oft gerade krisenhafte Ereignisse, welche die Entwicklung vorantreiben. Individuation (Selbstwerdung) heißt, zu einem einzigartigen Menschen zu reifen, der kollektive Standards und Normen zu hinterfragen wagt. Individuation mag manchmal zu Gefühlen von Einsamkeit führen, bedeutet aber keineswegs Vereinzelung. Im Gegenteil ist sie Voraussetzung für ein verantwortliches Handeln in der Gemeinschaft.

6.

Ob jemand sein Potential nutzen kann, wie gut Behinderungsverarbeitung gelingt und wie sie beim einzelnen Menschen aussehen wird, hängt von zahlreichen gesellschaftlichen, sozialen und individuellen Einflußfaktoren ab. Soziokulturelle und ökonomische Bedingungen, soziales Netz bzw. zwischenmenschliche Kontakte und familiäres Eingebundensein, Alter, Geschlecht, Schichtzugehörigkeit und Bildungsstand, materielle Ressourcen und berufliche Möglichkeiten des Betroffenen, Art und Ausmaß der Sehschädigung, die Erblindungsursache, der sonstige Gesundheitszustand sowie der Zeitpunkt des Rehabilitationsbeginns sind wichtige Einflußfaktoren. Von zentraler Bedeutung sind Persönlichkeitsvariablen wie Intelligenz, Krisenerfahrung und Problemlösungsrepertoire, Urvertrauen, motivationale Faktoren, Kontrollüberzeugungen, Kontaktbereitschaft und Selbstsicherheit, Wertestruktur, Konformität, Kreativität und Humor sowie allgemeine Lebenszufriedenheit.

7.

Kinder nehmen die Tatsache einer seit Geburt bestehenden Behinderung meist als selbstverständlich hin, bis sie die Irritationen ihrer Umwelt zu spüren bekommen. Tritt eine schwerwiegende Behinderung erst im Laufe des Lebens auf, erlebt der Betroffene einen regelrechten Bruch in seiner Biographie, wird in seinen Lebensentwürfen und seinem Identitätserleben zutiefst erschüttert. Er gerät zwangsläufig in eine Krise, die je nach

Vorbedingungen zum überwältigenden Trauma werden kann. Auf eine allmählich fortschreitende Behinderung kann sich der Betroffene einerseits nach und nach einstellen, andererseits kann sich die Aufeinanderfolge vieler belastender Ereignisse im Sinne einer kumulativen Traumatisierung auswirken. Primäre (unmittelbar schädigungsbedingte) Behinderungsfolgen müssen von sekundären (sozialen und damit potentiell vermeidbaren) Problemen unterschieden werden. Das Mehr an sozialer Abhängigkeit empfinden viele Betroffene als besonders unangenehm. Das Wissen um die Stigma-Eigenschaften der Behinderung erschwert den Verarbeitungsprozeß zusätzlich. Bei manchen Betroffenen kommen orthopädische Folgeprobleme, Schlafstörungen und/oder visuelle Fehlwahrnehmungen hinzu. Chronische Alltagsbelastungen, die auch nach erfolgreicher Behinderungsverarbeitung unvermeidlich sind, bedürfen der Beachtung, will man Burnout und anderen Sekundärerkrankungen vorbeugen.

Die seelische Auseinandersetzung mit der Behinderung läßt sich als phasenhafter Prozeß der Krisenverarbeitung beschreiben. Dabei geht es nicht um eine statische Aufeinanderfolge von Bewältigungsphasen, sondern um einen dynamischen Prozeß ohne endgültigen Abschluß ("Happy end"). Das Modell von Schuchardt wird in dieser Arbeit etwas ausführlicher beschrieben, diskutiert und ergänzt. Die Begriffe "Trauer" und "Depression" werden differenziert. Schließlich wird ein einerseits bescheidenerer, andererseits tieferer und umfassenderer Akzeptanzbegriff vorgeschlagen, der die Annahme wiederkehrender Krisen und emotionaler Erschütterungen einschließt. So verstandene Akzeptanz entlastet den Betroffenen und schafft Raum für innere Ruhe, Gelassenheit und einen gesunden Humor. Gelungene Krisenverarbeitung ist vielschichtig und besteht letztlich darin, einen veränderten Selbst- und Weltbezug herzustellen und zu einem sinngebenden, befriedigenden und unter den veränderten Bedingungen realistischen Lebensentwurf zu finden. Die Mitbetroffenheit der Bezugspersonen darf nicht außer acht gelassen werden.

8.

Phasenmodelle sagen wenig darüber aus, welche inneren Kräfte den Krisenverarbeitungsprozeß voranbringen. In der (traditionell eher problemorientierten) Psychologie wurde inzwischen verstanden, daß eine ressourcen- und lösungsorientierte Perspektive als Ergänzung notwendig und von größtem Nutzen ist. Dabei wird durchaus auf seit der Antike beschriebene Tugenden zurückgegriffen, die wegen des Verdachts, moralisierend zu sein, etwas in

Mißkredit geraten waren. Selbst das Nachdenken über Spiritualität ist in der wissenschaftlichen Psychologie wieder diskursfähig geworden. Besonders wertvoll sind die neueren Erkenntnisse der Neurowissenschaften über das interne Belohnungssystem und das neurophysiologische Zusammenwirken positiver und negativer Gefühle. Wie sehr positive Gefühle wie Freude, Hoffnung oder Zuversicht Lern-, Problemlösungs- und Genesungsprozesse fördern, wurde vielfach nachgewiesen. Daraus resultiert die Notwendigkeit, die Suche nach Schutzfaktoren und Möglichkeiten der Ressourcen-aktivierung und -entwicklung in die beratende bzw. psychotherapeutische Arbeit einzubeziehen. Können Schicksalsschläge wie das Auftreten einer lebensverändernden Erkrankung oder Behinderung als positive Heraus-forderung verstanden werden, kann das Leben wieder mit Freude, dem Erleben von Flow und neuem Sinn erfüllt werden.

9.

Eine einseitige Betonung aktiver Coping-Strategien kann den Betroffenen unter Druck setzen, einen wesentlichen Teil seiner Ressourcen vernach-lässigen und schlimmstenfalls den Bewältigungsprozeß zu einer Art "An-passungstechnologie" verkommen lassen. Ruhe, Kontemplation, Träumen und Phantasieren bilden ein heilsames Gegengewicht und helfen bei der Affektregulierung, Problemlösung und Krisenverarbeitung. Imaginative Verfahren, wie sie in der Psychotraumatologie inzwischen Standard sind, und die Arbeit mit Träumen, die seit Freud in der Psychotherapie eine lange Tradition hat, können einen wichtigen Beitrag bei der seelischen Verarbeitung einer Behinderung leisten. Träume spiegeln nicht nur den jeweiligen Stand der Auseinandersetzung, sondern treiben diese auch katalysierend voran. Diese Hypothese wird anhand zahlreicher Fallbeispiele aus meiner Praxis entlang den in Kapitel 7 beschriebenen Krisenver-arbeitungsphasen belegt und veranschaulicht.

10.

Erfolgreiche Anpassung an die Sehschädigung erfordert multiple und komplexe Reorganisationsprozesse im Bereich der Wahrnehmung, und zwar in allen zur Verfügung stehenden Sinnesmodalitäten sowie deren Zusammenwirken. Daß eine solche Reorganisation mit gutem Ergebnis möglich ist, verdanken wir der enormen Wandelbarkeit und Lernfähigkeit des Gehirns, die wir als neuronale Plastizität bezeichnen. Ohne auf die Kompensationsthese, ein mystifizierendes Stereotyp, zurückgreifen zu wollen, läßt sich die Kompensation von Sehschädigungsfolgen als Optimierung von Wahrnehmungsvorgängen beschreiben. Physiologische und psychische Kompensation sind zu unterscheiden. Erfolgreiche emotionale Behinderungsverarbeitung bzw. positive Affektlage und Reorganisation von Wahrnehmungs- und Denkprozessen fördern sich wechselseitig. Im günstigsten Fall kann der Betroffene - jenseits der praktischen Alltagsbewältigung - eine Bereicherung seiner Wahrnehmungs- und Erlebnismöglichkeiten erfahren, die ihm ohne die Behinderung und die durch sie entstandenen Lernaufgaben vielleicht nie zuteil geworden wäre. Grundbedingung hierfür ist, die (in unserer Kultur übermächtige) Bedeutung des Sehens zu reflektieren und zu relativieren. Indem das Sehen seine Selbstverständlichkeit verloren hat und zum bewußten Vollzug geworden ist, kann der sehbehinderte Mensch sein visuelles Erleben intensivieren und mit voller Aufmerksamkeit genießen. Späterblindete ohne Sehrest schildern manchmal - entsprechende achtsame "Pflege" vorausgesetzt - eine Intensivierung des "inneren Sehens", also ihrer visuellen Vorstellungskraft und Phantasie. Eine bewußte Verfeinerung nichtvisueller Wahrnehmungsmöglichkeiten (wie sie grundsätzlich auch Normalsehenden offenstünde) hilft nicht nur im Alltag, sondern bereichert und vertieft darüber hinaus das emotionale und ästhetische Welterleben. Ein solcher Zugewinn macht den erlittenen Verlust sehr viel erträglicher und eröffnet neue Perspektiven. Schließlich wird diskutiert, wie sich Sehschädigungen auf künstlerisches Gestalten (Malerei, Bildhauerei, Dichtkunst, Theater, Musik) auswirken können. Kunst kann einen Beitrag zur Behinderungsverarbeitung und Entstigmatisierung leisten, darf jedoch niemals auf diese (therapeutischen) Aspekte reduziert werden.

11.
Die bewußte Auseinandersetzung mit einer Behinderung kann Anlaß dafür sein, bislang für unumstößlich gehaltene Einstellungen und Werte zu hinterfragen. Ohne Wertveränderungen dürfte die Akzeptanz eines Verlustes kaum möglich sein. Mag eine solche Entwicklung zunächst ängstigen und schmerzen, kann sie den Betroffenen doch auf seinem Weg zur Selbstwerdung, zu mehr Bewußtheit und geistig-seelischer Freiheit voranbringen und langfristig zum kulturell-gesellschaftlichen Wandel beitragen. Betroffene beschreiben ein breites Spektrum an Neuorientierungen, so etwa:
* überprüfen, was wirklich wesentlich ist
* nichts mehr als selbstverständlich hinnehmen, sondern intensiver erleben

* Gelassenheit und andere sog. "Tugenden" entwickeln
* das Leben selbst als Wert erkennen und achten
* Normen der Solidarität und Gegenseitigkeit entwickeln
* "abschiedlich leben" lernen
* Allmachtsphantasien fallenlassen
* den vergleichenden Charakter von Werten aufgeben
* im Hier und Jetzt achtsam und bewußt leben lernen
* einen anderen Umgang mit der Zeit lernen
* fremdbestimmte Ich-Ideale (z.B. gesellschaftlich akzeptierte Normen der Leistung, Konkurrenz, Fixierung auf Äußerlichkeiten, Konsum und Warenästhetik) hinterfragen
* sensibler für den eigenen Umgang mit anderen werden, mehr Toleranz entwickeln
* vermehrt darüber nachdenken, in welcher Gesellschaft wir leben wollen und sich in der Welt engagieren
* sich im Zuge eines solchen Entwicklungsprozesses die eigene Individualität als selbstverantwortliches, denkendes und aktiv handelndes Subjekt aneignen.

12.

Die Arbeit an der Identität ist für jeden Menschen eine lebenslange Entwicklungsaufgabe und erfordert in einem subjektiven Konstruktionsprozeß die Passung innerer und äußerer Erfahrungen im Spannungsfeld zwischen privatem und sozialem Selbst. Die kulturellen Rahmenbedingungen für die Identitätsarbeit des Subjekts haben sich - zumindest in den fortgeschrittenen Industrieländern - gründlich geändert: Es geht nicht mehr so sehr um ein selbstverständliches Einpassen in vorgegebene Strukturen, Normen und festgefügte soziale Bindungen, sondern weit eher um einen Projektentwurf des eigenen Lebens oder um die Abfolge von Projekten, wahrscheinlich um das gleichzeitige Verfolgen unterschiedlicher und teilweise widersprüchlicher Projekte, die in ihrer Vielfältigkeit in neuer Weise die Frage nach Kohärenz und Dauerhaftigkeit bedeutsamer Orientierung des eigenen Lebens stellen. Die Individualisierung, also die Herauslösung aus traditionellen sozialen und Deutungszusammenhängen sowie die Erweiterung der Gestaltungsspielräume des Einzelnen können bedrohlich und potentiell fragmentierend, aber auch befreiend sein i.S. eines vergrößerten Möglichkeitsraumes, innerhalb dessen Subjekte ohne Angst verschieden sein können. Auch wenn sich das Verständnis von Kohärenz gewandelt hat, kann auf die Konstruktionsarbeit an einem inneren Zusammenhang der Selbsterfahrung nicht verzichtet werden, denn anders kann es keinen Kern menschlicher Subjektivität geben. Allerdings muß die Konstruktion von Kohärenz Widersprüche und Ungereimtheiten einbeziehen und in ein für das Subjekt lebbares Beziehungsverhältnis bringen.

Für einen behinderten Menschen ist es - auch nach gelungener Krisenverarbeitung - noch schwieriger als für seine nichtbehinderten Mitmenschen, sich zu positionieren in einer Welt, die ihm nach wie vor ambivalent begegnet. Soll Identität unter solchen Voraussetzungen gelingen, will er also zu einer integrierten Persönlichkeit heranreifen und sich nicht mit mehr oder weniger unverbunden nebeneinander existierenden Teilidentitäten abfinden, muß er ein hohes Maß an Gestaltungskompetenz, Ambiguitäts- und Ambivalenztoleranz aufbringen. Er muß akzeptieren, daß sein Leben noch mehr als dasjenige Nichtbehinderter voller schwer oder nicht auflösbarer Widersprüche ist und bleiben wird. Hilfreich bei der Suche nach Kohärenz kann die Erkenntnis sein, daß das menschliche Leben sich von Natur aus in Polaritäten vollzieht, die einerseits oft schwer aushaltbare Gegensätze sind, andererseits aber in dialektischem Bezug zueinander als Pole einer Einheit zusammengehören. Der Verzicht auf vermeintliche Widerspruchsfreiheit und Harmonie, auf ein vermeintlich klares Entweder-Oder als einfache Selbst- und Weltsicht mag hohe Ansprüche stellen. Er ist aber auch entlastend, indem auf diese Weise unterschiedlichste Erlebens- und Verhaltensmöglichkeiten in einen Sinnzusammenhang gestellt und akzeptierend zugelassen werden. So kann der Behinderte in einem kontinuierlichen Aushandlungsprozeß immer wieder seine Mitte ausbalancieren zwischen Polen wie: Krank - gesund, behindert - nicht behindert, Defizit - Verschiedenheit, Ohnmacht - Selbstwirksamkeit, Kränkbarkeit - Selbstbewußtsein, Abhängigkeit - Autonomie usw.. Ziel gelingender Identitätsarbeit ist nicht zuletzt, das eigene Selbst transzendieren und sich in einen größeren Sinnzusammenhang stellen zu können. An diesem Punkt wäre die Frage nicht mehr, welchen Sinn das Leben für den Einzelnen, sondern welchen Sinn er für das Leben hat.

Ausblick

Ich hoffe, daß es mir gelungen ist, die diese Arbeit leitenden Thesen plausibel und differenziert genug zu vertreten und mit geeignetem Material zu unterfüttern. Darüber hinaus war es mir ein Anliegen, nachfolgende

Wissenschaftlerinnen und Wissenschaftler zu weiterführenden Überlegungen und zur Formulierung sinnvoller empirischer Fragestellungen und Hypothesen anzuregen. Ausgehend von dem hier vorgestellten Material dürfte sich eine so große Zahl solcher Fragestellungen ableiten lassen, daß ich sie hier nicht im einzelnen aufzählen kann. Allein auf dem noch relativ jungen Forschungsgebiet der Neurobiologie und -psychologie gibt es noch nahezu unendlich viel zu tun. Auch die in dieser Arbeit angedeutete Verbindung zwischen Psychotraumatologie und den Erkenntnissen zur Behinderungsverarbeitung eröffnet ein breites Spektrum an relevanten Forschungsvorhaben (etwa über die neurophysiologischen Korrelate von Coping-Prozessen oder über die therapeutische Wirksamkeit imaginativer Verfahren). Das Traumerleben von Menschen mit Sehschädigungen oder anderen Behinderungen könnte empirisch (inhaltsanalytisch) ebenso unter die Lupe genommen werden Wie die komplexe Thematik der Identitätskonstruktion bzw. -rekonstruktion nach Eintreten einer Behinderung u.v.a.m.

Was nun meine eigene, sich ihrem Abschluß nähernde Beschäftigung mit dem Thema betrifft, nehme ich mir abschließend die Freiheit, ein wenig über den Tellerrand soliden wissenschaftlichen Handwerks hinauszuschauen und den Blick im Dienste der Verbesserung des Zusammenlebens von Menschen mit und ohne Behinderungen auf eine zu entwerfende Zukunft zu richten. Dazu komme ich auf den eingangs wiedergegebenen Traum zurück: Nachdem wir noch einmal die bei unserer Reise erstellte Landkarte überblickt haben, schlage ich vor, ein wenig bei dem letzten Traumbild zu verweilen, das sehr eindeutig auf die rettende Tat des kleinen Hobbit aus Tolkiens großem Epos: "Der Herr der Ringe" (Tolkien 1966/1979) verweist. Wie ich in Kapitel 1 bereits schrieb, sehe ich mit Bertolt Brecht Sinn und Legitimation der Wissenschaft und erst recht der Humanwissenschaften darin, die Mühseligkeit der menschlichen Existenz zu erleichtern. So habe ich als Mensch, als Psychotherapeutin und als Wissenschaftlerin eine Vision, eine Utopie, für die ich lebe und arbeite, mag sie auch noch so illusionär erscheinen: Ich träume davon,

* daß Menschen mit Behinderungen vor sich selbst und in der Öffentlichkeit zu ihrem Sosein stehen und sich erlauben, verschieden zu sein,

* daß sie zu einem selbstbestimmten, sinnerfüllten Leben finden und nicht einen Großteil ihrer Lebensenergie darauf verschwenden, sich auf den Glauben an medizinischen Fortschritt zu fixieren, der ihre Behinderung eines Tages aus der Welt schaffen soll,

* daß sie sich trauen, für unumstößlich gehaltene Normen in Frage zu stellen und eigene Standards und Werte zu entwickeln,
* daß Menschen mit und ohne Behinderungen in einem komplementären Entwicklungsprozeß (Schuchardt 2003) dahin gelangen, sich gegenseitig zu achten, aufeinander zuzugehen, Vorurteile abzubauen und voneinander zu lernen,
* daß die Integration behinderter Menschen zu einem Einigungsprozeß mit dem Ziel echter Gemeinsamkeit ohne einseitigen Anpassungs- und Konformitätsdruck wird,
* daß Ausgleich und die Verwirklichung von Bürgerrechten an die Stelle von wohltönenden Festreden, von Mitleid, Bevormundung und Ausgrenzung treten,
* daß behinderte Menschen, die selbstbewußt zu ihrer "Schwäche" stehen, dem kollektiven Größenwahn, wie er sich im "Gotteskomplex" manifestiert, einen Spiegel vorhalten und zur Erkenntnis verhelfen, daß Sterblichkeit, Unvollkommenheit, Begrenztheit, Leid und das Eingestehen von Ohnmacht zum Menschsein gehören und als gesund zu integrieren sind,[148]
* daß sich so allmählich ein Verständnis dafür entwickelt, wie zerstörerisch die Beibehaltung des "Gotteskomplexes" für jeden Einzelnen, die Kultur und das Überleben unseres Planeten ist,
* daß möglichst viele Menschen den Mut aufbringen, zu träumen und Utopien zu entwickeln bzw. lebendig zu halten, statt sie in vermeintlichem Realismus zu ersticken,
* daß diese Menschen es ertragen, belächelt zu werden, wenn sie in solcher Weise gegen den Strom schwimmen,
* daß verschiedenste gesellschaftliche Gruppen sich in gegenseitiger Toleranz, mit Respekt und Neugier aufeinander zu bewegen, das Gespräch suchen und gemeinsam an der Entwicklung einer humanen Kultur arbeiten, in der es sich für alle zu leben lohnt,
* daß über all solche komplizierten Probleme und Aufgaben ein gesunder Humor und die Fähigkeit, das Leben auch von der leichteren Seite zu nehmen und zu genießen, niemals verlorengehen.

---

148 Kebelmann schreibt hierzu: "Die Gesellschaft braucht die Behinderten. Freiwillig oder unfreiwillig beweisen behinderte Menschen ihren besonderen Wert als Mitbürger und als Mahner kraft des Anschauungsunterrichts, den sie uns erteilen. [...] Die Lebensleistung behinderter Menschen ist zuallererst ihre beispielhafte humane Existenz." (Kebelmann 2005a)

Mir ist schmerzlich bewußt, wie weit wir davon entfernt sind, solche Visionen zu verwirklichen. Vielleicht bewegen wir uns sogar in die entgegengesetzte Richtung. Statt ihre Kraft für die Entwicklung eines Zusammenlebens in Toleranz und gegenseitiger Wertschätzung sowie für die dringendst nötige Rettung unserer bedrohten natürlichen Lebensgrundlagen zu bündeln, verschwendet die Menschheit ihre Energie immer noch auf Terror und Gewalt, auf das Führen unsinniger, absurderweise auch noch im Namen der Religion geführter Kriege. Profitgier, der Drang nach Machtvermehrung und Siegenmüssen, wie ihn Richter als Ausdruck des "Gotteskomplexes" und, damit zusammenhängend, als "Krise der Männlichkeit" (Richter 2006) brandmarkt, scheinen für viele immer noch ein stärkerer Motor des Handelns zu sein als die Suche nach echter Mitmenschlichkeit und Solidarität sowie einem Leben in Einklang mit der Natur. So machtlos wir als Einzelne diesem globalisierten Wahnsinn ausgeliefert scheinen, bin ich doch mit Mahatma Gandhi (s. Kapitel 4) der Überzeugung, daß wir die Veränderung sein müssen, die wir in der Welt sehen wollen. Ich stimme Max Horkheimer zu, wenn er sagt, man könne seinem theoretischen Pessimismus durch eine optimistische Praxis widersprechen (zit. n. Richter 2006, S. 32). Richter schreibt:

> "Lebendig kann man nur bleiben, wenn man sich einmischt und daran glaubt, daß doch einmal ein unwiderstehlicher Heilungswille in einer großen Welle zu einem globalen Aufstand für die Menschlichkeit führen kann." (Richter 2006, S. 88)

Wollen wir als behinderte Menschen auf Humanisierung, Entstigmatisierung und Solidarität hinarbeiten, müssen wir uns einmischen und zu Subjekten der Veränderung werden. Das dürfte die einzige Chance sein, hat sich der Wert anderer Maßnahmen zur Einstellungsänderung und Entstigmatisierung (z.B. Informationskampagnen) doch als bestenfalls begrenzt, manchmal nutzlos und zuweilen kontraproduktiv erwiesen (Cloerkes 2001, S. 106 ff., S. 158 ff.). Cloerkes resümiert, daß Kontakt die einzige Variable zu sein scheint, die wirksam zur Entstigmatisierung beitragen kann. Dies gilt allerdings nur dann, wenn es sich nicht um rein zufällige, oberflächliche Begegnungen handelt, sondern um ein Teilen gemeinsamer Lebenswelten (Kindergarten, Schule, Arbeitsplatz, Kirchengemeinde usw.). Wenn dies so ist, kommt der Art und Weise, wie wir uns als behinderte Interaktionspartner geben und verhalten, entscheidende Bedeutung zu.

Machen wir uns noch einmal klar: *Die Gesellschaft braucht uns Behinderte ebenso, wie wir die Gesellschaft brauchen. Das Zusammenleben von Menschen mit und ohne Behinderungen ist eine ebenso schwierige wie wertvolle und bereichernde Herausforderung für alle Beteiligten:*

"Unser humanes Bewußtsein zuckt hoffentlich vor dem Ziel zurück, das sich erstrebenswert anhört: Eine Gesellschaft mit nichts als gesunden und äußerst tüchtigen Menschen. Etwas in uns warnt uns bis heute vor einem solchen Wahn [...] Jede Gruppe von Menschen, die sich human definiert, braucht sichtbare, lebbare Schwächen zur immer neueren Bewußtwerdung unseres Vorrats an Toleranz. Behinderte Menschen gehören dabei zu den wichtigsten Merkmalsträgern: Glaubhaft in ihrer Schwäche, beispielhaft voller Widerspruch in ihren Lebensvollzügen - menschlich, allzu menschlich. [...] Die Abhängigkeiten im Alltag der meisten behinderten Menschen verlangen gerade von ihnen ein besonders klares Bewußtsein ihrer eigenen Wertigkeit. Es genügt nicht mehr, sich erfolgreich den Umständen anzupassen, den Durchschnittsmenschen zu imitieren, sich, soweit es möglich erscheint, in sein Umfeld zu integrieren. Unser ganz besonderer Wert als Behinderte ist in Gefahr, und zwar in gleichem Maße, wie sich gesellschaftliches Bewußtsein zum Leistungsbewußtsein verengt." (Kebelmann 2005a)

Indem wir als behinderte Menschen viele der Normen Nichtbehinderter gar nicht erfüllen und im immer härter werdenden Konkurrenzkampf kaum mithalten können, indem wir im sich beschleunigenden Lebenstempo mit hoher Wahrscheinlichkeit zurückbleiben müssen und somit auf das Erarbeiten einer veränderten Wertestruktur besonders angewiesen sind (s. Kapitel 11), kommen gerade auf uns in der Gesellschaft wesentliche Aufgaben zu: Indem wir, wie Kebelmann schreibt, "Exoten" und "Zentrum einer schwer zu ertragenden Aufmerksamkeit" bleiben, haben wir auch eine Chance, die wir nicht verschenken sollten: Die Nichtbehinderten durch unser Sosein, unsere Selbstpräsentation und die von uns gelebten Überzeugungen bzw. Werthaltungen (vielleicht) zum Nachdenken zu bringen:

"Wir müssen vor allem wir selbst sein. [...] Machen wir etwas daraus. Machen wir das Beste daraus: Behindertsein als permanente Performance. Auch dies wäre die Verwirklichung eines eigenwilligen Lebens." (Kebelmann 2005b)

Behinderte Menschen werden, so Kebelmann, ihr Daseinsrecht wohl kaum utopisch begründen; dennoch tragen sie utopische Hoffnungen in sich:

"Solange es unter uns behinderte Menschen gibt, werden sie, wenn auch wortlos, ihre Fragen stellen - unbequem, provozierend. [...] Behinderte Menschen sind wandelnde Seismometer. Jede soziale Gemeinschaft, die menschlich genannt sein will, wird sie auch zukünftig brauchen als Eichmaß für das vorhandene soziale Potential, als Gradmesser für Toleranzen bei Abweichung von der Norm. (Kebelmann 2005b)

Mit meiner Arbeit will ich Mut machen, unbequeme und provozierende Fragen zu stellen - wortlos durch die Art und Weise unseres In-der-Welt-präsent-Seins, aber auch durch unsere aktive Einmischung in den gesellschaftlichen Diskurs. Das bedeutet, unser Leben mit seinen spezifischen Bedingungen und Möglichkeiten zu verantworten, mit Sinn zu füllen und zu genießen. Solch anspruchsvollen Aufgaben können behinderte Menschen ohne Selbstüberforderung gerecht werden, wenn sie es schaffen, sich die Behinderung anzueignen, zu selbstbewußten, selbstbestimmten und eigenwilligen Individuen in geistig-seelischer Freiheit heranzureifen, sich ihre Ecken und Kanten zu erlauben, den Zugang zu den inneren und äußeren Ressourcen zu pflegen und eine gesunde Portion Humor, innere Ruhe und Gelassenheit zu bewahren. Gelingt das, könnte Behinderung trotz aller unvermeidlichen Widrigkeiten und Belastungen zu einer Art Geschenk werden, wie der im Laufe seines Lebens erblindete argentinische Dichter J.L. Borges schreibt: Die Dinge um uns herum und in unserem Leben seien uns gegeben, um sie umzuformen. Gelange ein Blinder dahin, so zu denken, dann sei er gerettet:[149]

"Ich ließ nicht zu, daß die Blindheit mich entmutigte. Es bedarf einer großen Kraft und eines sehr großen Mutes, um zu der Einsicht zu gelangen, daß Blindheit auch ein Instrument sein kann, eines unter den vielen recht fremdartigen Instrumenten, die das Schicksal oder der Zufall uns reichen." (Borges 1984, S. 177)

Sollten die Denkanstöße dieser Arbeit dazu beigetragen haben, solche Entwicklungen anzuregen, war die Mühe nicht vergeblich. Dem Leser wünsche ich den Mut, die Lust, Kraft und Phantasie zu träumen und Ziele zu finden, für die es sich einzusetzen lohnt.

---

149   zit. n. Focke 1999, S. 35

Literaturverzeichnis

Adler, A.: Studie über Minderwertigkeit von Organen (1907; Fischer, Frankfurt 1977)

Adorno, Th. W.: Negative Dialektik (Suhrkamp, Frankfurt/M. 1967)

Adorno, Th. W.: Minima Moralia. Reflexionen aus dem beschädigten Leben. In: Ges. Schriften, Bd. 4 (Suhrkamp, Frankfurt/M. 1980)

Ahrbeck, B./Rath, W.: Steht die Sehschädigung im Mittelpunkt der Identität? In: Verband der Blinden- und Sehbehindertenpädagogen e.V. (Hg.): Kongreßbericht. 31. Kongreß der Blinden- und Sehbehindertenpädagogen, VzFB, Hannover 1993, S. 351-358.

Ahrbeck, B./Rath, W.: Psychologie der Blinden. In: Fengler, J./Jansen, G. (Hg.): Handbuch der heilpädagogischen Psychologie (Kohlhammer, Stuttgart 1994, S. 17-33)

AllportT, G. W.: Die Natur des Vorurteils (1954; Kiepenheuer & Witsch, Köln 1971)

Ammann, W./Backofen, U./Klattenhoff, K. (Hg.): Sorgenkinder - Kindersorgen. Behindert-werden, behindert-sein als Thema in Kinder- und Jugendbüchern (Universität Oldenburg 1987)

Anderek, S.B.: Schlafstörungen bei Blinden: Ein Modell endogener Rhythmusstörungen? (Dissertation, Universität Zürich 1993)

Anselm, S.: Identifizierung und Selbstbehauptung. Überlegungen zu einer aktuellen Dimension des Anerkennungskonflikts. In: Keupp, H./Höfer, R. (Hg.): Identitätsarbeit heute (Suhrkamp, Frankfurt/M. 1997, S. 135-148)

Antonovsky, A.: Gesundheitsforschung versus Krankheitsforschung. In: Franke, A./Broda, M. (Hg.): Psychosomatische Gesundheit (DGVT, Tübingen 1993)

Antonovsky, A.: Salutogenese - Zur Entmystifizierung der Gesundheit (DGVT, Tübingen 1997)

Appelhans, P.: Sehgeschädigte in Regelschulen. Zehn Thesen zur Integration Blinder und Sehbehinderter (Zeitschrift f. d. Blinden- und Sehbehindertenbildungswesen. Der Blindenfreund, 97, 1977, S. 7 - 17 u. S. 38 - 48)

Appenzeller, Z.: Einblicke in die Psyche der Blinden (Energetica Verlag, Zürich 1952)

Arendt, J./Skene, D.J./ Middleton, B./Lockly, S.W./Deacon, S.: Efficacy of Melatonin treatment in jet lag, shift work and blindness (J. of Biological Rhythms, 12, 1997, S. 604-617)

Argyle, M.The Social Psychology of Leisure (Penguin Books, London 1996)

Aron, L./Harris, A.: In Beziehungen denken - in Beziehungen handeln. Neuere Entwicklungen der relationalen Psychoanalyse. In: Altmeyer/Thomae, 2006, s. dort, S. 108-121.

Asper, K.: Verlassenheit und Selbstentfremdung. Neue Zugänge zum therapeutischen Verständnis (Walter, Olten 1987)

Altmeyer, M./Thomae, H. (Hg.): Die vernetzte Seele. Die intersubjektive Wende in der Psychoanalyse (Klett-Cotta, Stuttgart 2006)

Aurien, U.: Ungleiche Schwestern. Frauen mit Behinderung zwischen allen Stühlen (Beiträge zur feministischen Theorie und Praxis, 16, 1994, S. 95 - 101)

Bach, H.W./Bungert, A.: Die berufliche Emanzipation blinder und sehbehinderter Menschen im deutschen Sprachraum in historischer Perspektive, zugleich ein Beitrag zur 200-Jahr-Feier der Blindenbildung in Deutschland. In: 90 Jahre Blista und DVBS: Meilensteine. Gemeinsam Barrieren abbauen (Jubiläumsbeilage in Horus, Marburger Beiträge zur Integration Blinder und Sehbehinderter, 4, 2006, S. 12-26)

Bachmann, I.: Wir müssen wahre Sätze finden. Gespräche und Interviews, herausgegeben von Christine Koschel und Inge von Weidenbaum (Piper, München 1983)

Baker, L.: Blindness and its Meaning (J. of the American Optometric Association, 45 (4), 1974, S. 447 - 450)

Ball , C. J.: Charles Bonnet Syndrome (Brit. J. of Psychiatry, 166, 1995, S. 677-678)

Barwig, G./Busch, C.: Unbeschreiblich weiblich. Frauen unterwegs zu einem selbstbewußten Leben mit Behinderung (AG SPAK, München 1993) Barres, E.: Das Vorurteil in Theorie und Wirklichkeit (Leske u. B., Opladen 1974)

Barres, E.: Vorurteile. Theorie, Forschungsergebnisse, Praxisrelevanz (Leske u. B., Opladen 1978)

Barzen, K. et al.: Behinderte Frauen in unserer Gesellschaft. Lebensbedingungen und Probleme einer wenig beachteten Minderheit (Rehabilitationsverlag, Bonn 1988)

Bauman .K.: The Initial Psychological Reaction to Blindness (New Outlook for the Blind, 53, 1959, S. 165 - 169)

Bauman, M.K.: Dimensions of Blindness. In: Goldberg, M.H. (HG.): Blindness research: The Expanding Frontiers (Pennsylvania State University Press u. London 1969, S. 19 - 30)

Bauman, Z.: Moderne und Ambivalenz. Das Ende der Eindeutigkeit (Fischer, Frankfurt/M. 1995)

Bazakas, R.: The interpersonal impact of coping, dependency and denial self-presentations by the disabled in his interaktions with the non-disabled (Dissertation Abstracts Internation, 39 (8-B), 1979 (Feb), S. 4001)

Beck, U.: Risikogesellschaft. Auf dem Weg in eine andere Moderne (Suhrkamp, Frankfurt/M.1986)

Beebe, B./Lachmann, F.: Die relationale Wende in der Psychoanalyse. Ein dyadischer Systemansatz aus Sicht der Säuglingsforschung. In: Altmeyer/Thomae, 2006, s. dort, S. 122-159.

Bellany, E.: The Blind Man's World and Other Stories (Houghton u. Mifflin, Boston, Houghton, Mifflin 1898)

Bender, D./Loesel, F.: Risiko- und Schutzfaktoren in der Genese und der Bewältigung von Mißhandlung und Vernachlässigung. In: Egle, U. et al.(Hg.): Sexueller Mißbrauch, Mißhandlung, Vernachlässigung (Schattauer, Stuttgart 1997)

Benedetti, G.: Botschaft der Träume (Vandenhoeck u. Rupreche, Göttingen 1998)

Benjamin, J.: Tue ich oder wird mir angetan? Ein intersubjektives Triangulierungskonzept. In: Altmeyer/Thomae, 2006, s. dort, S. 65-107

Bertolo, H./Paiva, T./Pessoa, L./Mestre, T./Marques, R./Santos, R.: Visual Dream Content, Graphical Representation and EEG Alpha Activity in Congenitally Blind Subjects (Brain Research. Cognitive Brain Research, 15, 3, 2003, S. 277-284)

Bertolo, H.: Visual Imagery without Visual Perception (Psicológica, Revista de metodología y psicología experimental, 26, 1, 2005, S. 173-188)

Black, D.E.: The hiring policies of selected Iowa businesses and industries with respect to employment of blind persons (Dissertation Abstracts International, 31(5), 1970, No. 2144A)

Blank, R. H.: Psychoanalysis and Blindness (Psychoanalytic Quarterly, 26, 1957, S. 1-24)

Blank, R. H.: Dreams of the Blind (Psychoanalytic Quarterly, 27, 1958, S. 158-174)

Blech, J.: Laufen - Lieben - Lesen. Wie neue Nervenzellen entstehen: Das Fitness-Programm für das Gehirn (Der Spiegel, 20, 2006, S. 164 - 180)

Bleidick, U.: Pädagogik der Behinderten. Grundzüge einer Theorie der Erziehung behinderter Kinder und Jugendlicher (Kohlhammer, Stuttgart 1977, Neuaufl. 1980)

Bleidick,U.: Einführung in die Behindertenpädagogik (Kohlhammer, Stuttgart 1977)

Bleuler, M.: Schizophrenie als besondere Entwicklung. In: Dörner, K. (Hg.): Neue Praxis braucht neue Theorie. Ökologische und andere Denkansätze für gemeindepsychiatrisches Handeln (Jakob van Hoddis-Verlag, Gütersloh 1987, S. 18-25)

Bohleber, W.: Zur Bedeutung der neueren Säuglingsforschung für die psychoanalytische Theorie der Identität. In: Keupp, H./Höfer, R. (Hg.): Identitätsarbeit heute (Suhrkamp, Frankfurt/M. 1997, S. 93-119)

Bohleber, W.: Zur Psychoanalyse der Depression. Erscheinungsformen, Behandlung, Erklärungsansätze (Psyche, Z. Psychoanal., 59, 9, 2005, S. 781-788)

Bohleber, W.: Zur Aktualität von Sigmund Freud - Wider das Veralten der Psychoanalyse (Psyche, Z. Psychoanal., 60, 9/10, 2006A, S. 783-797)

Bohleber, W.: Intersubjektivismus ohne Subjekt? Das Andere in der psychoanalytischen Tradition. In: Altmeyer/Thomae; 2006, s. dort, S. 203- 226.

Boldt, W.: Zum Aspekt des Kompensatorischen im Rahmen einer blindenpädagogischen Handlungstheorie (Zeitschrift für das Blinden- und Sehbehindertenbildungswesen, Sonderheft, 1992)

Borges, J. L.: Geschichte der Nacht (Edition Akzente, Hanser, München 1984)

Borcsa, M.: Selbstthematisierung als Alterität. Identitätskonstruktionen blinder Menschen aus drei Generationen: Eine rekonstruktive Analyse (Inauguraldissertation zur Erlangung der Doktorwürde der Philosophischen Fakultäten der Albert-Ludwigs-Universität Freiburg/Br. 2001)

Bowlby, J.: Bindung. Eine Analyse der Mutter-Kind-Beziehung (1969, Kindler, München 1975)

Brecht, B.: Leben des Galilei. Schauspiel (Suhrkamp, Berlin 1955; GW Bd. 3, Suhrkamp, Frankfurt 1967)

Breitenbach, E./Ebert, H.: Verändern Formen schulischer Kooperation die Einstellungen von Schülerinnen und Schülern gegenüber Kindern mit geistiger Behinderung? (Zeitschrift f. Behindertenpädagogik, 6, 1997, S. 53-67)

Brill, W.: Pädagogik im Spannungsfeld von Eugenik und Euthanasie. Die "Euthanasie"-Diskussion in der Weimarer Republik und zu Beginn der 90er Jahre. Ein Beitrag zur Faschismusforschung und zur Historiographie der Behindertenpädagogik (Saarbrücker Hochschulschriften, St. Ingbert 1994)

Bruckner, V./Bruckner, B.: Peer Counseling (AstA, Universität Mainz 1994)

Bründel, H.: Suizidgefährdete Jugendliche - Theoretische und empirische Grundlagen der Früherkennung, Diagnostik und Prävention (Juventa, Weinheim 1993)

Buber, M.: Das Judentum und die neue Weltfrage. In: Buber, M.: Kampf um Israel. Reden und Schriften (1921 - 1932) (Schocken Verlag, Berlin 1933)

Bungart, P.: Das Allgemeine Gleichbehandlungsgesetz - Was bringt es Blinden und Sehbehinderten? (Horus. Marburger Beiträge zur Integration Blinder und Sehbehinderter, 3, 2007, S. 138-145)

Burke, P. J.: Identity Processes and Social Stress (Amer. Sociological Review, 56, 1991, S. 836-849)

Buttenwieser-Kauffmann, D.: Eine Untersuchung der Blindenträume (Zeitschrift für Heilpädagogik, 19, 1927, S. 36-46 und 73-78)

Calek, O.: Distressful Life Situations and the Emotional Strain felt by Subjects with Severe Visual Defects (American Foundation for the Blind Research Bulletin, 25,1973, S. 59-67)

Caplan, G./Grunebaum, H.: Perspektiven primärer Prävention. In: Sommer, G./Ernst, H. (Hg.): Gemeindepsychologie (Urban & Schwarzenberg, München 1977)

Caplan, G./Killilea, M.: Support systems and mutual help (Grune & Stretton, New York 1976)

Caroll, Th.: Blindness. What It Is. What It Does and How to Live with It (Little, Brown & Co., Boston 1961)

Cavell, M.: Subjektivität, Intersubjektivität und die Frage der Realität in der Psychoanalyse. In: Altmeyer/Thomae, 2006, s. dort, S. 178-202.

Charles, R. /Ritz, D.: Ray Charles - Waht I Say. Die Autobiographie einer Musiklegende (Hannibal Verlag, Wien 1994)

Chevigny, H. /Braverman, S.: The Adjustment of the Blind (Yale University Press, New Haven 1950)

Cholden, L.: A Psychiatrist Works with Blindness (Springer, New York 1958)

Clauss, G. et al.: Wörterbuch der Psychologie (Bibliographisches Institut, Leipzig, 3. Aufl. 1981)

Cloerkes, G.: Einstellungen und Verhalten gegenüber Körperbehinderten (Marhold, Berlin 1979)

Cloerkes, G.: Einstellungen und Verhalten gegenüber Behinderten. Eine kritische Bestandsaufnahme der internationalen Forschung (Marhold, Berlin 1985)

Cloerkes, G.: Soziologie der Behinderten. Eine Einführung (Universitätsverlag Winter, Heidelberg, 2. Aufl. 2001)

Cloerkes, G. (Hg.): Wie man behindert wird. Texte zur Konstruktion einer sozialen Rolle und zur Lebenssituation betroffener Menschen (Universitätsverlag Winter, Heidelberg 2003)

Connor, G.B./Muldoon, J.F.: A. Statement of the Needs of Blind and Visually Impaired Individuals (New Outlook for the Blind, 67(8), 1973, S. 352-362)

Cook, D.: Psychological Aspects of Spinal Cord Injury (RehabilitationCounseling Bulletin, 19, 1976, S. 535-543)

Csikszentmihalyi, M.: Lebe gut! Wie Sie das Beste aus Ihrem Leben machen (dtv, München 2001)

Csikszentmihalyi, M. : Flow: Das Geheimnis des Glücks (Klett Cotta, Stuttgart 2002)

Csikszentmihalyi, M.: Das Flow-Erlebnis. Jenseits von Angst und Langeweile: Im Tun aufgehen (Klett-Cotta, Stuttgart 2005)

Cutsforth, Th.D.: The Blind in School and Society (Appleton-Century And Co., New York 1951)

Dahesch, K.: Bürgerrechte statt Almosen. Ein Essay (Horus. Marburger Beiträge zur Integration Blinder und Sehbehinderter, 2, 2007, S. 60-65)

Damasio, A.: Descartes' Irrtum (List, München 1995)

Damasio, A.: Ich fühle, also bin ich (Ullstein-List, München 2000)

Damasio, A. et al.: Subcortical and Cortical Brain Activity during the Feeling of Self-generated Emotions (Nature Neuroscience, 3, 10, 2000, S. 1049-1056)

Damasio, A.: A Neurobiology for Emotion and Feeling (Proceedings of the Symposium "Feelings and Emotions", Amsterdam 2001)

Damerius, R.: Blinde Männer - unterdrückte Unterdrücker? Blindenidentität und patriarchale Gesellschaftsstruktur. Übergreifende Situationsbestimmung und emanzipatorische Ansätze (Unveröff. Examensarbeit, Gesamthochschule Siegen 1986)

Davidson, R. et al.: Individual Differences in Prefrontal Activation Asymmetry Predict Natural Kill Cells Activity (Brain, Behavior and Immunity, 13, 1999, S. 93-108)

Davis, C.: Development of the Self-Concept (New Outlook for the Blind, 58, 1964, S. 49-51)

Davis, C.: Adjustment of the Blind Adolescent. In: Goldberg, M.H. (Hg.): Blindness Research. The Expanding Frontiers (Pennsylvania State University Press u. London 1969, S. 129-136)

Dawson, D./Armstrong, S.: Chronobiotics: Drugs that shift rhythms (Pharmacology and Therapeutics, 69, 1996, S. 15-36)

Dembo, T./Ladieu-Levinton, G./Wright, B.B.: Adjustment to Misfortune - A Problem of Social-Psychological Rehabilitation. In: Goldberg, M.H. (Hg.): Blindness Research. The Expanding Frontiers (Pennsylvania State University Press u. London 1969, S. 254-318)

Demmel, H.: Durch Nacht zum Licht. Geschichte des Bayerischen Blindenbundes (Bayerischer Blindenbund e.V., München 1995)

Dethlefsen, Th./Dahlke, R.: Krankheit als Weg (Goldmann, München 1989)

Deutscher Blindenverband e.V.: Nicht so, sondern so. Kleiner Ratgeber für einen guten Umgang mit Sehgeschädigten (Bonn 1979)

Diderot, D.: Lettre sur les Aveugles (Ed. critique par Robert Niklaus, Textes litteraires francais, E. Droz, Genf 1951)

Dörner, K./Plog, U.: Irren ist menschlich oder Lehrbuch der Psychiatrie/Psychotherapie (Psychiatrie Verlag, Wunstorf/Hannover 1978)

Dornes, M.: Der kompetente Säugling. Die präverbale Entwicklung des Menschen (Geist und Psyche, Fischer, Frankfurt 1994; 13. Aufl. 2004)

Dornes, M.: Die frühe Kindheit (Fischer, Frankfurt 1997, 7. Aufl. 2003)

Dornes, M.: Die emotionale Welt des Kindes (Fischer, Frankfurt 2000, 4. Aufl. 2004)

Dornes, M.: Der virtuelle andere. Aspekte vorsprachlicher Intersubjektivität (Forum der Psychoanalyse, 18, 2002, S. 303-331)

Dornes M.: Die Seele des Kindes (Fischer, Frankfurt 2006)

Drave, W.: Integration: Wo stehen wir heute? - Ein Rückblick und ein Ausblick (Blind - Sehbehindert, 110, 1990, S. 107 - 115)

Drave, W./Wissmann, K. (Hg.): Der Sprung ins kalte Wasser. Integration blinder Kinder und Jugendlicher an allgemeinen Schulen (Edition Bentheim, Würzburg 1997)

Drever, J./Fröhlich, W.D.: dtv-Wörterbuch zur Psychologie (10. Aufl., dtv, München 1977)

Drolshagen, B.: "Und ich mache es doch". Selbstbestimmung trotz Hilfebedarfs im Alter (Horus. Marburger Beiträge zur Integration Blinder und Sehbehinderter, 3, 2007, S. 110-113)

Dübbers, N./Pauselli, St.: Blinde in der sehenden Gesellschaft und die daraus entstehenden Schwierigkeiten im wechselseitigen Umgang miteinander (Internationales Zentrum für vergleichende sozialökonomische Entwicklungsforschung, Aachen 1996)

Durkheim, E.: De la division du travail social. Etude sur l'organisation de sociétés supérieures (Alcan, Paris 1893)

Durkheim, E.: Le suicide. Etude de sociologie (Alcan, Paris 1897)

Edwards, J.L.: Erkennung von Farben mittels der Finger (Horus, Marburger Beiträge zur Integration Blinder und Sehbehinderter, 1, 1973, S. 16-18)

329

Ehrenberg, A.: Das erschöpfte Selbst. Depression und Gesellschaft in der Gegenwart (Campus, Frankfurt/M. 2004)

Ellis, A.: Training der Gefühle (MVG Verlag, Landsberg 1988)

Ellis, A.: Die rational-emotive Therapie (1962; dt. Pfeiffer, München 1977)

Ellis, A.: Praxis der rational-emotiven Therapie (Beltz, Weinheim1995)

Ende, M.: Momo oder Die seltsame Geschichte von den Zeit-Dieben und von dem Kind, das den Menschen die gestohlene Zeit zurückbrachte (Thienemanns, Stuttgart 1973)

Engert, F./Bonhoeffer, T.: Dendritic Spine Changes Associated with Hippocampal Long-Term Synaptic Plasticity (Nature, 399, 1999, S. 66-70)

Erikson, E.H.: Jugend und Krise (Frankfurt 1968; Klett-Cotta, Stuttgart 1980)

Erikson, E. H.: Identität und Lebenszyklus (Suhrkamp, Frankfurt 1966)

Ernst, H.: Psychotrends. Das Ich im 21. Jahrhundert (Piper, München 1996)

Esser, A.: Das Antlitz der Blindheit in der Antike (E.J. Brill, Janus, Suppléments, Vol. IV 1962)

Esser, F.O.: Soziale Einstellungen von Schulkindern zu körperbehinderten Mitschülern. Eine empirische Situationsanalyse und Folgerungen für die Strukturierung integrativer Gruppen (Schindele, Rheinstetten 1975)

Ewinkel, C./Hermes, G. et al.: Geschlecht: Behindert. Besonderes Merkmal: Frau. Ein Buch von behinderten Frauen (Materialien der AG SPAK; München 1985

Fairbairn, W.: Das Selbst und die inneren Objektbeziehungen. Eine psychoanalytische Objektbeziehungstheorie (1952, Psychosozial-Verlag, Gießen 2000)

Falek, A./Britton, S.: Phases in Coping (Social Biology, 21(1), 1974, S. 1-7)

Farrell, G.: The Story of Blindness (Harvard University Press, Cambridge/Mass. 1956)

Felkendorff, K.: Ausweitung der Behinderungszone: Neuere Behinderungsbegriffe und ihre Folgen. In: Cloerkes, G. (2003), s. dort, S. 25-52

Ferber, Ch. v.: Der behinderte Mensch und die Gesellschaft. In: Thimm, W. (Hg.): Soziologie der Behinderten. Materialien (Schindele, Neuburgweiher 1972, S. 30-41)

Ferenczi, S.: Final Contributions to the Problems and Methods of Psychoanalysis (Basic Books, New York 1955)

Feske; R./Reck, C.: Die Diskriminierung der körperbehinderten Frau im Hinblick auf ihre Begehrtheit (Universität Marburg 1986)

Feuser, G.: Behinderte Kinder und Jugendliche: Zwischen Integration und Aussonderung (Wissenschaftliche Buchgesellschaft, Darmstadt 1995)

Fitzgerald, R.G.: Reactions to Blindness. An Exploratory study of Adults with Recent Loss of Sight (Archives of General Psychiatry, 22, 1970, S. 370-379)

Fletcher, C.: Employment and the Disabled (Dissertation Abstracts International, 30(10), 1970, No. 4791B)

Focke, W.: Traumlandschaften. Über die Träume blindgeborener älterer Menschen (Hartung-Gorre, Konstanz 1999)

Fogel, M./Rosillo, R.: Correlation of Psychological Variables andProgress in Physical Rehabilitation (Diseases of the Nervous System, 30, 1969, S. 593-601)

Fogelberg, T.: Bevor es dunkel wird (Arche, Zürich 1995)

Fonagy, P.: Thinking About Thinking. Some Clinical and Theoretical Considerations in the Treatment of a Borderline Patient (Int. J. Psychoanal., 72, 1991, S. 639-656)

Fonagy P./Target, M.. Playing with Reality. Theory of Mind and the Normal Development of Psychic Reality (Int. J. Psychoanal., 77, 1996, S. 217-233)

Fonagy, P. et al.: Affektregulierung, Mentalisierung und Entwicklung des Selbst (2002, Klett-Cotta, Stuttgart 2004)

Foucault, M.: Überwachen und Strafen. Die Geburt des Gefängnisses (Suhrkamp, Frankfurt 1977)

Foulke, E.: The Personality of the Blind: A Non-Valid (New Outlook for the Blind, 66(2), 1972, S. 33-37)

Frankl, V.: Ärztliche Seelsorge (10. Aufl., Deuticke, Wien 1983)

Frankl, V.: Bewältigung der Vergänglichkeit. Über Krankheit, Leid und Tod (Vortrag 1984, Auditorium Netzwerk, Müllheim 1984

Frankl, V.: Trotzdem Ja zum Leben sagen (6. Aufl., dtv, München 1994)

Frankl, V.: Das Leiden am sinnlosen Leben (11. Aufl., Herder, Freiburg 2000)

Frankl V.: Logotherapie und Existenzanalyse (Beltz, Weinheim 2002)

Freidson, E.: Disability as Social Deviance. In: Sussman, M.E. (Hg.): Sociology and Rehabilitation (American Sociological Association, Washington 1965, S. 71-99)

Freire, P.: Pädagogik der Unterdrückten. Bildung als Praxis der Freiheit (1970; Kreuz Verlag, Stuttgart 1971)

French, R.: From Homer to Helen Keller (AFB[150], New York 1932)

Freud, S.: Zur Ätiologie der Hysterie (GW Bd. 1, 1896, S. 423-459, Fischer, Frankfurt 1999)

Freud, S.: Die Traumdeutung (GW Bd. 2, 1900, Fischer, Frankfurt 1999)

Freud, S.: Vorlesungen zur Einführung in die Psychoanalyse. 18. Vorlesung: Die Fixierung an das Trauma, das Unbewußte (GW Bd. 11, 1916/17, Fischer, Frankfurt 1999)

Freud, S.: Trauer und Melancholie (GW Bd. 10, 1916/17b, Fischer, Frankfurt 1999, S. 427-446))

Freud, S.: Einleitung zu: Zur Psychoanalyse der Kriegsneurosen. Diskussion auf dem 5. Internationalen psychoanalytischen Kongreß in Budapest 28./29. September 1918 (GW Bd. 12, Fischer, Frankfurt 1999)

Frey, H.-P.: Stigma und Identität. Eine empirische Untersuchung zur Genese und Änderung krimineller Identität bei Jugendlichen (Beltz, Weinheim 1983)

Frey, H.-P./Hausser, K.: Entwicklungslinien sozialwissenschaftlicher Identitätsforschung. In: Frey, H.-P./Hausser, K. (Hg.): Identität (Enke, Stuttgart 1987, S. 3-26)

Friel, B.: Molly Sweeny (Faber & Faber, London 1999)

Frisch Max: Andorra (Suhrkamp, Frankfurt 1961)

Fritsche, L./Weber, B./Keilhauer, C.: Verantwortliches Gen für AMD auf Chromosom 10 identifiziert (Retina aktuell, 99, 1, 2006, S. 3)

Fromm, E.: Haben oder Sein. Die seelischen Grundlagen einer neuenGesellschaft (DVA, Stuttgart 1976)

Frosh, S.: Identity Crisis. Modernity, Psychoanalysis and the Self (MacMillan, London 1991)

Frühauf, Th./Niehoff, U.: Gewalt gegen behinderte Menschen (Behindertenpädagogik, 1, 1994, S. 58-74)

Fukurai, S.: How Can I Make What I Cannot See? (Van Nostrand & Reinhold, New York 1974)

Fukuyama, F.: Das Ende der Geschichte (Kindler, München 1992)

Fukuyama, F.: Das Ende des Menschen (DVA, München 2002)

---

150   AFB = American Foundation for the Blind

Gardner, J./Radel, M.: Portrait of the Disabled in the Media (J. of Community Psychology, 6(3), 1978, S. 269-274)

Garfield, P.: Der Weg des Traum-Mandala (Ansata-Verlag, Interlaken 1981)

Gathmann, P./Semrau-Lininger, C.: Der verwundete Arzt. Ein Psychogramm des Heilberufes (Kösel, München 1996)

Gergen, K. J./Gergen, M. M.: Narrative and the Self as Relationship. In: Berkowitz, L. (Hg.): Advances in Experimental Social Psychology (Academic Press, New York 1988, S. 17-56)

Gerull, K.: Licht, die Brücke zur Welt. Beitrag 35 (Retina-Gespräch, 12/2006, Blindentonstudio, Bergheim 2006)

Ghodstinat, M.: Blinde Studenten, ihre Probleme und ihre gesellschaftliche Stellung (Marhold, Berlin 1979)

Ginsburg, H./Opper, S.: Piagets Theorie der geistigen Entwicklung. Eine Einführung (1969; dt. Klett-Cotta, Stuttgart 1975)

Glofke, E.M.: Sehgeschädigte Menschen zwischen Stigma und Selbstwerdung (Görres, Koblenz 1983)

Glofke, E.-M.: Leben mit dem Widerspruch. Psychologische Aspekte des Umgangs mit Retinitis pigmentosa (RP-aktuell, 13, 37, III/1990, S. 14-22)

Glofke-Schulz E.-M./Rehmert, W.P. (Hg.): Die zerbrochene Kugel. Leben mit degenerativer Netzhauterkrankung (Psychosozial Verlag, Gießen 1999)

Glofke-Schulz E.-M.: Das behinderte Kind - ein Schadensfall? Eine Polemik aus der Sicht einer Psychotherapeutin und behinderten Frau (Zeitschrift für Transaktionsanalyse, 3, 2002a, S. 243 f.)

Glofke Schulz, E.-M.: Zur unbewußten Seite von Coping-Prozessen (Zeitschrift für Transaktionsanalyse, 2, 2002b, S. 117-137)

Glofke-Schulz, E.-M.: Das behinderte Kind - ein Schadensfall? Überlegungen zum Karlsruher Behindertenurteil (Horus. Marburger Beiträge zur Integration Blinder und Sehbehinderter, 1, 2003a, S. 4-7)

Glofke-Schulz, E.-M.: "Ihr seid doch alle Individuen". Fragen zum Selbstverständnis als Mensch mit einer Behinderung (Retina aktuell, 90, 4, 2003b, S. 13-17)

Glofke-Schulz, E.-M.: Bewältigst du noch oder akzeptierst du schon? In: ABSV (Hg.): Die Sehbehinderung in meinem Kopf (ABSV, Berlin 2006)

Glofke-Schulz, E.-M.: Löwin im Dschungel. Blinde und sehbehinderte Menschen zwischen Stigma und Selbstwerdung (Psychosozial-Verlag, Gießen 2007)

Goethe, J. W.: Gesammelte Werke. Hamburger Ausgabe in 14 Bänden, textkritisch durchgesehen und mit Anmerkungen versehen von Erich Trunz, Christian Wegner, Hamburg 1948)

Goffman, E.: Stigma. Über Techniken der Bewältigung beschädigter Identität (1963; dt. Suhrkamp, Frankfurt 1967)

Goffman,E.: Asyle. Über die soziale Situation psychiatrischer Patienten und anderer Insassen (1961; dt. Suhrkamp, Frankfurt 1972)

Goffman, E.: Wir alle spielen Theater. Die Selbstdarstellung im Alltag (Orig. 1959; Piper, München 2003)

Goleman, D.: Emotionale Intelligenz (Hanser, München 1996)

Goulding, M./Goulding, R.: Changing Lives through Redecision Therapy (Brunner/Mazel, New York 1979)

Goulding, M./Goulding, R.: Neuentscheidung. Ein Modell der Psychotherapie (7. Aufl., Klett-Cotta Stuttgart 2005)

Gowman, A.G.: Blindness and the Role of Companion (Social Problems, 4, 1956, S. 68-75)

Graumann, C. F.: Nichtsinnliche Bedingungen des Wahrnehmens. In: Metzger, W. (Hg.): Handbuch der Psychologie, Bd. 1, 1. Halbbd., (Hogrefe, Göttingen 1966)

Greenough, T./Keegan, D./ASH, D.: Psychological and Social Adjustment of Blind Subjects and the 16 PF (J. of Clinical Psychology, 84(1), 1978,S. 84-87)

Greenwood, J. D.: Realism, Identity and Emotion. Reclaiming Social Psychology (Sage, London 1994)

Gregory, R.L.: Eye and Brain. The Psychology of Seeing (New York 1966). Deutsch: Auge und Gehirn. Zur Psychologie des Sehens (München 1966; Rowohlt, Reinbek 2001)

Greiffenhagen, S.: Tiere als Therapie (Droemer-Knaur, München 1991)

Greiffenhagen, S./Buck, O.: Tiere als Therapie. Neue Wege in Erziehung und Heilung (Kynos, Mürlenbach 2003)

Groll, J.: Geheimbotschaft im Schweiß (Der Spiegel, 37, 2006, S. 204-209)

Grundmann, St.: Der behinderte Mensch im Wandel der Zeiten. Ein geschichtlicher Überblick von der Frühgeschichte bis zum Horror in der Naziherrschaft (Grin, Verlag für akademische Schriften, Stuttgart 2001)

Grunwald, H.: Dämmerlicht. Wie ich lernte, mit meiner Erblindung zu leben (Csolnay, Wien 1999)

Gündel, H.: Unerreichbar oder schwer erreichbar. Einige typische Schwierigkeiten bei der Behandlung von Patienten mit schweren Somatisierungsstörungen und psychosomatischen Erkrankungen im engeren Sinne (Persönlichkeitsstörungen, 3, 2005, S. 167-177)

Gündel, J.: Kontakt und Kommunikation in Zeiten überkommunikativer Kontaktwüsten (Zeitschrift für Transaktionsanalyse, 1/2, 2001, S. 6-29)

Gusseck, H.: Leben mit einer Erbkrankheit im 20. Jahrhundert. Von der Utopie des "rassischreinen Volkskörpers" zum Traum vom "perfekten Menschen". In: Glofke-Schulz/ Rehmert (Hg.), 1999, s. dort, S. 115-135

Gutheil, E.: The Handbook of Dream Analysis (Liveright Publishing Company, New York 1951)

Guttenberg, A.Ch.v.: Der blinde Mensch. Einführung in die kulturgeschichtlichen und pädagogischen Grundlagen des Blindenwesens (Beltz, Weinheim 1968)

Haber, L.D/Smith, R.T.: Disability and Deviance: Normative Adaptations of Role Behavior (Amer. Sociological Review, 36, 1971, S. 87-97)

Habermas, J.: Erkenntnis und Interesse (Suhrkamp, Frankfurt 1968)

Habermas, J.: Zur Logik der Sozialwissenschaften. Materialien (Suhrkamp, Frankfurt 1970)

Habermas, J.: Zwischen Naturalismus und Religion. Philosophische Aufsätze (Suhrkamp, Frankfurt 2005)

Haebler, W./Wittrock, W./Praecejus, M.: Dein Weg geht weiter. Ratgeber für Neuerblindete und ihre Angehörigen (Deutscher Blindenverband e.V., Bad Godesberg 1958)

Hafter, C.: The Cangeling: History and Psychodynamics of Attitudes to Handicapped Children in European Folklore (J. of the History of Behavioral Sciences, 4, 1968, S. 55-61)

Hall, S.: Die Frage der kulturellen Identität. In: Hall, S. (Hg.): Rassismus und kulturelle Identität (Argument Verlag, Hamburg 1994, S. 180-222)

Hardo, T.: Der blinde Dichter. Roman (Selbstverlag, Berlin 2001)

Heermann, G.: Beobachtungen und Betrachtungen über die Träume der Blinden. Ein Beitrag zur Physiologie und Psychologie der Sinne (Monatsschrift für Medizin, Augenheilkunde und Chirurgie, 1, Leipzig 1838)

Heiler, H.: Almosen für Sorgenkinder? Die "Aktion Sorgenkind" und ihre Folgen. In: Kagelmann, H.J./Zimmermann, R. (Hg.): Massenmedien und Behinderte. Im besten Fall Mitleid? (Beltz, Weinheim1982, S. 14 - 24)

Heisterkamp, G.: Zur Freude in der analytischen Psychotherapie (Psyche, Z. Psychoanal., 12, 1999, S. 1247-1275)

Henschel, U.: Berührung. Wie Menschen mit ihrem Tastsinn sich selbst und die Welt erfahren (Geo, 6, 2004, S. 114-140)

Hensle, U.: Einführung in die Arbeit mit Behinderten (Quelle & Meyer, UTB, Heidelberg 1979; 2. erweiterte Aufl. 1982)

Herbst, H.R.: Behinderte zwischen Stigma und Bildung (Schriftenreihe des RCDS, Erlangen 1981)

Herders Fremdwörterbuch (Herder, Freiburg 1969)

Herkendell, B.: Gefühl mit Schattenseite: Ist Mitleid eine Tugend oder tun wir damit nur unserem Selbstbild etwas Gutes? (Menschen. Das Magazin, 3, 2005, S. 52-55)

Herschkowitz, N.: Das vernetzte Gehirn. Seine lebenslange Entwicklung (3. Aufl., Huber, Bern 2006)

Hesse, H.: Das Glasperlenspiel (Suhrkamp, 9. Aufl., Frankfurt 1977)

Himes, J.S.: Some Concepts of Blindness in American Culture (Social Casework, 31, 1950, S. 410-417)

Hitschmann, F.: Über das Traumleben des Blinden (Zeitschrift für Psychologie und Physiologie der Sinnesorgane, 7, 1894, S. 387-394)

Hobel, D. H.: Auge und Gehirn. Neurobiologie des Sehens (Spektrum der Wissenschaft, Heidelberg 1989)

Hofstätter, P.R./Tack, W.H.: Das Bild des Beamten in der Öffentlichkeit (Verlagsanstalt des Deutschen Beamtenbundes, Bad Godesberg 1963)

Hohmeier, J.: Stigmatisierung als sozialer Definitionsprozeß. In: Brusten, M./Hohmeier, J.: Stigmatisierung. Bd. 1 Luchterhand, (Neuwied 1975, S. 5-24)

Hollenweger, J.: Behindert, arm und ausgeschlossen. Bilder und Denkfiguren im internationalen Diskurs. Zur Lage behinderter Menschen. In: Cloerkes, G. (2003), s. dort, S. 141-174

Hüther, G.: Bedienungsanleitung für ein menschliches Gehirn (Vandenhoeck & Ruprecht, Göttingen 2001)

Hüther, G.: Die Macht der bunten Bilder. Die Fortschritte der Hirnforschung (Menschen. Das Magazin. 3, 2004, S. 46-49)

Hull, J.: Im Dunkeln sehen. Erfahrungen eines Blinden (Beck, München 1995)

Illich I.: Die Nemesis der Medizin. Von den Grenzen des Gesundheitswesens (1976; dt. Rowohlt, Reinbek 1977, 1981)

Irle, M.: Lehrbuch der Sozialpsychologie (Hogrefe, Göttingen 1975)

Isen, A. et al.: Positive Affect Facilitates Creative Problem Solving (J. of Personality and Social Psychology, 52, 1987, S. 1122-1131)

Isen, A. et al.: The Inffluence of Positive Affect in Clinical Problem Solving (Medical Decision Making, 11, 1991, S. 221-227)

Isen, A.: Positive Affect Facilitates Thinking and Problem Solving (Proceedings of the Symposium "Feelings and Emotions", Amsterdam 2001)

Jackson, D. et al.: Suppression and Enhancement of Emotional Responses to Unpleasant Pictures (Psychobiology, 73, 2000, S. 515-522)

Jacob, H.: Der Erlebniswandel bei Späterblindeten. Zur Psychopathologie der optischen Wahrnehmung (Nölke, Hamburg 1949)

Jacobi, J.: Komplex, Archetypus, Symbol in der Psychologie von C.G. Jung (Rascher, Zürich 1957)

Jacobi, J.: Die Psychologie von C.G. Jung. Eine Einführung in das Gesamtwerk (Walter, Olten 1971)

Jacobs, K.: Blinde und sehbehinderte Menschen als Manager ihrer eigenen Behinderung. Eigene Erfahrungen und kritische Überlegungen im Rahmen einer autobiographischen Skizze. Teil 1: Kindheit und Schulzeit (Horus. Marburger Beiträge zur Integration Blinder und Sehbehinderter, 6, 2005, S. 268-270)

Jacobs K.: Blinde und sehbehinderte Menschen als Manager ihrer eigenen Behinderung. Eigene Erfahrungen und kritische Überlegungen im Rahmen einer autobiographischen Skizze, Teil 2: Beruf und Sehschädigung (Horus. Marburger Beiträge zur Integration Blinder und Sehbehinderter, 1, 2006, S. 5- 8)

Jacobson, E.: Das Selbst und die Welt der Objekte (1964, Suhrkamp, Frankfurt/M. 1978)

Jansen, G.W.: Die Einstellung der Gesellschaft zu Körperbehinderten. Eine psychologische Analyse zwischenmenschlicher Beziehungen aufgrund empirischer Untersuchungen (Schindele, Neuburgweier 1972)

Jantzen, W.: Sozialisation und Behinderung (Focus, Gießen 1974)

Jaspers, K.: Allgemeine Psychopathologie (Springer, Heidelberg, 9. Aufl. 2001)

Jens, W.: Der Blinde (Piper, München 1964)

Johannsen, O.: Aus der Finsternis zum Licht. Erling Stordahls Leben für Blinde und Behinderte (Ernst Reinhardt, München u. Basel 1973)

Johnson, St.: Der narzißtische Persönlichkeitsstil (Edition Humanistische Psychologie, Köln 1988)

Jordan, S.: The Disadvantaged Group. A Concept Applicable to the Handicapped (The J. of Psychology, 55, 1963, S. 312-322)

Jork, K./Peseschkian, N. (Hg.): Salutogenese und positive Psychotherapie. Gesund werden - gesund bleiben (Huber, Bern 2003)

Josephson, E.: The Social Life of Blind People (AFB, New York 1968)

Jung C.G.: Über psychische Energetik und das Wesen der Träume (Studienausgabe, Walter, Olten 1971)

Jung, C.G.: Typologie (GW Bd. 6, 1976; Studienausgabe Bd. 1, Walter, Olten 1972)

Jung, C. G.: Psychologie des Unbewußten (GW Bd. 7, Walter, Olten 1976b)

Jung, C. G.: Traum und Traumdeutung (dtv, München 1991)

Jung, C.G./Franz, M.L.v. et al.: Der Mensch und seine Symbole (Walter, Olten 1968)

Junod, A.-A.: Der Sehschwache - seine Behinderung und Probleme (Pro Infirmis, 1, 1966, S. 16-20)

Kaden, R.: Sehbehindert - Blind. Medizinische, soziale und pädagogische Informationen für Betreuer und Betroffene (Thieme, Stuttgart 1978)

Kan, P. van: Peer Counseling - Die Idee und das Werkzeug dazu. Ein Arbeitshandbuch (Peer Counseling-Förderstelle der Interessenvertretung Selbstbestimmt Leben Deutschland e.V., Mainz 1996; www.ZSL-Mainz.de/pc/allgemein.htm)

Kan, P. van/Boose, S.: Zukunftsweisend - Persönliche Zukunftsplanung und Peer Counseling (Bifos.V., Kassel 1999)

Kaplan, B.L./Kaplan, Th.: Developmental Psychology and the visually Handicapped (Clinical Social Work Journal, 2(2), 1974, S. 113-119)

Karpman, St.: Fairy tales and script drama analysis (Transactional Analysis Bulletin, 7(26), 1968, S. 39-43)

Kast, V.: Trauern. Phasen und Chancen des psychischen Prozesses (Kreuz, Stuttgart 1982)

Kast, V.: Der schöpferische Sprung. Vom therapeutischen Umgang mit Krisen (Walter, Olten 1987)

Kast, V.: Freude, Inspiration, Hoffnung (Walter, Olten 1994)

Kast, V.: Gehobene Emotionen als Ressourcen in der Psychotherapie unter Einbeziehung einiger neurowissenschaftlicher Forschungen (Auditorium Netzwerk, Müllheim 2003)

Kaufmann, M.-Th.: Seelische Nöte der Behinderten und Gebrechlichen (Heilpädagogische Werkblätter, 2, 1962, S. 50-57)

Kebelmann, B.: Ideen zur Strategie eines eigenwilligen Lebens. Behinderte und ihre Rolle als Gesellschaftspartner. Teil 1 (Horus. Marburger Beiträge zur Integration Blinder und Sehbehinderter, 3, 2005a, S. 103-109)

Kebelmann, B.: Ideen zur Strategie eines eigenwilligen Lebens. Behinderte und ihre Rolle als Gesellschaftspartner. Teil 2 (Horus. Marburger Beiträge zur Integration Blinder und Sehbehinderter, 4, 2005b, S. 151-158)

Keegan, D.L./Ash, D./Greenough, T.: Blindness. Some Psychological and Social Implications (Canadian Psychiatric Association J., 21(5), 1976, S. 333-340)

Keller, H.: Die Geschichte meines Lebens (Robert Lutz, Nachf. Schramm, Stuttgart 1903)

Keller, H.: Mitten im Lebensstrom. Neue Erinnerungen von Helen Keller (Robert Lutz, Nachf. Schramm, Stuttgart, o.J.)

Kempermann, G.: Adult Neurogenesis. Stem Cells and Neuronal Development in the Adult Brain (Oxford University Press, New York 2006)

Kernberg, O.F.: Borderline-Störungen und pathologischer Narzissmus (Suhrkamp, Frankfurt 1978)

Keupp, H.: Psychische Störungen und abweichendes Verhalten (Urban & Schwarzenberg, München 1972)

Keupp, H.: Auf dem Weg zur Patchwork-Identität? (Verhaltenstherapie und psychosoziale Praxis, 20, 4, 1988, S. 425-438)

Keupp, H./Ahbe, T./Gmür, W./Höfer, R./Mitscherlich, B./Kraus, W./Straus, F.: Identitätskonstruktionen. Das Patchwork der Identitäten in der Spätmoderne (Rowohlt, Reinbek 1999)

Kirtley, D.D.: The Psychology of Blindness (Nelson Hall, Chicago 1975)

Kleck, R./Ono, H./Hastorf, A.H.: The Effects of Physical Deviance on Face-to-face-interactions (Human Relations, 19, 1966, S. 25-436)

Klee, E.: Behinderten-Report II. "Wir lassen uns nicht abschieben" (Fischer, Frankfurt 1976)

Klee, E.: Behindert (Fischer, Frankfurt 1980)

Klee, E.: Behinderten-Report I. Stand 1981 (Fischer, Frankfurt 1981)

Klee, E.: Euthanasie im NS-Staat. Die "Vernichtung lebensunwerten Lebens" (Fischer, Frankfurt 1983)

Kleefisch, Ch.: Das Blau des Himmels blieb. In: ABSV (Hg.): Die Sehbehinderung in meinem Kopf (ABSV, Berlin 2006, S. 4-7)

Klein, J. W.: Lehrbuch zum Unterrichte der Blinden (Wien 1819)

Klein, St.: Die Glücksformel oder: Wie die guten Gefühle entstehen (Rowohlt, Reinbek 2002)

Knipfel, J.: Blindfisch (Rowohlt, Reinbek 2002)

Knoke, M.: Wir verletzen andere. Zu dem Thema: Wir erfahren Verletzungen und verletzen andere (Retina aktuell, 92, 2/2004, S. 3-7)

Knoke, M.: Auf der Suche nach Sinn. Eine Betrachtung aus existenzanalytischer und logotherapeutischer Sicht (Retina aktuell, 101, 3/2006, S. 2-6)

Knüppel, R.: Bioethische Positionen der Weltreligionen. Teil 5: Das Christentum (Menschen. Das Magazin, 2, 2005, S. 48-53)

Köbsell, S.: Gibt es eine doppelte Diskriminierung von Frauen mit Behinderung? In: Hermes, G. (Hg.), Mit Recht verschieden sein. Forderungen behinderter Frauen an Gleichstellungsgesetze (bifos-Eigenverlag, Kassel 1994, S. 80 - 92)

Kohut, H.: Narzißmus. Zur Theorie der psychoanalytischen Behandlung narzißtischer Persönlichkeitsstörungen(Suhrkamp, Frankfurt 1973)

Krähenbühl, P.: Der Blinde in gemischten sozialen Situationen (Schindele, Rheinstetten 1977)

Krappmann, L.: Soziologische Dimensionen der Identität. Strukturelle Bedingungen für die Teilnahme an Interaktionsprozessen (Klett, Stuttgart 1969)

Krappmann, L.: Die Identitätsproblematik nach Erikson aus einer interaktionistischen Perspektive. In: Keupp, H./Höfer, R.: Identitätsarbeit heute (Suhrkamp, Frankfurt-M. 1997, S. 66-92)

Krause, Ch.: Die gesellschaftliche und soziale Diskriminierung blinder und sehbehinderter Frauen (Unveröff. Diplomarbeit, FH für Sozialarbeit/-pädagogik, Berlin 1985)

Kraus, W.: Das erzählte Selbst. Die narrative Konstruktion von Identität in der Spätmoderne (Centaurus Verlag, Pfaffenweiler 1996)

Kruse, A.: Rehabilitation in der Gerontologie. Theoretische Grundlagen und empirische Forschungsergebnisse. In: Mühlum, A./Oppel, H. (Hg.): Handbuch der Rehabilitation. Rehabilitation im Lebenslauf. Wissenschaftliche Grundlagen der Rehabilitation (Luchterhand, Neuwied 1992, S. 333-352)

Kübler-Ross, E.: Interviews mit Sterbenden (Kreuz, Stuttgart 1969)

Kuhn, Th.S.: Die Struktur wissenschaftlicher Revolutionen (3., rev. Aufl., Suhrkamp, Frankfurt 1979)

Kurbjuweit, D.: Unser effizientes Leben. Die Diktatur der Ökonomie und ihre Folgen (Rowohlt, Reinbek 2005)

Kurth, E./Eggert, D./Berry, P.: Einstellungen deutscher (Ost/West)-Oberschüler gegenüber geistig behinderten Menschen - ein Vergleich mit Befragungsergebnissen bei australischen und irischen Schülern (Sonderpädagogik, 1, 1994, S. 34-40)

Längle, A.: Sinnvoll leben (4. Aufl., Passagen Verlag, Wien 1994)

Längle, S./Sulz, M. (Hg.): Das eigene Leben. Ein Lesebuch zur Existenzanalyse (Internat. Gesellschaft für Existenzanalyse und Logotherapie, GLE Verlag, Wien 2005)

Landau, E.D./Epstein, S.L. Stone, A. (Hg.): The Exceptional Child through Literature (Prentice Hall, Englewood Cliffs 1978)

Landmann, S.: Der jüdische Witz (13. Aufl., Walter, Olten 1988)

Lautmann, R./Schönhals-Abrahamsohn, M./Schönhals, M.: Zur Struktur von Stigmata. Das Bild der Blinden und Unehelichen(Kölner Zeitschrift für Soziologie, 24(1), 1972, S. 83-99)

Lazarus, R.: Streß und Streßbewältigung - Ein Paradigma. In: Filipp, S.J. (Hg.): Kritische Lebensereignisse (Urban & Schwarzenberg, München 1981)

Lazarus, R./Folkman, S.: Stress, Appraisal and Coping (Springer, New York 1984)

Lemert, E:M.: Social Pathology. A Systematic Approach to the Theory of Sociopathic Behavior (Mc Graw Hill, New York 1951)

Lichtenberg, J.D.: Psychoanalyse und Säuglingsforschung (Springer, Berlin u. Heidelberg 1983/1991)

Lipp, W.: Selbststigmatisierung. In: Brusten, M./Hohmeier, J.: Stigmatisierung. Bd. 1 (Luchterhand, Neuwied 1975, S. 25-53)

Lippert, A.: "Darüber spricht man nicht". Physische Attraktivität als Thema in der Psychotherapie (Verhaltenstherapie und psychosoziale Praxis, 2, 2006, S. 351-361)

Lorenzer, A.: Zur Begründung einer materialistischen Sozialisationstheorie (Suhrkamp, Frankfurt 1972)

Lorenzer, A.: Die Sprache, der Sinn, das Unbewußte. Psychoanalytisches Grundverständnis und Neurowissenschaften (Klett-Cotta, Stuttgart 2002)

Losch, H.J.: "... zwecks Unfruchtbarmachung". Die NS-Zwangssterilisierung dargestellt am Beispiel der Opfer in der Erziehungsanstalt Heiligenbronn (Lambertus, Freiburg 2002)

Lotz, E.: Den versiegelten Blick in die Ferne gerichtet...Der Blinde als Gestalt und Metapher in der modernen deutschsprachigen Literatur 1945-1965 (Begegnung. Zeitschrift für Kultur- und Geistesleben, 21, 1966, S. 85-90)

Lübke, N: "Die Krankheit ist nur ein Teil meines Lebens". Krankheitsbewältigung in Selbsthilfegruppen (VAS, Frankfurt 1995)

Lüthi, M.: Gebrechliche und Behinderte im Volksmärchen (Pro Infirmis, 1966)

Lukoff, I.: Sociological Appraisal of Blindness. In: Finestone, S. (Hg.): Social Casework and Blindness (AFB, New York 1960, S. 19-44)

Lukoff, I. /Whiteman, M.: The Social Sources of Adjustment to Blindness (AFB, New York, o.J.)

Lusseyran, J.: Das wiedergefundene Licht (Klett, Stuttgart 1968)

Lusseyran, J.: Blindheit - ein neues Sehen der Welt. Der Blinde in der Gesellschaft. Zwei Vorträge (Verlag Freies Geistesleben, Stuttgart 1970)

Maack, D.: Warum blinde Hühner beim Theaterspielen Goldkörner finden können. In: Sassmannshausen/Winkelsträter (s. dort), S. 10-14

Mager, G./Mahmoudpour, H.: Die Träume von Blinden (Semesterarbeit, Universität Marburg, FB Psychologie, 1987)

Malmanesh, M. R.: Blinde unter dem Hakenkreuz. Eine Studie über die Deutsche Blindenstudienanstalt e.V. Marburg und den Verein der blinden Akademiker Deutschlands e.V. unter dem Faschismus (Marburger Schriftenreihe zur Rehabilitation Blinder und Sehbehinderter, Band 13, Marburg 2002)

Markowitsch, H.: Tatort Gehirn. Auf der Suche nach dem Ursprung des Verbrechens (Campus, Frankfurt/M. 2007)

Maschke, M.: Die sozioökonomische Lage behinderter Menschen in Deutschland. In: Cloerkes, G. (2003), s. dort, S. 165-182

McFardland; D.C.: Social Isolation of the Blind. An underrated Aspect of Disability and dependency (J. of Rehabilitation, 32 (1), 1966, S. 32-49)

Mead, G.H.: Geist, Identität und Gesellschaft (Suhrkamp, Frankfurt 1968)

Mead, G.H.: Sozialpsychologie (Luchterhand, Neuwied 1969)

Mead, G.H.: Soziologische Dimension der Identität (Klett, Stuttgart 1972)

Meier, C.A.: Lehrbuch der Komplexen Psychologie C.G. Jungs. Band 2: Die Bedeutung des Traumes (Walter, Olten, 2. Aufl. 1975)

Meier, C. A.: Lehrbuch der Komplexen Psychologie C.G. Jungs. Band 4: Persönlichkeit. Der Individuationsprozeß im Lichte der Typologie C. G. Jungs (Walter, Olten 1977)

Meier, C. A.: Der Traum als Medizin (Damuel Verlag, Zürich 1985; Orig. 1949)

Meighan, T.: An Investigation of the Self-concept of Blind and Visually Handicapped adolescents and of the Relation of their Self-concept to Academic Achievement in Language and Paragraph Reading (AFB, New York 1970/71)

Menkhaus , S./Wallesch, C.-W./Behrens-Baumann, W.: Charles Bonnet-Syndrom (Der Ophthalmologe, 100, 9, 2003, S. 736-739)

Metnzos, St.: Psychose und Konflikt. Zur Theorie und Praxis der analytischen Psychotherapie psychotischer Störungen (Vandenhoeck & Ruprecht, Göttingen 1992)

Mentzos, St.: Depression und Manie. Psychodynamik und Therapie affektiver Störungen (Vandenhoeck u. Ruprecht, Göttingen 1995 a)

Mentzos, St.: Traumsequenzen. Zur Psychodynamik der Traumdramaturgie (Psyche, Z. Psychoanal., 49, 7, 1995b, S. 653-671)

Merso, F.: Pädagogische Sehschädigung - Definition, Konzept, Modell. In: Rath, W./ Hudelmayer, D. (1985, s. dort), S. 3-7.

Mertens, W.: Einführung in die psychoanalytische Therapie Bd. 2 (Kohlhammer, Stuttgart 1990)

Merton, R.K.: Social Theory and Social Structure (The Free Press, New York 1967)

Metzger, W.: Gesetze des Sehens (Frankfurt/M. 1966)

Miles-Paul, O.: Wir sind nicht mehr aufzuhalten - Behinderte auf dem Weg zur Selbstbestimmung; Beratung von Behinderten durch Behinderte - Peer Support: Vergleich zwischen den USA und der BRD (AG Spak, München 1992)

Milton, J.: Das verlorene Paradies (Deutsche Übersetzung von Bernhard Schuhmann, München 1966)

Mitchell, S.A.: Relational Concepts in Psychoanalysis (Harvard University Press, Cambridge 1988)

Mitchell, S.A.: Bindung und Beziehung. Auf dem Weg zu einer relationalen Psychoanalyse (2000, Psychosozial-Verlag, Gießen 2003)

Mitchell, S.: Einfluß und Autonomie in der psychoanalytischen Beziehung (1997, Psychosozial-Verlag, Gießen 2005)

Monbeck, M.: The Meaning of Blindness. Attitudes Toward Blindness and Blind People (Bloomington u. London 1973)

Murphy, A.T.: Attitudes of Educators toward the Visually Handicapped (Internation J. for the Education of the Blind, 10, 1961, S. 103-107)

Nadig, O.: Visuelle Phantomwahrnehmungen bei sehbehinderten und blinden Menschen (Unveröff. Diplomarbeit, Universität Marburg, 1999)

Nadolny, St.: Die Entdeckung der Langsamkeit (Piper, München 1983)

Nater, P.: Zum Konstrukt der Kompensation von Sehschädigungsfolgen (Vortrag zur Habilitation, Universität Dortmund 1991)

Nater, P.: Über die Struktur der Kompensation bei Sehbehinderung und Blindheit. Ein Beitrag zur sonderpädagogischen Hochschuldidaktik (Vortragsmanuskript 1992)

Nater, P.: Neuere Aspekte zum Konstrukt der Kompensation von Sehschädigungsfolgen (In: Lebensperspektiven. Kongreßbericht 32. Kongreß der Blinden- und Sehbehindertenpädagogen, Nürnberg 1998, S. 217-244))

Naville, E.: HaLlucinations visuelles à l'état normal (I) (Archives de Psychologie de la Suisse Romande, 8, 1908, S. 1-8)

Naville, E.: HaLlucinations visuelles à l'état normal (II) (Archives de Psychologie de la Suisse Romande, 8, 1909, S. 200-206)

Needham, W.E./Taylor, R.E.: Visual Hallucinations in the Blind: Common Place or Cause for Concern? (Unveröff. Manuskript, vorgestellt auf der Internationalen Konferenz der Association for the Education and Rehabilitation of the Blind and Visually Impaired AER, Washington D.C., Juli 1990)

Negt, O.: Lernen in einer Welt gesellschaftlicher Umbrüche. In: Dieckmann, H./Schachtsieck, B. (Hg.): Lernkonzepte im Wandel (Klett-Cotta, Stuttgart 1998, S. 21-44)

Nestroy, J.: Der Talisman (Reclam Bd. 3374, Ditzingen 1982)

Neubert, D./Cloerkes, G.: Behinderung und Behinderte in verschiedenen Kulturen. Eine vergleichende Analyse ethnologischer Studien (Edition S, Universitätsverlag C. Winter, Heidelberg, 3. Aufl. 2001)

Neugebauer, H./Fuchs, E.: Zur Rehabilitation Sehgeschädigter. In: Koch,U./Lucius-Hoene; G./Stegie, R. (Hg.): Handbuch der Rehabilitationspsychologie (Springer, Berlin 1988, S. 529-555)

Nichols, W.H.: Blind Persons in Data Processing: The Attitude of Industry (New Outlook for the Blind, 64(9), 1970, S. 923-926)

Nickel, S.: Gesellschaftliche Einstellungen zu Menschen mit Behinderung und deren Widerspiegelung in der Kinder- und Jugendliteratur (Bidok Volltextbibliothek, Universität Innsbruck 1999. http://bidok.uibk.ac.at/texte/nickel-einstellungen.html)

Niedecken, D.: Geistig Behinderte verstehen (dtv, München 1993)

Niehoff, U.: Tendenzen einer neuen (alten) Behindertenfeindlichkeit (Zeitschrift f. Behindertenpädagogik, 1, 1990, S. 86-103)

Ogon, U.: Träume bei Sehgeschädigten (Schriftliche Hausarbeit im Rahmen der ersten Staatsprüfung für das Lehramt in Sonderpädagogik, Universität Dortmund 1993)

Olbrich, H.M./Lodemann, E./Engelmeier, M.P.: Optische Halluzinationen bei älteren Menschen mit Erkrankungen des Auges (Zeitschrift für Gerontologie, 20, 1987A, S. 227-229)

Olbrich, H.M. (Hg.): Halluzination und Wahn (Springer, Berlin 1987B)

Olsson, A.: Blinde spielen Theater im Dunkeln - Der ideale Raum? In: Sassmannshausen/Winkelsträter (s. dort), S. 51-53

Osgood, Ch.E./Suci, C.J./Tannenbaum, P.: The Measurement of Meaning (University of Illinois Press, Chicago 1967)

Pascual-Leone, A./Torres, E.: Plasticity of the Sensorimotor Cortex Representations of the Reading Finger in Braille Readers (Brain, 116, 1993, S. 39-52)

Pascual-Leone, A.: The Role of Reading Activity on the Modulation of Motocortical Outputs to the Reading Hand in Braille Readers (Annuals of Neurology, 38, 1995, S. 910-915)

Perle, T.: A Matter of Adjustment: A Personal Reaction to Visual Loss (J. of Visual Impairment and Blindness, 72 (7), 1978, S. 255-258)

Perls, F.: Grundlagen der Gestalttherapie (1973; dt. Pfeiffer, München 1976)

Peseschkian, N.: Positive Psychotherapie. Theorie und Praxis einer neuen Methode (Fischer, Frankfurt 1985)

Peseschkian, N.: Psychosomatik und positive Psychotherapie (Fischer, Frankfurt 1993)

Peseschkian, N./Ulrich, B.: Positive Psychotherapie. Eine Einführung - Theorie und Praxis einer neuen Methode (Auditorium Netzwerk, Müllheim 1996)

Petzold, H.G. et al.: Protektive Faktoren und Prozesse - die "positive" Perspektive in der longitudinalen, "klinischen Entwicklungspsychologie" und ihre Umsetzung in die Praxis der integrativen Therapie. In: Petzold, H.G.: Frühe Schädigungen - späte Folgen? (Junfermann, Paderborn 1993)

Pielasch, H./Jaedicke, M.: Geschichte des Blindenwesens in Deutschland und in der DDR (Deutscher Blinden- und Sehschwachenverband, Leipzig 1971)

Potts, P.: Adjustment of the Visually Handicapped (The Exceptional Child, 11, 1944, S. 174-180)

Prantl, H.: Kein schöner Land. Die Zerstörung der sozialen Gerechtigkeit (Droemer, München 2005)

Provencio, I./Wong, S./Lederman, A.B./Argarmaso, F.M./Foster, R.G.: Visual and Circadian Responses to Light in 8 visionally degenerate mice (Vision Research, 34, 1994, S. 1799-1806)

Rappaport, E.A.: Notes of Blindness and Omnisciense: From Oedipus to Hitler (The Psychoanalytic Review, 63, 1976/77, S. 281-289)

Raskob, H.: Die Logotherapie und Existenzanalyse Viktor Frankls (Wilhelm-Maudrich-Verlag, Wien 2005)

Rath, W./Hudelmayer, D. (Hg.): Handbuch der Sonderpädagogik Bd. 2: Pädagogik der Blinden und Sehbehinderten (Marhold, Berlin 1985)

Rawls, J.: Eine Theorie der Gerechtigkeit (Orig. 1971; 7. Aufl., Suhrkamp, Frankfurt 1993)

Ray, M.B.: How to Conquer Your Handicap (Indianapolis 1948)

Rechtien, W.: Das nichtprofessionelle beratende Gespräch (Fernuniversität Hagen 1988)

Reddemann, L./Sachsse, U.: Stabilisierung (Persönlichkeitsstörungen, 3, 1997, S. 113-147)

Reddemann, L.: Imagination als heilsame Kraft (Pfeiffer bei Klett-Cotta, Stuttgart 2001)

Reddemann, L.: Herzeleid und Herzensfreud (Auditorium Netzwerk, Müllheim 2004a)

Reddemann, L.: Psychodynamisch-imaginative Traumatherapie (PITT). Das Manual (Pfeiffer bei Klett-Cotta, Stuttgart 2004b)

Reddemann, L.: Überlebenskunst (Auditorium Netzwerk, Müllheim 2005)

Reddemann, L.: Überlebenskunst (Klett-Cotta, Stuttgart 2006)

Reed, E.: Factors Influencing Vocational Rehabilitation of the Blind. Monograph (AFB, New York 1960)

Rehmert, W.P.: Diagnose Erblindung. Aufsätze und Vorträge (Books on Demand, Norderstedt 2005)

Reiser, H.: Entwicklung der Fragestellung und Untersuchungsplan. In: Deppe-Wolfinger, H./Prengel, A./Reiser, H. (Hg.): Integrative Pädagogik in der Grundschule. Bilanz und Perspektiven der Integration behinderter Kinder in der Bundesrepublik Deutschland 1976-1988 (Deutsches Jugendinstitut, München 1990, S. 26-34)

Reiser, H.: Wege und Irrwege zur Integration. In: Sander, A./Raidt, P.: Integration und Sonderpädagogik. Referate der 27. Dozententagung für Sonderpädagogik in deutschsprachigen Ländern im Oktober 1990 in Saarbrücken (Röhrig, St. Ingbert 1991, S. 13-33)

Richter, G.: Blindheit und Eugenik 1918-1945 (Freiburger Forschungen zur Medizingeschichte, Neue Folge Bd. 15, Freiburg 1986)

Richter, H.E.: Der Gotteskomplex (Rowohlt, Reinbek 1979)

Richter, H.E.: Die Krise der Männlichkeit in der unerwachsenen Gesellschaft (Psychosozial Verlag, Gießen 2006)

Ripke, M.: Ich bin eine Meisterin im Vermeiden. Ergebnisse einer qualitativen Studie über Töchter alkoholkranker Eltern (Zeitschrift für Individualpsychologie, 28, 4, 2003, 383-394)

Rizzolati, G./Fogassi L./Gallese, V.: Neurophysiological Mechanisms Underlying the Understanding and Imitation of Action (Nature Reviews Neuroscience, 2, 2001, S. 661-670)

Röder, B.: Ereigniskorrelierte Potentiale als Indikatoren neuronaler Plastizität bei blinden Menschen (Dissertation, FB Psychologie, Philipps-Universität Marburg 1995)

Röder, B.: Ist bei Blinden alles anders? (Gehirn und Geist, 5, 2003, S. 70-74)

Röhr, H.-P.: Narzißmus. Das innere Gefängnis (Walter, Olten 1999)

Rösch, M.: "Hm..hm..ja..hm". Peer Counseling und Psychotherapie (Die Randschau, Zeitschrift für Behindertenpolitik, 2, 1995)

Roessler, R./Bolton, B.: Psychosocial Adjustment to Disability (University Park Press, Baltimore 1978)

Rogers, C.: Die Kraft des Guten. Ein Appell zur Selbstverwirklichung (1977; dt. Kindler, München 1978)

Rohde-Dachser, Ch.: Im Dienste der Schönheit. Zur Psychodynamik schönheitschirurgischer Körperinszenierungen (Psyche, Z. Psychoanal., 2, 2007, S. 97-124)

Rohr, B.: Topfit und schön! - 5 Szenen über Schönheit, Leistung und Zerstörung (Zeitschrift f. Behindertenpädagogik, 3, 1995, S. 241-253)

Rosengren, A. et al.: Stressful Life Events, Social Support and Mortality in Men Born in 1933 (British Medical Journal, 307, 1993, S. 1102-1105)

Roth, G.: Das Gehirn und seine Wirklichkeit. Kognitive Neurobiologie und ihre philosophischen Konsequenzen (Suhrkamp, Frankfurt 1996)

Roth, Philip: Der menschliche Makel (Houghton Mifflin, New York 2000; dt. Hanser, München 2002)

Roth-Lange, F.: Braucht das Theater mit blinden und sehbehinderten Menschen eine besondere Form? In: Sassmannshausen/Winkelsträter (s. dort, S. 15-28)

Rubin, J.: Through Art to Affect. Blind Children Express their Feelings (New Outlook for the Blind, 69(9), 1975)

Rudnick, M.: Behinderte im Nationalsozialismus. Von der Ausgrenzung und der Zwangssterilisation zur "Euthanasie" (Beltz, Weinheim 1985)

Rudnick, M. (Hg.): Aussondern - sterilisieren - liquidieren: Die Verfolgung Behinderter im Nationalsozialismus (Spiess, Berlin 1990)

Rüberg, R.: Behindert - auf unsere Kosten? (Retina aktuell, 87, 1, 2003, S. 10-13)

Sachsse, U./Venzlaff, U./Dulz, B.: 100 Jahre Traumaätiologie (Persönlichkeitsstörungen, 1, 1997, S. 4-14)

Sack, R.L./Blood, M.L./Hughes; R. J./Lewy, A.J.: Circadian-rhythm disorders in people who are totally blind (AFB Press, 3, Danvers 1998, S. 145-161)

Sacks, O.: Der Tag, an dem mein Bein fortging (1984, dt: Rowohlt, Reinbek 1989)

Saint-Éxypery, A. de: Le Petit Prince (Éd. Gallimard, Paris 1946; dt. Karl Rauch Verlag, Düsseldorf 1952)

Sampson, E. E.: Decentralisation of Identity. Towards a Revised Concept of Personal and Social Order (Amer. Psychologist, 40, 1985, S. 1203-1211)

Sampson, E. E.: the Deconstruction of the Self. In: Shotter, J./Gergen, K. J. (Hg.): Texts of Identity (Sage, London 1989, S. 1-19)

Sandford, L.: Ratschlagen will gelernt sein (Bifos, Schriftenreihe Bd. 7, Kassel 1993)

Sassmannshausen, M./Winkelsträter, K. et al.: Blindlings auf die Bühne. Theaterarbeit mit Blinden und Sehbehinderten - Konzepte, Theorien, Erfahrungen, Perspektiven. Ein Werkstattbuch zum 1. internationalen Theatertreffen mit blinden und sehbehinderten Jugendlichen ("Punktspiele") in Marburg im November 2002 (DVBS, Marburg 2003)

Saum-Aldehoff Th.: Triebe machen Träume. Ein Gespräch mit dem Neuropsychologen Mark Solms (Psychologie heute, 3, 2000, S. 30-33)

Schäfer, K.-M.: Erblindung im Alter. Ursachen, Bewältigungsmöglichkeiten, Rehabilitation (Kuratorium Deutsche Altershilfe, Köln 1997)

Schauer, G.: Motivation of attitudes toward blindness (New Outlook for the Blind, 45, 1951, S. 39-42)

Schiff, J. et al.: The Cathexis Reader. Transactional analysis treatment of psychosis (Harper & Row, New York 1975)

Schiff, A./Schiff, J.: Passivität (Neues aus der Transaktionsanalyse, 1(3), 1977, S. 121-127)

Schlegel, L.: Die transaktionale Analyse (UTB, Franke. Tübingen 1988)

Schlegel, L.: Handwörterbuch der Transaktionsanalyse. Sämtliche Begriffe der TA praxisnah erklärt (Herder, Freiburg 1993)

Schmid, W.: Philosophie der Lebenskunst. Eine Grundlegung (Suhrkamp, Frankfurt/M. 1998)

Schmidt, C./Wensiaski, P.: Fluch oder Segen. Moderne Frühdiagnose von Behinderungen stellt Schwangere vor quälende Fragen (Der Spiegel, 16, 2007, S. 48 ff.)

Schmidt, H.-G.: In der Schwäche ist Kraft. Behinderte Menschen im Alten und Neuen Testament (Wittig, Hamburg 1979)

Schöffler, M.: Der Blinde im Leben des Volkes (P. Reclam jr., Leipzig 1956)

Scholl, G.: The Education of Children with Visual Impairments. In: Cruickshank, W./ Johnson, G.O. (Hg.): Education of Exceptional Children and Youth (Prentice Hall, Englewood Cliffs 1967, S. 102)

Scholtyssek, H.: Späterblindete (Enke, Stuttgart 1948)

Scholtyssek, H.: Sehbehinderung, Blindheit und ihre Rehabilitation (Enke, Stuttgart 1960)

Schorn, K.: Lichtblick (Shaker, Aachen 2005)

Schuchardt, E.: Soziale Integration Behinderter. Bd. 1: Biographische Erfahrung und wissenschaftliche Theorie
Bd. 2: Weiterbildung als Krisenverarbeitung. (Westermann, Braunschweig 1980)

Schuchardt, E.: Warum gerade ich? Leben lernen in Krisen (Vandenhoeck & Ruprecht, Göttingen 1996)

Schuchardt, E.: Krisen-Management und Integration Bd. 1: Biographische Erfahrung und wissenschaftliche Theorie.
Bd. 2: Weiterbildung als Krisenverarbeitung (Theorie und Praxis der Erwachsenenbildung, WBV, Bielefeld 2003)

Schultz, G./Needham; W./Taylor, R./Shindell, S./Melzack, A.: Properties of Complex Hallucinations Associated with Deficits in Vision (Perception, 25,1996, 715-726)

Schulz, P.: The Sight of Blindness and the Phenomenon of Avoidance (New Outlook for the Blind, 69(6), 1975, S. 261-265)

Schulze, H.E.: Noch einige Bemerkungen zu Malmanesh: "Blinde unter dem Hakenkreuz" (Horus, Marburger Beiträge zur Integration Blinder und Sehbehinderter, 2. 2004, S. 55-57)

Schumann, H.-J. v.: Träume der Blinden vom Standpunkt der Phänomenologie, Tiefenpsychologie, Mythologie und Kunst (Psychologische Praxis, 25, 1959, S. Karger, Basel 1959)

Scott, R.: The Making of Blind Men. A Study of Adult Socialization (Russell Sage Foundation, New York 1969)

Secord, P.W./Backman, C.W.: Sozialpsychologie. Ein Lehrbuch für Psychologen, Soziologen, Pädagogen (1974; dt. Fachbuchhandlung f. Psychologie, Frankfurt 1976, 1977)

Seligman, M.: Helplessness. On Depression, Development and Death (W. H. Freeman, San Francisco 1975)

Seligman, M.: Pessimisten küßt man nicht (Droemer-Knaur, München 1991)

Seligman, M./Petermann, F.: Erlernte Hilflosigkeit (PVU, Weinheim 1992)

Seligman, M.: Der Glücksfaktor: Warum Optimisten länger leben (Ehrenwirth, Bergisch Gladbach 2003)

Seligman, M.: Learned Optimism: How to Change your Mind and your Life (Vintage Books, Vancouver WA 2006)

Seywald, A.: Physische Abweichung und soziale Stigmatisierung. Zur sozialen Isolation und gestörten Rollenbeziehung physisch Behinderter und Entstellter (Schindele, Rheinstetten 1976)

Sheldrake, R.: Das Gedächtnis der Natur (Scherz, Bern 1998)

Simmons, H.E.: The Attitudes of the Sighted toward the Blind (Amer. Ass. of Workers for the Blind, Washington 1949)

Simonton, C.L./Simonton, S.M./Creighton, J.: Wieder gesund werden (Rowohlt, Reinbek 1991)

Sölle, D.: Leiden (Kreuz, Stuttgart 1973)

Sölle, D.: Sympathie. Theologisch-politische Traktate (Kreuz, Stuttgart 1978)

Solms, M.: Sigmund Freud heute. Eine neurowissenschaftliche Perspektive auf die Psychoanalyse (Psyche, Z. Psychoanal.60, 9/10, 2006, S. 829-859)

Spiegel, D. et al.: Effect of Psychosocial Treatment on Survival of Patients with Metastatic Breast Cancer (Lancet, 2, 1989, S. 888-891)

Spiegel, D.: A Psychosocial Intervention and the Survival Time of Patients with Metastatic Breast Cancer (Advances, 7, 1991, S. 10)

Spitz, R.: Die Evolution des Dialogs (Psyche, Z. Psychoanal., 27, 1963, S. 697-717)

Spitzer, M.: Das neue Unbewußte oder die unerträgliche Automatizität des Seins (Nervenheilkunde, 25, 8, 2006, S. 615-622)

Sporken, P.: Eltern und ihr geistig behindertes Kind. Das Bejahungsproblem (Patmos, Düsseldorf 1975)

Steinberg W.: Vom Innenleben blinder Menschen (Ernst Reinhardt, München 1955)

Stern, D.: Die Lebenserfahrung des Säuglings (Klett Cotta, Stuttgart 1992)

Stern, D.: Die Mutterschaftkonstellation (1995, Klett-Cotta, Stuttgart 1998)

Stoetzel, J.: Psychologie sociale appliquée - Les malades dans la societé (Bulletin de psychologie, 20(16-17), 1967, S. 979-988)

Stolorow, R./Atwood, W.: Contexts of Being (Analytic Press, Hillsdale N.J. 1992)

Straus, F.: Alltägliche Identitätsarbeit. Ein strukturorientiertes Modell (Materialien [12] des Teilprojekts A6, Sonderforschungsprojekt 333, Ludwig-Maximilians-Universität 1991)

Strehl, C.: Eingabe und Rückäußerung betreffend das Gesetz vom 14. Juli 1933. Stellungnahme der blinden Geistesarbeiter zur Sterilisation (Beiträge zum Blindenbildungswesen, 4, 1933, S. 122-124)

Strunz, F.: Die Traumerfahrung der Blinden (Pädagogische Forschung, 13/2, 1987, S. 175-183)

Sullivan, H.: Conceptions of Modern Psychiatry (Norton, New York 1940)

Sullivan, T./Gill, D.: Wenn ihr sehen könntet, was ich höre. Ein Blinder besiegt sein Schicksal (Rowohlt, Reinbek 1978)

Tausch, A.-M.: Gespräche gegen die Angst (Rowohlt, Reinbek 1981)

Tenny, J.W.: The Minority Status of the Handicapped (Exceptional Child, 19, 1953, S. 260-264)

Tesch-Römer, c./Wahl, H.W. (Hg.): Seh- und Höreinbußen älterer Menschen. Herausforderungen in Medizin, Psychologie und Rehabilitation (Steinkopff, Darmstadt 1996)

Theunisse, A.J./Cruysberg, J./Hoefnagels, W./Verbeek, A./Zitman, F.: Visual Hallucinations in Psychologically Normal People: Charles Bonnet's Syndrome (Lancet, 347, 1996, S. 794-797)

Thass-Thiedemann, T.: Symbolic behavior (Washington Square Press, New York 1968)

Thimm, W.: Blinde im Bewußtsein der Sehenden (Der Blindenfreund, 1964, S. 137-146)

Thimm, W.: Kritische Anmerkungen zum Blindheitsbegriff (Zeitschrift für Heilpädagogik, 2/1968, S. 67-75)

Thimm, W.: Blinde in der Gesellschaft von heute. Untersuchungen zu einer Soziologie der Blindheit Marhold, (Berlin 1971)

Thimm, W.: Behinderungen als Stigma. Überlegungen zu einer Paradigma-Alternative (Sonderpädagogik, 5, 1975, 149-157)

Thimm, W.: Einstellung zu Behinderten und Möglichkeit der Änderung von Einstellungen (Rehabilitation, 15, 1976, S. 1-11)

Thomae H./Kächele, H.: Lehrbuch der psychoanalytischen Therapie, Bd. 1: Grundlagen (Springer, Heidelberg 1996)

Thomashoff, H.-O./Sartorius, N.: Art against Stigma. A Historical Perspective (Schattauer, Stuttgart 2004)

Thorpy, M.G.: International Classification of Sleep Disorders. Diagnostic and Coding Manual (Rochester, American Sleep Disorders Association 1990)

Tolkien, J.R.R.: Der Herr der Ringe. Band 3: Die Rückkehr des Königs (Orig.: George Allen & Unwin Ltd., London 1976; dt. Klett-Cotta, Stuttgart, 7. Aufl. 1979)

Tolmein, O.: Das Groningen-Protokoll auf schwankendem Boden. Die Tötung von Neugeborenen mit schwersten Behinderungen ist eine der diffizilsten Fragen der Bioethik. In den Niederlanden versucht man, Regeln zu finden (Menschen. Das Magazin, 4, 2006, S. 32-37)

Trevarthen, C.: Communication and Cooperation in Early Infancy. A Description of Primary Intersubjectivity. In: Bullowa, M.(Hg.): Before Speech. The Beginning of Interpersonal Communication (Cambridge University Press, New York 1979, S. 321-347)

Trevor-Roper, P.: The World through Blunted Sight. An Inquiry into the Influence of Defective Vision on Art and Character (Thames & Hudson, London 1970)

Trevor-Roper, P.: Der veränderte Blick. Über den Einfluß von Sehfehlern auf Kunst und Charakter (Überarbeitete und übersetzte Fassung von Trevor-Roper 1970, dtv, München 1997)

Trewels, V.: Das Leben sehgeschädigter Frauen: Spezifische Probleme in Partnerwahl und Alltag (Universität Dortmund 1993)

Tröster, H.: Einstellungen und Verhalten gegenüber Behinderten: Konzepte, Ergebnisse und Perspektiven sozialpsychologischer Forschung (Huber, Bern 1990)

Trojan, A.(Hg.): Wissen ist Macht. Eigenständig durch Selbsthilfe in Gruppen (Fischer, Frankfurt 1986)

Trojan, A./Deneke, C./Halves, E.: Die Bedeutung der Selbsthilfegruppen für Betroffene und Sozialpolitik. In: BAG Hilfe für Behinderte (Hg.): Selbsthilfe in der Behindertenarbeit (Rehabilitationsverlag, Bonn, 2. Aufl., 1987, S. 29-38)

Tschamper, E.: Belastung und Bewältigung bei einer progredienten Sehschädigung. Darstellung am Beispiel der Retinitis pigmentosa (Edition SZH/SPC, Luzern 1997)

Tuttle, D.: Self-Esteem and Adjusting with Blindness (Charles C. Thomas, Springfield, Illinois 1984)

Tyrangiel, H.: Martin Buber und die Psychotherapie (Unveröff. Diss., Universität Zürich 1981)

Ulich, D.: Psychologie der Krisenbewältigung (Beltz, Weinheim 1985)

Ulich, D.: Krise und Entwicklung (PVU, München 1987)

Uther, H.-J.: Der Behinderte in populären Erzählungen. Studien zur historischen und vergleichenden Erzählforschung (De Gruyter, Berlin 1981)

Valvo, A.: Sight Restoration after Long-term Blindness. The Problems and Behavior Patterns of Visual Rehabilitation (AFB, New York 1971)

Vliegenthart, W:E:/Dunk, M.: Die Problematik von Eltern geistig behinderter Kinder (Heilpädadogische Forschung, 1968, S. 353-380)

Waldschmidt, A.: Ist Behindertsein normal? Behinderung als flexibelnormalistisches Dispositiv. In: Cloerkes, G. (2003), s. dort, S. 83-102

Wallis, V.: Zwei alte Frauen. Eine Legende von Verrat und Tapferkeit (Kabel, München 2002)

Walls, R.T./Mac Donald jr, A.P./Gulkus, S.P.: The Disability Seriousness Scale: Rating the Effects of Blindness (New Outlook for the Blind, 68(4), 1974, S. 174-177)

Weinläder, H.G.: Psychologie der Blinden und Sehbehinderten. In: Rath, W./Hudelmayer, D. (Hg.): Pädagogik der Blinden und Sehbehinderten (Marhold, Berlin 1985, S. 517-532)

Weiskrantz, L.: Blind Sight. A Case Study and Implication (Oxford University Press, Oxford 1986)

Wells, H.G.: The Country of the Blind and Other Stories (Th. Nelsons and Sons, London 1911)

Welti, F.: Menschenwürde: Was muß, was soll, was kann der soziale Rechtsstaat für Menschen mit Behinderung leisten? (Menschen. Das Magazin, 4, 2005, S. 64-67)

Welti, F.: Differenz, nicht Hierarchie. Gleichheit und Gerechtigkeit im Wandel der Zeit (Menschen. Das Magazin, 1, 2006, S. 56-59)

Wettig, J.: Kindheit bestimmt das Leben (Deutsches Ärzteblatt, 103, 36, 2006: A, S. 2298-2301; zit. n. Deutsches Ärzteblatt PP, 10, 2006, S. 455-457)2)

Whiteman, M.: A. Psychological Appraisal of Blindness. In: Finestone, S. (Hg.): Social Casework and Blindness (AFB, New York 1960, S. 45-63)

Wiener, C.: The burden of rheumatoid arthritis: Tolerating the Uncertainty (Social Science and Medicine, 9, 1975, S. 97-104)

Will, H.: Zur Phänomenologie der Depression aus psychoanalytischer Sicht (Psyche, Z. Psychoanal., 48, 1994, S. 361-385)

Winnicott, D.W.: Collected papers: Through paediatrics to psychoanalysis(Tavistock Pub., London 1958)

Winnicott, W.D.: Vom Spiel zur Kreativität (Klett-Cotta, Stuttgart 1971, 10. Aufl. 2002)

Winnicott, D.W.: Reifungsprozesse und fördernde Umwelt (Kindler, München 1974)

Wocken, H.: Untersuchungen zur sozialen Distanz zwischen Hauptschülern und Sonderschülern (Vierteljahresschrift für Heilpädagogik und ihre Nachbargebiete, 52 1983, S. 467-490)

Wolf, S.: Sozialpsychologische Anmerkungen zur psychischen Krisenintervention (Unveröffentlichtes Manuskript, 1976, zit. n. Ziermann 1979; s. dort)

WHO (World Health Organization): International Classification of Impairments, Disabilities and Handicaps. A Manual of Classification Relating to the Consequences of Disease (WHO, Genf 1980)

WHO (World Health Organization): International Classification of Functioning, Disability and Health: ICF (WHO, Genf 2001)

Wright, B.A.: Physical Disability. A Psychological Approach (Harper & Row, New York 1960)

Wright, B.A.: An Analysis of Attitudes - Dynamics and Effects (New Outlook for the Blind, 68(3), 1974, S. 108-118)

Wright, B. A.: Physical Disability - A Psychosocial Approach (2. erweiterte Aufl., Harper & Row, New York 1983)

Wunder, M./Sierck, U. (Hg.): Sie nennen es Fürsorge. Behinderte zwischen Vernichtung und Widerstand. Mit Beiträgen vom Gesundheitstag Hamburg 1981 (Dr. med. Mabuse, Berlin 1982)

Zaretsky, E.: Freuds Jahrhundert. Die Geschichte der Psychoanalyse (Csolnay, Wien 2005)

Ziermann, A.: Erleben persönlicher Krisen (Unveröff. Diplomarbeit, Universität Hamburg 1979)

Zimmermann, R.: Immer wieder strahlende Kinderaugen. Das Bild des Behinderten in der Presse (Psychologie heute, Jan. 1977, S. 26-31)

Zimmermann, R.: Behinderte in der Kinder- und Jugendliteratur (Spiess, Berlin 1982)

Zohar, D./Marshall, I.: SQ - Spirituelle Intelligenz (Scherz, München 2000)

Zweig, St.: Ungeduld des Herzens. Roman (1939; Fischer, Frankfurt 1976)